Heinz Hengst · Helga Zeiher (Hrsg.)

Kindheit soziologisch

Heinz Hengst
Helga Zeiher (Hrsg.)

Kindheit soziologisch

VS VERLAG FÜR SOZIALWISSENSCHAFTEN

VS Verlag für Sozialwissenschaften
Entstanden mit Beginn des Jahres 2004 aus den beiden Häusern
Leske+Budrich und Westdeutscher Verlag.
Die breite Basis für sozialwissenschaftliches Publizieren

Bibliografische Information Der Deutschen Bibliothek
Die Deutsche Bibliothek verzeichnet diese Publikation in der Deutschen Nationalbibliografie;
detaillierte bibliografische Daten sind im Internet über <http://dnb.ddb.de> abrufbar.

1. Auflage Mai 2005

Alle Rechte vorbehalten
© VS Verlag für Sozialwissenschaften/GWV Fachverlage GmbH, Wiesbaden 2005

Lektorat: Frank Engelhardt / Tanja Köhler

Der VS Verlag für Sozialwissenschaften ist ein Unternehmen von Springer Science+Business Media.
www.vs-verlag.de

Das Werk einschließlich aller seiner Teile ist urheberrechtlich geschützt. Jede Verwertung außerhalb der engen Grenzen des Urheberrechtsgesetzes ist ohne Zustimmung des Verlags unzulässig und strafbar. Das gilt insbesondere für Vervielfältigungen, Übersetzungen, Mikroverfilmungen und die Einspeicherung und Verarbeitung in elektronischen Systemen.

Die Wiedergabe von Gebrauchsnamen, Handelsnamen, Warenbezeichnungen usw. in diesem Werk berechtigt auch ohne besondere Kennzeichnung nicht zu der Annahme, dass solche Namen im Sinne der Warenzeichen- und Markenschutz-Gesetzgebung als frei zu betrachten wären und daher von jedermann benutzt werden dürften.

Umschlaggestaltung: KünkelLopka Medienentwicklung, Heidelberg
Druck und buchbinderische Verarbeitung: MercedesDruck, Berlin
Gedruckt auf säurefreiem und chlorfrei gebleichtem Papier
Printed in Germany

ISBN 3-8100-4140-8

Inhaltsverzeichnis

Vorwort...7

Heinz Hengst und Helga Zeiher
Von Kinderwissenschaften zu generationalen Analysen. Einleitung 9

Erster Teil
Generationenkonzepte in der soziologischen
Kindheitsforschung 25

Jens Qvortrup
Kinder und Kindheit in der Sozialstruktur..27

Giovanni B. Sgritta
Kindheitssoziologie und Statistik. Eine generationale Perspektive 49

Leena Alanen
Kindheit als generationales Konzept 65

Helga Kelle
Kinder und Erwachsene. Die Differenzierung von Generationen als
kulturelle Praxis...83

Zweiter Teil
Gesellschaftliche Positionierung der Kinder............................. 109

Doris Bühler-Niederberger
Generationale Ordnung und "moralische Unternehmen"................................111

Berry Mayall
Der moralische Status der Kindheit 135

Jesper Olesen
Das Kinderpublikum positionieren 161

Dritter Teil
Gegenwärtiger Wandel der Kindheit 179

Helmut Wintersberger
Generationale Arbeits- und Ressourcenteilung 181

Helga Zeiher
Der Machtgewinn der Arbeitswelt über die Zeit der Kinder 201

Manuela du Bois-Reymond
Neue Lernformen – neues Generationenverhältnis? 227

Heinz Hengst
Kindheitsforschung, sozialer Wandel, Zeitgenossenschaft....................245

Autorinnen und Autoren 267

Vorwort

Wir widmen dieses Buch Egle Becchi, Professorin im Dipartimento di Filosofia an der Universität Pavia. Sie hatte die Idee dazu, und ihrem engagierten Einsatz verdankt es seine Entstehung. Da die soziologischen Perspektiven auf Kindheit, die im nordwestlichen Europa entwickelt wurden, im Süden des Kontinents, in Griechenland, Spanien, Portugal und – eben auch – Italien noch wenig bekannt sind, regte sie eine Publikation in italienischer Sprache an und lud die Herausgeber und einige der Autorinnen und Autoren zu einem Symposium nach Pavia ein. Das italienische Buch, mit erheblich erweitertem Themenspektrum und Autorenkreis, erschien im Herbst 2004 unter dem Titel "Per una sociologia dell' infanzia" in der von Egle Becchi herausgegebenen Reihe "Condizionamenti educativi" im Mailänder Verlag FrancoAngeli.

Für eine Publikation in deutscher Sprache spricht Folgendes: Hierzulande gibt es – anders als in Italien – zwar eine Vielzahl von Arbeiten, die sich mit Fragen und Problemen einer Soziologie der Kindheit auseinandersetzen. Aber es herrscht Unübersichtlichkeit. Was fehlt, sind strukturierte Überblicke. Einen solchen Überblick wollen wir mit den hier vorgelegten Texten liefern. Wir präsentieren keine bloße Übersetzung der italienischen Version. Helga Kelle, Helga Zeiher und Heinz Hengst haben ihre Beiträge neu geschrieben. Bei den Erweiterungen und Ergänzungen ging es uns nicht zuletzt darum, das Buch insgesamt stärker auf die deutsche Diskussion zuzuschneiden.

Heinz Hengst und Helga Zeiher

Heinz Hengst und Helga Zeiher

Von Kinderwissenschaften zu generationalen Analysen. Einleitung

Zur Entstehung der "neuen" Kindheitssoziologie

Soziologische Perspektiven auf Kinder und Kindheit, wie wir sie in diesem Buch vorstellen, gelten noch immer als neu, obwohl seit mehr als zwanzig Jahren an ihrer Entfaltung gearbeitet wird, vor allem im nördlichen Europa. Sie werden heute weltweit als "new social childhood studies" zusammengefaßt, und seit den 90er Jahren sind Versuche unternommen worden, die Entwicklungslinien und Differenzierungen zu systematisieren und zu koordinieren (insbesondere Qvortrup et al. 1994; James et al. 1998; Alanen 2001). "Neu" setzt ab von dem, was es schon gibt. Die Soziologie der Kindheit hat sich in Opposition zu den seit langem etablierten Kinderwissenschaften definiert. Sie versteht sich als Ergebnis eines fundamentalen Paradigmenwechsels in der Betrachtung der gesellschaftlichen Position der Kinder. "Rethinking childhood" gilt Denkweisen und Verhältnissen, die nicht nur in den kinderbezogenen Wissenschaften, sondern vor allem in der gesellschaftlichen Praxis so sehr verfestigt sind, dass sie als natürlich, selbstverständlich und alternativlos erscheinen: dem in der Moderne entstandenen gesellschaftlichen Zusammenhang "Kindheit".

Es war – und ist weiterhin – ein großes und weitgehend erfolgreiches Gesellschaftsprojekt der Moderne, Kindheit immer besser als einen besonderen Strukturzusammenhang einzurichten, in dem Kinder geschützt und ausreichend versorgt leben können und auf ihre spätere Position als Erwachsene vorbereitet werden. In einer langen historischen Entwicklung sind Kinder in die "Schonräume" der sich um sie herum organisierenden Kernfamilie und der spezialisierten Kinderinstitutionen hineingenommen worden. Wissenschaftliche Beschäftigung mit Entwicklung, Pflege, Schutz, Erziehung und Bildung der Kinder ist immer ein wichtiges Moment in diesen Prozessen gewesen. In besonderen Kinderwissenschaften, in Kindermedizin, Erziehungswissenschaften und Entwicklungspsychologie, wurden die theoretischen Grundlagen entwickelt, Maßnahmen entworfen, evaluiert und Auseinandersetzungen um Theorien, um Ziele und Methoden zur Behandlung von Kindern geführt.

Die Ausgestaltung des Kindheitskonstrukts der Moderne haben Soziologen den genannten Kinderwissenschaften überlassen. Soweit Kinder und Kindheit überhaupt in den Gesellschaftskonzepten der Moderne vorkommen, ist ihnen dort die Position zugewiesen, die sie im Entwurf des Schon- und Vorbereitungsraums und in Bildungs- und Entwicklungswissenschaften haben. Kinder erscheinen allein in ihrer Funktion für die Zukunft der Gesellschaft. Schon Emile Durkheim (1922) hat dieses funktionale Konzept formuliert. Im Interesse der Gesellschaft, sich zu reproduzieren, seien Kinder wichtig als Aufwachsende und Werdende, sie müßten zu gesellschaftlich handlungsfähigen Erwachsenen (gemacht) werden. In den USA seit den 40er Jahren, in Europa später, expandierte empirische Forschung mit dem Ziel, herauszufinden, wie die Integration der Kinder in die Gesellschaft, Sozialisation genannt, gelingt. Untersucht wurde unter anderem, wie soziale Ungleichheiten in Familien und in Schulen tradiert werden, und welche Bedeutung die Erwerbstätigkeit von Müttern für die Sozialisations- und Lernprozesse der Kinder hat.

Wie in anderen Bereichen auch, wurden Grenzen des Gesellschaftsprojekts der Moderne seit den siebziger Jahren des 20. Jahrhunderts zunehmend deutlich, und somit auch die Begrenztheit funktionalistischer soziologischer Kindheitskonzepte. Kinder konnten nicht von der expandierenden Medien- und Konsumwelt ferngehalten werden. In den ebenfalls expandierenden formal organisierten Einrichtungen für Kinder verschärften sich Widersprüche zwischen strukturellen Formen der Kontrolle und der pädagogischen Betonung der Autonomie der Kinder. Es wurde erkannt, dass Organisationsprinzipien der Arbeitswelt, vor denen die Kinder eigentlich geschützt werden sollten, diese in den Institutionen erreichte, und dass sozialer Wandel vor den Familien nicht halt machte. Eine umfassendere soziologische Konzeptionalisierung von Kindheit wurde nötig, um die gesellschaftliche Position der Kinder zu bestimmen. Der Kindheitsentwurf der Moderne wurde jetzt nicht mehr als selbstverständliches Ziel wahrgenommen, sondern als eine historisch spezifische und somit veränderbare Form, in der das Verhältnis zwischen den Generationen gesellschaftlich geordnet ist. Seine Historizität und seine Angemessenheit an die aktuelle Realität konnten zum Gegenstand der neuen soziologischen Analysen werden. Mit dem funktionalistischen Sozialisationskonzept war das nicht zu leisten, weil es eine bestimmte gesellschaftliche Position von Kindern voraussetzt, insofern es Kinder nur als erwachsen Werdende konzipiert, und somit nicht auf Kindheit, sondern auf die Aufhebung des Kindseins gerichtet ist.

Wie keine andere Publikation hat Philippe Ariès' 1960 in Frankreich erschienene Geschichte der Kindheit (1988) die neue sozialwissenschaftliche Auseinandersetzung mit Kindheit angeregt. Ariès' Behauptung, das Konzept Kindheit sei in Europa zwischen dem fünfzehnten und achtzehnten Jahrhundert entstanden, rüttelte an der vorherrschenden impliziten Annahme, Kindheit sei ein naturgebundenes und deshalb universales Phänomen, und regte seit den 70er Jahren nicht nur eine Fülle von kindheitshistorischen Untersuchungen an (Becchi und Julia 1996), sondern auch die soziologische Konzeptualisierung von Kindheit. Andere Anstöße kamen aus der Frauenforschung. Die Position des Kindes im Generationenverhältnis wurde in Analogie zur Position der Frau im Geschlechterverhältnis gesehen, und entsprechende soziologische Analysen wurden gefordert. Diese Entwicklungen korrespondierten mit Demokratisierungsprozessen in Familie und Gesellschaft: Kinder als Bevölkerungsgruppe und als Subjekte ihres Lebens zu betrachten und nicht als Abhängige, die auf diesen Status erst vorbereitet werden, entspricht dem in der Moderne hervorgetretenen Anspruch aller Menschen auf Akzeptanz als Individuum und auf Entfaltung der eigenen Individualität, einem Anspruch, der im zwanzigsten Jahrhundert allmählich auf alle Bevölkerungsgruppen ausgeweitet wurde. Kinder sind, nach den Frauen, als letzte erreicht worden. Kritik an Autoritätsverhältnissen, auch an solchen zwischen Kindern und Erwachsenen, war Mitte der 60er Jahre ein zentrales Moment des kulturellen Umbruchs, der in allen westlichen Ländern stattfand. Damals wurde in den Erziehungswissenschaften die Selbststeuerung des Kindes zum wichtigsten Ziel, in Entwicklungspsychologie und Sozialisationstheorie wurden Konzepte vom Kind als Subjekt ausgearbeitet. Die neu entstehende Soziologie der Kindheit hat diese "Emanzipation des Kindes" aufgenommen und auf die Positionierung des Kindes in der Gesellschaft und auch auf die Aktivität von Kindern in ihrem Alltagsleben bezogen. In der neuen Kindheitssoziologie wird die Frage nach der Eigenständigkeit der Kinder als Frage nach den Herrschaftsverhältnissen zwischen den Generationen gestellt, als Frage nach der Art und Weise der Einbindung der Bevölkerungsgruppe Kinder in gesellschaftliche Arbeitsteilungen und als Frage nach ihrem Zugang zu Ressourcen und Rechten. Die Kritik an bisherigen Marginalisierungen der Kinder und das Engagement für ihre Partizipation an Rechten und Ressourcen waren ein wichtiger Impuls. Viele Kindheitssoziologen verstehen sich nach wie vor ausdrücklich als Advokaten der Kinder (siehe *Berry Mayall* in diesem Band). "Neu" signalisiert auch die politische Absicht, Denkanstöße und empirische

Grundlagen für eine eigenständige Kindheitspolitik neben den etablierten Politiken der Schonräume, Familien- und Bildungspolitik zu schaffen.

Seit Beginn der 90er Jahre wird das neue Kindheitsparadigma als solches formuliert und versucht, Differenzierungen systematisch zu erfassen. Nachhaltiger Einfluß ging von dem von Jens Qvortrup geleiteten Projekt "Childhood as a social phenomenon" aus, in dem Beschreibungen der sozialen Lage der Kinder erarbeitet wurden. Kinder als Bevölkerungsgruppe und auch als eigenständige Kategorie statistischer Analysen (Saporiti 1994) standen im Zentrum. Die Ergebnisse der von 1987 bis 1992 durchgeführten vergleichenden Kindheitsstudie wurden in 16 nationalen Berichten veröffentlicht. (Bardy et al. 1990-1993) Im gemeinsamen Band "Childhood Matters" wurde der Rahmen einer sozialstrukturellen Soziologie der Kindheit definiert und ein facettenreiches Bild der Kindheit in entwickelten Industriegesellschaften entworfen (Qvortrup et al.1994). 1990 erschien der ebenfalls sehr einflußreiche, von Allison James und Alan Prout edierte Band "Constructing and reconstructing childhood". Auch die dort versammelten Texte demonstrieren Potentiale des neuen Paradigmas, hier mit dem Schwerpunkt auf der Dekonstruktion dominanter Kindheitsdiskurse und mit einem Plädoyer für Ethnographie als Methode soziologischer Kindheitsstudien.

Inzwischen ist die Forschung im Rahmen des neuen Paradigmas gewaltig expandiert. Soziologie der Kindheit wird an Universitäten gelehrt und erscheint als Sub-Disziplin nationaler und internationaler soziologischer Assoziationen und auf deren Kongressen. Austausch und Kooperationen finden in vielen Formen auf nationalen und internationalen Ebenen statt. Die Zeitschrift "Childhood" (1993 gegründet und seit einigen Jahren im Sage-Verlag publiziert) hat sich als Forum weltweit etabliert. In der Deutschen Gesellschaft für Soziologie besteht seit 1997 eine Sektion "Soziologie der Kindheit".

Handeln der Kinder und Strukturen der Kindheit

Als Ansatzpunkt für eine systematisierende Betrachtung der "new social childhood studies" bietet sich die Unterscheidung an zwischen einer subjektzentrierten Perspektive, die *Kinder* als soziale Akteure ins Zentrum der Untersuchungen rückt, und einer kontextanalytischen Perspektive, die *Kindheit* als die ökonomischen, politischen, sozialen und symbolisch-kulturellen Rahmenbedingungen analysiert, in denen Kinder agieren. In der Soziologie ist es üblich, diese Dualität (nicht selten mit Bezug auf Anthony Giddens, 1974) als eine von *Handeln* und *Struktur* zu fassen, und es werden Versuche vorgelegt, sie als Zusam-

Von Kinderwissenschaften zu generationalen Analysen. Einleitung

menhang und nicht als Dichotomie zu konzeptionalisieren. Das gilt auch für die Kindheitssoziologie. Man ist sich einig, dass das Handeln der Kinder ebenso sehr ein konstitutives Moment von Kindheit darstellt wie der institutionelle Rahmen und die kulturellen Muster, in denen sie handeln. Kinder werden als aktiv an der Konstruktion und Bestimmung ihres eigenen Lebens wahrgenommen. Welche konkreten Handlungsmöglichkeiten ihnen attestiert werden, hängt freilich davon ab, wie die Forscher den Kontext Kindheit fassen. Untersuchungen des Kontextes Kindheit können eher mikrosoziologisch oder eher makrosoziologisch empirisch ansetzen. Es gibt Beiträge über soziale Konstruktionen der Kindheit in Diskursen, und Beiträge, die materielle, ökonomische und politische Strukturen thematisieren. Zwar zerfließen nicht selten die Grenzen. Dennoch sind die spezifischen Akzente subjekt- und kontextzentrierter, diskursanalytischer, konstruktivistischer und sozialstruktureller Ansätze in kindheitssoziologischen Arbeiten deutlich. Davon hängt dann auch ab, ob eher nach den Gemeinsamkeiten historisch-konkreter Kindheit gefragt wird, oder ob Besonderheiten bestimmter kindlicher Lebenswelten, Kindheiten und nicht Kindheit, herausgearbeitet werden.

Um zu skizzieren, wie in der aktuellen Kindheitsforschung mit dem Verhältnis von Handeln und Struktur umgegangen wird, möchten wir an die Unterscheidung von drei Ansätzen anknüpfen, die *Leena Alanen* (in diesem Band) in bezug auf Analysen des Generationenverhältnisses vorgenommen hat:

1. Soziologie der Kinder,
2. dekonstruktive Soziologie der Kindheit,
3. sozialstrukturelle Soziologie der Kindheit.

Soziologie der Kinder: mikrosoziologisch-ethnographische Ansätze

In diesen Forschungen, die bei Kindern ansetzen, ist das Interesse an deren eigenständigem, kompetentem Handeln zentral. Kompetent handelnde, deutungsmächtige Kinder – so die bevorzugte methodische Umsetzung dieser Perspektive – erreicht man am besten ethnographisch, indem man sie in der Ausübung solcher Aktivitäten untersucht. Der aus der Anthropologie stammende ethnographische Ansatz hat sich vor allem im angelsächsischen Raum durchgesetzt (dazu u.a. James und Prout 1990). *Helga Kelle* stellt ihn in diesem Band vor. Ethnographische Kindheitsforscher interessieren sich für die Aktivitäten der Kinder in ihren natürlichen Umgebungen, verwenden qualitative Methoden bei der Datenerhebung und bevorzugen in der Analyse Kategorien, die sie als

Denkkonzepte ihrer Forschungssubjekte herausarbeiten. Solche Studien betonen die Kreativität, Vitalität und Energie, mit der Kinder (als von der legitimierten, institutionellen Macht Ausgeschlossene) sich eine bedeutungsvolle und lebenswerte Welt schaffen. Sie stehen in der Tradition der Arbeiten zu jugendlichen Subkulturen, in denen nicht die Machtausübung von oben nach unten thematisiert wird, sondern Widerstand von unten gegen oben, der ebenfalls eine Form der Macht ist, wenn auch einer informellen und subordinierten. Das Themenspektrum der Untersuchungen ist weit gespannt. Es reicht vom Aushandeln von Geschlechter- und Generationenbeziehungen, dem eigenwilligen Gebrauch von Medien und Technologien, über die (Um)Nutzung und Wiedereroberung städtischer Räume, die soziale Handlungslogik von Kindern bis hin zu ihren subkulturellen Praktiken, etwa ihrem "underlife" in Kindergarten und Schule. Alltagskulturellen Praktiken unter Gleichaltrigen wird besondere Bedeutung beigemessen.

In jüngster Zeit wird Kritik an der Reichweite und der existenziellen Bedeutung der *agency* der Kinder und am Axiom der kompetenten Akteure vorgetragen. Alan Prout (2000) moniert die Essentialisierung der agency der Kinder. In einem Sammelband über "Children and the changing family" (Jensen und McKee 2003) finden sich unter anderem ethnographische Beiträge, die deutlich machen, dass Familien in gesellschaftliche Transformationsprozesse involviert sind, die Zweifel an der "negotiating power" von Kindern aufkommen lassen. Obwohl letztere zweifellos im Familienalltag zugenommen hat, darf die Frage nach der möglichen Marginalität der Situationen, in denen Kinder Macht haben, nicht ausgeblendet werden. Eine Ethnographie, die nicht nur eine raffinierte Form empirischer Kinderstudien sein, sondern zu einem soziologischen Verständnis der gegenwärtigen Lebensverhältnisse von Kindern beitragen will, muß deren Aktivitäten als Bestandteil des komplexen und widersprüchlichen Kontextes betrachten, in dem die Kinder ihren Alltag leben.

Dekonstruktive Soziologie der Kindheit

In den Beiträgen zu dieser Forschungsrichtung begegnet man drei Konzepten, die zwar jeweils spezifische Schwerpunkte setzen, aber nicht immer leicht voneinander abzugrenzen sind, und nicht selten synonym verwendet werden: (Sozial-)Konstruktivismus, Diskursanalyse und Dekonstruktivismus. Gemeinsam ist allen drei Positionen die Annahme (sozialkonstruktivistische Komponente), dass es keine objektiven Wahrheiten gibt, sondern Wahrheit immer situiert und sozial konstruiert ist. Impliziert ist darüber hinaus, dass sich Bedeutung und Wahrheit immer in Machtverhältnissen konstituieren, in denen es um die Festlegung ansonsten mehrdeutiger Auffassungen geht. Die Diskurstheorie unterstellt in modernen Gesellschaften eine Vielzahl spezialisierter Wissensbereiche (Diskurse). Diskursanalyse ist dann eine (nicht schematische) Methodik der Untersuchung der komplexen Produktion und Praxis solcher Diskurse. Aufgaben von Diskursanalysen sind das Aufspüren und die Offenlegung der Annahmen, rhetorischen Strategien und blinden Flecken diskursiver Formationen. Es geht um den "Durchblick" durch das scheinbar Feststehende und Gewohnte von kulturellen Texten und Scripts. Auch Dekonstruktionen sollen unhinterfragte Voraussetzungen von Texten, die Weltanschauungen und "Ideologien", die sie transportieren, sichtbar machen. Dekonstruktivistisch im engeren Sinne sind vor allem Diskursanalysen, die sich auf die Demontage hierarchischer binärer Oppositionen (Natur/Kultur, Wesen/Erscheinung, Vernunft/Wahnsinn, Frauen/Männer, Kinder/Erwachsene) konzentrieren, welche Wahrheitsansprüche und Machtdifferenzen nicht zuletzt dadurch stabilisieren, dass sie einen Pol des oppositionellen Gefüges als minderwertig qualifizieren.

Die Vertreter sozialkonstruktivistischer Positionen – in diesem Buch repräsentiert durch Beiträge von *Doris Bühler-Niederberger* und *Jesper Olesen* – verstehen Kindheit als Bündel von Diskursen. Als Diskurse werden – wie angedeutet – nicht nur Vorstellungen, Denkkonzepte und die Sprache untersucht, in der diese gedacht und artikuliert werden. Es wird vielmehr in Anlehnung an Foucault darauf hingewiesen, dass Diskurse untrennbar mit sozialen Praktiken und mit den Institutionen, die sie konstituieren, verbunden sind. Allison James und Alan Prout (1990) sehen die besondere Tauglichkeit der Diskurstheorie darin, dass sich mit ihr die Dualität von Struktur und Handeln, von Makro- und Mikrosoziologie, überwinden lasse, weil sie sich gleichermaßen für die Analyse von Institutionen, Alltagspraktiken und Subjektivität eigne. Sie unterscheiden jedoch zwischen "harten" (materiellen Strukturen) und "weichen" Kindheitskonstruktionen. Gegenstand der Diskurstheorie sind weiche Konstruktionen: die herrschenden Vorstellungen über Alter, Abhängigkeit und Entwicklung, über die Vulnerabilität, die Unschuld und über den Wert von Kindern. Material der Untersuchungen sind alle Medien der Kindheitsrhetorik, also die vielfältigen Texte, Bilder und Reden, die ex- oder implizit Kinder und Kindheit bewerten, und auf diese Weise Wahrnehmungen steuern und Erwachseneninterventionen in die Kindheit Vorschub leisten.

Die von James und Prout (1990) und von James, Jenks und Prout (1998) edierten Bücher beinhalten Re- und Dekonstruktionen dominanter Kindheitsdiskurse, darunter (1990) psychologische Bedürfniskonzepte, die Auseinandersetzungen um sexuelle Gewalt gegen Kinder, die Darstellung von Kindern in der

US-amerikanischen Popularkultur, die Globalisierung des Kindheitsmodells der Moderne und (1998) u.a. die für die Moderne so charakteristischen Vorstellungen von Kinderkultur als Spielkultur und von Kindheit als arbeitsfreier Zeit. Weil Diskursanalysen immer wieder auf die anhaltende Dominanz von Konzepten wie Entwicklung und Sozialisation stoßen, sehen Vertreter dieser Forschungsrichtung weiterhin eine wichtige Aufgabe darin, an der Demontage dieser Konzepte zu arbeiten. *Doris Bühler-Niederberger* hat diskursanalytische Untersuchungen an der Geschichte der Legasthenie, an verschiedenen parteipolitischen Diskussionen und Verhandlungen, an wissenschaftlichen Diskursen in der Geschichte der Schule, und an Erziehungsratgebern durchgeführt. In ihrem Beitrag in diesem Band zeigt sie an Beispielen aus ihren Studien, wie in diskursiven Prozessen Definitionen von Kindheit ausgearbeitet werden, die bestimmte Vorstellungen über die Bedürftigkeit, die Gefährdung und den Wert der Kinder enthalten.

Eine Begrenzung des Ansatzes liegt in der Ausblendung realer Kinder. Der US-amerikanische Soziologe Daniel Cook (2002) betont, die Situierung von Kindheit in Diskursen über Kinder dürfe nicht als Negation realer Kinder (miß)verstanden werden, sie solle vielmehr nur dabei helfen, Kindheit als soziales Konstrukt kenntlich zu machen. Man könne die lebendigen Kinder nicht wirklich verstehen, wenn man nicht kritisch über die vorherrschenden Kindheitsdiskurse informiert sei. *Jesper Olesen* zielt in seinem Beitrag in diesem Buch in die gleiche Richtung. Er beschäftigt sich mit der Herausbildung bestimmter diskursiver Strategien in den Vorstellungen, die Erwachsene über die Wirkung von Werbung und Medien auf Kinder haben, und fragt, wie durch Forschung der Einfluß erfasst werden kann, den diskursiv entstandene Perspektiven und Strategien in der sozialen Praxis der Kinder haben. Sein Resumee: empirisch feststellbares Handeln kann nicht angemessen untersucht werden, ohne den diskursiven Kontext zu dekonstruieren.

Weil insbesondere die britischen Vertreter des sozialkonstruktivistisch-dekonstruktiven Ansatzes gleichzeitig Verfechter der ethnographischen Kinderforschung sind und eine Produktion soziologischer Daten favorisiert haben, an der Kinder aus Fleisch und Blut in ganz entscheidendem Maße partizipieren sollten, konnte das Problem der Vernachlässigung lebendiger Kinder im diskurstheoretischen Denken lange Zeit verborgen bleiben. Gegenwärtig ist eine Art Materialisierung des diskurstheoretisch-konstruktivistischen Ansatzes in der Kindheitsforschung zu beobachten (James et al. 1998; Prout 2000; Hutchby und Moran-Ellis 2001). Es wird betont, dass es abwegig ist, den materiellen (Kinder)Körper in der kulturellen Konstruktion seiner Bedeutungen aufzulösen, dass aber auch keine Rückkehr zum biologischen Essentialismus möglich ist. Biolo-

Von Kinderwissenschaften zu generationalen Analysen. Einleitung

gie und Kultur seien vielmehr als vielschichtige Prozesse aufzufassen, die in komplexen Wechselwirkungen miteinander stehen und damit die Konstitution von "verkörperten" sozialen Beziehungen, Identitäten und Differenzen bedingen (Prout 2000).

Sozialstrukturelle Soziologie der Kindheit

Im Gegensatz zum dekonstruktivistisch-diskursanalytischen Ansatz, der den Kontext Kindheit primär als semantisches Phänomen untersucht, versteht diese Forschungsrichtung Kindheit als integrierten Bestandteil der Sozialstruktur der Gesellschaft. Mit *Jens Qvortrup, Giovanni Sgritta* und *Helmut Wintersberger* kommen in diesem Buch die langjährigen Protagonisten dieser Richtung zu Wort. Ziel ist, in doppelter Weise zur Emanzipation der gesellschaftlichen Position der Kinder beizutragen: innerhalb der Soziologie, indem die Aufmerksamkeit sich direkt auf Kinder und Kindheit richtet und nicht bei der Analyse von Familie und Bildungsinstitutionen stehen bleibt, und in der Gesellschaft, indem Marginalisierungen der Kinder aufgedeckt werden. Es geht – so *Jens Qvortrup* in seinem Beitrag – um die ökonomische, soziale, politische, rechtliche, kulturelle und ideologische Position der Kinder, die im Bezug zu Verteilungen von Macht, Arbeit, ökonomischen, räumlichen und zeitlichen Ressourcen zwischen den Generationen in der gesamten Gesellschaft zu bestimmen ist. Sozialstrukturelle Untersuchungen der Kindheit werden nicht zuletzt angestellt, um Informationen für eine Sozialpolitik zu gewinnen, mit der Partizipations- und Ressourcengerechtigkeit zwischen den Generationen verbessert werden soll. Mit diesem Ziel wird in jüngster Zeit an Konzepten einer Kinderwohlfahrtspolitik gearbeitet (Joos 2001; Kränzl-Nagl, Mierendorff und Olk 2003) Vergleichstudien zwischen unterschiedlichen Gesellschaften haben zum einen die Funktion, Entwicklungstrends zu erkennen (historische Vergleiche) und dienen zum andern dazu, kritische Perspektiven auf nationale Sozialpolitiken und ihre Folgen für die Wohlfahrt von Kindern zu gewinnen (internationale Vergleiche). Das eingangs erwähnte Projekt "Childhood as a social phenomenon" (Bardy et al.1990-1993; Qvortrup et al. 1994) ist das früheste große Beispiel für eine in diesem Sinne komparative Kindheitsforschung.

Mit dem sozialstrukturellen Ansatz arbeitende Soziologen machen Kindheitsverhältnisse sichtbar, indem sie eine dezentrierte Perspektive auf Kinder wählen; der Blick richtet sich nicht auf Kinder und Kindheit für sich, sondern auf die Art und Weise, wie Kinder in die Sozialstruktur der Gesellschaft integriert sind. Für solche Analysen bedarf es gesellschaftstheoretischer Konzepte, wie *Giovanni Sgritta* hervorhebt und wie *Helmut Wintersberger* in seiner Analyse ökonomischer Verhältnisse der Kindheit demonstriert.

Das schließt nicht aus, dass Kinder im Rahmen dieses Ansatzes auch als Akteure positioniert werden. Es interessiert jedoch nicht individuelles Verhalten, sondern der Platz, den die Aktivität der Kinder als Bevölkerungsgruppe in der zur Reproduktion der Gesellschaft organisierten Arbeitsteilung hat, wie in den Beiträgen von *Qvortrup* und *Wintersberger* deutlich wird.

Kindheit im gesellschaftlichen Verhältnis der Generationen

Die kurze Charakterisierung der drei Forschungszugänge mag zeigen, dass es zum Verständnis eines jeden hilfreich ist, sie komplementär zu betrachten. Die klare Unterscheidung von Perspektiven auf denselben Gegenstand – auf die Situierung von Kindern und Kindheit in der Gesellschaft – führt zu einem vollständigeren Bild als die Fixierung auf einen Zugang. Integration sollte deshalb nicht auf der methodisch-konzeptuellen Ebene angestrebt werden, sondern liegt im gemeinsamen Forschungsgegenstand und in dessen inhaltlicher Konzeptualisierung. Dass Integration nur mit dem Generationskonzept geleistet werden kann, und dass es an der Zeit ist, sich verstärkt darum zu bemühen, wird heute von Vertretern aller kindheitssoziologischen Richtungen betont. Alle Beiträge dieses Buchs enthalten deshalb mehr oder weniger explizite Auseinandersetzungen mit dem Konzept Generation oder mit konkreten Phänomenen des Generationenverhältnisses.

Wie die gesellschaftliche Position der Frauen im Gender-Zusammenhang nicht ohne Bezug auf die der Männer begriffen werden kann, so die der Kinder nicht ohne den Bezug auf die der Erwachsenen im Generationenzusammenhang. Kinder und Erwachsene sind aufeinander bezogen, nicht nur persönlich in Kind-Eltern- und Schüler-Lehrer-Beziehungen, sondern im gesellschaftlich geformten Verhältnis zwischen den Positionen Kind und Erwachsener. Soziologisch zentral ist die Frage nach der "gesellschaftlichen Reaktion auf die Entwicklungstatsache" (Bernfeld 1925). Wie sind die anthropologisch bedingten wechselseitigen Abhängigkeiten der Altersgruppen in gesellschaftliche Verhältnisse zwischen den Generationen transformiert? In was für Prozessen wird das Generationenverhältnis, und somit Kindheit, hergestellt, ständig neu reproduziert und verändert? In was für institutionellen und kulturellen Strukturen der Kindheit kommt die je besondere Generationenordnung einer Gesellschaft zum Ausdruck? Wie sind Kinder gegenüber Erwachsenen positioniert, und wie partizipieren sie an Rechten und Ressourcen? Wie werden intergenerationale Machtverhältnisse in Diskursen über Kindheit bearbeitet, ideologisiert und kritisiert?

Sowohl *Jens Qvortrup* als auch *Giovanni Sgritta* machen in ihren Beiträgen deutlich, dass ein Verständnis der historischen Dynamik des Generationsverhältnisses nur möglich ist, wenn bei der theoretischen Opposition von Kindern und Erwachsenen und den Abhängigkeiten zwischen beiden angesetzt wird. Unterscheidungen innerhalb der Bevölkerungsgruppe der Kinder nach Geschlecht, Alter oder Ethnizität seien für die Kindheitssoziologie sekundär, und bloße Beschreibungen von Situationen und Lebensweisen von Kindern genügten nicht; vielmehr seien Merkmale der Generationsgruppen zu vergleichen, etwa im Hinblick auf die Verteilung von Macht und Ressourcen, so Qvortrup. Beispiel einer systematischen und umfassenden Darstellung der wechselseitigen ökonomischen Abhängigkeit der Generationen ist in diesem Band *Helmut Wintersbergers* historische Analyse der Entwicklung der Arbeits- und Ressourcenteilung zwischen den Generationen (s. unten).

Leena Alanen exploriert theoretische Möglichkeiten, Generation relational zu konzeptualisieren und Untersuchungen auf diese Relationalität zu richten. Es sei notwendig, nach "internen" Beziehungen zwischen den gesellschaftlichen Positionen der Kinder und denen der Erwachsenen zu fragen. Sie versteht darunter Beziehungen, in denen die eine Position nicht ohne die andere existieren kann. Als Beispiel nennt sie – wie übrigens auch Jens Qvortrup in seinem Beitrag – die Marx'sche Klassentheorie, die Kapitalbesitzer und Lohnempfänger in den ökonomischen Produktionsverhältnissen aufeinander bezieht, im Unterschied zu soziologischen Theorien sozialer Schichtung, die Bevölkerungsgruppen nur vergleichend nebeneinander stellen. Interne generationale Verhältnisse bestünden etwa zwischen Eltern und Kindern in der Familie, zwischen Lehrern und Schülern, aber auch zwischen Schulsystem und Wohlfahrtsstaatsystem. *Leena Alanen* fragt weiter, wie die besondere Beschaffenheit interner generationaler Verhältnisse in einer nationalen Gesellschaft entsteht. Ihre Antwort ist: Die generationalen Kategorien Kinder und Erwachsene interagieren in Prozessen sozialer Praxis, sie werden ständig durch "generationing" erzeugt, dabei reproduziert und verändert. Generationing geschieht auf der Ebene des Alltagshandelns von Personen, Kindern und Erwachsenen, wie auch durch soziale Akteure auf politischer oder ökonomischer Makroebene. In der Praxis des generationing seien gesellschaftliche Generationsstruktur und Handeln der Beteiligten aufeinander bezogen.

In diesem Buch werden die beiden wichtigsten Zugänge zur Analye von "generationing" vorgestellt, ethnographische und diskursbezogene. *Helga Kelle* geht es um das Anregungspotential des ethnographisch-konstruktivistischen

Zugangs für die kindheitssoziologische Konzeptualisierung und Erforschung von generationaler Differenz. In Auseinandersetzung mit erziehungswissenschaftlichen und soziologischen Theorien und Forschungszugängen – nicht zuletzt mit der Generationentheorie Karl Mannheims – entfaltet sie ein Konzept kulturanalytischer Erforschung von "generationing" als kultureller Praxis unter Gleichaltrigen, das sie an Ergebnissen eigener Forschungen verdeutlicht. Sie zeigt, wie in ethnographischen Analysen Prozesse rekonstruiert werden können, in denen Kinder in gemeinschaftlicher Alltagspraxis ihre soziale Wirklichkeit herstellen.

Für *Jesper Olesen*, der auf einer anderen Realitätsebene, bei Diskursen Erwachsener, ansetzt, erscheint "generationale Differenz" in den Inhalten diskursiver Strategien, die in öffentlichen Debatten verwendet werden, und zwar sowohl in Diskursen, die Kinder als passive Opfer kommerzieller Agenten definieren, wie in solchen, die Kinder als kompetente, kritische Konsumenten begreifen. Auch der Beitrag von *Doris Bühler-Niederberger* richtet sich auf gesellschaftlich dominante generationsbezogene Diskurse Erwachsener über Kinder. Hier sind es solche, die die Abhängigkeit und Bedürftigkeit des Kindes voraussetzen, bearbeiten und dabei zum hervorstechenden Attribut des Kindes machen. An mehreren historischen und aktuellen "Episoden" zeichnet sie soziale Prozesse nach, in denen Erwachsene die "Alterskategorie" Kind ausarbeiten. Sie zeigt, wie in parteipolitischen und wissenschaftlichen Diskursen sowie in institutionellen Arrangements für Kinder sowohl Trennungen als auch das Aufeinanderverwiesen-sein der Generationen verstärkt werden. Als treibendes Moment solcher "Ausarbeitungen" generationaler Ordnung erkennt Bühler-Niederberger – wie auch *Olesen* – Interessen sozialer Gruppen; denn Kindern bestimmte Merkmale zuzuweisen, bringe Erwachsenen Gewinn.

Berry Mayall untersucht ebenfalls Aspekte der ungleichen Machtverteilung zwischen den Generationen. Doch sie rekonstruiert nicht Prozesse, in denen Erwachsene generationale Ordnung herstellen, sondern die Sicht der Kinder auf Ergebnisse solcher Prozesse. Komplementär zu Bühler-Niederbergers Frage nach der Konstruktion des bedürftigen, abhängigen, inkompetenten Kindes durch Erwachsene ist Mayall an der Differenz zwischen solchen Definitionen und den tatsächlichen Verhaltensweisen und dem Selbstverständnis von Kindern interessiert: Wie erfahren sich Kinder in ihren persönlichen Beziehungen zu Erwachsenen als sozial positioniert? Wie bewerten sie die Positionszuweisungen durch Lehrer und Eltern, mit denen sie es in ihrer konkreten Alltagspraxis zu tun haben? In der Schule, im öffentlichem Raum und in der Familie wird ihnen unterschiedlicher "moralischer Status" zugestanden. Kinder gehen kritisch mit Erfahrungen der Widersprüchlichkeit um.

Historischer Wandel des Generationenverhältnisses

Die genannten Prozesse des "generationing" reproduzieren nicht nur gesellschaftliche Verhältnisse zwischen Kindheit und Erwachsenheit, sie verändern sie auch. Das gilt auf der Ebene von Politik, Ökonomie und öffentlichen Diskursen, und es gilt in der Alltagspraxis von Kindern und Erwachsenen. Sozialer Wandel der Kindheit vollzieht sich konkret im sozialen Handeln und in Kommuni-kationen. Hier finden ständig Auseinandersetzungen mit je konkret erfahrbaren materiellen, institutionellen und kulturellen Ressourcen und Vorgaben statt, die individuelles Handeln wie auch die Interpretationen des Handelns ermöglichen und beschränken. Wer sich heute sozialwissenschaftlich mit Kindheit befasst, pflegt zu betonen, dass Kinder auf diese Weise am sozialen Wandel der Kindheit aktiv beteiligt sind.

Allein auf der Ebene von sich verändernden Kindheitsbedingungen und von Praxen des Alltagslebens ist gesellschaftlicher Wandel freilich nicht diagnostizierbar. Hierzu müssen Bezüge zwischen den konkreten Phänomenen und den darin zur Erscheinung kommenden gesellschaftlichen Verhältnissen zwischen den Generationen explizit gemacht werden. Notwendig ist gesellschaftstheoretisches Denken, wie *Giovanni Sgritta* in seinem Beitrag ausführt und am Beispiel des Umgangs mit statistischen Daten erläutert. Die vier Beiträge zum sozialen Wandel der Kindheit, die dieses Buch enthält, entsprechen dieser Forderung. Sie beschreiben nicht einfach Veränderungen alltäglicher Lebensbedingungen und Lebensweisen von Kindern, die in jüngster Zeit zu beobachten sind, sondern fragen nach darin erscheinenden Veränderungen des Generationenverhältnisses und erklären diese als Ausdruck übergreifenden gesellschaftlichen Wandels. Alle diese Beiträge, ob sie nun bei ökonomischen Verhältnissen oder bei Zeitstrukturen der Arbeitswelt ansetzen, bei pädagogischen Diskursen, bei Institutionen oder bei der kulturbestimmenden Macht von Medien und Märkten, beschäftigen sich mit sozialen Verhältnissen zwischen Kindheit und Erwachsenheit. Alle stellen aktuelle Verschiebungen und Erosionen von Grenzen zwischen den Generationen fest.

Die konkreten Phänomene, an denen der Beitrag von *Helmut Wintersberger* ansetzt, sind die in jüngster Zeit vermehrte relative Armut der Kinder und der historische Wandel der Kinderarbeit. *Wintersberger* stellt beides in den Zusammenhang säkularer ökonomischer und sozialpolitischer Entwicklungen seit der Entfaltung der Industriegesellschaft. Armut der Kinder erscheint in seiner Analyse als aktuelles Symptom von Entwicklungen der Ressourcenverteilung zwischen den Generationen. Indem er Kinderarbeit im historischen Transformationsprozess generationaler Arbeitsteilung verortet, wird der Widerspruch zwischen formellen Erwerbsarbeitsverboten und dem Entwurf einer arbeitsfreien Kindheit einerseits und der tatsächlichen Stellung der Kinder in der gesellschaftlichen Arbeitsteilung deutlich. Der aktuelle Wandel von Aktivitäten der Kinder verweist – wenn er in dieser Weise auf langfristige Trends bezogen wird – auf sich anbahnende Veränderungen der generationalen Arbeitsteilung.

Der Beitrag von *Helga Zeiher* zum Wandel des Umgangs mit Zeit macht ebenfalls deutlich, dass vorherrschende Vorstellungen von einer generationalen Ordnung, in der Kinder in Schonräumen von der Arbeitswelt abgetrennt leben, sich als illusionär erweisen, wenn Kinder und Kindheit in gesamtgesellschaftlichen Zusammenhängen und deren historischen Entwicklungen wahrgenommen werden. Dann nämlich zeigt sich, wie die Zeitregimes, die jeweils in der Arbeitswelt vorherrschen, immer auch die Organisationsformen der Kinderinstitutionen und die diskursiven Entwürfe des Kindes bestimmt und somit das alltägliche Handeln von Kindern beeinflußt haben. Zeitvorgaben sind immer ein Medium der strukturellen wie auch der direkten Herrschaft Erwachsener über Kinder gewesen. Wenn gegenwärtig tendenziell gesellschaftliche Zeitstrukturen entstandardisiert und Zeitregimes individualisiert werden, bleibt das nicht ohne Folgen für die Position der Kinder gegenüber Erwachsenen.

Persönliche Beziehungen zwischen Kindern und Erwachsenen sind seit einigen Jahrzehnten weniger hierarchisch strukturiert. In Familien wird mehr miteinander ausgehandelt und weniger befohlen, und in Diskursen über Formen schulischen Lernens sind Verschiebungen der Definitionsmacht zu den Schülern hin festzustellen. *Manuela du Bois-Reymond* geht von diesem Wandel der Position der Kinder in persönlichen Beziehungen aus und fragt nach weiterreichenden Folgen für das gesellschaftliche Verhältnis der Generationen. Veränderungen in der Art und Weise wie Kinder lernen, deutet sie als Symptome der Auflösung von einst klaren Abgrenzungen zwischen den Generationen. So nehme die Bedeutung formalen schulischen Lernens für die Qualifizierung zu künftiger Erwerbsarbeit zugunsten von informellen Lernformen ab; die Abgrenzung der Generationen durch die Trennung von Lernwelt und Arbeitswelt erodiere. Mit der Notwendigkeit lebenslangen Lernens sei arbeitsbezogenes Lernen nicht nur nicht mehr auf frühe Lebensalter beschränkt; auch die lebenszeitliche Abgrenzung zwischen den Generationen als Lernende und Wissende erodiere.

Auch *Heinz Hengst* fragt nach Veränderungen und möglichen Auflösungen von Abgrenzungen zwischen den Generationen. Er tut das im Rahmen eines Konzepts, das in Kindern zunächst einmal Zeitgenossen sieht und ihre habitusprägenden Erfahrungen nicht primär als Kindererfahrungen thematisiert. Sein Vorschlag für eine zeitdiagnostisch sensible Kindheitsforschung ist eine Perspektive, die Kinder und Kindheit dezentriert betrachtet. Er versucht zu zeigen,

Von Kinderwissenschaften zu generationalen Analysen. Einleitung   23

dass Generationendifferenzen und generationale Ordnung(en) in Zeiten rapiden und umfassenden sozialen Wandels nicht vorausgesetzt werden können, sondern begründungspflichtig geworden sind.

Literatur

Alanen, Leena (1988): "Rethinking childhood". *Acta Sociologica* Vol. 31: 53-67.

Alanen, Leena (2001): "Explorations in generational analysis". Mayall, Berry und Alanen, Leena (eds): *Conceptualizing Child-Adult Relations*. London and New York: RoutledgeFalmer: 11-22.

Aries, Philippe (1988): Geschichte der Kindheit. München: Deutscher Taschenbuch Verlag.

Bardy, Marjatta et. al. (1990-1993): *Childhood as a Social Phenomenon. A Series of National Reports*. Wien: European Center.

Becchi, Egle und Julia, Dominique (1996): *Storia dell' infancia. I. Dall' antichita al Seicento. II. Dal settecento a oggi*. Roma-Bari: Laterza & Figli Spa.

Bernfeld, Siegfried (1925): *Sisyphos oder die Grenzen der Erziehung*. Leipzig et al.: Internationaler Psychoanalytischer Verlag.

Cook, Daniel Thomas (2002): "Introduction: Interrogating symbolic childhood". Cook, Daniel Thomas (ed.): *Symbolic Childhood*. New York et al.: Peter Lang: 1–14.

Durkheim, Emile (1922): *Education et sociologie*. Paris: Felix Alcan.

Giddens, Anthony (1997): Die Konstitution der Gesellschaft. Grundzüge einer Theorie der Strukturierung. Frankfurt am Main und New York: Campus.

Hutchby, Ian und Moran-Ellis, Jo (2001): "Introduction: relating children, technology and culture". Hutchby, Ian und Moran-Ellis, Jo (eds.): *Children, Technology and Culture. The Impact of Technologies in Children's Everyday Lives*. London und New York: RoutledgeFalmer: 1-10.

James, Allison und Prout, Alan (1990): *Constructing and Reconstructing Childhood*. Basingstoke: Falmer Press. (2. Auflage 1997)

James, Allison, Jenks, Chris und Prout, Alan (1998): *Theorizing Childhood*. Cambridge: Polity Press.

Jensen, An-Magritt und McKee, Lorna (eds.) (2003): *Children and the Family. Between Transformation and Negotiation*. London und New York: RoutledgeFalmer.

Joos, Magdalena (2001): Die soziale Lage der Kinder. Sozialberichterstattung über die Lebensverhältnisse von Kindern in Deutschland. Weinheim und München: Juventa.

Kränzl-Nagl, Renate, Mierendorff, Johanna und Olk, Thomas (2003) (eds.): Kindheit im Wohlfahrtsstaat. Gesellschaftliche und politische Herausforderungen. Frankfurt am Main und New York: Campus.

Prout, Alan (2000): Childhood Bodies : Construction, Agency and Hybridity. Prout, Alan (ed.) *The Body, Childhood and Society*. Houndsmills et al: McMillan Press LTD: 1-18.

Qvortrup, Jens, Bardy, Marjatta, Sgritta, Giovanni und Wintersberger, Helmut (1994): *Childhood Matters. Social Theory, Practice and Politics*. Aldershot et al.: Avebury.

Saporiti, Angelo (1994): "A methodology for making children count". Qvortrup, Jens, Bardy, Marjatta, Sgritta, Giovanni and Wintersberger, Helmut (1994) *Childhood Matters. Social Theory, Practice and Politics*. Aldershot et al.: Avebury: 189-210.

Erster Teil
Generationenkonzepte in der soziologischen Kindheitsforschung

Jens Qvortrup

Kinder und Kindheit in der Sozialstruktur

Kinder und Kindheit in der Sozialstruktur – das ist ein Thema, das eine kleine internationale Forschergruppe interessiert, den meisten Leuten aber ungewöhnlich oder gar seltsam erscheinen mag. Wie kann man denn überhaupt, so mögen Leser fragen, Kinder als Teil der Sozialstruktur verstehen, und wenn, dann was für einer? Ist es nicht nahezu unmöglich, einen festen Komplex von Variablen auszumachen, mit dem sich eine eigene Position der Kinder erhellen läßt, also einer Gruppe, deren Lebensbedingungen "selbstverständlich" von ihrer Zugehörigkeit zu Familien abhängig und bestimmt sind, und deren Lebensumstände ohnehin zu unterschiedlich sind, als dass sich ein zusammenhängendes Bild der Kinder als solchen ergeben würde? Wie können wir Kinder von der Familie ablösen, mit der ihre Wohlfahrt und ihr Wohlbefinden untrennbar verbunden sind?

Es sind freilich genau diese Vorbehalte, die für das Vorhaben sprechen. Kinder scheinen so sehr in anderen Kategorien versteckt zu sein, dass es schwierig ist zu bestimmen, was ihnen gemeinsam ist gegenüber anderen Gruppen in der Gesellschaft. Doch obwohl ihre Lebensbedingungen beachtlich differieren, teilen sie einige allgemeine Eigenschaften, und das macht Kindheit zu einem eigenständigen Kollektiv, zu einer eigenständigen Gruppe oder Kategorie im Vergleich zu anderen Kollektiven, Gruppen oder Kategorien. Wir sind es gewohnt, zum Beispiel soziale Klasse, Geschlecht und Ethnizität als Kategorien zu benutzen, in denen sich eine Vielzahl von Personen sinnvoll zusammenfassen lassen, obwohl jede von ihnen in der Realität ein anderes Leben führt. So ist es den Kindern gegenüber nur gerecht, nach der Position zu fragen, die sie in der Sozialstruktur der Gesellschaft haben. In den letzten Dekaden sind in dieser Absicht neue Konzepte entstanden, die in einem Zusammenhang stehen, der als das neue Paradigma der Kindheit oder die neue Kindheitsforschung bezeichnet wird. In diesem Kapitel werden einige Gedanken vorgestellt, die für die Bestimmung von "Kindheit als sozialer Struktur" wichtig sind.

Kindheit als eine permanente strukturelle Form

Das Aufkommen der neuen Kindheitsforschung ist vor dem Hintergrund der Position zu sehen, die Kinder bislang in der Wissenschaft hatten. Bis vor kurzem waren Kinder vor allem Forschungsgegenstand in der Psychologie und Psychiatrie, also in Wissenschaften, die – soweit es um Kinder geht – vor allem mit dem individuellen Kind und seiner Entwicklung, seinem Wachstum und seiner Gesundheit befaßt sind. Provozierend ist behauptet worden, dass diese Wissenschaften sich mehr für Kinder als "Werdende" denn als "Seiende" interessiert haben (Qvortrup 1985). Im Gegensatz dazu fordert die neue Kindheitsforschung, den Blick auf Kinder und ihre Lebenswelten zu richten, solange sie noch Kinder sind, sowie auf Kindheit als eine strukturelle Einheit in der Gesellschaft. Das könne mehr relevante und angemessene Informationen über die Aktivitäten der Kinder bringen und darüber, wie sie ihr Leben in ihren eigenen Perspektiven sehen und führen, und wie sie beitragen, Kindheit als ein Element in der Sozialstruktur zu konstituieren.

Diese Forderungen haben weitreichende Folgen für die Art und Weise, wie die Erwachsenengesellschaft Kinder wahrnimmt, sowie für den Status der Kindheit in der Gesellschaft. Anstatt Kinder als passive Empfänger von Ressourcen und Wissen der Erwachsenen wahrzunehmen, deren Potential sich erst zu einem künftigen Zeitpunkt entfalten wird, wird die These aufgestellt, dass Kinder *als* Kinder Beitragende, Verhandelnde, Produzenten und Reproduzenten – in anderen Worten, *Handelnde* – sind, und dass sie nicht nur bei einer Vielzahl von Aufgaben in ihren verschiedenen Lebensbereichen mitwirken, sondern Koproduzenten ihrer eigenen Entwicklung sind. Ebenso wie richtig ist, dass Kindheit für ein jedes Kind eine Durchgangsphase ist, die endet, wenn das Kind erwachsen wird, ist es eine richtige, aber vernachlässigte Erkenntnis, dass Kindheit in jeder Gesellschaft eine *beständige* Kategorie ist.

Das Konzept der Kindheit als einer strukturellen Form, die permanent ist, hat für die neue Kindheitsforschung besondere Bedeutung. Damit wird eine Vorstellung nahe gelegt, die vom individuellen Kind abstrahiert zugunsten eines abstrakten, aber durchaus realen Gebildes, in dem sich alle Kinder während ihrer je individuellen Kindheit notwendig befinden. Diese abstrakte Form ist nicht – wie in der Psychologie und anderen etablierten Kinderwissenschaften – durch wechselnde Dispositionen des Individuums, das seine Entwicklungsstufen durchläuft, charakterisiert; es ist vielmehr durch eine Anzahl von Parametern charakterisiert, die die sozio-ökonomische Welt betreffen, etwa Ökonomie, soziales Leben, Politik, Technologie, Kultur, Ideologie usw. Diese Parameter, die Kindheit als soziale Form beeinflussen, sind im Prinzip dieselben, die andere strukturelle Formen in der Gesellschaft beeinflussen, wie soziale Klassen, ethnische Gruppen oder Geschlechtsgruppen (unten mehr dazu).

Kindheit als soziale Struktur hat also die logische Implikation, dass Kinder – oder eine Kohorte von Kindern – diese in ihren *individuellen* Kindheiten ganz durchlaufen. Jedes einzelne Kind gehört der Kindheit als einer strukturellen Form an, aber Kinder, soweit sie überleben, werden notwendigerweise die Kategorie Kindheit durch Übergang in Erwachsenheit verlassen. Die strukturelle Kategorie "Kindheit" ist jedoch bereit, immer wieder neue Kohorten von Kindern aufzunehmen. Freilich bleibt sie als Form nicht unverändert; die Formen und Inhalte verändern sich ständig, weil die Parameter sich ändern, die Kindheit definieren, beeinflussen und formen. Es kommt also darauf an, ständig aufmerksam zu sein, um die sich wandelnden Werte der strukturellen Parameter zu entwirren und um zu beobachten, wie diese Prozesse die Lebenswelt der Kinder beeinflussen – also der jeweiligen Inhaber der Kindposition. Mit anderen Worten, wir suchen nicht nach dem sich wandelnden Kind, sondern nach den sich wandelnden Lebensumständen der Kinder – nach Kindheit, wie sie in den strukturellen Formen und deren Transformationen erscheint.

Die Einführung einer strukturellen Perspektive hat eine Reihe von Implikationen für die Forschung. Am wichtigsten ist, dass Kindheit im historischen Wandel oder im interkulturellen Vergleich sichtbar gemacht werden kann; zugleich zeigen sich neue Wege des Denkens über den Status der Kindheit im Vergleich zu anderen generationalen Formen wie Erwachsenheit oder hohes Alter. Jede Gruppe oder Kategorie der Gesellschaft kann mit Kindheit verglichen werden.

Wenn es um Veränderungen geht, legt das neue soziologische Paradigma der Kindheit ein besonderes Interesse an der Transformation der *Kindheit* nahe zu Lasten des konventionellen Interesses an der Entwicklung des individuellen *Kindes*. Das ist die genuin soziologische Eigenschaft des Paradigmas, insofern Soziologie verstanden wird als sich vor allem mit Gruppen, Kollektiven und Kategorien und nicht mit individuellen Personen beschäftigend. Für die Soziologie bedeutet das, Kindheit in Relation zu anderen sozialen Gruppen, Kollektiven und Kategorien zu untersuchen, und es bedeutet, dass innerhalb der sich im Zeitverlauf wandelnden Kategorie Kindheit Vergleiche angestellt werden können.

Als eine strukturelle Form unterscheidet sich die Kindheit der ersten Dekade des 21. Jahrhunderts von der vor hundert oder vor fünfzig Jahren. Dieser Wandel folgt nicht aus Veränderungen des Kindes, biologischen oder psychologischen, sondern ist durch Transformationen in der Gesellschaft verursacht, die sich als Wandel innerhalb der Parameter, in denen Kindheit konstruiert ist, fassen lassen, und auch als Wandel anderer struktureller Formen. Der Grundgedanke ist sehr einfach, wenn nicht sogar trivial: *Wenn die Gesellschaft sich verändert, tut das auch die Kindheit* (obwohl nicht notwendig mit derselben Geschwindigkeit, Intensität oder Qualität wie andere Teile oder Kategorien oder wie die Gesellschaft als Ganze). Überraschend ist freilich, dass bis in die jüngste Zeit diese Trivialität nicht entdeckt worden ist und Soziologen sie nicht genutzt haben, sondern sich, wenn sie Kinder behandelt haben, im Großen und Ganzen an Perspektiven auf Sozialisation und Erziehung gehalten haben, das heißt, an Modalitäten des Aufwachsens zum Erwachsensein: Wie integrieren wir Kindheit in die Gesellschaft? Diese Frage ist jedoch falsch gestellt, weil sie voraussetzt, Kinder seien keine Mitglieder der Gesellschaft und Kindheit sei nicht in die Gesellschaft integriert, und weil unterstellt wird, Kinder seien vor allem als Rohmaterial bedeutsam, aus dem Erwachsene und künftige Arbeitskräfte werden. Im Gegensatz dazu steht hinter dem soziologischen Paradigma der Kindheit die Annahme, dass Kinder und Kindheit von vornherein ein Teil der Gesellschaft und in diese integriert sind. Nicht nur aufgrund von Präsenz, Größe und Qualität interagiert Kindheit mit anderen Altersgruppen und Sektoren der Gesellschaft; auch durch ihre Aktivitäten unterschiedlicher Art, nicht zuletzt durch ihre schulischen Aktivitäten interagieren Kinder mit der Familie und ihrer Umgebung und mit der Gesellschaft als Ganzer und beeinflussen diese.

Historischer Wandel der Kindheit als einer strukturellen Form

Um die Struktur und die Umrisse der Kindheit in ihrem historischen Wandel zu bestimmen, müssen wir zu verschiedenen Zeitpunkten die dominanten Parameter anschauen. Dieser Gedanke ist implizit in Ariès' Arbeit enthalten; Ariès (1988) ging sogar so weit, nahe zu legen, Kindheit sei eine soziale und kulturelle Erfindung, die es bis ins 16. und 17. Jahrhundert im allgemeinen Bewußtsein der Menschen nicht gab. Dieser radikale Entwurf unterstützt die Auffassung, dass "Kind" (biologisch und psychologisch) und "Kindheit" zwei verschiedene Phänomene sind. Oder mit anderen Worten, damals gab es keinen Widerspruch zwischen der Ansicht, dass "Kindheit" nicht existiert, und der Tatsache, dass da viele Kinder waren. Denn Kindheit hatte sich noch nicht als ein struktureller Raum oder als eine Form konstituiert (oder war noch nicht konstituiert worden). Letztendlich hat, so Ariès, der beginnenden Bedarf der Gesellschaft an Schulbildung dazu beigetragen, Kindheit als eine separate Kategorie zu etablieren.

Wenn wir zum Beispiel den Übergang in die Moderne betrachten (also vom späten 19. zum 20. Jahrhundert, womit sich viele Historiker befaßt haben), können wir leicht eine Reihe von Parametern finden, die für die Gesellschaft außerordentlich wichtig waren (und somit auch für Kindheit): Industrialisierung, Mechanisierung, Spezialisierung, "Proletarisierung", Individualisierung und Demokratisierung waren Prozesse, die alle in Westeuropa und in Nordamerika begonnen hatten, sich durchzusetzen. Sie alle hatten tiefgreifenden Einfluß auf die Gesellschaft im Allgemeinen und somit auch auf Familien und Kinder. Das war auch die Zeit der neu aufgekommenen Ideologie der Familie als Kernfamilie, die jetzt zur Norm wurde. Eine Sozialpolitik, die unter anderem die Einführung von Rentensystemen anstrebte, war die logische Folge, weil die Kernfamilie keinen Platz für die Alten bot. Es war auch die Zeit des demographischen Umbruchs und – damit verbunden – des Wechsels der vorherrschenden obligatorischen Arbeiten der Kinder von manueller Arbeit zu Schularbeit, die schließlich universal wurde. Diese Veränderungen gingen mit neuen Einstellungen zu Kindern einher, was schon Ariès gesehen hat (siehe auch Zelizer 1985), sowie mit dem Anwachsen der Anzahl professionell für Kinder arbeitender Erwachsener (z. B. Lehrer, Psychologen und Kinderärzte).

Alle diese Parameter, von denen die meisten anfangs nichts mit Kindern zu tun hatten, haben Kindheit verändert. Infolge ökonomischer, politischer und kultureller Transformationen hat Kindheit sich von Grund auf gewandelt. Ich habe die Epoche des Übergangs ins 20. Jahrhundert hervorgehoben, weil die Veränderungen in dieser Zeit besonders augenfällig sind, aber im Prinzip verhält es sich in dieser Epoche nicht anders als in anderen. Entscheidend ist, dass wir für jede Epoche die Parameter identifizieren müssen – entweder solche, deren Bedeutung neu bewertet wird oder ganz neue Parameter – und auf ihren vermuteten Einfluß auf Kindheit hin prüfen müssen. Schon allein die Tatsache, dass alle Kinder heute zur Schule gehen, und die Tatsache, dass die Gruppe der Kinder in der Gesellschaft kleiner geworden ist, belegen eindrücklich die These, dass Kindheit sich verändert hat – nicht aus sich selbst heraus, sondern als Ergebnis gesellschaftlichen Wandels. Anders formuliert: Es ist bedeutsam, dass die Architektur der Kindheit von Grund auf durch die Gesellschaft geformt ist – genauer: durch deren vorherrschende Parameter –, und dass Kindheit somit als ein integriertes Element der Gesellschaft und in der Gesellschaft zu verstehen ist, das mit anderen Generationsgruppen interagiert.

Was hier über den Wandel der Kindheit im historischen Zusammenhang gesagt ist, läßt sich mehr oder weniger auf Vergleiche zwischen Kindheiten in unterschiedlichen Ländern und Kulturen übertragen. Es ist leicht zu sehen, dass Kindheit in der ärmeren Dritten Welt andere Gestalt, Form und Inhalte hat als Kindheit in den reicheren Ländern der westlichen Welt. Das hat nichts mit biologischen oder psychologischen Unterschieden zwischen Kindern in den verschiedenen Teilen der Welt zu tun, sondern mit den dramatischen Unterschieden des Wohlstands und der ökonomischen Entwicklung. Stellen wir uns ein Kind vor, das zum Beispiel in Bolivien geboren ist und von Eltern in Italien adoptiert wird. Alles spricht für die Vermutung, dass dessen Kindheit in Italien sehr anders verlaufen wird als es in Bolivien der Fall gewesen wäre, und zwar wegen der dramatischen Differenz der Parameter in den beiden Ländern.

Damit soll nicht gesagt sein, es gäbe keine Unterschiede zwischen Kindern innerhalb der jeweiligen Bereiche, innerhalb von Nationen oder innerhalb der ärmeren oder der reicheren Teile der Welt; offensichtlich gibt es enorme Unterschiede, die auf eine Reihe anderer Faktoren zurückzuführen sind wie Klasse, Ethnizität, Geschlecht und Alter der Kinder. Diese Unterschiede müssen ernst genommen werden; dennoch ist davon auszugehen, dass die allgemeine ökonomische Situation und die Entwicklung des Wohlfahrtsstaats Einfluß auf die Konstruktion der Kindheit im Ganzen und auf Kindheit als einer strukturellen Form hat.

Die Forderung nach Sichtbarkeit der Kinder

Gehen wir jetzt von Kindheit als einer historisch und kulturübergreifend variablen Kategorie über zur Variabilität zwischen Sektoren innerhalb einer Nation oder Gesellschaft. Die These ist, dass Kindheit sich von anderen gesellschaftlichen Kategorien oder Gruppen unterscheidet und mit diesen interagiert, wobei die Beziehungen zu anderen Generationsgruppen die theoretisch bedeutsamsten sind. Weiterhin wird angenommen, dass Kindheit – als eine strukturelle Form – sich von Erwachsenheit unterscheidet (und gleichermaßen vom hohen Alter und von Jugend), eine Annahme, die kontrovers sein mag, weil sie unterstellt, dass Kinder mehr miteinander gemein haben als mit Erwachsenen. Der Blick wird mehr auf Kindheit gerichtet als zum Beispiel auf die Familie, obwohl ja Vieles dafür spricht, anzunehmen, dass Familienmitglieder in gleichen Umständen leben. Denn der Blick vor allem auf die Familie als Ort gemeinsamer Bedingungen für die Familienmitglieder, so richtig und bedeutsam diese Gemeinsamkeit ist, verhindert, das wir Kindheit beziehungsweise Erwachsenheit als je eigene gesellschaftliche Formen und Generationen begreifen. Die Tatsache, dass Kindheit und Erwachsenheit weit mehr sind als eine Sache der Familie, wird dann ignoriert. Doch gehören Erwachsene und Kinder beide zu der Welt außerhalb der Familie, und die Mitglieder jeder Gruppe sind in vielerlei Hinsicht mit der außerfamilialen Welt verbunden, etwa – um nur Einiges zu nennen – in bezug auf Recht, Aktivitäten, Kultur, soziales Leben und Zugang zu Ressourcen. In-

Kinder und Kindheit in der Sozialstruktur 33

soweit sind die Welten der Kinder und der Erwachsenen getrennt, und es ist notwendig, sie je für sich wahrzunehmen.

Der Vorschlag, unterschiedliche Generationen getrennt zu betrachten und zu vergleichen, enthält auch ein methodologisches Prinzip, um Kinder und Kindheit sichtbar zu machen: Was immer das Ergebnis der Analysen sein mag, es ist notwendig, Beschreibungen und Interpretationen anhand von Variablen zu entwickeln, die zu Kindheit als solcher gehören. Kinder primär als Mitglieder der Familie zu sehen, läuft darauf hinaus, sie in einer Einheit zu verstecken, die in Variablen der Erwachsenen beschrieben wird wie Einkommen, Beruf und Bildung – alles Variablen, die Kinder nicht betreffen. Kinder ihrerseits sind rechtlich Minderjährige, sie alle verbringen eine Anzahl Jahre in der Schule und eine zusätzliche Menge an Zeit in anderen Institutionen, sie alle stehen in bestimmten Autoritätsverhältnissen, die andere sind als die der Erwachsenen, sie alle sind Einstellungen und wissenschaftlicher Konzeptionalisierung ausgesetzt – bestimmten Diskursen –, und schließlich haben Kinder und Erwachsene unterschiedlichen Zugang zu verschiedenen Ressourcen.

Insgesamt gesehen geht es um den besonderen sozialen Status der Kinder. Eine wichtige Aufgabe der neuen Kindheitsforschung ist, die Eigenschaften des Status der Kinder in Abgrenzung zum Status anderer Generationen herauszuarbeiten, zum Beispiel zur Dominanz von Erwachsenheit. Die folgende eindrucksvolle Statistik aus Dänemark ist ein gutes Beispiel, um sowohl die Notwendigkeit, Kinder sichtbar zu machen, wie das Problem der Andersartigkeit der Kindheit zu illustrieren:

Tabelle 1 Wohnverhältnisse nach der Wohndichte (Zahl der Personen je Raum), getrennt nach sozioökonomischen Gruppen. Bevölkerung in Dänemark 1981, in Prozent

	mehr als 1 Person	1 Person	weniger als 1 Person
0-15 Jährige	23,0	30,2	45,9
im Ruhestand	2,2	16,4	80,7
Erwerbstätige	10,8	22,5	65,2
gelernte Arbeiter	13,5	27,7	57,8
ungelernte Arbeiter	16,3	26,7	55,8
Hausfrauen	12,9	20,8	65,5
Insgesamt	12,6	23,4	62,6

Quelle: Statistics Denmark, 1984: Folke- og boligtællingen.

Eine gleichartige Tabelle wurde, soweit ich weiß, weder früher noch später veröffentllicht. Für die soziologische Analyse der Kindheit läßt sich einiges daraus lernen. Von besonderer Bedeutung ist, dass hier Personen die Untersuchungseinheit bilden; ein Prinzip, das zu jene Zeit nur selten auf Kinder angewandt worden ist. In einigen Ländern sind in dieser Hinsicht zwar wichtige Fortschritte gemacht worden, aber es ist noch ein weiter Weg, bis es üblich sein wird, Kinder in der Statistik als eine eigenständige Gruppe zu behandeln. Solches Vorgehen ermöglicht, Kindheit – oder das Kollektiv der Kinder – als besondere Kategorie wahrzunehmen, sogar als sozioökonomische Kategorie, und so deren eigene Lebenswelten transparent zu machen. Gewöhnlich werden Kinder und Hausfrauen in die Untersuchungseinheit "Familie" gepackt. In dieser Tabelle sind jedoch beide ohne Bezug auf die Familie als getrennte Gruppen präsentiert, als soziale Gruppen mit relativ gut definierten Eigenschaften. Was dieses Vorgehen bedeutet, läßt sich leicht an den Zahlen erkennen: die Wohndichte der Kinder ist viel höher als die der Hausfrauen – ein Unterschied, der versteckt geblieben wäre, wenn die Einheit "Familie" gewählt worden wäre.

Weiterhin erlaubt uns das Verfahren, Kinder als eine Gruppe gegenüber anderen Gruppen außerhalb der Familie sichtbar zu machen – nicht nur gegenüber anderen Generationen wie hier den Ruheständlern, sondern gegenüber allen anderen gesellschaftlich abgegrenzten Gruppen, wie etwa gelernten und ungelernten Arbeitern. Dann zeigt sich, dass zum Beispiel im Rahmen von Wohnungspolitik sehr andere Ergebnisse für unterschiedliche Gruppen erscheinen, nicht nur für Gruppen, die sich nach sozialen Klassen unterscheiden (die Kategorien "erwerbstätig", "gelernte Arbeiter" und "ungelernte Arbeiter"), sondern auch nach Generationen (Kinder im Vergleich zu Ruheständlern und Hausfrauen).

Den Blick in dieser Weise direkt auf Kinder zu richten, ist ein sehr einfacher Weg, Kinder sichtbar zu machen und ihre Lebensbedingungen auf einer Vielzahl von Dimensionen abzubilden, etwa auf anderen sozialen oder ökonomischen Dimensionen. Das hat zweifellos große theoretische Bedeutung, es hat aber auch wichtige Folgen in sozialpolitischen Kontexten, etwa wenn es um die Ressourcenverteilung geht. In der Beispieltabelle kommt es nicht so sehr auf die Ergebnisse an, obwohl bemerkenswert ist, dass die Wohndichte der Kinder viel höher ist als die jeder anderen Gruppe. Das Beispiel soll vor allem zeigen, dass es etwas bringt, Kinder direkt in den Blick zu nehmen, so wie es auch mit anderen sozialen Gruppen geschieht. Es illustriert, wie wichtig es ist, Kindern "konzeptuelle Autonomie" zu geben, um eine treffende Formulierung von Barrie Thorne (1987) zu benutzen. Damit ist keineswegs gemeint, Kinder von der Familie zu "befreien", es handelt sich vielmehr darum, sie sichtbar zu machen. Das führt zu der Einsicht, dass unsere Familienideologie dazu beiträgt, Einblicke in das Leben der Kinder zu erschweren, indem sie die innerfamiliale Verteilung von Ressourcen, Macht, Privilegien und anderem vor den Augen der Öffentlichkeit verbirgt. Diese Einsicht hat im sozialpolitischen Zusammenhang Bedeutung; denn es macht einen Unterschied, ob die Zielgruppe die Familie ist oder eine Person, etwa das Kind.

Kindheit in der generationalen Struktur

Ein soziologisches Paradigma der Kindheit geht also davon aus, dass Kindheit eine Strukturform ist, die mit anderen Strukturformen in der Gesellschaft interagiert; die Charakterisierung der Kindheit durch eine Anzahl von aktuellen Variablen macht es uns möglich, Kindheit historisch mit Kindheit in anderen Epochen, und in der Gegenwart mit Kindheit in anderen Teilen der Welt zu vergleichen. Darüber hinaus wird es möglich, Kindheit innerhalb einer Gesellschaft mit anderen sozialen Gruppen zu vergleichen. Alle diese Möglichkeiten sind neu im Vergleich zum Programm der traditionellen Kinderwissenschaften, machen diese aber keineswegs überflüssig. Der soziologische Zugang stellt lediglich eine Ergänzung dar zu dem, was bislang Psychologie, Pädagogik und andere Wissenschaften getan haben, die das Individuum im Blick haben.

Besondere Bedeutung kommt den Verhältnissen zwischen Kindheit und anderen Generationseinheiten zu. Zu allen Zeiten sind die Beziehungen zwischen Kindern und Eltern und, mehr generell, zwischen Kindern und Erwachsenen thematisiert worden – nicht zuletzt in der Literatur. Diese Beziehungen sind oft unharmonisch gewesen; es ging um Machtkämpfe. Sie sind aber auch institutionalisiert worden in einem Generationenvertrag – oder vielleicht besser, in einem "Pakt" der Generationen (s. O'Neill 1994) –, der gegenwärtig, in Zeiten der Individualisierung, fast verschwunden ist. Aufgrund der gegenwärtigen Krise der Rentensysteme gibt es Anzeichen, dass er wieder beachtet wird.

Für die Soziologie der Kindheit ist, wie bereits gesagt, das Konzept der Generation entscheidend. Generation muß als eine Variable eingeführt werden, auf derselben Ebene wie die wohletablierten Variablen soziale Klasse, Geschlecht und Ethnizität (oder Rasse) und mit dem gleichen konzeptuellen Status. Diese Forderung entspricht dem Bedürfnis nach einer konzeptuell und theoretisch befriedigenden Perspektive, die nicht von Klasse, Geschlecht oder Rasse abgedeckt ist. Selbstverständlich gehören alle Kinder zu einem Geschlecht, einer Rasse und einer ethnischen Gruppe, und in gewissem Sinn sind sie auch Mitglieder der einen oder anderen sozialen Schicht. Doch in keiner dieser Kategorien lassen sich Kinder als eine eigene Gruppe definieren. Deshalb müssen wir

Generation neu einführen, um eine Dimension in den Griff zu bekommen, die mit den in der Soziologie fest verankerten Kategorien nicht erfaßt werden kann. Werfen wir einen kurzen Blick darauf, wie einige dieser Variablen in den üblichen Analysen genutzt werden. Ich beginne mit der Variable Geschlecht, weil deren Geschichte noch gut erinnerlich ist. Meiner Meinung nach gehört es zu den großen Verdiensten der Geschlechterstudien, von Anfang an darauf bestanden zu haben, dass Frauen und Männer als zwei je einheitliche, einander theoretisch entgegengesetzte Gruppen zu sehen sind. Es war wichtig, dass die Frauenforschung eine Theorie des Patriarchats entwickelt und daran festgehalten hat, obwohl es heftigen Widerstand dagegen gab, der sich auf viele – als solche – gut erhobene empirischen Tatsachen über die Vielfalt der Lebenswelten von Frauen – und damit auch von Männern – berief. Viele von uns erinnern sich noch an Diskussionen, die von Klassenanalysen ausgingen (meist von Männern geführt) und darauf hinausliefen, dass das, was die Geschlechter- und Frauenforschung vor allem im Sinn hatte, bei weitem nicht so einfach sei, und die dagegen hielten, es sei falsch, so zu tun, als hätten Frauen aus reichen und aus armen Klassen viel gemeinsam; die Geschlechtertheorie wurde tatsächlich als ein Angriff auf die üblichen – und vielleicht in dieser Sicht auch korrekten – Vorstellungen über die Klassengesellschaft verstanden. Es gibt viele gute Gründe zu glauben, dass jenes – bis an die Grenze des Fanatischen gehende – Beharren auf einer Geschlechterperspektive schließlich eine Perspektive eröffnet hat, die uns seither gute Dienste leistet.

Jetzt, nachdem die Geschlechterforschung ihren gleichsam natürlichen Platz in der Wissenschaft wie in der Politik gefunden hat – wenn auch noch manches zu verbessern ist –, sind die Einstellungen entspannter geworden. Unterschiedliche Lebensweisen von Frauen werden inzwischen akzeptiert und sind zu einem legitimen Forschungsgegenstand geworden. Aber ein Aspekt dieser Entwicklung darf nicht übersehen werden: Solche Unterscheidungen dürfen nicht die gewonnenen Einsichten über die fundamentale Geschlechtertrennung in unserer Gesellschaft aufs Spiel setzen. In anderen Worten, Ergebnisse von detaillierten Studien des Lebens von Frauen werden diesem grundlegenden Wissen nachgeordnet. Der neue Trend zu Studien über Männer und Männlichkeit signalisiert diese entspannte Haltung, er ist ein Zeichen der festen Position der Frauenforschung in den Sozialwissenschaften, und man kann mit Sicherheit davon ausgehen, dass solche Studien vor dreißig Jahren nie zugelassen worden wären.

Die Geschichte der Klassenforschung ist eine andere, obwohl sie im Prinzip dieselbe Lektion enthält. Hervorgegangen aus einer marxistischen Analyse der kapitalistischen Gesellschaft und einen antagonistischen Gegensatz zwischen der kapitalistischen und der Arbeiterklasse behauptend, hatte sie enormen

Einfluß auf das Denken und auf die politische Praxis. Anders als die Geschlechterforschung hat die klassische Klassenforschung heute ihre Bedeutung verloren, sie ist nahezu verschwunden. Im Kielwasser von Max Weber, Lloyd Warner und einer Reihe von "Modernisierern" ist die Abgrenzung zwischen den Klassen unscharf geworden. Sie wurde durch vielfache Unterscheidungen ersetzt, die auf eine Weise gewonnen werden, die man Schichtungsanalyse nennt. Diese Forscher haben immer kompliziertere Labyrinthe gebaut, aus denen sie nicht mehr herausfinden; während sie minutiös die Details studieren, verlieren sie die Hauptrichtung aus den Augen. Wenn ich von derselben Lektion spreche, wie sie die Frauenforschung gibt, dann doch in der umgekehrten Richtung: Wenn man neue empirisch korrekte Variablen ohne eine theoretische Perspektive bildet, dann steigt das Risiko, dass die Forschung insgesamt perspektivlos wird.

Ob man dieser Interpretation folgt oder nicht, das Argument gilt auch, wenn moderne Schichtungsanalysen in Kindheitsstudien angewendet werden. Wenn vorgeschlagen wird, die Bevölkerungsgruppe der Kinder nach Schichtvariablen aufzusplitten, so wird man den Autoren unterstellen dürfen, dass sie Kindheit in Variablen definieren, die sich auf Erwachsene beziehen. Variable wie Einkommen, Beruf und Bildung – so wichtig sie für die Kategorisierung Erwachsener sind – sind keine, deren Merkmale Kinder besitzen. Außerdem muß man sehen, dass bei solchem Vorgehen Kindheit nicht als einheitliches Phänomen behandelt wird, Kinder also nicht so verstanden werden, als hätten sie mehr Gemeinsames als Unterscheidendes, und außerdem, dass Kindheit nicht als eine der Erwachsenheit entgegengesetzte Kategorie behandelt wird.

Dieses Argument bezieht sich im Kern auch auf Geschlecht. Die Anwendung einer Geschlechterperspektive auf Kindheit verlangt notwendigerweise, Kinder in Mädchen und Jungen zu trennen. Sie legt nahe, diese Trennung könne Kinderleben besser repräsentieren, als wenn man Jungen und Mädchen als zur selben Kategorie gehörend wahrnimmt, nämlich in erster Linie als Kinder, die als solche mehr Gemeinsames als Trennendes haben. Diese Gemeinsamkeit muß jedoch durch die Unterscheidung von Erwachsenheit als der der Kindheit gegenüberstehenden Macht bestimmt werden. Wir haben es dabei mit einer theoretischen und empirischen Frage zu tun. Ich plädiere für eine theoretische Perspektive, die sich auf Generation richtet, weil wir ohne eine solche mit der gesamten Kindheitsforschung in große Schwierigkeiten kommen würden. Aber selbst auf der empirischen Ebene würden wohl andere Ergebnisse zustande kommen. Es ist offensichtlich, dass Jungen und Mädchen in der Weise, wie sie sich in vielerlei Arenen bewegen, unterschiedliche Wege gehen und Interessen verfolgen. Dennoch, wenn dieselbe Optik benutzt wird, wird man kaum eine klarere Trennung zwischen Bevölkerungsgruppen finden als die zwischen Kindern und Erwachsenen. Der einzige Ort, an dem Kinder mehr mit Erwachsenen zusammen sind als mit anderen Kindern, ist die Familie – zumindest in heutiger Zeit, wo man kaum mehr als zwei Kinder hat. Kinder haben ein ausdrückliches und sehr starkes Bewußtsein, ein Kind zu sein.

Der entscheidende Punkt in dieser Argumentation ist nicht, dass Analysen von Geschlechtern, Klassen- oder Ethnien irrelevant wären, um Einsichten in das Leben von Kindern zu gewinnen. Doch sollte man überlegen, ob es nicht richtiger wäre, solche Studien als Klassen-, Geschlechter oder Ethniestudien auszugeben und nicht als Kindheits- oder Generationenstudien. Wenn es darum geht, Wissen über Kinder oder Kindheit zu gewinnen, muß man Kinder oder Kindheit zentral in den Blick nehmen. Das ist selbstverständlich keine Aussage darüber, welche Variablen wichtiger sind als andere. Im Zusammenhang eines politischen oder ökonomischen Reformprogramms kann sehr wohl Klasse oder Geschlecht wichtiger sein. Es geht vielmehr darum, Kinder und Kindheit besser erkennbar zu machen und so eine Perspektive zu etablieren, die als Alternative oder Ergänzung zu anderen Perspektiven zu verstehen ist. Hinzuzufügen ist: Was als die fruchtbarste Forschungsperspektive anzusehen ist, kann sich durchaus von einer historischen Epoche zur nächsten und von einem Kulturraum zum anderen verändern.

Unterschiedliche generationsbezogene Perspektiven

Generationsbezogene Forschung hat unterschiedliche Perspektiven – das Spektrum reicht von einer individual-biographischen zu einer kollektiven, strukturellen Perspektive. Wie ein individuelles Kind aufwächst, kann nicht von seinen – oder den elterlichen – Erwartungen und Vorkehrungen zum Erwachsenwerden getrennt gesehen werden. Eine solche zukunftsbezogene, antizipatorische Perspektive ist zwar durch die neue Kindheitssoziologie kritisiert worden, doch sollte niemand ignorieren, wie sehr bedeutsam sie in den Plänen von Kindern und Eltern sein kann (Olwig 2000). Eine andere antizipatorische Perspektive wird in Lebenslaufuntersuchungen verwendet. Das beste Beispiel ist nach wie vor Glenn Elders Studie "Children of the Great Depression" (1974). Diese arbeitet nicht mit einzelnen Personen, sondern mit Kohorten oder Kollektiven von Personen mit gemeinsamen Erfahrungen, die ihrerseits mit anderen Kohorten oder Kollektiven verglichen werden können, die ihre eigenen, andersartigen Lebenserfahrungen haben. Auf diese Weise werden notwendigerweise strukturelle Faktoren untersucht, von denen im Hinblick auf Lebensbedingungen und

Kinder und Kindheit in der Sozialstruktur

soziale Chancen mehr Erklärungskraft erwartet wird als von Merkmalen des Familienzusammenhangs, obwohl der Einfluß struktureller Faktoren zweifellos über Familienmerkmale vermittelt wird, und diese zur Erklärung von Unterschieden innerhalb der strukturellen Faktoren heranzuziehen sind. Die Analyse kollektiver Lebensläufe hat wie die biographische Analyse eine nach vorn gerichtete Perspektive. Den kollektivistischen Ansatz hat sie gemein mit Sektoren übergreifenden Analysen. Diese wiederum unterscheiden sich von Lebenslaufstudien, weil sie gleichzeitig existierende Gruppen im Hier und Jetzt untersuchen. Schließlich ermöglichen strukturelle Analysen, wie gesagt, historische und interkulturelle Vergleiche und liefern somit Daten über Veränderungen und neue Modalitäten in den Verhältnissen zwischen den Generationen.

In unserer individualistischen, marktorientierten Welt verwundert es nicht, dass biographische Perspektiven vorherrschend sind und es das ganze 20. Jahrhundert hindurch waren. Das stimmt mit der gleichermaßen bestehenden Dominanz von Schichtungs- und Mobilitätsforschungen überein, in denen die Perspektive der individuellen Mobilität, sowohl innerhalb wie zwischen Generationen, so stark im Vordergrund steht. Deshalb ist nicht überraschend, dass der Begriff der "kollektiven Mobilität", mit dem Forscher in den früheren sozialistischen Ländern gearbeitet hatten, in Vergessenheit geraten ist. Aus der Perspektive sozialer Klassen lassen sich mit diesem Begriff Aussagen über das Schließen oder Aufreißen von Gräben zwischen sozioökonomischen Gruppen, nicht aber zwischen Individuen, machen (s. Ferge 1974). Auf intergenerationale Beziehungen angewandt, liegt nahe, nach den relativen Positionen, in denen Generationen im Laufe der Geschichte oder in sozioökonomischen Entwicklungen zueinander stehen, zu fragen. Haben Kinder als soziale Gruppe, als Kollektiv, dieselbe Position inne wie andere Generationen oder unterscheiden sich die Positionen? Kommen sich Generationengruppen – sozial, ökonomisch, kulturell – näher, oder werden sie mehr und mehr voneinander getrennt?

Ein vorzügliches Beispiel für den Wandel der Positionen und Verhältnisse der Generationen ist Margaret Meads Buch "Der Konflikt der Generationen" (1974). In diesem Buch porträtiert sie die Veränderungen im Zeitverlauf zwischen Kindern und Eltern beziehungsweise Erwachsenen in bezug auf ihr Wissen und ihr Handeln. Von einer "postfigurativen" Form, in der Erwachsene über ein Wissen verfügen, das über Generationen gültig bleibt, über eine "kofigurative" Form, in der Konflikte oder Wettbewerbe über die Bedeutung des Wissens der Eltern und der Kinder stattfinden, kommt sie schließlich zu einer "präfigurativen" Form, in der – in Folge der Beschleunigung des Wandels – Erwachsene und Eltern akzeptieren müssen, dass ihr Wissen und ihre Erfahrung rasch veraltet.

Ariès' klassisches Buch (1988) hat ebenfalls eine Langzeitperspektive auf sich wandelnde Generationenverhältnisse. Er stellt eine zunehmende Trennung zwischen Kindern und Erwachsenen fest – "einen langen Prozeß der Segregation der Kinder", wie er es nennt –, eine Trennung, die aus neuen Anforderungen der modernen Erwachsenengesellschaft hervorgeht. Zelizers gleichermaßen grundlegende Arbeit über Kinder (1985), obwohl auf eine engere historische Periode beschränkt, handelt im Grunde auch von sich wandelnden Einstellungen Erwachsener gegenüber Kindern und damit von neuen Verhältnissen zwischen den Generationen.

Während Mead, Ariès und Zelizer intergenerationale Verhältnisse im kulturellen Kontext aufsuchen, lassen sich auch Anhaltspunkte für Veränderungen in ökonomischen, soziologischen und demographischen Kontexten finden. Wir müssen fragen, in welchem Ausmaß unterschiedliche Generationen den gleichen Zugang zu üblicherweise benötigten Ressourcen haben, zu ökonomischen, räumlichen und zeitlichen Ressourcen, um nur einige der wichtigsten zu nennen. Wie fließt solcherart Wohlstand zwischen den Generationen, nimmt die Entwicklung der Wohlstandsverteilung heute wie früher dieselbe Richtung, und geschieht sie mit gleicher Intensität? So unterschiedliche Forscher wie der Demograph Caldwell (1982), der Soziologe Coleman (1990; 1993) und der Historiker Thomson (1996) haben aus verschiedenen Perspektiven Veränderungen in der Wohlstandsverteilung für das letzte Jahrhundert aufgezeigt, wobei Kinder zunehmend benachteiligt wurden. Mir geht es an dieser Stelle jedoch nicht um diese Benachteiligung, ich möchte vielmehr die Behauptung plausibel machen, dass Veränderungen zwischen den Generationen stattgefunden haben; wichtig ist, nach Erklärungen für neue Konstellationen zwischen den Generationen zu suchen.

Unabhängig von historischen Trends können wir fragen, woran sich in der Gegenwart Verhältnisse zwischen den Generationen deutlich erkennen lassen. Ich weiß kein besseres Beispiel als das Problem, mit dem alle modernen Staaten konfrontiert sind, nämlich die künftigen Renten sichern zu müssen. Dieses Beispiel ist nicht nur relevant, weil alte Menschen immer zahlreicher werden, sondern auch weil wir immer weniger Kinder hervorbringen. Es wird daran deutlich, dass es nicht möglich ist, sich mit einer Generation zu befassen, ohne diese zu anderen Generationen in Beziehung zu setzen, dass also eine intergenerationale Perspektive einzunehmen ist. Die meisten Untersuchungen über Alter oder Generation erweisen sich in diesem Zusammenhang als wenig brauchbar, weil versäumt wurde, eine Perspektive zu entwickeln, die alle Generationen umfaßt und diese als notwendig interdependente Einheiten behandelt. Wenn es um die Verteilung von und den Zugang zu Ressourcen geht – seien es ökonomische

Ressourcen, Macht oder Interessen – scheitern Forschungen rasch, die Erwachsenheit, hohes Alter oder Kindheit als je separate, in sich abgeschottete Einheiten untersuchen.

Ich möchte noch ein anderes wichtiges Beispiel nennen, das mit Beziehungen zwischen Kindern, außerschulischer Institutionalisierung und elterlicher Bildung und Arbeit zu tun hat. Kaum etwas hat das Leben von Kindern mehr beeinflußt als die individuellen Lebenspläne ihrer Eltern. Individualisierung und ökonomische Nachfrage nach Arbeit – und auch Demokratisierung, die die Rechte der Frauen gestärkt hat – haben den Boden bereitet für Bildung und Erwerbsarbeitbeteiligung von beiden, Männern und Frauen. Obwohl die Frauenbewegung und pädagogische Ideen für die vorschulische Betreuung der Kinder schon vor langer Zeit ihren Anfang nahmen, sind Betreuungsprobleme für die Mehrzahl der Kinder doch erst mit dem vermehrten Eintritt der Frauen in den Arbeitsmarkt – vor allem im ökonomischen Boom der 60er und 70er Jahre – mit Nachdruck zu einem öffentlichen Problem gemacht worden, das in den meisten Ländern noch heute keineswegs gelöst ist. Das Thema ist kontrovers, konfligierende Interessen zwischen verschiedenen Erwachsenengruppen werden darin erkennbar. Einerseits betonen Konservative und Traditionalisten Werte der Familie und sorgen sich, wenn Kinder täglich für längere Zeit von den Eltern getrennt werden, während andererseits Feministinnen und Linke die Rechte der Frauen, ihre Ausbildung im Erwerbsleben zu nutzen, im Blick haben und hervorheben, wie wichtig es für Kinder sei, in den Einrichtungen mit anderen Kindern zu spielen. Solche versteckten Programme sind charakteristisch im Kampf zwischen verschiedenen Interessen Erwachsener, der verschleiert geführt wird, indem alle "das Wohl des Kindes" vorschieben. Deshalb ist erforderlich, dass eine Soziologie der Kindheit die herrschenden mentalen Konstruktionen und die machtvollen Strukturen im Hinblick auf ihre Bedeutung für das Leben von Kindern entlarvt. "Wir müssen", so Hood-Williams, "Kinder als soziale Verhältnisse sehen, in denen ein Verständnis von Kindheit enthalten ist, das aus unserem Begriff von Erwachsenheit hervorgegangen ist" (1990: 171).

Interesse an Kindern oder an Kindheit?

Die Versuchung, jedes einzelne Kind als werdenden individuellen Erwachsenen zu sehen, hat sich als eine starke Barriere erwiesen, um Kindheit als ein eigenes strukturelles Gebilde wahrzunehmen. Die Beschäftigung mit der Zukünftigkeit der Kinder hat Soziologen (und die meisten anderen, die sich in Wissenschaft und Öffentlichkeit zu Kindern geäußert haben) veranlaßt, Kinder in so vagen Begriffen wie "unsere kostbarste Ressource", "Rohmaterial" und "nächste Generation" zu fassen, und zugleich Kindern gesellschaftlichen Wert im Hier und Jetzt zu entziehen.

In ökonomischer und gesellschaftlicher Hinsicht gelten Kinder als wertvoll genug, um Ressourcen in sie zu investieren, und man geht davon aus, dass sie diese später einmal aus ihrem Arbeitseinkommen zurückzahlen. Auf diese Weise wird ihre Eigenschaft als künftige Träger der Gesellschaft in den Vordergrund gerückt. Diese Perspektive widerspricht nicht unbedingt Maßnahmen für Kinder als Kinder. Denn die ausdrückliche Rechtfertigung von Maßnahmen als Investitionen in Kinder läßt sich auch so verstehen, dass Kindern zugestanden wird, dass sie produktiv sind.

Wenn Kindheit als strukturelle Form und als generationaler Status begriffen werden soll, ist eine der wichtigsten Fragen: Wer sind die an Kindheit interessierten Erwachsenengruppen? Eine spontane Antwort kann sein: Eltern. Sicherlich wollen Eltern – oder Personen, die aufgrund von Liebesbeziehungen zu Paaren werden – Kinder; wenn nicht aus anderen Gründen, dann aufgrund verbliebener Instinkte oder emotionaler Liebesimpulse. Es gibt keinen Grund, die Ernsthaftigkeit solcher Wünsche zu leugnen, doch ist es eine Tatsache, dass der Wunsch nach mehr Kindern schnell erfüllt ist. In den meisten Gesellschaften sind etwa zwei Kinder je Frau die Norm – ein dramatischer Rückgang seit einem Jahrhundert, als es noch zwei oder drei Mal so viele waren. Läßt sich daraus schließen, dass niemand anderes als Eltern ein Interesse an der Existenz von Kindern hat, und dass sich niemand aus objektiven Gründen für die generative Reproduktion verantwortlich fühlt?

Nach wie vor macht ein Interesse an den eigenen *Kindern* für Eltern Sinn. Obwohl keiner der korporativen Akteure wie Staat, Wirtschaft, Gewerkschaften ein bestimmtes Interesse am einzelnen Kind hat, kann man doch unterstellen, dass sie ein langfristiges Interesse an Kindheit als einer strukturellen Form haben. Ihnen geht es offensichtlich nicht um Kindheit als solche, sie haben vielmehr ein zukunftsbezogenes Interesse an Arbeitskräften und an der Sicherung von Rentenzahlungen. Aber wie ich zeigen werde, lassen sich diese Interessen nicht erfüllen, wenn man sich nicht auch in der Gegenwart um Kindheit bemüht.

Anhand von Beispielen für *Veränderung und Kontinuität* werde ich drei Sachverhalte untersuchen: Aktivitäten der Kinder, materielle Bedingungen für Kinder sowie Geburtenzahlen, oder, wenn man so will, die Neigung der Erwachsenen, Kinder zu bekommen. Diese Sachverhalte sind miteinander eng verschränkt. Indem ich sie in ihren Wechselbeziehungen betrachte, möchte ich deutlich machen, wie wichtig es ist, Themen, die traditionell innerhalb der Familie und des Wohnorts behandelt, also dorthin abgedrängt waren, in makrosoziologischer Perspektive anzugehen.

Sehen wir uns Aktivitäten der Kinder an, die obligatorisch oder nahezu obligatorisch sind, die im wesentlichen durch Erwachsene vorgezeichnet, gelehrt und verlangt werden, deren Beitrag zum gesamten sozialen Gefüge jedoch typischerweise unterbewertet wird. Eine der herausragenden Vorstellungen über Kinder in der Moderne ist, dass sie ein Leben in glücklicher Untätigkeit und Nutzlosigkeit führen. Boocock (1976: 434) hat es so formuliert: "Man hat immer das Gefühl, in Gesellschaften wie unserer seien Kinder unterbeschäftigt".

Alle Beobachter finden bemerkenswert, dass Kinder in vorindustriellen Gesellschaften nützlich waren, denn sie waren an den meisten wichtigen Aufgaben beteiligt und trugen so zum Lebensunterhalt ihrer Familien und lokalen Gemeinschaften bei. Es scheint, als ob sich in modernen Gesellschaften die nützliche Rolle der Kinder weniger leicht fassen läßt. Beim Übergang in die Moderne bestand, wie gesagt, eine der wichtigen historischen Veränderungen der Kindheit darin, dass eine dominante obligatorische Arbeit von Kindern, manuelle Arbeit, durch eine andere, Schularbeit, ersetzt wurde. Das war jedoch keineswegs eine Bewegung von "usefulness to uselessness", wie eine bedeutende Forscherin annimmt (wenn auch mit einem Fragezeichen versehen) (Zelizer 1985), sondern im Gegenteil eine Bewegung von einer nützlichen Funktion zu einer anderen (s. Qvortrup 1995; 2000). Der Wandel war zweifellos bedeutsam, aber in der Nützlichkeit von Kindern blieb Kontinuität.

In Form und Inhalt der obligatorischen Aktivitäten der Kinder war der Wandel dramatisch, und für einen großen Teil der Kinder (wenn auch nicht für alle) war es ein Wandel zu mehr humanen Formen des Mitwirkens im sozialen Gefüge. Doch im Grunde bestand Kontinuität. Kinder tauschten ihren Arbeitsplatz nicht primär zu ihrem eigenen Wohl, sondern weil ihre manuelle Arbeit sich schließlich erübrigte; diese wurde weniger und weniger nachgefragt, während verlangt wurde, dass Kinder sich den jetzt dominanten Erfordernissen der modernen Ökonomie zuwandten, also der dort vorherrschenden Beschäftigung mit abstrakten Zeichen wie Buchstaben, Zahlen, Symbolen und neuerdings auch digitalen Zeichen. Keine moderne Gesellschaft kann darauf verzichten, Kinder zu beschulen. Es haben also dramatische Transformationen der gesellschaftlichen Pflichten der Kinder stattgefunden, doch dahinter steht unverändert die Tatsache, dass von Kindern systemimmanente Aktivitäten verlangt werden. Insofern können wir nicht den Schluß ziehen, sie seien zunehmend unterbeschäftigt. Es ist nicht einmal unwahrscheinlich, dass Kinder insgesamt mehr Zeit mit obligatorischen Aktivitäten verbringen als je zuvor.

Natürlich stellt sich die Frage, ob Schularbeit als nützlich bewertet werden kann. Ich möchte interessierte Leser auf eine Argumentation an anderer Stelle verweisen (Qvortrup 1995; 2000) und mich hier auf deren Ergebnis beschränken: Schularbeit als systemimmanente Arbeit hat unter anderem die Eigenschaft moderner Arbeit, Teil einer diachronen Arbeitsteilung zu sein. Bei der üblichen Herstellung eines Produkts ist kein Schritt wertlos, aber das Produkt braucht eine große Menge von Bearbeitungsschritten, bevor es auf den Markt kommt. In gleichem Sinn ist die Einbindung der Kinder in Schulen unerläßlich, damit am Ende Arbeitskraft hergestellt ist – doch mit dem nicht unwichtigen Unterschied, dass Kinder zu ihrer Aufzucht, Erziehung und Arbeitskrafterzeugung selbst beitragen.

Die kontinuierliche Nützlichkeit der Arbeit der Kinder nicht anzuerkennen, war historisch gesehen ein großer Fehler mit schwerwiegenden Folgen nicht nur für die Kinder selbst, sondern auch für Familien und für die Gesellschaft. Es geschah, wie gesagt, eine Kolonisierung der Kinderarbeit durch den Staat, der diese der Familie wegnahm (Kaufmann 1990; 1996) – und ich möchte hinzufügen, den Kindern selbst – ohne irgendwelche Kompensationen für das, was der Familie weggenommen worden war. Im Gegenteil, nicht zuletzt weil zugleich die Familienideologie entstand und konsolidiert wurde, die unter anderem Kinder als absoluten Besitz der Eltern implizierte, konnten Familien nicht länger mit der Mitarbeit ihrer Kinder rechnen – nicht einmal im Alter (aber das ist ein anderes Thema, für das hier kein Platz ist). Das hieß freilich nicht, das von Kindern gar keine Beiträge kamen, doch, sofern es sich um Schulaktivitäten handelte, hatte der Staat sich diese angeeignet oder sie waren Allgemeingut geworden – um an jedermann verteilt zu werden, auch an jene, die nicht in Kinder investierten. Diese Trennung von produktiven und reproduktiven Funktionen, oder die Nicht-Wahrnehmung ihrer Verknüpfung, veränderte die Wohlfahrtsverteilung weg von der bisherigen Begünstigung der älteren Generationen (Erwachsenen und Alten) hin zu einem relativ höherem Anteil der Kinder innerhalb von Familien, wie Caldwell (1982) gezeigt hat. Eltern – oder potentielle künftige Eltern – haben diesen Wandel sofort erkannt, und die Folgen wurden bald sichtbar: etwa gleichzeitig mit dem Arbeitsplatzwechsel der Kinder begann die Fruchtbarkeit nachzulassen – und sie läßt seither mehr oder weniger weiter nach. Es gab keinen Platz mehr für Kinder, weder im Geld- und Zeitbudget noch in den kleinen Stadtwohnungen, und das vor allem auch deshalb nicht, weil das neue emotionale Verhältnis zu Kindern verlangte, sich viel mehr um das individuelle Kind zu bemühen. In Begriffen der neo-klassischen Ökonomie: die Reduktion der Quantität der Kinder wurde substitutiert durch steigende Qualität der Sorge für Kinder.

Die Richtungsänderung der Wohlfahrtsverteilung zwischen den Generationen hatte auf lange Sicht ein Ergebnis, das im Widerspruch dazu steht: der jüngeren Generation ging es relativ schlechter als den älteren Generationen. Im Wesentlichen lag das daran, dass Kinder das Familienbudget jetzt mehr belasteten – das ist letztlich gemeint, wenn es heißt, sie seien "mehr geschätzt". Diese Kosten hatten ausschließlich[1] die Familien aufzubringen, und da die sinkende Fruchtbarkeit schließlich zu einer wachsenden Zahl von kinderlosen Haushalten führte (in Dänemark zum Beispiel von 25 auf 75 Prozent im Laufe des 20. Jahrhunderts), gibt es immer weniger Erwachsene, die ihr Einkommen mit Kindern teilen. Die Folge ist: Weil mehr Erwachsene ihr Einkommen hauptsächlich für sich selbst ausgeben, während alle Kinder die Einkommen mit einer Minderheit von Erwachsenen zu teilen haben, sind Kinder insgesamt dazu verdammt, Verlierer in der Einkommensverteilung zwischen den Generationen zu sein.

Diese Tendenz läßt sich in Geschichte und Gegenwart nachweisen. Coleman (1990) hat an statistischen Zeitreihen aufgezeigt, dass in den USA seit dem späten 19. Jahrhundert für Kinder immer weniger Einkommen im Vergleich zu Erwachsenen zur Verfügung stand. Unter anderen weisen neue Statistiken der UNICEF (2000) auf die besondere Anfälligkeit der Gruppe der Kinder für Armut oder ein Leben nahe der Armutsgrenze, vor allem in den USA, in Großbritannien und in Italien. Thomsen (1996), ein neuseeländischer Historiker mit Verbindungen zur Historikergruppe in Cambridge, hat eine systematische Erosion der wohlfahrtsstaatlichen Unterstützungen für Kinder nachgewiesen.

Es fragt sich, ob dies notwendig so sein muß. Die dargestellten Ergebnisse sind sicherlich von niemandem gewünscht. Das Problem ist einerseits, dass die Gruppe der Erwachsenen, denen Kinder in materieller Hinsicht eigentlich sehr wichtig sein müßten, keine Pflichten gegenüber der Gruppe der Kinder haben (O'Neill 1994) oder, anders formuliert, Kindern gegenüber strukturell indifferent sind (Kaufmann 1990). Andererseits sind Eltern, die keinerlei materiellen Gewinn aus ihren Kindern ziehen, die einzigen Erwachsenen, die tatsächlich für Kinder zahlen. Dieser Widerspruch, der auf einer anachronistischen, irrationalen und, seltsam genug, liebgehaltenen Familienideologie beruht, hat unsere Gesellschaften heute in eine Situation gebracht, in der sie sich nicht mehr reproduzieren können, und wir gezwungen werden, die Versorgung der Alten anzugreifen, und zwar in den kommenden Jahrzehnten immer mehr.

---

[1] Tatsächlich haben die Kinder selbst die dramatischsten "Kosten" gezahlt, indem sie als Bevölkerungsgruppe dezimiert wurden.

Schlußbemerkung

Ich habe für eine soziologische Interpretation der Kindheit plädiert und die These vertreten, dass eine soziologische Analyse der Verhältnisse zwischen den Generationen am meisten Erfolg verspricht. Die neue Kindheitsforschung bemüht sich, eine alte Unterlassungssünde der Soziologen zu überwinden, nämlich Kinder in bezug auf ihre Aktivitäten und ihre strukturellen Beziehungen zu anderen Sektoren der Gesellschaft, vor allem zu Erwachsenheit als der der Kindheit entgegengesetzten Kategorie, zu ignorieren.

Ich habe versucht, einsichtig zu machen, dass die Perspektive auf die sich wandelnde Strukturform der Kindheit – abhängig von sich ändernden gesellschaftlichen Parametern – für Soziologen, die Kindheit dynamisch betrachten wollen, die interessanteste ist, während die konventionelle Perspektive auf kindliche Entwicklung in soziologischer Hinsicht wenig bringen kann.

Und ich habe nahegelegt und durch ein Beispiel illustriert, dass Kinder in der Gesellschaft handeln und gesellschaftlich Handelnde sind, und dass darin trotz des Wandels ihrer obligatorischen Arbeit Kontinuität besteht; denn Kinder waren immer in systemimmanentes Handeln eingebunden und werden es immer sein.

Das Ergebnis dieser Analyse ist: Kindheit ist eine integrale strukturelle Form der Gesellschaft und war das immer, und zwar sowohl aufgrund des bloßen Vorhandenseins der Kindheit und damit der ökonomischen und kulturellen Interaktion mit anderen Teilen der Gesellschaft, wie auch aufgrund der dominanten Aktivitäten der Kinder, die nicht von den Erfordernissen der Gesamtgesellschaft ablösbar sind.

Literatur

Ariès, Philippe (1988): *Geschichte der Kindheit*. München: Deutscher Taschenbuch Verlag.
Boocock, Sarane S. (1976): "Children in contemporary society". Skolnick, Arlene (ed.): *Rethinking Childhood*. Boston: Little, Brown & Co: 414-436.
Caldwell, John (1982): *Theory of Fertility Decline*. London and New York: Academic Press.
Coleman, James (1990): *Foundations of Social Theory*. Cambridge MA and London: Belknap Press of Harvard University Press.
Coleman, James S. (1993): "The rational reconstruction of society". *American Sociological Review*, Vol. 58: 1-15.
Elder, Jr., Glenn H. (1974): *Children of the Great Depression. Social Change in Life Experience*. Chicago: University of Chicago Press.
Ferge, Zsuzsa (1974): "Einige Zusammenhänge zwischen Sozialstruktur und Schulsystem". *Soziologie und Gesellschaft in Ungarn*, Vol. 3. Stuttgart: Ferdinand Enke: 116-144.

Kinder und Kindheit in der Sozialstruktur

Hood-Williams, John (1990): "Patriarchy for children: On the stability of power relations in children's lives". Chisholm, Lynne et al. (eds.): *Childhood, Youth and Social Change. A Comparative Perspective.* Basingstroke: Falmer Press: 155-171.

Kaufmann, Franz-Xaver (1990): *Zukunft der Familie.* München: C.H. Beck'sche Verlagsbuchhandlung.

Kaufmann, Franz-Xaver (1996): *Modernisierungsschübe, Familie und Sozialstaat.* München: Oldenbourg.

Margaret Mead (1974): *Der Konflikt der Generationen. Jugend ohne Vorbild.* München: Deutscher Taschenbuch Verlag.

Olwig, Karen Fog (2000): *Generations in the Making – The Role of Children.* Unveröffentlichter Vortrag. European anthropological conference, session "Generational boundaries and beyond: re-examining the anthropology of children and childhood". Krakau, 26.-29.7.2000.

O'Neill, John (1994): The Missing Child in Liberal Theory: Towards a Covenant Theory of Family, Community, Welfare and the Civic State. Toronto: University of Toronto Press.

Qvortrup, Jens (1985): "Placing children in the division of labour". Close, Paul and Collins, Rosemary (eds.): *Family and Economy in Modern Society.* London: Macmillan: 129-145.

Qvortrup, Jens (1995): "From useful to useful: the historical continuity of children's constructive participation". Ambert, Anne-Marie (ed.): *Sociological Studies of Children,* Vol. 7. Greenwich, Connecticut: JAI Press Inc.: 49-76.

Qvortrup, Jens (2000): "Kolonisiert und verkannt: Schularbeit". Hengst, Heinz und Zeiher, Helga (eds.): *Die Arbeit der Kinder, Kindheitskonzept und Arbeitsteilung zwischen den Generationen.* Weinheim und München: Juventa: 23-43.

Thomson, David (1996): *Selfish Generations? How Welfare States Grow Old.* Cambridge: The White Horse Press.

Thorne, Barrie (1987) "Re-visioning women and social change: where are the children?". *Gender and Society,* Vol. 1: 85-109.

UNICEF (2000): A League Table of Child Poverty in Rich Nations. Florence: UNICEF.

Zelizer; Viviana A. (1985): *Pricing the Priceless Child. The Changing Value of Children.* Princeton, New Jersey: Princeton University Press.

Übersetzung aus dem Englischen von Helga Zeiher

Giovanni B. Sgritta

Kindheitssoziologie und Statistik. Eine generationale Perspektive

Wissen und Information, Theorie und Darstellung sind untrennbar miteinander verbunden. Bei Kindheit ist es wie bei anderen sozialen Phänomenen. Unsere Darstellungen mit Hilfe statistischer Daten und Informationen oder noch synthetischerer Indikatoren hängen von den Konzepten und Kategorien ab, derer wir uns in Kenntnis der Ereignisse bedienen, die wir beschreiben und erklären möchten. Die Konstruktion eines Systems von Daten oder statistischen Indikatoren über die Verfassung der Kindheit impliziert ein vorläufiges soziales Wissen oder eine soziologische Vision des Phänomens. So gesehen ist der Generationenansatz, wie ich zu zeigen versuchen werde, einfach ein besonderer Ausdruck einer soziologischen Theorie der Kindheit.

Beginnen wir mit Zahlen aus Kindheitsstatistiken. Die Konstruktion eines Systems statistischer Daten und Indikatoren über Kindheitsbedingungen liefert im Wesentlichen zwei Problemtypen. Das erste ist insofern ziemlich banal, als überhaupt nicht klar ist, was mit dem Ausdruck "System statistischer Indikatoren" gemeint ist. Konventionell verwendet, evoziert diese Formel eine bloße Ansammlung von Daten, deren informativer Gehalt sich zur Erhellung des beobachteten Phänomens als mehr oder weniger interessant erweisen kann. Eine derart oberflächliche Art des Umgangs mit sozialen Indikatoren ist angemessen als "Buchhaltungs-"oder "Rechnungsführungsansatz" der traditionellen Sozialstatistik gekennzeichnet worden.[1] (Vogel 1997: 6).

In anderen Fällen ist das angestrebte Ziel entschieden ambitionierter. Der Forscher begnügt sich nicht mit der Sammlung von Daten, sondern trifft im Lichte eines spezifischen Schemas oder theoretischen Modells eine genaue Auswahl aus den verfügbaren Informationen. Es geht ihm um die Konstruktion eines Systems von Indikatoren, die für *politische* Entscheidungen bestimmt, und

---

[1] Im Wortsinn: "der Buchhaltungsansatz der traditionellen Sozialstatistik".

somit normativen Charakters sind (ibid.: 7). Es ist überflüssig, darauf hinzuweisen, dass der Unterschied zwischen diesen beiden Modi, ein System statistischer Indikatoren zu konzipieren, von fundamentaler Bedeutung ist.

Das zweite Problem betrifft die Inhalte. In den vergangenen Jahrzehnten haben die amtlichen Statistikinstitute verschiedener Länder in regelmäßigen Abständen und zu den wichtigsten Aspekten von Kindheit eine beeindruckende Datenmenge angehäuft. In vielen Ländern sind komplexe sozialstatistische Untersuchungen durchgeführt worden, die eine ansehnliche Dokumentation über viele Aspekte von Kindheit und Jugend geliefert haben. Außerdem produzieren viele statistische Institute und internationale Organisationen regelmäßig mehr oder weniger standardisierte Berichte, die sich auf spezielle thematische Bereiche oder soziale Gruppierungen beziehen.

Allgemein hat man dennoch den Eindruck, dass zum einen unser Wissen über die Sozialwelt Kindheit nicht entsprechend mitgewachsen ist, und zum andern die gewaltige Daten- und Informationsmasse in der wissenschaftlichen Gemeinschaft eine gefährliche Illusion genährt hat: die Illusion nämlich, dass es genüge, die Quantität verfügbarer Informationen zu erhöhen und eine angemessene statistische Berichterstattung über soziale Phänomene zu sichern, um zu brauchbarem und ausreichendem Wissen über die gegenwärtige Situation und ihre Dynamik zu kommen. Diese Überzeugung basiert auf der falschen (szientistischen und positivistischen) Annahme, eine größere Datenmenge könne mit besserem Wissen über die Phänomene gleichgesetzt werden, wenn sie von dem theoretischen und konzeptuellen Rahmen abgelöst wird, der die gesammelten Informationen in eine notwendige Beziehung bringt, sie mit Bedeutung auflädt und ihnen informatives Gewicht gibt.

Paradoxerweise sind die statistischen Informationen über Kindheit gleichzeitig überbordend und lückenhaft. Anders gesagt, wir verfügen über eine beachtliche Menge an Informationen, wissen aber nichts damit anzufangen. Wir nutzen sie nur partiell, oder, im besten Fall, weiter so wie in der Vergangenheit, ohne daraus irgendeinen zusätzlichen Gewinn für ein besseres Verständnis von Kindheit zu ziehen.

Quantität und Qualität

An dieser Stelle kann ich nur versuchen, eine oberflächliche Antwort auf diese Fragestellung zu geben. Wir müssen von der Voraussetzung ausgehen, dass es naiv und falsch ist zu glauben, man könne die Realität ohne eine vorgefasste Theorie erklären. Jedes statistische Datum erhält – wie jedes Phänomen,

Kindheitssoziologie und Statistik. Eine generationale Perspektive 51

das Objekt sozialwissenschaftlichen Studiums ist – nur dann eine Bedeutung, wenn es auf der Basis eines expliziten konzeptuellen Rahmens ausgewählt und verortet wird. In gewisser Hinsicht existieren soziale Fakten oder statistische Daten nicht, wenn es kein theoretisches Schema gibt, auf das sie sich beziehen, innerhalb dessen sie eine präzise Bedeutung erlangen und zur Überprüfung einer bestimmten Hypothese oder zur Bewertung einer Politik erforderlich sind. Sowohl auf der Ebene der Datensammlung als auch der ihrer Interpretation wirkt das wissenschaftliche Wissen im Hinblick auf die Realität tatsächlich immer als ein selektives System (Sgritta und Varotti 1975).

In der Regel ist Datensammlung einfacher als Theorieproduktion. Die Kluft zwischen der Quantität der Informationen und der Qualität des Wissens ist darauf zurückzuführen, dass die Produktion statistischer Daten nicht immer mit einer parallelen Theorieentwicklung korrespondiert. Tatsächlich bestand eines der fundamentalen Probleme, mit denen wir uns im Forschungsprojekt "Childhood as a social phenomenon"[2] auseinandersetzen mussten, darin, dass der größte Teil der statistischen Daten, die uns zur Darstellung und zur Analyse von Kindheitsbedingungen zur Verfügung standen, entweder auf common sense-Vorstellungen oder auf konzeptuellen Kategorien basierte, deren Ausrichtung – implizit oder explizit – individualistisch, antizipatorisch oder entwicklungsorientiert war. Unser oberstes Ziel bestand deshalb in dem Versuch, der *Unsichtbarkeit* von Kindheit als "sozialer Kategorie" entgegenzuwirken.

Heute bedeutet die Unsichtbarkeit der Kindheit zumindest dreierlei: "Erstens das Faktum, dass die *Information*, die darüber existiert, in der Regel Kategorien subsumiert wird, die sich auf Erwachsene beziehen, oder auf Institutionen, die Erwachsene kontrollieren... Zweitens die Dominanz hegemonialer *Perspektiven* auf Kindheit, die aus Theorien individueller Entwicklung oder der Pädagogik stammen, und die das Kind auf eine 'Person im Werden' reduzieren, abgetrennt vom sozialen Leben, von dem er/sie offensichtlich ein Teil ist. Drittens das Fehlen systematischer Information über die *Erfahrung* von Kindheit in einem gegebenen sozialen Kontext" (Oldman 1994: 43).

Die Unfähigkeit der Theorie und des common sense, Kindheit aus diesen Begrenzungen zu befreien, reflektiert ganz offensichtlich die Unangemessenheit der statistischen Kategorien, die wir zur Beschreibung der Realität verwenden,

---

[2] Das Forschungsprojekt "Childhood as a Social Phenomenon" wurde vom "European Centre for Social Welfare Policy and Research" in Wien koordiniert. An dem Projekt, das in den Jahren 1987-1994 durchgeführt wurde, waren sechzehn Länder beteiligt. Die Untersuchung mündete in die Publikation ebenso vieler nationaler Kindheitsberichte, einige Beiträgen zu ausgewählten Themen und einen zusammenfassenden Sammelband. Zu weiteren Informationen über die Gestaltung und die Resultate des Programms der Untersuchung siehe: Qvortrup, Bardy, Sgritta und Wintersberger 1994.

und letztlich unsere Fähigkeit, sie zu ändern. In einem zirkulären Prozeß nährt das Beharrungsvermögen der Typologien und Denkmuster die Stabilität der Daten und der Information, die das statistische System produziert, das seinerseits dazu beiträgt, die Kontinuität der Kategorien und der sozialen Realität zu erhalten. Das führt zum einen zur Illusion der Unbeweglichkeit der sozialen Realität, und zum andern zur Unmöglichkeit, sie zu begreifen und zu verändern.

Statistische Daten und Indikatoren sind aus vielen Gründen ein vorzügliches Vehikel dieser Illusion und dieser Unmöglichkeit. Aus folgenden entscheidenden Gründen: Zum einen verbleiben die Daten und Indikatoren, die in den Statistiken verwendet werden, auf halber Strecke zwischen dem Abstrakten und dem Konkreten, zwischen den Fakten und der Theorie. Mehr noch, sie tragen zur Rechtfertigung und zur Bestätigung der Passage vom einen (den Fakten) zum andern (der Theorie) bei. Zum anderen bilden statistische Daten und Indikatoren immer häufiger die entscheidende Basis für politisches Handeln. In der Informationsgesellschaft sind haben vor allem die Fakten der Statistiken Gewicht.

Theorie und Praxis des Wissens

Diese lange Vorbemerkung führt zu wenigstens zwei Punkten, die Aufmerksamkeit verdienen. Der erste ist der, dass es in diesem wie in anderen Bereichen des Wissens nicht sehr sinnvoll ist, wild Daten zu sammeln und statistische Informationen zu produzieren, d.h., ohne eine klare theoretische Perspektive, die es uns ermöglicht, den Daten und Informationen eine eindeutige, kohärente und zwingende Bedeutung zu geben. Offensichtlich ist es immer möglich, Daten anzuhäufen und Informationen über verschiedene Aspekte von Kindheit und Jugend zu sammeln, genauso wie es möglich ist, ausgehend von diesen Daten, Indikatoren zu konstruieren, die uns über diese Aspekte Auskünfte erteilen. Es ist aber ebenso offensichtlich, dass das Resultat dieser Operation nichts anderes als "fragmentiertes" Wissen über die Realität sein kann, gleichzeitig alles und nichts, ein verwirrender und nutzloser Umschlagplatz von Zahlen ohne ordnendes Muster.

Der zweite Punkt ist folgender. Die Daten und Statistiken, die wir produzieren, sollten einen praktischen Nutzen haben. Das heißt, es müßte möglich sein, sie unmittelbar in politisches Handeln zu übersetzen. Sie sollten dazu verwendet werden, die Ungerechtigkeiten und Verzerrungen in der Realität, die wir studieren, zu korrigieren oder auszumerzen. Beide Punkte hat Keyfitz in einem Artikel über "Statistical indicators of the status of children" lapidar zusammengefasst:

Kindheitssoziologie und Statistik. Eine generationale Perspektive 53

"Bevor man brauchbare Daten sammeln kann, muss man wissen, was die Statistiken beschreiben sollen, und zu welcher Art Politik sie führen dürften" (Keyfitz 1993: 1).

Wir müssen nach dem Gesagten davon ausgehen, dass theoretische und konzeptuelle Kategorien, statistische Daten und politische Praxis keine voneinander unabhängigen und separaten Elemente darstellen, sondern (nur analytisch) unterscheidbare Aspekte und Momente eines einzigen und kontinuierlichen Prozesses der Beschreibung und Konstruktion sozialer Realität. "Sowohl die Kategorien der Beschreibung als auch die Untersuchungslinien, denen wir folgen, sind durch unsere Erfahrung beim Bemühen, auf die Welt zu wirken, beeinflusst, und durch die Art des Handelns begrenzt, die wir für möglich halten" (Rein und Peattie 1981: 526). Anders ausgedrückt: was wir denken, und wie wir es darstellen, wird ständig durch den sozialen Kontext, in dem wir handeln, und durch die institutionellen Ordnungen der Gesellschaft beeinflußt, in der wir leben. Deren Veränderung und Entwicklung wäre zu erklären, in einem bestimmten Ausmaß auch die unserer Beschreibungen und Interpretationen der Realität, die uns umgibt. Es sind die Handlungen der politischen Entscheidungsträger und der sozialen Mächte, "die letztlich den Bezugsrahmen für die gesammelten Fakten bilden" (Rein 1980: 392).

Mit anderen Worten: die statistischen Daten, die wir sammeln, sind, wie die Indikatoren, die wir auf der Basis dieser Daten konstruieren – ob implizit oder explizit, ist unwichtig –, immer von der Annahme eines bestimmten theoretischen Gesichtspunktes abhängig. Dieser ist seinerseits nichts als die Übersetzung der Aktionen in die konzeptuellen und methodologischen Paradigmen der einzelnen Disziplinen[3], welche, entsprechend den Umständen und der Entwicklung von Gewohnheiten sowie politischen und sozialen Beziehungen, von Zeit zu Zeit praktikabel erscheint.

Objekte und Subjekte

Vor der Erwägung der Konsequenzen, die sich aus der Übernahme eines spezifischen theoretischen Ansatzes der Kindheitsforschung ergeben, ist es notwendig, kurz auf die epistemologischen Gründe einzugehen, die diese Vorgehensweise rechtfertigen. Zunächst einmal sei darauf hingewiesen, dass die wissenschaftliche Konstruktion sich teilweise oder völlig von der gewöhnlichen Wahrnehmung der Ereignisse, vom Alltagswissen, unterscheidet. Im wissen-

---

[3] Ich erlaube mir, für weiterreichende Erklärungen zu diesem Punkt auf Sgritta (1999) zu verweisen.

schaftlichen Diskurs ist die Analyse eines Objekts gleichbedeutend damit, es in einem methodologisch konstruierten Koordinatensystem unterzubringen, d.h., in einem logischen und praktischen Raum. In diesem Raum ist die Position jedes Einzelphänomens nicht absolut, sondern vor allem durch seine Beziehung zu den anderen Teilen des Systems definiert, also in differenziellen und abstrakten Begriffen; abstrakt in dem Sinne, dass es nicht um das Individuelle mit seinen Eigenheiten geht, sondern darum, dass es im Hinblick auf das Wissensobjekt ist, was es mit den anderen Systemkomponenten gemeinsam hat (oder worin es sich von ihnen unterscheidet).

Natürlich trifft der Forscher bei seiner praktischen Arbeit nichts als einzelne Objekte. Aber seine Aufgabe ist es zu wissen, wie diese Objekte im Bezugsrahmen seines eigenen Analyseraumes zu positionieren sind. Anders gesagt, das Geschäft des Forschers besteht darin, eine Klasse von Objekten zu schaffen, die aus guten Gründen als relativ homogen betrachtet werden können, und sich folglich von anderen Objekten mit grundsätzlich anderen Charakteristika (Erfahrungen, Bedingungen, Möglichkeiten, Rechten etc.) unterscheiden[4].

Das soziologische Studium der Kindheit entzieht sich dieser Logik nicht. Es bringt sie sogar paradigmatisch zum Ausdruck. Der Raum der Kindheit als einer "sozialen Kategorie" liefert, zumindest provisorisch, den Blickwinkel, aus dem ein Maximum an Eigenschaften und Eigenheiten, konkret erfasst werden kann. Die Sozialgeschichte eröffnet die Möglichkeit, über die beobachtbaren Variationen in diesem spezifischen Raum empirisch fundiert Bericht zu erstatten. Wie Jens Qvortrup schreibt, "wird eine Vorstellung nahegelegt, die vom individuellen Kind abstrahiert zugunsten eines abstrakten aber durchaus realen Gebildes, in dem sich alle Kinder während ihrer je individuellen Kindheit notwendig befinden. Diese abstrakte Form ist nicht – wie in der Psychologie und anderen etablierten Kinderwissenschaften – durch wechselnde Dispositionen des Individuums, das seine Entwicklungsstufen durchläuft, charakterisiert; es ist vielmehr durch eine Anzahl von Parameten charakterisiert, die die sozioökonomische Welt betreffen, etwa Ökonomie, soziales Leben, Politik, Kultur, Ideologie usw. Diese Parameter, die Kindheit als soziale Form beeinflussen, sind im Prinzip dieselben, die andere strukturelle Formen in der Gesellschaft beeinflussen, wie soziale Klassen, ethnische Gruppen oder Geschlechtsgruppen (Qvortrup in diesem Band).

---

[4]   Wie Bourdieu zum Stichwort Generationen ausführt, handelt es sich dabei um Individuen, die "durch Existenzbedingungen, die, indem sie differente Bestimmungen des Unmöglichen und Möglichen, des Wahrscheinlichen und Gewissen aufnötigen, den einen spezifische Handlungen und Aspirationen als natürlich oder vernünftig zu erfahren aufgeben, die die anderen als undenkbar oder skandalös empfinden – und umgekehrt" (Bourdieu 1976: 168).

Diese Überlegungen haben zahlreiche Implikationen, methodologisch wie substanziell. Beim Studium der Kindheit eröffnet ein holistischer oder struktureller (oder einfach ein soziologischer) eher als ein individualistischer Ansatz die Chance, die Gemeinsamkeiten der Subjekte zu verstehen, die in der Gesellschaft denselben Status haben. Aus dem gleichen Grund sind wir gezwungen, Vergleiche zwischen verschiedenen geschichtlichen Epochen, Gesellschaften und Kulturen anzustellen, und die jeweiligen Beziehungen zwischen den verschiedenen Großgruppen in der Gesellschaft zu analysieren, besonders die zwischen den Generationen.

Obwohl all das keineswegs die Legitimität solcher Kindheitsstudien ausschließt, die eine strikt individualistische (d.h. psychologische oder pädagogische) Perspektive vertreten, bedeutet Kindheitsforschung in soziologischer Perspektive, den ganzen Komplex von Beziehungen in den Blick zu rücken, in dem die Bevölkerungsgruppe Kinder mit dem Rest der Gesellschaft steht. Sie bedeutet ferner, Kindheit entlang der Normen und Regeln zu studieren, die sie strukturieren, sie als eine spezifische Komponente der Gesellschaft – "konstruieren" -, sowie die Analyse der Gesamtheit der Praktiken und Aktivitäten, mittels derer sich die Kindheit selbst als Agentin ihrer eigenen Konstruktion artikuliert.

Auch aus statistischer Sicht hat ein solcher Paradigmenwechsel enorme Konsequenzen. Die wichtigste liegt darin, dass der Forscher, der mit dieser Perspektive arbeitet, nicht an der zufälligen Sammlung von Daten interessiert ist, um die "Einkaufstasche" mit Informationen zu füllen, die Kindheit nur als abhängige oder Variable zweiter Ordnung bzw. als bloßes Anhängsel einer anderen Beobachtungseinheit sehen, der höherrangige Bedeutung zugeschrieben wird. Er wird sich stattdessen darum bemühen, solche Daten, Informationen auszuwählen oder solche Indikatoren zu konstruieren, die Kindheit im Licht eines leitenden Prinzips (einer Theorie) beschreiben, das die Aufmerksamkeit auf die Beziehungen zwischen Kindern und anderen sozialen Gruppen lenkt, auf die möglichen Formen von Ungleichheit und Diskriminierung im Zusammenhang mit ihrem rechtlichem Status, in Fragen der Macht, der Partizipation, der Ressourcenverteilung, der ökonomischen und sozialen Chancen.

Eine andere, nicht weniger wichtige Konsequenz liegt darin, dass auf diese Weise der Forscher dazu gebracht wird, die Kinder oder die Kindheit als primäre und distinkte statistische Beobachtungseinheit zu identifizieren, obwohl letztlich die Gesellschaft in ihrer Gesamtheit, mit all ihren konstitutiven Komponenten, die Analyseeinheit ist, der Bildschirm, auf dem die zu analysierenden Phänomene Bedeutung erlangen und interpretiert werden können.

Banales und Relevantes

Ich habe bereits daran erinnert, dass wir heute, dank der außergewöhnlichen Entwicklung der Sozialstatistiken, über eine Datenmenge verfügen, die noch vor wenigen Jahren völlig undenkbar war. Die wichtigsten sozial-statistischen Untersuchungen, die auf beiden Seiten des Atlantiks durchgeführt worden sind, haben eine bemerkenswerte Anzahl von Informationen über relevante Aspekte der Kindheit geliefert. Die Indikatoren betreffen u.a. Gesundheit, Bildung, Ökonomie, Wohlstand und Armut, Verhaltensauffälligkeiten, Einstellungen, Kriminalität, Werte und Orientierungen, den Umgang mit Zeit, institutionalisierte Kindheit, Freizeit, Drogenmissbrauch, Unfälle im Haushalt etc. (Hauser, Brown und Prosser 1997; Ben-Arieh und Wintersberger 1997; Moore 1995; Furstenberg 2002). Alles in allem bewegt sich die statistische Produktion "in Richtung einer Konvergenz der Bereiche, immer ausführlicherer Berichterstattung und immer größerer Homogenität" (Vogel 1997: 7).

Trotzdem ist nicht alles an dieser Entwicklung positiv. Das aktuelle Panorama statistischer Information über Kindheit und Jugend zeigt Licht und Schatten, in bestimmten Bereichen Informationen im Überfluß, in anderen gar keine, und viele Probleme sind noch nicht gelöst. Es besteht immer noch ein Gefälle zwischen den Informationen über Erwachsene und denen über die Bevölkerungsgruppe Kinder, und es ist noch ein weiter Weg bei der Produktion von Information zu gehen, in denen Kinder als die primäre Bezugseinheit erscheinen. Weitere Schwierigkeiten betreffen die unzureichende Berichterstattung über bestimmte Themenbereiche oder Sphären des Lebens von Kindern und Jugendlichen. In einigen Bereichen ist die statistische Produktion üppig und detailreich, für andere ist Datenmangel charakteristisch.

Deutlich unterrepräsentiert sind zum Beispiel die Aktivitäten, in denen sich Kinder engagieren, an denen sie aktiv teilnehmen und (bei deren Wahrnehmung sie) ihre Interessen und Kompetenzen zum Ausdruck bringen. Ganz anders ist das bei Aktivitäten, in denen sie, abhängig von den Anforderungen und Erwartungen der Familie, der Schule und der Gesellschaft im allgemeinen, eine passive Rolle spielen. Manchmal kommen diese Aspekte einfach nicht vor, und wenn sie vorkommen, werden sie nicht ernst genommen. Außerdem sind es weniger die positiven Aspekte der "Physiologie" der Kindheit, als vielmehr abweichendes Verhalten, Normverletzungen oder Pathologien (von der Drogenabhängigkeit bis zur Teenagerschwangerschaft, vom Schulversagen bis zur Delinquenz), die untersucht werden. Die Betonung liegt stärker auf Problemen und Schwierigkeiten als auf Ressourcen und Vorschlägen. In den letzten Jahren hat sich die Situation ein Stück weit gebessert. Aber lange Zeit, zum Teil bis heute, gab es in den (mehr oder weniger offiziellen) Statistiken keine Informationen über die Teilnahme von Kindern und Jugendlichen am politischen und sozialen Leben, offensichtlich deswegen, weil ihnen politische Rechte verweigert wurden, und man deshalb solche Information nicht für erforderlich hielt. Dasselbe gilt für andere Bereiche, zu denen Kinder und Jugendlichen nicht zugelassen sind, oder in denen ihre Anwesenheit nicht legitimiert ist. Und wenn ein Phänomen in der Gesellschaft nicht legitimiert ist, dann ist die Konsequenz die, dass es statistisch nicht registriert und nicht anerkannt wird.

Welche intellektuellen oder praktischen Gründe zur Rechtfertigung dieser Lücken auch ins Feld geführt werden, es bleibt die Tatsache, dass Kindheit noch immer Objekt vielfältiger Diskriminierungen ist. Und selbstverständlich ist die Diskriminierung "nichts weiter als ein Duplikat des Modells, das in der Realität existiert" (Oakley und Oakley 1979: 186). Das heißt, Kinder werden in den Statistiken diskriminiert, weil sie in der Gesellschaft diskriminiert werden. Diese Schlussfolgerung kann man in der These zusammenfassen, dass das die Verdrängung von Kindheit aus der in den Statistiken dargestellten Realität die Machtlosigkeit von Kindern in der Gesellschaft widerspiegelt, die wiederum "den begrenzten Zugang der Kinder zu ökonomischen Ressourcen, ihren Ausschluß von politischer Teilhabe und das damit übereinstimmende Bild von Kindheit als eines Status der Schwäche, der Abhängigkeit und der Inkompetenz" (Franklin 1995: 9) reflektiert, mit einem Wort die "strukturelle Gleichgültigkeit" (Kaufmann 1990), zu der die Gesellschaft in der Regel im Zusammenhang mit Kindheit neigt.

Sicher, wir haben Informationen über den Bereich der *vita activa* von Kindern. Aber in der Regel gestatten diese uns nur banale und oberflächliche Urteile über wichtige Aspekte und Momente der Partizipation von Kindern und Jugendlichen am gesellschaftlichen Leben, etwa ihr Engagement für das Gemeinschaftsleben, über freiwillige Arbeit, religiöse Aktivitäten, Betätigungen in Schulclubs und, allgemeiner, am politischen und Vereinsleben.

Noch weniger erlauben uns diese Informationen und Indikatoren, auf bestimmte Fragen zu antworten, die für die Beurteilung des Ausmaßes der Integration der Jüngeren in die Gesellschaft absolut unerlässlich sind: wie kommt es zu Zusammenschlüssen, wie funktionieren sie, wer gehört dazu, in welchen Beziehungen stehen sie zur Außenwelt, an wen richten sich die Gruppenaktivitäten, wie häufig treffen sich die Mitglieder, wieviel Zeit widmen sie diesen Aktivitäten, in welchem Maße sind sie ins Leben und in sonstige Gruppenaktivitäten eingebunden, wie laufen Entscheidungsprozesse ab, wie versucht die Gruppe ihre Ziele zu erreichen, auf welche Instrumente wird zurückgegriffen, um die

Aufmerksamkeit auf die eigenen Interessen und Aktivitäten zu ziehen, und schließlich, welche Resultate werden erzielt (Riepl und Wintersberger 1999). Natürlich gibt es eine Logik, die das skizzierte Aufmerksamkeitsdefizit rechtfertigt. Nach herrschender Auffassung ist Kindheit entscheidend durch Passivität, Schwäche, Abhängigkeit und Inkompetenz, sowie dadurch charakterisiert, dass Kinder ihre Interessen nicht selbst, direkt, vertreten können (MacKay 193: 27-28). Schaut man sich die Kindheit auf der Basis dieser Voraussetzungen an, dann wird verständlich, dass es keinen Grund gibt, über die aktive Präsenz von Kindern und Jugendlichen in der Gesellschaft Daten zu erheben und statistische Indikatoren zu konstruieren, ganz zu schweigen von politischer Partizipation und solidarischem Gemeinschaftsleben. Es scheint, als erübrige es sich, "positive Trends und Verhaltensweisen, d.h. Zufriedenheit mit dem eigenen Leben, Religiosität, freiwillige Arbeit sowie Bildungserfolge und -ansprüche" (Moore 1995: 51) zu ermitteln.

Abschließend sei festgehalten, dass es zweifellos so ist, wie Wartofsky schreibt, dass es in diesem wie in anderen Bereichen kindheitsbezogener Statistiken Zwänge gibt, die "dahin wirken, das Kind im Sinne der herrschenden Vorstellung von 'Kindheit' darzustellen. Aber wenn wir darin nichts als simple und zufällige Manipulation sehen, eine Manipulation, die das Kind nach dem Muster konstruiert, in dem die Gesellschaft sich Kindheit vorstellt, dann haben wir ein falsches Bild... und wirkliches Lernen und sozialer Wandel würden niemals stattfinden" (Wartofsky 1981: 199).

Statistik und Politik: die generationale Perspektive

Schließlich komme ich zur Generationenfrage, die als ein besonderer Fall dessen betrachtet werden kann, was bisher diskutiert worden ist. Kindheit aus einer soziologische Perspektive zu studieren, das heißt als strukturelles Element und permanenten Bestandteil der Gesellschaft, ist im Großen und Ganzen gleich-bedeutend mit der Einführung der generationalen Perspektive in die Kindheitsstatistik. Beide Methoden sind äquivalent und führen zu identischen Resultaten. Beide basieren auf der (impliziten) Annahme, dass Wissen über die Gemeinsamkeiten einer Kategorie wichtiger ist als Wissen über die Unterschiede, die zwischen ihren einzelnen Komponenten bestehen, und zwar wie Bourdieu (1976: 187) schreibt, aus einem ganz einfachen Grunde:

"Es kann zwar ausgeschlossen werden, dass *alle* Mitglieder ein und derselben Klasse (oder selbst nur zwei von ihnen) dieselben Erfahrungen – zumal in gleicher zeitlicher Ordnung – gemacht haben; ebenso sicher ist aber auch, dass jedes Mitglied derselben Klasse sich mit einer größeren Wahr-

Kindheitssoziologie und Statistik. Eine generationale Perspektive 59

scheinlichkeit als jedes Mitglied einer anderen Klasse in seiner Eigenschaft als Akteur oder Zeuge den für die Mitglieder dieser Klasse häufigsten Situationen konfrontiert sieht."
Generation ist nichts anderes als ein besonderer Ausdruck dieser "Gemeinsamkeit der Erfahrungen", in der das, womit man sich vergleicht – ob implizit oder explizit, ist unwichtig –, eine andere Gruppe oder Kategorie der Bevölkerung ist, die Erwachsenen oder die Alten.

Deswegen haben die Fragen, welche die Generationsperspektive zu stellen hilft, im Wesentlichen mit den Problemen der Ungleichheit und der Verteilungsgerechtigkeit zwischen den verschiedenen Teilen der Bevölkerung zu tun, mit dem juristischen Status, mit Macht, Ressourcen (Geld, Raum, Zeit) und mit ökonomischen wie sozialen Chancen. Im Rahmen einer solchen Sichtweise kann jede Analyse, die zum Beispiel die Armutsrate in der Kinderpopulation betrachtet, an einen Forschungsansatz dieses Typs assimiliert werden. Und in den letzten beiden Jahrzehnten haben solche Studien eine außergewöhnliche Entwicklung gemacht.

Wir verfügen heute über eine bemerkenswerte Musterkollektion nationaler und internationaler Studien, die auf Vergleichsdaten basieren, in denen Kinder die Analyseeinheit darstellen. In den Vereinigten Staaten liefert eine Vielzahl von Forschungsinstituten und –agenturen vielfältige Indikatoren zur Ökonomie der Kindheit, zu denen eine ebenso ausgedehnte Produktion periodischer Berichte kommt, über Fürsorgemaßnahmen, den Umfang des Gesundheitsversicherungsschutzes und damit zusammenhängende Probleme (Duncan und Moscow 1997: 258). Vor allem der "Current Population Survey" und der "Survey of Income and Program Participation", beide vom Census Bureau herausgegeben, liefern Indikatoren über Deprivation und Abhängigkeit, die Kurz- und Langzeitaspekte von Armut beschreiben, und dabei Kinder als Analyseeinheit verwenden. Außerdem gibt es zahllose andere Indikatoren, die aus den Daten der Verwaltungen stammen (Goerge 1997).

Was Europa angeht, so sind die beiden wichtigsten Quellen zum Thema Kinderarmut die "Luxembourg Income Study" und das "European Community Household Panel" (abgekürzt (EUSILC). Beide Quellen setzen sich aus national erhobenen Mikrodaten zusammen, die aus Surveys stammen, die in verschiedenen Ländern wiederholt auf Familien- und auf individueller Ebene durchgeführt wurden. Sie operieren mit demselben Armutsindex, analogen Äquivalenzskalen usw. Auch wenn nicht alle Probleme gelöst worden sind, kann man doch sagen, dass sie eine relativ verlässliche und aktuelle Darstellung der Situation liefern. Unter anderem ist erwähnenswert, welches Gewicht Kindern in den Äquivalenzskalen oder bei der Ressourcenverteilung in der Familie attestiert wird, was in der Regel entweder völlig vernachlässigt oder oberflächlich behandelt wird.

Dann gibt es das Problem zu entscheiden, ob die ermittelten Unterschiede auch Ungleichheiten sind. Weitere Probleme sind die Durchführbarkeit einer absoluten anstelle einer relativen Messung von Kinderarmut und die Notwendigkeit, die Schwierigkeiten zu überwinden, die sich daraus ergeben, dass nur oder meistens Einkommen, Konsum und monetäre Transfers Berücksichtigung finden, und entlohnte Dienstleistungen benachteiligt werden[5].

Wenn wir diese Fragen, die zum Wesen von Untersuchungen einer so komplexen und facettenreichen Thematik wie Armut gehören, und deshalb wohl für eine Vielzahl von Lösungen offen bleiben müssen, beiseite lassen, dann wird deutlich, dass sich die überwiegende Mehrzahl der Studien über Kinderarmut relativ gut mit den Anforderungen an einen soziologischen und damit an einen generationalen Ansatz der Kindheitsforschung verträgt. Auch andere Studien dieses Typs, in denen Kinder die Beobachtungseinheit darstellen, die Kinderpopulation als ein Ganzes betrachtet und mit anderen Bevölkerungsgruppen verglichen wird, z.B. Untersuchungen über den Umgang mit Zeit oder vergleichende Analysen über den rechtlichen Status von Kindern, sind die Mühe wert.

Das heißt aber nicht, dass bei diesem Denkansatz alles zum Besten bestellt ist. Um es deutlich zu sagen: auch heute ist es notwendig, festzuhalten, wie wenig unsere Fähigkeit entwickelt ist, die Beziehungen zwischen den Generationen und die Position der Kinder im Vergleich mit anderen Bevölkerungsteilen zu verstehen. Es gibt bis heute ernst zu nehmende Mängel in der Interpretation der historischen Dynamik dieser Beziehungen. Abgesehen von einigen vereinzelten Versuchen gibt es noch zu viele Lücken im Verständnis der Art und Weise, in der sich der Wandel auf der Makroebene des sozialen Systems und in der Politik in den Lebensbedingungen der verletzlichsten Segmente der Bevölkerung, vor allem denen der Kinder, niederschlägt und das Wohlergehen der einzelnen Gruppierungen verändert.

Welche Mechanismen (demographische, kulturelle, soziale, gesetzliche, ökonomische und politische) wie und aufgrund welcher Ursachen sich zu einer bestimmten Form distributiver Gerechtigkeit oder Ungleichheit verbinden, liegt weitgehend im Dunkeln. Es kommt hinzu, dass wir auch nur sehr partiell und unzureichend über das Ausmaß orientiert sind, in dem die Ziele und Konsequenzen staatlicher Interventionen im Bereich der Arbeits-, Steuer-, Wohnungs- und Marktpolitik bestimmte Altersgruppen und -kohorten begünstigen oder alters- und kohortenneutral sind.

Ein Beispiel kann zur Illustration dieses Punktes nützlich sein. Eine Analyse, der paradigmatischer Charakter zugesprochen werden kann, weil sie die offen-

---

[5]   Zu diesen Aspekten vgl. Sgritta, Galina, Romano und Graziani 1999.

Kindheitssoziologie und Statistik. Eine generationale Perspektive 61

kundigsten Grenzen der konventionellen Generationsstudien überwindet, ist die des neuseeländischen Historikers David Thomson (1991). Kurz gesagt, er meint, die Umkehrung der Tendenz in den Kinderarmutsraten der letzten Jahrzehnte korreliere nur sehr bedingt mit dem demographischen Faktor.[6] Sie sei eher auf einen tiefgreifenden politischen Wandel zurückzuführen. Sie sei die Konsequenz einer grundsätzlichen Umwälzung der an die verschiedenen Altersgruppen und Generationen gerichteten Sozialpolitik. Laut Thomson sind in den 1970er und 1980er Jahren im Großteil der Länder des Westens "die Regeln des Austausches zwischen den Generationen umgeschrieben worden... und der 'Sozialstaat für die Jugend' (den es in den ersten drei Jahrzehnten nach dem Zweiten Weltkrieg gab), wurde zu einem 'Sozialstaat für die Alten' umgebaut" (ibid.: 1991: 8). Deutlicher formuliert, eine "Umstrukturierung des Wohlfahrtsstaates hat, in Übereinstimmung mit dessen eigenen alternden Interessen, unsere Sozial-, Wirtschafts-, Steuer, Rechtspolitik und andere Politiken dominiert..." (ibid.: 56).

Dieser Kurswechsel der Politik habe unmittelbare Auswirkungen auf den Lebensstandard gehabt, allerdings nicht die gesamte Bevölkerung gleichermaßen getroffen. Während die Kinderarmut in den 1970er und 1980er Jahren konstant zunahm, war die Altersarmut rückläufig. Eine nicht weniger evidente Veränderung betraf die Einkommen junger Ehepaare (die erst stagnierten, um dann zu sinken) und deren Pendant eine Verbesserung der Ressourcen der mittleren Jahrgänge und der älteren Menschen war. Aber das Resultat der Entwicklung geht weit über das hinaus, was wir mit unseren konventionellen Verfahren ermitteln können. Alles in allem sind die auf die gesamte Lebensspanne bezogenen Regeln des Gebens und Nehmens gänzlich zum Vorteil bestimmter Kohorten und Generationen umgeändert worden. Die Konsequenzen betreffen den fiskalischen Bereich (direkte und indirekte Einkommenssteuer, Steuerfreibeträge, Erbschafts- und Eigentumssteuer), die öffentlichen Ausgaben (Wohnung, Familienzulagen, Kindergeld, öffentliche Arbeiten) und auch den umfassenderen Bereich der Wirtschafts- und Unternehmenspolitik. Tatsächlich sind all diese Thematiken von Ökonomen und Soziologen wenig erforscht oder völlig vernachlässigt worden, und, was noch wichtiger ist, nur ein sehr geringer Teil der existierenden Datenreihen und Analysen hat historische Tiefe.

Andere Fragen, die wegen der skizzierten historischen Dynamik gestellt werden müssten, sind folgende: Können wir davon ausgehen, dass der Lebensstandard der verschiedenen sozialen Gruppen zur Konvergenz tendiert, oder

---

[6] Dass der demographische Faktor die Hauptursache der – im Vergleich mit den Alten – Verschlechterung der Lebensbedingungen der Jüngeren sei, ist die von Preston (1984: 486) in einem berühmten Essay vertretene These.

müssen wir davon ausgehen, dass er sie auseinander bringen wird? Wer gewinnt, und wer verliert beim Spiel der generationalen Verteilung des Wohlstands? Wird eine Gesellschaft, die bisher junge und alte Menschen unterschiedlich behandelt, sie, wenn man die gesamte Lebensspanne in Betracht zieht, letztlich doch noch gleich behandeln? Welche Langzeitfolgen bringt ein andauerndes Ungleichgewicht bei der Verteilung der Ressourcen zwischen den Generationen mit sich? Zu welchen Veränderungen wird die Reduzierung der Geburtenzahlen, und damit der Kinderpopulation, bei der Verteilung der Ressourcen führen? (Sgritta 1994).

Schlussbemerkungen

Ich habe mit diesen Überlegungen zu zeigen versucht, dass kein System statistischer Daten oder Indikatoren, wie ausgeklügelt es auch sein mag, aus sich heraus Kindheit oder die Beziehungen zwischen Altersgruppen und Generationen ohne Bezug auf einen theoretischen Rahmen einschätzen und verstehen kann, der ihm einen Kontext und eine Bedeutung liefert. Welche Daten gesammelt, und wie sie gesammelt werden müssen, hängt von der zugrunde liegenden Theorie ab. Statistische Daten und Indikatoren sind nichts anderes als eine Theorie-"Prothese".

Wenn die Sozialstatistik über Kindheit und Generationen nicht entschieden diese Richtung einschlägt, dann wird sie keine signifikanten Konsequenzen für die Öffentlichkeit und die politischen Entscheidungsträger haben; auch wenn hinzuzufügen ist, dass selbst bei einer in diesem Sinne positiven Entwicklung gilt, dass es keine notwenige Verbindung zwischen der Qualität und Solidität einer Theorie und ihrer möglichen politischen Wirkung gibt. Marc und Marque-Luisa Miringhoff haben in diesem Zusammenhang den Begriff des "Ganzen" (the whole) eingeführt, der sich besonders gut zur Klärung dessen eignet, was mir vorschwebt. Dieser Begriff ist der Vorstellung ähnlich, von der wir im Projekt "Childhood as a social phenomenon" ausgegangen sind. Es ist die Idee, dass, wenn die Kindheit die Beobachtungseinheit ist, die gesamte Gesellschaft die Analyseeinheit darstellt, die Gesellschaft als ein "Ganzes" eben.

"Beschränkt man die Analyse auf Kinder, dann erfahren wir wenig über die Dynamiken, die in das Wohlbefinden dieser Gruppe hineinspielen" (*Miringhoff und Miringhoff 1997: 478*).

Um die Analyse der Miringhoffs noch einmal aufzunehmen: "Wenn die Sozialstatistik isoliert bleibt, konzeptuell und empirisch nicht mit anderen Indikatoren oder einer Vorstellung vom Ganzen verbunden ist, dann wird die genaue Kontrolle einzelner gesellschaftlicher Ausschnitte wie des Kinderwohls zum Problem. Klar, aus politischen Gründen ist dieser Sektor reizvoll, und man muß

Kindheitssoziologie und Statistik. Eine generationale Perspektive   63

irgendwo anfangen. Aber selbst eine oberflächliche Analyse führt zu dem Schluß, dass das Wohl der Kinder (und, was uns hier interessiert, das der Generationen) direkt auf Dinge jenseits der Kinder bezogen ist. Eine isolierte Analyse lenkt die Aufmerksamkeit eher auf Kinder als einen separaten Sektor, denn auf (das) Ganze, dessen Teil sie sind" (ibid.: 477)

Literatur

Ben-Arieh, A. und Wintersberger, H. (eds.) (1997): *Monitoring and Measuring the State of Children – Beyond Survival*. Wien: European Centre, Eurosocial Report 62.

Bourdieu, P. (1976): *Entwurf einer Theorie der Praxis auf der ethnologischen Grundlage der kabylischen Gesellschaft*. Frankfurt am Main: Suhrkamp.

Duncan, G. J. und Moscow, L. (1997): "Longitudinal Indicators of Children's Poverty and Dependence", in: Hauser, R. M., Brown, B. V. und Prosser, W. R (eds.) *Indicators of Children's Well-Being*. New York: Russel Sage Foundation: 258-278.

Franklin, B. (1995): "The Case for Children's Rights: A Progress Report". Franklin, B. (ed.): *The Handbook of Children's Rights. Comparative Policy and Practice*. London: Routledge: 3-22.

Furstenberg jr., F. F. (ed.) (2002): *Early Adulthood in Cross-National Perspective*. London. The Annals. March. London: Sage.

Goerge, R. M. (1997): "Potential and Problems in Developing Indicators on Child Well-Being from Administrative Data". Hauser, Brown, Prosser, (eds.), *Indicators of Children's Well-Being*. New York: Russel Sage Foundation: 457-471.

Hauser, R.M., Brown, B.V. und Prosser, W.R. (eds.) (1997): *Indicators of Children's Well-Being*. New York: Russel Sage Foundation.

Kaufmann, F.-X. (1990): *Zukunft der Familie*, München: Beck Verlag.

Keyfitz, N. (1993): "Statistical Indicators of the Status of Children. What should we be trying to measure?". Vortrag zum Seminar der International Sociological Association Research Committees Nr. 41, 24. August 1993.

MacKay, R. (1973): "Conceptions of children and models of socialization". Dreitzel, H. P. (ed.): *Childhood and socialization*. New York: Mac Millan: 27-43.

Miringoff, M. und Miringoff, M.-L. (1997): "Context and Connection in Social Indicators: Enhancing What We Measure and Monitor". Hauser, R.M., Brown, B.V. und Prosser W.R. (eds.): *Indicators of Children's Well-Being*. New York: Russel Sage Foundation : 472-482.

Moore, K. A. (ed.) (1995): *New Social Indicators of Child Well-Being*. Eurosocial Report, 56. Wien: European Centre.

Oakley, A. und Oakley, R. (1979): "Sexism in Official Statistics". Irvine, J. et al. (eds.): *Demystifying Social Statistics*. London: Pluto Press: 172-189.

Oldman, D. (1994): "Adult-Child Relations as Class Relations". Qvortrup, J., Bardy, M., Sgritta, G. B. und Wintersberger H. (eds.): *Childhood Matters. Social Theory, Practice and Politics*. Aldershot: Avebury: 43-58.

Preston. S. (1984): "Children and the Elderly: Divergent Paths for American's Dependents". *Demography*, 21: 435-456. 486.

Qvortrup, J., Bardy, M. Sgritta, G. B. und Wintersberger, H. (eds.) (1994): *Childhood Matters. Social Theory, Practice and Politics*. Aldershot: Avebury.

Rein, M. (1980): "Méthodes pour l'étude de l'interaction entre les sciences sociales et la politique sociale". *Revue internationale de sciences sociales*: 383-394.

Rein, M. and Peattie, L. (1981): "Knowledge for Policy". *Social Service Review*, 4, 55: 533-543.

Riepl. B. und Wintersberger, H. (1999) (eds.): *Political Participation of Youth Below Voting Age*. Eurosocial Report 66. Wien: European Centre.

Sgritta, G. B. (1999) "L'informazione statistica per i fenomeni marginali". *Atti della Quarta Conferenza Nazionale di Statistica*, Tomo 1. Rom: Istat: 103-124.

Sgritta, G. B. (1994): "The Generational Division of Welfare: Equity and Conflict". Qvortrup, J., Bardy, M., Sgritta, G.B. und Wintersberger, H. (eds.): *Childhood Matters. Social Theory, Practice and Politics* Aldershot: Avebury: 335-361.

Sgritta, G. B., Gallina, C., Romano, M. C. und Graziani, M. E. (1999): "Misure della povertà e povertà delle misure". E Mingione, E., (ed.) *Le sfide dell'esclusione: metodi, luoghi, soggetti*, Bologna: Il Mulino: 35-63.

Sgritta, G. B. und Varotti, A. (1975): "Some preliminary notes on the inadequacy of the official statistics for social sciences". *Proceedings of the 40th Session of the International Statistical Institute*, Warschau.

Thomson, D. (1991): *Selfish Generations? The Aging of New Zealand's Welfare State*. Wellington: Bridget Williams Books.

Vogel, J. (1997): *Living Conditions and Inequality in the European Union*, Wien: Eurostat Working Papers.

Wartofsky, M. (1981): "The Child's Construction of the World and the World's Construction of the Child: From Historical Epistemology to Historical Psychology". Kessel, F. S. und Siegel, W. (eds.): *The Child and Other Cultural Inventions*. New York: Praeger: 188-223.

Übersetzung aus dem Italienischen von Heinz Hengst

Leena Alanen

Kindheit als generationales Konzept

Kindheit: ein generationales Phänomen

Seit der Entstehung des neuen soziologischen Teilgebietes, der Soziologie der Kindheit, vor etwa zehn bis fünfzehn Jahren, hat sich das Wissen über Kinder und Kindheit als sozialen Phänomenen kontinuierlich entwickelt und erweitert. Dieses Kapitel setzt sich damit auseinander, dass Kindheitssoziologen die Tatsache, dass Kindheit im Grunde durch das soziale "Faktum" *Generation* konstituiert wird, noch nicht klar genug erkannt und deshalb noch nicht in ihre Forschung und ihr Nachdenken über Kindheit eingearbeitet haben.

Es hat den Anschein, als setze jede Soziologie der Kindheit voraus, dass in Gesellschaften wie der unseren die Existenz der Kategorie Kinder eine empirisch belegbare Tatsache ist, mit erheblichen Auswirkungen auf die gesamte Organisation des sozialen Lebens. Einige dieser Auswirkungen sind, in verschiedenen Konfigurationen, zum Gegenstand der Arbeit von Kindheitssoziologen geworden. Schaut man sich diese Arbeiten an, dann gewinnt man den Eindruck, dass die Tatsache, dass das Soziale (auch) generational strukturiert wird, von den Soziologen, die sich mit Kindheit beschäftigen, einfach als Selbstverständlichkeit hingenommen wird. Dieser Grundannahme ihrer Arbeit und der Implikationen für ihr Denken ist wenig Aufmerksamkeit geschenkt worden. Das Generationenkonzept ist in Kinderstudien ebenso selten zu finden wie die vielen Pfade und Formen der Generationsanalyse, die in der allgemeinen Soziologie entwickelt und praktiziert worden sind.

Wenn akzeptiert wird, dass das Soziale (auch) generational strukturiert ist – was, wie ich meine, Kindheitssoziologen unbedingt tun müssen –, dann ist die geringe Aufmerksamkeit eine große Schwäche; die Kindheitssoziologie würde von einer expliziten "Generationalisierung" profitieren.[1]

In diesem Kapitel werden Möglichkeiten des "generationing" in soziologischen Kindheitsstudien erkundet. Es beginnt mit einem Blick auf den Platz und die Bedeutungen, die Generation in drei Ansätzen der gegenwärtigen soziologischen Arbeit über Kinder und Kindheit zuerkannt worden sind. Dabei stellt sich heraus, dass generationales Denken das Gebiet bis zu einem gewissen Grad, wenn auch sehr begrenzt, beeinflusst hat. Um das Generationsthema zu erschließen, folgt eine Diskussion der Verwendung des Konzepts "Generation", wie sie in anderen Bereichen der Soziologie entwickelt worden ist. So sollen weiterführende Wege ausgelotet werden, auf denen Generation deutlicher sichtbar in die Kindheitssoziologie einzubringen wäre. Hier stützt sich die Exploration sowohl auf einige Vorstellungen der Klassentheorie als auch der Gendertheorie, und rückt dabei insbesondere Theorieansätze in den Blick, die auf *relationalen* Methodologien basieren. Die generationale Beschaffenheit des Phänomens Kindheit impliziert Relationalität. Deshalb dürften Klassen- und Gendertheorien weiter helfen, die auf einem Denken basieren, das relational und (deshalb auch) strukturell ist. Relationale Vorstellungen von Klasse und Gender werden exploriert und werden als fruchtbare Analogien beim Überdenken von Generation im Zusammenhang mit Kindheit verwendet.

Letztlich ist es Ziel dieses Kapitels, dazu beizutragen, "Generation" zu einer genuin relationalen Vorstellung zu entwickeln, die dabei hilft, die drei disparaten Kindheitssoziologien zu synthetisieren, mit denen wir heute konfrontiert sind.

Drei Soziologien der Kindheit

Das Projekt der Produktion soziologischen Wissens über Kinder und Kindheit wurde mit einer Kritik konventionellen soziologischen Wissens gestartet, welches Kinder vernachlässige, sie sogar diskriminiere und unterdrücke. Diese Kritik beklagte, Kinder seien als empirische Objekte aus soziologischen Studien selbst dann herausgehalten worden, wenn das Interesse dem einen oder anderen Aspekt ihres Lebens gegolten habe. Oder man habe Kinder als "abhängige Variablen" von Erwachsenenkategorien, Professionen und Institutionen behandelt, die Kinder "haben", sich um sie kümmern, an ihnen arbeiten, und dafür verant-

---

[1] Die Auffassung, dass soziologisches Wissen im Allgemeinen adultistisch oder auf Erwachsene zentriert war (ist) – der polemische Ausgangspunkt für das Projekt, Kindheit in Form einer Soziologie der Kindheit in die Soziologie einzuführen – schließt die Behauptung ein, dass in diesem Wissen ebenfalls das Bewußtsein seiner generationalen Einseitigkeit fehlt.

Kindheit als generationales Konzept 67

wortlich sind, ihre Lebensbedingungen zu organisieren oder routinemäßig ihre Angelegenheiten zu vertreten. Entsprechend seien Kinder aus den Blickwinkeln von Erwachsenen, Professionen und Institutionen betrachtet worden. Es war deshalb nicht vermeidbar, dass solche Forschungspraktiken Wissen produzierten, welches in hohem Maße erwachsenenzentriert, paternalistisch oder erwachsenen-chauvinistisch war; diese Forschungen gingen von einem *ideologischen* (Erwachsenen-)Standpunkt gegenüber Kindern und Kindheit aus (Joffe 1973, Speier 1976). Forschung dieses Typs war alles in allem sowohl partiell als parteiisch (Goode 1986; Waksler 1986).

Das Konzept, das man für dieses partielle und parteiische Wissen vor allem verantwortlich machte, heißt "Sozialisation". Das war vielleicht unvermeidbar, denn von den klassischen Texten der Disziplin bis zu den neuesten Textbüchern ist "Sozialisation" für jede soziologische Diskussion über Kinder und Kindheit von fundamentaler Bedeutung gewesen. Der Blick auf Kinder, den die Sozialisationsdiskurse präsentieren, läuft auf Folgendes hinaus: Kinder sind nichtsozial, noch-nicht-sozial, sind sozial Werdende, und müssen deshalb sozialisiert werden. Und wegen ihres noch-nicht-sozialen Wesens fielen Kinder meistens aus dem eigentlichen Bereich der Soziologie heraus (Ambert 1986). Die Perspektive, die "Sozialisation" auf Kinder liefert, ist auch inhärent adultistisch, insofern sie Kinder einzig aus der Sicht Erwachsener und der Erwachsenengesellschaft betrachtet. Es ist außerdem eine begrenzte Perspektive, weil sie nach vorn schaut, sie ist antizipatorisch in ihrem Interesse daran, was aus Kindern werden wird, und ihrem Desinteresse daran, was sie gegenwärtig sind oder tun: sie sind sozial Werdende, nicht sozial Seiende und auch deshalb an die Ränder der Disziplin abgedrängt.[2]

Um solche Fehler zu korrigieren, wurde eine Neuorientierung der soziologischen Arbeit notwendig. Diesmal mussten Kinder ins Zentrum soziologischer Aufmerksamkeit gerückt und um ihrer selbst willen studiert werden, nicht als Anhängsel der sozialen Welt (Erwachsener). Um die soziologische Diskriminie-

---

[2] Zur Diskussion dieser Kritik siehe zum Beispiel Speier (1976), Thorne (1987), Qvortrup (1990) und Waksler (1991); zur Analyse der soziologischen Diskurse Alanen (1988: 56-63; 1992: 11-20, 80-90). Die verschiedenen soziologischen Denktraditionen haben ihre eigenen ausgefeilten Begriffe von "Sozialisation"; es handelt sich nicht um ein homogenes Konstrukt und deshalb mag die Kritik nicht in jedem Fall zutreffen. "Sozialisation" kann auch von Nutzen sein, etwa wenn man sich damit beschäftigt, was Erwachsene tun, wenn sie das Ziel haben, Kinder auf das Leben in den sozialen Welten der Erwachsenen vorzubereiten. Der (entscheidende) Punkt der Sozialisationskritik ist (der, liegt darin), dass der Begriff seine Grenzen hat, wenn aufgeklärt werden soll, was die Kinder selbst zu ihrer Sozialisation beitragen (und das hat Einfluß auf die Ergebnisse der Sozialisation), und dass der Begriff die anderen Prozesse und Aktivitäten der Kinder, während sie sozialisiert werden, völlig ignoriert. Texte über die Sozialisation von Kindern sollten daher als "Abbilder von Erwachenen-Perspektiven gelesen werden, und dabei (sollte man) im Bewußtsein haben, dass andere Perspektiven möglich sind" (Waksler 1991).

rung von Kindern zu beenden, mussten Forscher auch die Sichtweisen, Erfahrungen, Aktivitäten, Beziehungen und das Wissen von Kindern in ihr Untersuchungsmaterial einbeziehen, direkt und aus erster Hand. Wo normalerweise Erwachsene die Zielgruppe sozialwissenschaftlicher Forschung gewesen waren, werden sich jetzt auch Kinder relevante Forschungseinheiten. Sie werden (methodologisch) als gleichrangige Angehörige der Gesellschaft betrachtet: als soziale Akteure und als Teilnehmer an der sozialen Alltagswelt, die ihren Beitrag zum Geschehen dort leisten, und damit auch zur Reproduktion und Transformation der Alltagswelt.

So gesehen, wird verständlich, dass der größte Teil der neuen empirischen Kindheitsforschung "reale" Kinder, ihre Aktivitäten und Erfahrungen, Verstehenswesen, ihr Wissen und ihre Bedeutung direkt in den Blick genommen hat. Weil Kinder sozial agieren, am sozialen Leben um sie herum teilnehmen und in die Herstellung von Ereignissen in ihrem Alltag einbezogen sind, werden ihre Beziehungen und ihre "Aushandlungen" mit der Erwachsenenwelt und miteinander ins Zentrum gerückt.

Eine *Soziologie der Kinder*, mit starker Betonung der Untersuchung des Alltagslebens, der Erfahrungen und des Wissens von Kindern, entstand aus dieser Kritik und Korrektur des früheren Forschungsparadigmas. In der wichtigen ersten systematischen Erfassung des neuen kindheitssoziologischen Feldes (Prout und James 1990) unterstellten die Autoren die Genese eines neuen Paradigmas der Kindheitsforschung. Die zentralen Grundsätze, die sie zur Kennzeichnung dieses Paradigmas auflisteten, beschreiben den Typ soziologischer Kindheitsforschung, der hier Soziologie der Kinder genannt wird. Quantitativ betrachtet ist das auch heute noch der dominierende Approach, mit dem Forscher in diesem Feld arbeiten.

Eine zweite, *dekonstruktive Kinder- und Kindheitssoziologie* entwickelte sich aus den sozialwissenschaftlichen Diskussionen über post-positivistische ("sozialkonstruktivistische") Methodologien und deren Implikationen für das Verständnis des Sozialen. Hier werden Vorstellungen vom Kind, von Kindern und Kindheit als semiotische, diskursive Formationen betrachtet, die Ideen und Bilder transportieren, mittels derer Kinder und Kindheit als "Wahrheiten" "gewusst" und kommuniziert wurden und werden: Kindheit ist eine soziale und kulturelle Konstruktion (Jenks 1996). Oft in umfassendere Modelle des sozialen Handelns und kultureller Praxen integriert, liefern solche Konstruktionen den Menschen auch kulturelle Scripts und Begründungen für Handlungen, die Kinder und Kindheit betreffen. Die Aufgabe des Forschers besteht darin, solche Konstruktionen – die Vorstellungen, Bilder und Modelle über Kinder, Kindheit und Kindheitsrhetorik – zu "dekonstruieren", indem sie die Akteure, die Interes-

Kindheit als generationales Konzept 69

sen und die historischen Umstände ihrer Produktion, Interpretation und praktischen Umsetzung aufdecken. Weil dieser spezifische Weg, Kindheit zu erforschen, auf diskursiven, semiotischen Methoden ruht, kann man ihn auch als *diskursive* Kinder- und Kindheitssoziologie kennzeichnen.

Eine dritte, *strukturelle Soziologie der Kindheit* sieht in Kindheit ein (relativ) dauerhaftes Element im (modernen) Sozialleben (während diese für individuelle Kinder eine vorübergehende Lebensphase darstellt). In dieser Sicht ist "Kindheit" selbst ein strukturelles – strukturiertes und strukturierendes – Phänomen (Qvortrup 1994), das man nutzbringend sowohl mit der proto-soziologischen Kategorie "Klasse", als auch mit der viel jüngeren feministischen Erfindung "gender'" vergleichen und parallelisieren kann.[3] Eine solche Parallelisierung stützt auch die Vorstellung, dass die besondere strukturelle Form, die Kindheit in einem bestimmten Land, einer bestimmten Kultur oder einem begrenzteren Raum annimmt, das Ergebnis des kontinuierlichen Wechselspiels zwischen Kindheit und diesen anderen Strukturen ist.

Bei einer solchen strukturellen Makro-Analyse (Qvortrup 2000), sind die wirklichen, lebendigen Kinder mit ihren je spezifischen, gelebten und erfahrenen Kindheiten nicht unmittelbar im Fokus. Es gibt sie natürlich, aber sie werden in der sozialen Kategorie Kindheit zusammengefasst. Die zentrale Aufgabe des strukturell operierenden Soziologen besteht darin, das, was im gelebten Alltag der Kinder beobachtet wird, zu den gesamtgesellschaftlichen Kontexten in Beziehung zu setzen. Dies wird dadurch erreicht, indem diejenigen spezifischen sozialen Strukturen und Prozesse auf der Makroebene identifiziert werden, die (im Wechselspiel mit anderen Strukturen und Prozessen) in das Alltagsleben und die Lebensbedingungen der Kinder hineinwirken und darin gemeinsame, vereinheitlichende Merkmale produzieren. Kinder werden in solcher Analyse materiell, sozial und kulturell als eine generationale Gruppe konstruiert (vgl. Jens Qvortrup in diesem Band).

"Generation" in den Soziologien der Kindheit

Die Idee der Generation hat zumindest in der dritten, strukturell operierenden Soziologie der Kindheit einen festen Platz. Bei den ersten beiden Ansätzen ist das anders.

---

[3] Die Liste könnte um "Rasse"/Ethnizität und Behinderung erweitert werden, die von Soziologen ebenfalls als strukturelle Phänomene behandelt worden sind (zu ersterem zum Beispiel Carter 2000; zu letzterem zum Beispiel Oliver 1996).

Es scheint, als spiele "Generation" in den Soziologien *der Kinder* keine besondere Rolle bei der Bestimmung des Forschungsziels und des methodologischen Ansatzes. Kinder mögen durchaus als generationale Gruppierung etikettiert und beschrieben werden, aber derartige Benennungen fügen den analytischen Operationen, die im Rahmen dieses Ansatzes durchgeführt werden, nichts hinzu. Auch das Studium der Beziehungen der Kinder zu anderen oder ihrer Erfahrungen mit und ihrer Konzepte von anderen generationalen Gruppierungen (Erwachsenen, Jugendlichen, Babies, alten Menschen) ist im Rahmen des Basisparadigmas unproblematisch, es erfordert keinen Rückgriff auf den Generationenansatz. Solche Themen sind als Studienobjekte im Prinzip weder interessanter, noch weniger interessant als zum Beispiel die Beziehungen der Kinder zu oder ihre Erfahrungen mit und ihre Vorstellungen von behinderten und nichtbehinderten Menschen oder den Mitgliedern ethnischer Gruppen. Dasselbe gilt für jedes andere Problem (sozialer) Differenz und eigentlich jedes soziale Problem. "Generation" und das "Generationale" bleiben in diesem Ansatz deskriptive Begriffe mit begrenzter Bedeutung für die wirkliche Erforschung des Kinderlebens.

Dasselbe gilt für den *dekonstruktiven* (oder diskursiven) Ansatz der Kindheitssoziologie. Auch hier fungieren "Generation" und "generational" nur als symbolische Vorstellungen und leisten keinen eigenen analytischen Beitrag zu einer wirklichen Dekonstruktion. Die Objekte der Dekonstruktion mögen Themen, Diskurse oder Rhetoriken sein, die einen "generationalen" Stempel tragen, doch es handelt sich eben nur um einige von vielen Konstruktionen, die im Zusammenhang mit Kindern zirkulieren.

Anders als in diesen beiden Ansätzen wird "Generation" jedoch zu einem analytischen Problem und zu einem Arbeitsthema, sobald das Phänomen Kindheit in einem *strukturellen* Kontext betrachtet wird: dann wird es als eigene Struktur und im Wechselspiel mit anderen sozialen Strukturen behandelt (besonders von Jens Qvortrup; vgl. Qvortrup 1994; 2000 und seinen Beitrag in diesem Band).

"Struktur" ist bekanntlich ein soziologisches Konzept mit langer Geschichte und vielen Bedeutungen. Porpora (1998) identifiziert in einer aufschlußreichen Diskussion vier maßgebende soziologische Strukturbegriffe: Struktur kann als etwas verstanden werden, das sich (1) auf ein stabiles Muster aggregierten Verhaltens bezieht, (2) auf gesetzesähnliche Regelmäßigkeiten; (3) auf kollektive Regeln und Ressourcen (vgl. Giddens 1983) und schließlich (4) auf ein System von Beziehungen zwischen sozialen Positionen. Kindheitssoziologen mit struktureller Ausrichtung haben bisher nur einige wenige der vielen alternativen Pfade ausprobiert, die die existierenden Varianten struktureller Analyse und ihre spezifischen Strukturvorstellungen eröffnen. In diesem Bereich soziologischer Arbeit warten die Früchte darauf, geerntet zu werden. Die Bestimmung von Generation als Struktur ist ein Anfang. Mir scheint, dass die Art, in der Generation in Darlegungen der strukturellen Soziologie bis jetzt konzeptualisiert wurde, insofern sehr eingeschränkt ist, als der Ausgangspunkt ein Bündel generationaler Kategorien ist, die als Vorgaben bereits existieren. Die Analyse beginnt dann mit der Erkundung der (externen) Bezüge der vorgegebenen generationalen Kategorien in Form von Vergleichen auf der Makroebene.

Die Begrenzung liegt erstens darin, dass die generationalen Kategorien als selbstverständlich hingenommen werden. Das wird dadurch erreicht, dass die sozialen Prozesse außer Acht bleiben, in denen diese Kategorien und die Identitäten ihrer Mitglieder in erster Linie entstanden. Wenn man sie nicht erkundet, droht das Grundverständnis dieser strukturellen Kategorien und ihrer wechselseitigen Bezüge, die in der Alltagspraxis ihrer Mitglieder 'real' und wirksam sind, verloren zu gehen. Der Ansatz ist strukturell, aber er ist nur begrenzt relational.[4] Eine zweite Begrenzung, die in enger Verbindung mit der ersten steht, liegt darin, dass diese Kategorien letztlich Alterskategorien, Geburtskohorten von Individuen, sind, das Generationale ist de facto auf (die soziale Konstruktion von) Alter reduziert. Alle verschiedenen Richtungen der Kindheitssoziologie gründen auf sozialkonstruktivistischem Denken. Dagegen läßt sich kritisch einwenden, dass kategoriale Analysen, die auf einer konventionellen kulturellen Kategorisierung nach Alter basieren, nur in eingeschränkter Weise konstruktivistisch sind. Die Struktur ist da, aber sehr wenig *agency*. Später in diesem Kapitel werde ich eine andere Vorstellung von Struktur aufgreifen und ausarbeiten, die, wie ich denke, eine nützliche Ergänzung des Verständnisses von Generation darstellt, das der kategoriale strukturelle Ansatz liefert, den Jens Qvortrup in seinen Arbeiten benutzt.

Die Schlussfolgerung aus diesem kurzen Überblick über die drei Soziologien der Kindheit und Ort und Bedeutung, die eine jede dem Problem Generation zuweist, ist: Sieht man vom strukturellen Ansatz ab, wird "Generation" bis heute nicht viel Raum gegeben. Die Konsequenz lautet deshalb: wenn akzeptiert wird, dass die sozialen Welten, in denen Kinder leben und agieren, in hohem Maße generational sind, dann ist ist es eine zentrale Aufgabe der Kindheitssoziologie, die konzeptuelle und methodologische Ausarbeitung des Generationenkonzepts fortzuführen.

---

[4]   In seiner kritischen Analyse der vorliegenden strukturellen Zugänge zu Gender nennt Connell (1987) diese Form der theoretischen Fassung der Genderstruktur "kategorial" und die ihr zugrundeliegende Weise, über Genderkategorien zu denken, "Kategorialismus".

Durch Arbeit an dieser Aufgabe könnte eine konzeptuelle und methodologische Integration der bislang disparaten drei Soziologien der Kindheit (wie sie oben identifiziert wurden) erreicht werden. Konzeptuell ist das Projekt auf einen Begriff der Generation angewiesen, der auf vorhandenen Ausarbeitungen zum Thema Generation (als Struktur) aufbaut, über die existierenden Konzeptualisierungen aber hinausgeht. Um es auf den Punkt zu bringen: "Generation" muß zu einem wirklich *relationalen* Konzept werden. Methodologisch wird die Arbeit davon profitieren, dass sie auf die Stärken einer jeden der drei Soziologien aufbauen kann. Es ist möglich, dass sich eine – verglichen mit der heutigen – umfassendere Methodologie entwickelt – die taugt, die Formung der Kindheiten von Kindern zu erklären, indem sie daran festhält, dass Kinder als Akteure in ihrem Alltagsleben und als Agenten an der Gestaltung der generationalen (und anderer) Strukturen der Gesellschaft mitwirken.

Eine solche Theorie/Methodologie wird dann im strengen Sinn strukturell sein. Aber nicht nur das: Sie wird Verbindungen herstellen müssen zwischen akteurszentrierten empirischen Beobachtungen und der Gesamtheit sozialer "Strukturen", die die besonderen Kindheiten möglich machen. Nur so lassen sich Erfahrungen wie auch Beobachtungen als gesellschaftliche Wirklichkeit begreifen. Zu diesem Zweck ist es notwendig, ein Verständnis der *generationalen Stukturierung* des Lebens von Kindern (und Erwachsenen) zu entwickeln. Das würde ein weiterer Schritt auf dem Weg zu angemesseneren theoretischen Darstellungen heutiger Kindheiten sein.

Mannheim, der Klassiker – und darüber hinaus

Ein vielversprechender Weg, Generation in das Studium der Kindheit einzubringen, ist, das Werk Karl Mannheims mit anderen Augen zu lesen und sich zu Nutzen zu machen, was seinen theoretischen Ansatz auszeichnet, jedoch weder von ihm, noch von seinen Nachfolgern voll entwickelt worden ist. Denn Mannheim hat sein Generationenkonzept ursprünglich von einem spezifischen Verständnis sozialer Klasse abgeleitet und es so ausgearbeitet, dass es in seine Theorie sozialen Wandels passte.

Man kann folgende Lektion von Mannheim lernen: Wenn man bei Mannheims Vorstellung einer Analogie von "Klasse" und "Generation" ansetzt und auf ein Verständnis von Klasse (aber auch gender) bezieht, das ausdrücklicher, als es Mannheim zu seiner Zeit tun konnte, *relational* formuliert ist, dann läßt sich der Begriff der Generation zu einem systematischen relationalen Begriff weiter entwickeln. Damit wird unterstellt, dass "Generation" theoretisch poten-

Kindheit als generationales Konzept

73

ter ist als Mannheim selbst dachte oder sich für sein eigenes Projekt klar machen musste.

Mannheim ist bekannt als der erste Forscher, der "Generation'" in die Soziologie einbrachte, und zwar in einem langen Essay (Pilcher 1994; Eyerman und Turner 1998), den er Ende der zwanziger Jahre schrieb (Mannheim 1928). Er hatte ein besonderes Interesse an Generationen als kulturellen Phänomenen, an ihrem Auftauchen in der Geschichte, und an der Rolle, die sie beim sozialen Wandel spielen. Er hat sein Generationenkonzept im Rahmen einer Soziologie der Kultur entwickelt (Matthes 1985; Corsten 1999: 53). Seiner Ansicht nach bilden sich "Generationseinheiten", wenn Mitglieder "verwandter" Geburtsjahrgänge während ihrer Jugendjahre dieselben historischen und sozialen Ereignisse durchleben und dabei als für sich bedeutsam erfahren. Aufgrund gemeinsamer Erfahrungen entwickeln sie ein gemeinsames Bewusstsein, das auch Außenstehende erkennen können. Dieses kommt in einer gemeinsamen Weltsicht und in gemeinsamen sozialen und politischen Einstellungen zum Ausdruck. Solche Weltsichten und Einstellungen haben die Tendenz, während des gesamten Lebenslaufs der Mitglieder einer Generationseinheit bestehen zu bleiben. So wird die Zugehörigkeit zu derselben (kulturellen) Generation für deren Mitglieder und für andere auch im späteren Leben wahrnehmbar. Als Gruppen, die sich in spezifischen sozialen und historischen Kontexten herausgebildet haben, können Generationen auch kollektiv agieren und (kulturell) Träger sozialer Veränderungen werden (Becker 1997: 9-10; Mannheim 1928: 175-185, 309-315).

In Mannheims Denken ist eine Generation eine *historisch gleichartig positionierte, "gelagerte", Gruppe von Geburtsjahrgängen*, deren Mitglieder deshalb einen ähnlichen Sozialisationsprozess durchmachen. Dieser läßt sie einen gemeinsamen Erfahrungs- und Handlungsrahmen ausbilden, der sie zu einer Einheit macht. Mannheim setzt den Akzent deutlich auf Sozialisation als den Prozeß, in dem Generationseinheiten entstehen, und durch deren Abfolge auch kultureller Wandel.

Mannheims Vertrauen auf Sozialisation als zentralen Mechanismus der Schaffung generationaler Phänomene erscheint heute problematisch; es steht in einem interessanten Spannungsverhältnis zu einigen der "paradigmatischen" Grundsätze (Prout und James 1990) des neuen soziologischen Nachdenkens über Kindheit. Schließlich war "Sozialisation" ein kritischer oder vielleicht der kritischste Punkt, an dem das Umdenken ansetzte, aus dem die Soziologien der Kindheit wurden. Wie dem auch sei, die Brauchbarkeit des Mannheim'schen Denkens darf nicht wegen seiner (geschichtlich bedingten) Sozialisationsannahme aufs Spiel gesetzt werden.

Generationen als relationale Strukturen

Ein Brücke von Mannheims Generationsbegriff zu einem deutlich relationaleren Begriff findet sich in Mannheims eigener Argumentation und in seiner grundlegenden Idee, dass eine generationale "Lagerung" das strukturelle – und nicht bloß metaphorische – Äquivalent der "Klassenlage" der Klassentheorie ist. Doch ist zu beachten, dass der Klassenbegriff, auf den Mannheim sich bezieht, Weberscher Art ist: als "die typische Chance 1. der Güterversorgung, 2. der äußeren Lebensstellung, 3. des inneren Lebensschicksals (...), welche aus Maß und Art der Verfügungsgewalt (oder des Fehlens solcher) über Güter oder Leistungsqualifikationen und aus der gegebenen Art ihrer Verwertbarkeit für die Erzielung von Einkommen oder Einkünften innerhalb einer gegebenen Wirtschaftsordnung folgt"; eine Klasse umfasse "jede in einer gleichen Klassenlage befindliche Gruppe von Menschen", also von Menschen, die über den gleichen Zusammenhang von Lebenschancen und Möglichkeiten für Besitz und Platzierung im Arbeitsmarkt verfügen (Weber 1964: 223).

Neben dieser "markt-basierten" Definition von Klasse gibt es eine andere (gebräuchlicher in von Marx angeregten Studien), die interessant wird, wenn man sie auf "Generation" überträgt. Beginnen wir mit der Definition von Klasse durch die ökonomischen Produktionsverhältnisse, in denen die Mitglieder einer Klasse denen einer anderen gegenüber stehen. Zu beachten ist, dass beide Klassenbegriffe – der von Weber ebenso wie der von Marx – relationale sind, dass es jedoch einen bedeutsamen Unterschied macht, auf was für Relationen zwischen individuellen Mitgliedern und Kategorien (Klassen) von Individuen sich die beiden Klassenbegriffe richten: Beziehungen können *externe* sein (so die zwischen Webers Klassen) oder *interne* (so die zwischen Klassen im von Marx definierten Sinn). Diese Unterscheidung werde ich weiter unten näher ausführen. Zunächst gibt es noch einiges mehr für eine generationale Analyse der Kindheit zu lernen, wenn man die beiden verschiedenen Weisen der Klassenanalyse betrachtet.

In seiner Darstellung zweier Modelle erklärender Analyse unterscheidet Erik Olin Wright (1996: 123-125; 1997: 1-2) zwischen "unabhängigen" und "abhängigen" Variablen. Klassenanalyse und ebenso Genderanalyse (und ich möchte hinzufügen, auch Generationenanalyse) kann erstens im Analysemodus der *unabhängigen Variable* gemacht werden. Dann geht es darum, die Beziehungen zwischen Klassen (Geschlechtern/Generationen) als "unabhängigen Variablen" und vielerlei anderen Phänomenen zu untersuchen. Nützlich ist aber auch, Klasse, Gender oder Generation als abhängige Variablen zu behandeln. Dann geht es darum, nach sozialen, materialen, biologischen, psychologischen oder kulturel-

Kindheit als generationales Konzept 75

len Faktoren zu suchen, die die interessierenden Gender-, Klassen- oder Generationsphänomene hervorbringen.

Der erstgenannte Analysemodus der unabhängigen Variable impliziert nicht, dass alle Phänomene durch Klasse (Gender/Generation) erklärbar sind; oft mag sich erweisen, dass Klasse überhaupt kein wichtiger Erklärungsfaktor ist. Dennoch gründet die Analyse auf der Überzeugung, dass Klasse/Gender/Generation in vielen Fällen eine überzeugende strukturelle Ursache ist, und es sich deshalb lohnt, den Verästelungen ihres Einflusses bei einer Vielzahl von lokalen Phänomenen nachzugehen.

Mir scheint klar zu sein, dass Mannheims Form der generationalen Analyse nicht besonders gut in die Abteilung "unabhängige Variable" paßt. Er wollte Generation nicht als eine soziale Ursache sehen, die in vielen sozialen Problemen verzweigt ist. Vielmehr ist Mannheims historisch-soziale Generation eine "abhängige Variable", die eine Menge benennbarer Ursachen haben kann. Wenn er darüber schrieb, wie Generationen geformt werden, hat Mannheim eine Reihe von Stellen genannt, an denen solche "einheitsstiftenden Unterlage(n) konkreter Gruppenbildung" zu finden sind, wobei der primäre Grund eine "verwandte Lagerung im sozialen Raume" der Mitglieder einer Kohorte sei. Damit sei es die Aufgabe historischer und soziologischer Forschung, für jeden konkreten Fall einer möglichen Generation (der abhängigen Variable) herauszufinden, was die besonderen sozialhistorischen Bedingungen (die "unabhängigen Variablen") sind, in denen Individuen sich ihrer gemeinsamen Situation bewußt werden und dieses Bewußtsein zur Grundlage ihrer Gruppensolidarität machen, von der aus sie dann als historische Akteure tätig werden können (Mannheim 1928: 176).

Ferner ist Mannheims Generation nicht im selben Sinn eine Struktur, wie es die Klasse (der Klassenanalyse) ist, und wie man auch gender – und auch Generation – verstehen kann. Um Beziehungen zwischen Klassen (oder Geschlechtern oder Generationen) als relationale zu verstehen, ist die Definition, die Struktur als ein System von Beziehungen zwischen sozialen Positionen (s. oben, Definition 4) begreift, die brauchbarste der alternativen "Struktur"definitionen. Eben diese Definition finden wir auch in der Art relationaler Klassenanalyse, die Wright vorschlägt: Klassen, Patriarchate und zum Beispiel Formen ethnischen Ausschlusses seien alle als *Systeme von Beziehungen zwischen sozialen Positionen* zu sehen. Das können wir nun auch auf generationale Strukturen anwenden (oder: kurz gesagt, Generation analog zu Gender).

Interne und externe Beziehungen

Es ist vielleicht am einfachsten, diese Unterscheidung zunächst auf der "Mikro"-Ebene auszuprobieren. Die moderne "Kernfamilie" der soziologischen Modernisierungstheorie ist in vielen Fällen generational strukturiert (was aber noch näher zu untersuchen wäre!): Sie wird dann als ein strukturierendes/strukturiertes System von Beziehungen betrachtet, das Ehemann/Vater, Ehefrau/Mutter und Kinder miteinander verknüpft, wobei alle als soziale *Positionen* verstanden werden (vgl. Porpora 1998: 343). Wie soziale Strukturen generell, so ist auch die familiale generationale Struktur

(1) ein Zusammenhang von Verknüpfungen (generationaler) Positionen,
(2) eine Struktur, die die Handlungen der Positionsinhaber beeinflußt
(3) und durch diese beeinflußt wird (ibid.: 345).

Wir haben es hier mit strukturellen Beziehungen zu tun, die *interne* (oder *notwendige*, s. Sayer 1992: 88-92) sind; es sind Relationen, in denen eine Position (wie die eines Elternteils) nicht ohne die andere (die des Kindes) existieren kann. Auch was elterliches Handeln, "parenting", ist – nämlich Handeln in der Position des Elternteils –, ist abhängig von Handeln, das in der Position des Kindes geschieht. Eine Veränderung in einer Position ist an eine Veränderung in der anderen Position gebunden. Die Interdependenz – des Handelns ebenso wie der Identität – wirkt auch in der anderen Richtung, im Fall der Familie fehlt jedoch in den alltagsweltlichen Diskursen und in denen der Soziologie ein dem "parenting" entsprechender Terminus für das Handeln des Inhabers der Kindposition. "Childing" könnte vielleicht zu einem solchen Gegenbegriff gemacht werden.

Ein paralleles Beispiel findet sich in dem strukturierten System der Lehrer-Schüler-Beziehung. Hier lassen sich weitere interne Relationen aufzeigen. Der Inhaber einer Lehrerposition nimmt auch eine Position innerhalb eines größeren Schulsystems ein. Das Schulsystem seinerseits kann innerhalb einer gleichermaßen internen (notwendigen) Relation zu einer bestimmten wohlfahrtsstaatlichen Struktur gesehen werden, die selbst wiederum intern auf eine übergreifende, letztlich globale ökonomische und kulturelle Struktur, usw. bezogen ist. Die generationalen Strukturen (als wahrhaft relationale Strukturen), deren Existenz wir aufdecken, können also in weitere relationale Strukturen eingebettet sein, seien es generationale oder andere (z. B. Klassen- oder Genderstrukturen).

Die Eigenschaft, die uns erlaubt, festzustellen, ob eine wahrhaft relationale soziale Struktur besteht, und zu bestimmen, wie der Inhaber der *strukturierten* Position handelt, ist *Interdependenz*. Die Beziehung muß jedoch nicht, wie Sayer (ibid.: 89-91) bemerkt, in beiden Richtungen symmetrisch sein, und sie ist es

Kindheit als generationales Konzept

oft auch nicht. Die familiale generationale Struktur zum Beispiel ist gewöhnlich asymmetrisch, und ebenso verhält es sich mit der generationalen Lehrer-Schüler-Struktur.

Auch die ökonomischen Klassen in Marx' Konzept bilden eine Struktur, die eindeutig von internen Relationen bestimmt wird: Kapital setzt notwendig Lohnarbeit voraus; außerhalb dieser Beziehung ist es nicht mehr Kapital. In nicht marxistischen Analysen wie auch in populären Diskursen sind Klassen (oder oft Schichten) dagegen anders definiert, und zwar meist als Eigenschaften, die Mitgliedern der Kategorie gemeinsam sind, wie Einkommen, Bildung und Status. Dann ist die Klassenstruktur (oder das Schichtensystem) eine Konstruktion der Forscher, die die Individuen den gewählten Klassen(Schicht)merkmalen entsprechend zuordnen. In Analysen dieses Typs ist die Klassenstruktur (oder: die Beziehungen zwischen den Klassen im Sinne von Beziehungen zwischen den Inhabern von Klassenpositionen) durch externe und kontingente und nicht durch interne und notwendige Relationen konstituiert, denn die konstruierten Klassenpositionen definieren und implizieren sich nicht gegenseitig, wie das bei internen (notwendigen) Relationen der Fall wäre.

In seiner Arbeit über Gender argumentiert Connell (1987), es sei nützlich, auch Gender (oder Genderstrukturen, wie sie in manchen Diskursen als "Patriarchat" thematisiert werden) als *interne* Relation theoretisch zu fassen. Seine Terminologie unterscheidet sich etwas von der obigen; sie beruht auf einer Untersuchung der grundlegenden Strukturen der aktuellen Gendertheorie. Er betrachtet "kategoriale" Gendertheorien besonders kritisch (Connell 1987: 54-61). In einer "kategorialen" Genderanalyse würden die bestehenden Genderkategorien (nämlich die Kategorien "Mann" und "Frau") einfach hingenommen, unter anderem als Ausgangspunkte der Forschung, um die empirischen Beziehungen zwischen ihnen zu untersuchen. Eine solche Form der Analyse folgt – in Wright's Terminologie – dem Modell einer Untersuchung unabhängiger Variablen. Problematisch an solcher Art Genderanalyse ist, dass sie, indem sie eine einfache Grenzlinie zwischen Genderpositionen zieht, in keiner Weise den Prozeß beachtet, in dem *Genderkategorien und Relationen zwischen ihnen* zunächst einmal konstituiert und dann anschließend reproduziert, oder, wie es geschieht, auch transformiert werden. Die unglückliche Folge ist, dass kategoriale Gender-Theorien unvermeidlich beide Geschlechter als nicht intern differenzierte, homogene und allgemeine Kategorien behandeln und dabei die Kritik herausfordern, falschen Universalismus zu betreiben oder in biologisches Denken zurückzufallen.

Ein vergleichbares Risiko laufen strukturelle Zugänge zu Kindheit, die die soziale Kategorie Kinder vor allem auf der Grundlage chronologischen Alters definieren, wie das zum Beispiel Jens Qvortrup (1994; 2000) in seiner sozial-strukturellen Analyse der Kindheit tut. Kinder (und ebenso Erwachsene oder Menschen auf jeder Stufe des "Lebenslaufs") werden faktisch zu einer demographischen Kategorie, oder, in den Begriffen der Demographie, zu einer Geburtskohorte (oder einer Gruppe von Kohorten) von Individuen. Indem die "generationale" in die soziale Konstruktion von Alter übersetzt wird, kommt dieser Zugang faktisch den Richtungen der Generations- und Kohorten-Analyse der (quantitativen) Generationenforschung nahe. Von da ausgehend, interpretiert Qvortrup die (kontingenten) Relationen zwischen den generationalen Kategorien der Kinder gegenüber den Erwachsenen in einem ökonomischen Rahmen. Seine Argumentation bewegt sich auf der Ebene (makro)ökonomischer Prozesse, die er benutzt, um die ökonomischen Konsequenzen der altersbezogenen generationalen Strukturierung für die Kindheitskategorie zu "erklären".

Wir können Qvortrups Art der Analyse auch als eine Modifikation von Mannheims Generationenkonzept betrachten: Kinder bilden bei Qvortrup zwar keine kulturelle, wohl aber eine ökonomische Generation, insofern die Untersuchung zeigt, dass sie denselben Mengen von Risiken und Gelegenheitsstrukturen ausgesetzt sind. Wenn man Mannheims Perspektive einnimmt, könnte man sich dann auch vorstellen, dass die Altersgruppe der Kinder (durch Sozialisation) gemeinsame kulturelle Eigenschaften und Einstellungen entwickeln und so eine Mannheim'sche kulturelle Generation werden könnte.[5] In welchem Ausmaß und unter welchen Bedingungen das geschieht, ist eine Frage empirischer Forschung.

Was bedeutet nun aber eine relationale Konzeptualisierung von Kindheit? Wie wir gesehen haben, kann eine relationale Analyse von Kindheiten sowohl in bezug auf interne wie auf externe Relationen angestellt werden. Wenn Kinder extern definiert werden, ist die Grundlage für die Definition von kategorialer Zugehörigkeit irgendeine beobachtbare Gemeinsamkeit oder ein gleiches Merkmal oder sind es entsprechende Merkmalsgruppen bei individuellen Kindern. In der Praxis zeigt sich Alter als die meistbenutzte gemeinsame (kulturelle) Eigenschaft. Aber welches Definitionsmerkmal auch immer für die Kategorisierung gewählt wird, immer bleiben die Beziehungen sowohl innerhalb der Kategorie der Kinder wie auch zwischen den Mitgliedern der Kategorien der Kinder und

---

[5] Connel sieht einen Ausweg aus dieser analytischen Sackgasse der kategorialen Analyse darin, die vorgegebenen Genderkategorien aufzugeben und sich auf einen stärker "Praxis basierten" Ansatz hin zu bewegen. Das würde bedeuten, nicht externe Relationen, sondern interne in den Blick zu nehmen, und sowohl die Art und Weise zu fokussieren, wie Genderkategorien konstituiert werden, wie auch die Genderstrukturen. Der Blick auf internale Relationen impliziert notwendig das Studium des Prozesses: in diesem Fall des Prozesses, in dem "Genderrelationen ständig organisiert werden" (Connel 1987: 63).

Kindheit als generationales Konzept 79

der Nicht-Kinder extern und kontingent. Die strukturellen Soziologien der Kindheit, die bislang vorgestellt worden sind, scheinen allein mit dieser kategorialen Trennlinie zu arbeiten.

Eine andere und theoretisch neue Konzeptualisierung generationaler Strukturen habe ich oben nahegelegt. Sie wird möglich, wenn man sich entscheidet, die Art und Weise zu untersuchen, in der Kinder in *internen* Beziehungen zur sozialen Welt stehen. Dann bezieht sich der Begriff einer generationalen Struktur (oder generationalen Ordnung, vgl. Connels "gender order") auf die komplexe Menge sozialer (relationaler) Prozesse, durch die einige Personen zu "Kindern" werden (oder als solche "konstruiert" werden), während andere zu "Erwachsenen" werden (oder "konstruiert" werden). (z.B. Alanen 1992; 2001; Honig 1999).

"Konstruktion" ist Arbeit, ist Handeln und impliziert Handlungsvermögen (agency), in diesem Fall bei Kindern und bei Erwachsenen. Konstruktion ist nicht bloß Interpretieren von Ereignissen (wie die dekonstruktivistische Soziologie unterstellt), und es ist auch nicht sinnvoll, den Begriff auf situationsgebundene Interaktionen zwischen Handelnden zu beschränken (wozu die Soziologie der Kinder neigt). Ein struktureller Rahmen lädt dazu ein, "Konstruktion" als einen sozialen, praktischen und materialen Prozeß zu verstehen. Um sicher zu stellen, dass das entscheidende Moment des Handlungsvermögens in dieser Analyse erhalten bleibt, sollte dieser Prozeß am besten als eine soziale *Praxis* studiert werden (vgl. Connell 1987).

Schluß: Kinder sind Kinder kraft "generationing"

Die Schlußfolgerung ist: die beiden generationalen Kategorien Kinder und Erwachsene werden in solchen generationsbildenden, "generationing"-Praxen ständig hergestellt. Indem Kinder und Erwachsene an den stattfindenden Praxen beteiligt sind, stehen sie zueinander in Beziehungen der Verbindung und Interaktion sowie der Interdependenz. Keine Kategorie kann ohne die andere existieren, und was eine jede von ihnen ist (ein Kind, ein Erwachsener oder irgendein Nicht-Kind), hängt von ihren Beziehungen untereinander ab. Veränderung der einen geht notwendig zusammen mit Veränderung der anderen. Die generationale Struktur hängt vom Handlungsvermögen der Kinder ab (ebenso wie von dem anderer Beteiligter); die angemessenen Formen generationalen Handlungsvermögens sind "determiniert" durch die strukturelle Konfiguration der Position; und die historisch geformten sozialen Praxen des "generationing" stellen sicher, dass Struktur und Handlungsvermögen (intern) miteinander verbunden sind.

Ein spezifisches Anliegen jeder Kindheitssoziologie und eine der Überzeugungen, aus denen alle drei oben unterschiedenen Richtungen hervorgegangen sind, ist die Bedeutung des *Handlungsvermögens (agency)* der Kinder. Dieses muß in die Theorie und in die Methodologie eingebaut werden. Das gelingt meiner Meinung nach besser, wenn man relationales Denken auf interne Relationen richtet, als in anderen strukturellen Zugängen, die mit vorgegebenen Kategorien von Individuen (oft durch Alter definiert) arbeiten, weil letztere die Art und Weise, wie und durch wen die Struktur reproduziert wird, offen und unerforscht lassen.

Weiterhin läßt es der intern relationale Zugang auch zu, dass das Handlungsvermögen nicht auf ein mikro-konstruktivistisches Verständnis dessen beschränkt wird, was ein sozial Handelnder ist, wie das in der Soziologie der *Kinder* leicht der Fall ist. Handlungsvermögen ist vielmehr untrennbar mit der "Macht" (oder deren Fehlen) verbunden, die diejenigen haben, die als Kinder positioniert sind, um Ereignisse in ihrer Alltagswelt zu beeinflussen, zu organisieren, zu koordinieren und zu beherrschen. Solche positionale "Macht" wird – im Forschungsprozess – in den Möglichkeiten und Begrenzungen des Handelns erkennbar, die durch spezifische (generationale) Strukturen bestimmt sind, innerhalb derer Personen als Kinder positioniert sind. Um Umfang und Art des Handlungsvermögens konkreter, lebendiger Kinder aufzudecken, muß die Forschung deshalb darauf gerichtet werden, die *generationalen Strukturen* zu identifizieren, aus denen die Macht der Kinder (oder deren Fehlen) hervorgeht. Um die gesellschaftliche Bedingtheit des Handlungsvermögens zu erkennen, das Kinder in ihrer Eigenschaft als Kinder haben, müssen wir die konkrete *soziale Organisation generationaler Strukturen* in einer bestimmten Gesellschaft untersuchen. In solchen Untersuchungen erhält "Generation" die fundamentale Bedeutung, die ihr als zentralem Konzept unserer Arbeit zukommt, wenn es darum geht, soziologische Wege zu entwickeln, um Kindheit zu verstehen.

Literatur

Alanen, Leena (2001): *Childhood as a generational condition: children's daily lives in a central Finland town.* Alanen, Leena and Mayall, Berry (eds.) Conceptualizing child-adult relations. RoutledgeFalmer: London.
Alanen, Leena (1992): *Modern Childhood? Exploring the 'Child question' in Sociology.* Jyväskylä: University of Jyväskylä, Institute for Educational Research, Publication Series A 50.
Alanen, Leena (1988): "Rethinking childhood". *Acta Sociologica*, Vol. 31: 53-67.Ambert, Anne-Marie (1986): "Sociology of childhood: The place of children in North American sociology". Adler, Peter A. and Adler, Patricia (eds.): *Sociological Studies of Child Development. A Research Annual* (JAI Press, Greenwich CT), Vol. 1: 11-31.

Kindheit als generationales Konzept 81

Becker, Rolf (1997): "Generationen und sozialer Wandel – eine Einleitung". Becker, Rolf (ed.): *Generationen und sozialer Wandel.* Opladen: Leske + Budrich: 9-23.

Carter, Bob (2000): *Realism and Racism.* London-New York: Routledge.

Connell, Robert William (1987): *Gender & Power.* Cambridge: Polity Press.

Corsten, Michael (1999): "The time of generations", *Time & Society*, Vol. 8: 249-272.

Eyerman, Ron und Turner, Bryan S. (1998): "Outline of a theory of generations", *European Journal of Social Theory*, Vol. 1: 91-106.

Giddens, Anthony (1983): Central Problems in Social Theory: Action, Structure and Contradiction in Social Analysis. London: Macmillan.

Goode, David A. (1986): "Kids, culture and innocents", *Human Studies*, Vol. 9: 83-106.

Honig, Michael-Sebastian (1999): *Entwurf einer Theorie der Kindheit.* Frankfurt am Main: Suhrkamp

Jenks, Chris (1996): *Childhood.* London and New York: Routledge.

Joffe, Carole (1973): "Taking young children seriously". Denzin, Norman K. (ed.): *Children and their Caretakers.* New Brunswick NJ: Transaction Books: 191-216.

Mannheim, Karl (1928): "Das Problem der Generationen", *Kölner Vierteljahreshefte für Soziologie*: 157-185; 309-330.

Matthes, Jürgen (1985): "Karl Mannheims "Das Problem der Generationen", neu gelesen: Generationen-"Gruppen" oder gesellschaftliche Regelung von Zeitlichkeit?", *Zeitschrift für Soziologie*, Vol. 14: 363-372.

Oliver, Mike A. (1996): "Sociology of disability or a disablist sociology". Barton, Len (ed.): *Disability and Society: Emerging Issues and Insights.* Harlow: Longman: 18-42.

Pilcher, Jane (1998): *Age and Generation in Modern Britain.* Oxford: Oxford University Press.

Porpora, Douglas V. (1998): "Four concepts of social structure". Archer, Margaret, Bhaskar, Roy, Collier, Andrew, Laon, Tony and Norrie, Alan (eds.) *Critical Realism: Essential Readings.* London Routledge: 339-354.

Prout, Alan and James, Allison (1990): "A new paradigm for the sociology of childhood? Provenance, promise and problems". James, Allison and Prout, Alan (eds.): *Constructing and Reconstructing Childhood.* London: Falmer Press: 7-34.

Qvortrup, Jens (2000): "Macro-analysis of childhood". Christensen, Pia and James, Allison (eds.): *Research with Children: Perspectives and Practices.* Aldershot: Avebury: 77-97.

Qvortrup, Jens (1994): "Childhood matters. An introduction". Qvortrup, Jens, Bardy, Marjatta, Sgritta, Giovanni and Wintersberger, Helmut (eds.): *Childhood Matters.* Aldershot: Avebury: 1-23.

Qvortrup, Jens (1990): *Childhood as a Social Phenomenon. An Introduction to a Series of National Reports.* Eurosocial reports, Vol. 36. Vienna: The European Centre for Social Welfare Policy and Research.

Sayer, Andrew (1992): *Method in Social Science.* London: Routledge.

Speier, Matthew (1976): "The adult ideological viewpoint in studies of childhood". Skolnick, Arlene (ed.): Rethinking Childhood. Perspectives on Development and Society. Boston-Toronto: Little, Brown & Co.: 168-186.

Thorne, Barrie (1987): "Re-visioning women and social change: Where are the children?", *Gender & Society*, Vol. 1: 139-173.

Waksler, Frances Chaput (1986): "Studying children: phenomenological insights." *Human Studies*, Vol. 9: 71-82.

Waksler, Frances Chaput (1991): *Studying the Social Worlds of Children: Sociological Readings.* London-New York-Philadelphia: The Falmer Press.

Weber, Max (1964): *Wirtschaft und Gesellschaft*. Köln, Berlin: Kiepenheuer & Witsch. [1922]
Wright, Erik Olin (1996): "Marxism after Communism". Turner, S.T. (ed.): *Social theory and sociology: The classics and beyond.* Cambridge and Oxford: Blackwell: 121-145.

Übersetzung aus dem Englischen von Heinz Hengst und Helga Zeiher

Helga Kelle

Kinder und Erwachsene. Die Differenzierung von Generationen als kulturelle Praxis

Dem Alltagswissen gilt die Differenz von Kindern und Erwachsenen – ähnlich wie die Geschlechterdifferenz – als natürliche Tatsache. Während darüber gestritten wird, inwiefern von der 68er, der 89er und dergleichen Generationen mehr gesprochen werden kann, wird nicht bezweifelt, dass es Kinder, Erwachsene und Alte tatsächlich gibt. Dennoch – oder gerade deshalb – will ich in diesem Beitrag eine Forschungsperspektive entwickeln, die danach fragt, wie die Differenz und Asymmetrie von Kindern und Erwachsenen in der kulturellen Praxis "gemacht" wird. Diese Perspektive nimmt Distanz zum Alltagswissen über Generationen ein, um die Generationendifferenzierung kulturanalytisch untersuchen zu können.[1]

Ungezählte sozialwissenschaftliche Veröffentlichungen aus den letzten Jahren beschäftigen sich mit Generationenverhältnissen und -beziehungen[2]. Zunächst ist darauf hinzuweisen, wie differenziert der neuere Generationendiskurs geführt wird. Man thematisiert generationale Ordnung als anthropologische oder sozial-historische Ordnung der Lebensalter; als genealogische, psychologische oder soziale Ordnung der Beziehungen in Familien; als private und öffentliche Ordnung pädagogischer Institutionen sowie als wohlfahrtsstaatliche bzw. sozialpolitische Ordnung von Altersgruppen, die eine gesellschaftliche Arbeitsteilung zwischen den Generationen organisiert (Qvortrup 1994).

---

[1] Mollenhauer (1979) benutzte für einen Aufsatztitel die polemische Wendung "Kinder und ihre Erwachsenen" – gegenüber solchen Präpositionierungen der Generationen versucht sich dieser Beitrag zurückhaltend zu verhalten.

[2] Beispielhaft und um das Spektrum an unterschiedlichen Ansätzen anzudeuten seien hier nur genannt: Alanen (1994), Becker (1997), Bohnsack (1989), Bude (1996), Ecarius (1998), Fend (1988), Hockey und James (1993), Keppler (1994), Klika (2002), Kohli und Szydlik (2000), Liebau und Wulf (1996), Lüscher und Schultheiß (1995), Mansel, Rosenthal und Tölke (1997), Müller (1999), Winterhager-Schmid (2000).

Eine Reihe von soziologischen Teildisziplinen hat das Bezugsproblem der Konstitution der Generationendifferenz von "jung" und "alt" – dazu gehören die Kindheits- und Jugendsoziologie, die Familiensoziologie und die Bildungssoziologie. In diesem Beitrag beschränke ich die Diskussion weitgehend auf den Bereich der Kindheitssoziologie. Die Kindheitssoziologie thematisiert seit einigen Jahren weniger Kindheit als solche als vielmehr die generationale Ordnung. Honig (1999) z.b. verknüpft Kindheits- und Generationenperspektive, indem er die "soziale Organisation der Erziehungsaufgabe" fokussiert. Es müsse unter dem Begriff der generationalen Ordnung um all die Bereiche gehen, die teilhaben an einer gesellschaftlichen Institutionalisierung der Differenz zwischen Kindern und Erwachsenen. Eine kindheitssoziologische Perspektive, die allein die Eigenständigkeit von Kindern betonte, stünde in der Gefahr, so Honig (1996), an der Romantisierung und Mythologisierung der "Kindheit" mitzuwirken. Meinem Forschungsgebiet der letzten Jahre, der *peer culture* Forschung, wird zugestanden, erhellende Ergebnisse über die Variationen an Kinder(sub)-kulturen und die Kindern eigenen kulturellen Praktiken zu liefern. Es wird ihm aber auch bescheinigt, dass es in der Gefahr steht, die vermeintlich eigenständigen Kinderwelten zu dekontextualisieren und damit das komplexe gesellschaftliche Konstrukt der "Kindheit" aus der Forschungsperspektive auszuklammern (vgl. die Einleitung in diesem Band). Diese Kritik am (vermeintlichen) Situationismus ethnographischer Kinderstudien kann dazu führen, dass dieser Forschungsbereich innerhalb der Kindheitssoziologie marginalisiert wird. Um dem vorzubeugen, will ich in diesem Beitrag das Anregungspotential dieses Forschungsgebietes für die weitere Kindheitsforschung im Sinne einer Analyse generationaler Ordnung entfalten.

Ich habe bereits verschiedentlich darauf hingewiesen, dass eine kulturanalytische Perspektive auf die Herstellung sozialer Differenzen, die eine ethnographische Kinderforschung entscheidend informiert hat (Thorne 1993), auf die Differenz zwischen Kindern und Erwachsenen auszuweiten sei (Kelle und Breidenstein 1996 und 1999). Mit dem ethnomethodologischen Ansatz, der soziale Differenzen als "ongoing interactional accomplishment" (West und Fenstermaker 1995) betrachtet, ist es möglich, auch die kulturellen Felder aufzusuchen und die sozialen Situationen in den Blick zu rücken, in denen die Differenz zwischen Kindern und Erwachsenen fortlaufend interaktiv konstruiert wird. Dieser Ansatz ginge weder von einem strukturtheoretischen Determinismus noch von einem situationistischen Voluntarismus aus, sondern rekonstruierte generationale Strukturen unter der Prämisse, dass sie ihren Status als solche nur erlangen und halten können, insofern sie immer wieder in Serien von Interaktionen enaktiert werden. Solche sozialen Situationen, in denen beide "Sorten"

Teilnehmer aufeinandertreffen, aber auch solche der expliziten Separation sind für die ethnographische Wendung der Frage nach der Unterscheidung von Kindern und Erwachsenen von besonderem Interesse. Dieser programmatische Gedanke soll hier wieder aufgenommen, als "doing generation"[3] reformuliert und weiterentwickelt werden.

Der Reiz dieses Vorhabens liegt auch darin, dass in der Kindheitssoziologie eine Revision konstruktivistischer Ansätze und eine neue Auseinandersetzung mit anthropologischen Positionen zu beobachten ist (Prout 2000, Hengst und Kelle 2003). Ansätze, die nach der sozialen Konstruktion der Differenz zwischen Kindern und Erwachsenen fragen, werden mit der Anforderung konfrontiert, den Status generationaler Differenz als anthropologische Konstante zu reflektieren. So verweist die Renaissance des Generationenbegriffs in den Sozialwissenschaften zwar einerseits auf eine Diskurslinie des sozialen Wandels, die eine sozialstrukturelle Entdifferenzierung der Generationen, eine Entstandardisierung des Lebenslaufs und eine Erosion traditioneller Generationenbeziehungen thematisiert – also insgesamt eine Abnahme der Bedeutung generationaler Differenz diagnostiziert. Aber in einer anderen Diskurslinie, die u.a. in der Erziehungswissenschaft zu verorten ist, spricht man eine deutlich andere Sprache, wenn kulturvergleichend darauf hingewiesen wird, dass generationale Ordnungen nach wie vor in allen Gesellschaften eine Rolle spielen (Klika 2002, Winterhager-Schmid 2000) oder dass Generation eine Kategorie mit "ontologischer Tiefe" (Mayall 2003) sei. Ähnlich wie in der Geschlechterforschung könnte man für die Generationenforschung die Frage aufwerfen: Erodiert die generationale Ordnung oder erweist sie sich als persistent – oder beides?

Vor dem Hintergrund dieses Problemaufrisses werde ich im Folgenden zunächst die erziehungswissenschaftlichen und soziologischen Begriffsbestimmungen zu "Generationen" einführen und problematisieren, da sie die Grundlage bilden für eine empirische Generationenforschung. Daran schließt sich ein kurzer Exkurs zur kindheitssoziologischen Mannheim-Rezeption an. Wie sich sozialwissenschaftliche Ansätze zur Anthropologie generationaler Ordnungen theoretisch positionieren, ist im dann folgenden Abschnitt eine zentrale Frage dafür, wie sie eine Heuristik der Generationenforschung vorzubereiten vermögen. Im Hauptteil geht es dann darum, welche Anschlüsse die peer culture Forschung für eine sozialwissenschaftlich-kulturanalytische Grundlagenforschung der Generationenunterscheidung bietet. Zum Schluss fasse ich die heuristischen Prämissen eines solchen Forschungsansatzes zusammen.

---

[3] Vgl. Alanen in diesem Band, die das Konzept "generationing" formuliert.

Generationen in Erziehungswissenschaft und Soziologie

Es sind zwei Disziplinen, die um die sozialwissenschaftliche Zuständigkeit für das Thema der "Generationen" konkurrieren: die Erziehungswissenschaft und die Soziologie.

Winterhager-Schmid (2000: 7) sieht die "generationale Ordnung" als "paradigmatisches Zentrum der Erziehungswissenschaft"; ähnlich ordnen auch Benner und Brüggen (2000: 258f.) die Bedeutung des Generationenbegriffs ein, wenn sie die "Generationendifferenz von alt und jung" als "Proprium der Erziehungswissenschaft" ansehen. Die Konzipierung dieser Differenz im pädagogischen Sinne geht auf Schleiermacher zurück, in erziehungswissenschaftlichen Veröffentlichungen zum Thema darf der Bezug auf Schleiermacher mithin nicht fehlen. Schleiermacher (1957) leitete den Begriff der Erziehung aus einem binären Generationenbegriff ab, der die "ältere" und die "jüngere Generation" unterscheidet.[4] Der älteren Generation kommt in dieser Sicht als kulturansässiger die Aufgabe zu, die "Sittlichkeit der späteren Generation" hervorzubringen. In erziehungswissenschaftlicher Perspektive geht es demnach bei der Verknüpfung von Generationen- und Erziehungsbegriff um die Thematisierung der Bedingungen, unter denen kulturelle Kontinuität und kultureller Fortschritt möglich sind und sich vollziehen.

"Zeitlichkeit" und "Leiblichkeit" (Klika 2002: 383) sind dabei die anthropologischen Bedingungen für generationale Ordnungen in allen Gesellschaften. Die Zeitlichkeit schließt die Bedingungen Gebürtlichkeit, begrenzte Lebenszeit und Sterblichkeit ein.[5] Der Begriff der Generativität und die unterschiedliche Rolle, die Männern und Frauen bei der Reproduktion der menschlichen Gattung zukommt, verweisen auf den Zusammenhang von Generationen- und Geschlechterordnungen (Wimmer 1998, Rendtorff 2000).

In neueren theoretischen Auseinandersetzungen wird das Ableitungsverhältnis der Begriffe Erziehung und Generation nun tendenziell umgekehrt (Klika 2002). Sünkel (1996: 282) definiert Erziehung als die gesellschaftliche Tätigkeit, "durch die das Problem der kulturellen Kontinuität in Hinsicht der nichtgenetischen Tätigkeitsdispositionen gelöst wird". Das "nicht-genetische" oder kulturelle Erbe umfasst Güter, Rechte und Institutionen. In der Folge entwickelt er einen pädagogischen Generationenbegriff, der eine kulturvermittelnde und

---

[4] "Das menschliche Geschlecht besteht aus einzelnen Wesen, die einen gewissen Zyklus des Daseins auf der Erde durchlaufen und dann wieder von derselben verschwinden, und zwar so, dass alle, welche gleichzeitig einem Zyklus angehören, immer geteilt werden können in die ältere und die jüngere Generation" (Schleiermacher 1957: 9).

[5] Während Martin Heidegger stärker den Aspekt der Sterblichkeit betonte, hat Hannah Arendt den Aspekt der Gebürtlichkeit hervorgehoben (Brumlik 1998).

Kinder und Erwachsene. Die Differenzierung von Generationen als kulturelle Praxis   87

eine -aneignende Generation unterscheidet – er hängt also wie Schleiermacher einem binären Begriff an –, nur fallen bei Sünkel pädagogische Generationen nicht mehr notwendig mit der älteren und der jüngeren zusammen. Wenn Sünkel (1996: 284) bemerkt, dass es zufällig sei, ob der Zögling jünger oder älter ist als der Erzieher, zeigt sich m.E. jedoch, wie die Selbstbezüglichkeit von neueren erziehungstheoretischen Bemühungen Blüten treiben kann, geht diese Annahme doch am großen Teil – sieht man einmal von Erwachsenenbildung und Geragogik ab – der empirisch nach wie vor vorzufindenden Generationenbeziehungen vorbei. Die Frage wäre auch, warum man das Vermittlungs- und Aneignungsverhältnis überhaupt noch mit dem Generationenbegriff belegen sollte, wenn es von der Kategorie Alter vollständig abgekoppelt wäre.

Die Aufgabe der traditionellen erziehungswissenschaftlichen Annahme einer anthropologischen Ordnung der jüngeren und älteren Generationen ist demnach nicht ohne Plausibilitätsverluste zu haben. Das liegt daran, dass sich diese Annahme nicht nur auf Kulturvermittlung und -aneignung bezieht, sondern erziehungstheoretisch noch basaler – wenn man das so sagen kann – zu fundieren ist. Honig (1999) stellt mit Bezug auf Bernfeld fest, dass die "Entwicklungstatsache" die anthropologische Ausgangsbedingung für die Pädagogisierung von Beziehungen ist. Die Tatsache, dass Menschenkinder nach der Geburt für relativ lange Zeit der Pflege und des Schutzes bedürfen, bevor sie selbständig leben können, begründet eine relativ lange Phase der Verantwortung der Elterngeneration für die Kinder.

Aus soziologischer Sicht liegt gegen die genuin erziehungswissenschaftliche Diskussion der Verdacht nahe, dass sie einen zu stark anthropologisch-allgemeinen Akzent setzt; in soziologischer Perspektive müssen dagegen die konkreten, gesellschaftlich-spezifischen Institutionen der Generationendifferenzierung interessieren. Der weitere Verdacht ist, dass der erziehungstheoretische Fokus zu einer Einengung des Blickwinkels auf empirische Generationenverhältnisse führen kann: Ist die generationale Ordnung von Kindern und Erwachsenen immer schon und in allen Aspekten eine pädagogische Ordnung? Die enge Verknüpfung des Generationen- mit dem Erziehungsbegriff perpetuiert Schleiermachers binären Generationenbegriff[6], alltagssoziologisch wäre aber zu fragen, ob und wie die Generationendifferenzierung überhaupt als binäre Unterscheidung realisiert wird oder ob nicht intermediäre Kategorien (Jugend), Statuspassagen, fließende Übergänge und dergleichen für die konkrete Aushandlung generationaler Abgrenzungen ebenso bedeutsam sind. Und schließlich

---

[6]   Das gilt auch noch für Ansätze, die Schleiermachers Ausgangsfrage neuerdings genau umdrehen: "Was will die jüngere Generation mit der älteren?" (Ecarius 1998).

bezieht sich ein letzter soziologischer Vorbehalt auf den Voluntarismus des Erziehungskonzepts, der von der Verfügbarkeit der Kultur ausgeht. Auch auf der soziologischen Seite hat der aktuelle Diskurs eine feste Bezugsgröße: den paradigmatischen Aufsatz "Das Problem der Generationen" von Mannheim (1965, zuerst 1928). Mannheim reklamierte das Generationenthema ebenso selbstverständlich für die Soziologie wie einige Erziehungswissenschaftler es für die Erziehungswissenschaft beanspruchen.[7] Dabei zielte sein Entwurf auf ein "genaueres Verständnis der beschleunigten Umwälzungserscheinungen der unmittelbaren Gegenwart" (1965: 31f.), also auf eine Modernisierungstheorie. Mannheim organisiert seinen Generationenbegriff weder binär noch bezieht er sich konkret auf die gesellschaftliche Institutionalisierung pädagogischer Generationenverhältnisse. Sein wissenssoziologisches Interesse gilt vielmehr zunächst der Konstituierung von historisch-politischen Generationen, sozusagen der Formierung von Generationen "nach innen". Eine Generation im Mannheimschen Sinn bezieht sich auf etwa Gleichaltrige, die gemeinsam in eine historische Zeit hineingeboren sind und gesellschaftliche Erfahrungshintergründe teilen (Generationslagerung), die ähnliche kulturelle Stile oder sogar einen gemeinsamen Habitus ausbilden (Generationszusammenhang) und darüber hinaus möglicherweise auch noch über eine affektive Bindung, ein "Wir-Gefühl" oder einen "Wir-Sinn" verfügen (Generationseinheit). Für die sozialwissenschaftliche Forschung leuchten die Bezüge auf Mannheim zunächst besonders für die Teile ein, bei denen es um "Zeitgenossenschaft", um Generationen im wissenssoziologischen Sinne geht (Bohnsack 1995, Bude 2000, Corsten 2001).

Festzuhalten bleibt an dieser Stelle zunächst: Man muss zwei verschiedene Generationenbe-griffe systematisch unterscheiden. Der eine, pädagogisch-anthropologische Generationenbe-griff, entwickelt auf der Basis von Annahmen über anthropologische Notwendigkeiten eine abstrakte, lebenslaufbezogene Perspektive auf Generationen (Jüngere, Ältere; Kinder, Eltern/Erwachsene) und ihre gesellschaftlichen Positionen und Beziehungen je nach dem, wo sie sich im Zyklus des Lebens und der menschlichen Reproduktion befinden; der andere, wissenssoziologische Generationenbegriff interessiert sich für die innere Konstitution von konkreten historisch-politischen Generationen (z.B. die Kriegs- und die Nachkriegsgeneration) und bereitet darin eine synchrone Perspektive auf unterschiedliche Generationen bzw. auf "differenzielle Zeitgenossenschaft" (Hengst 2004) vor, die Generationenverhältnisse nicht notwendig als Erzie-

---

[7] "Eine Überorganisation der Geistes- und Sozialwissenschaften ist auch nicht wünschenswert, aber es müsste zumindest doch überlegt werden, ob es nicht stets eine Disziplin je nach der besonderen Eigenart der Frage gibt, die [das] organisierende Zentrum abgeben könnte. Bei dem Problem der Generationen ist es wohl ohne Zweifel die Soziologie, die irgendwie den Problementwurf herauszuarbeiten hat" (Mannheim 1965: 32).

Kinder und Erwachsene. Die Differenzierung von Generationen als kulturelle Praxis 89

hungs- und Abhängigkeitsverhältnisse interpretieren muss. In empirischen Generationenbeziehungen überlagern sich beide Dimensionen – z.b. gehören die Eltern der Nachkriegskinder der Kriegsgeneration an –, systematisch sind sie jedoch zunächst zu trennen, will man das Bedeutungsspektrum des Generationenbegriffs in seiner Breite in den Blick bekommen.[8]

Bei Mannheim selbst ist die Doppelorientierung der Generationenperspektive angelegt: Während er zunächst den oben referierten Generationenbegriff auf der Basis von Gleichaltrigkeit entfaltet, kennzeichnet er im Schlussteil seines Textes die Charakteristika der generationalen Ordnung unserer Gesellschaft wie folgt: Sie zeichne sich aus "a) durch das stete Neueinsetzen neuer Kulturträger; b) durch den Abgang der früheren Kulturträger; c) durch die Tatsache, dass die Träger eines jeweiligen Generationenzusammenhanges nur an einem zeitlich begrenzten Abschnitt des Geschichtsprozesses partizipieren; d) durch die Notwendigkeit des steten Tradierens (Übertragens) der akkumulierten Kulturgüter; e) durch die Kontinuierlichkeit des Generationswechsels." (Mannheim 1965: 37) Diesen "Grundphänomenen" oder "Elementartatbeständen", wie Mannheim es nennt, widmet er seine abschließende formal soziologische Analyse. Die Terminologie erinnert an den (formal) erziehungswissenschaftlichen Diskurs von Schleiermacher bis heute und bietet sich so gesehen für einen theoretischen Kurzschluss an.

Mannheim nimmt aber Distanz ein zu einem Erziehungsbegriff, der eine bewusste Steuerung der Kulturvermittlung zwischen den Generationen implizierte. Mannheim (1965: 42) vertritt eher ein Konzept der Sozialisation oder Enkulturation: "Alle jene Gehalte und Einstellungen, die in der neuen Lebenssituation unproblematisch weiterfunktionieren, die den Fond des Lebens ausmachen, werden unbewusst, ungewollt vererbt, übertragen; sie sickern ein, ohne dass Erzieher oder Zögling davon etwas wüssten. ... Deshalb ist auch jener Fond, der in der ersten Jugendzeit durch 'Milieuwirkung' einfach einsickert, oft die historisch älteste Schicht im Bewusstsein, die als solche die Tendenz hat, sich als natürliches Weltbild festzulegen und zu stabilisieren." Diese Form der Tradierung spiele gegenüber dem bewusst Gelehrten quantitativ und der Bedeutung nach die größere Rolle.

---

[8]   Damit soll nicht gesagt sein, dass diese Unterscheidung schon das ganze Spektrum an möglichen Generationenbegriffen einschließt. Ich vernachlässige hier z.B. die Unterscheidung in politische, kulturelle und ökonomische Generationen (Kohli und Szydlik 2000), wohlfahrtsstaatliche Generationen (Leisering 2000) oder die familiensoziologisch übliche Dreigenerationenperspektive.

Exkurs: Mannheim und die Kindheitssoziologie

Zeiher (2000: 56f.) unterscheidet ebenfalls zwei grundlegend verschiedene Zugänge zum Generationenthema: den historischen Zugang, "der bei der zeitlichen Sukzession von immer neuen Gruppen von Geburtsjahrgängen ansetzt", und "Untersuchungen des Verhältnisses zwischen den gleichzeitig lebenden Kindern und Erwachsenen, sei es als Generationenbeziehung zwischen Personen, etwa in der Familie, oder als gesellschaftlich geregeltes Generationenverhältnis, als generationale Ordnung der Gesellschaft".[9] Diese Unterscheidung deckt sich zwar nicht mit der oben eingeführten, sie verweist aber besser auf die empirischen Arbeiten, die in der Kindheits- und Jugendforschung zum Generationenthema bisher vorgelegt wurden. Während Zeiher vor allem das viel gelesene Buch "Kriegskinder, Konsumkinder, Krisenkinder" (Preuss-Lausitz 1983) vor Augen hat, sind auch weitere Arbeiten zu nennen, die Kindheit oder Jugend unter dem Aspekt historischer "Generationsgestalten" (Fend 1988) bzw. der Formierung von historisch-spezifischen Kinder- und Jugendgenerationen (z.B. Zinnecker 2000 und 2002) betrachten. In diesen Arbeiten werden zwei Aspekte vereinbart, die schon bei Mannheim angelegt sind: die Frage, wodurch eigentlich (statistische) Alterskohorten zu (kulturellen) Generationen werden, und die Perspektive des "Lebenslaufregimes" (Corsten 2001) oder der Institutionalisierung des Lebenslaufs (Kohli 1991). So verstanden ist moderne Kindheit und Jugend "pädagogisches Moratorium" (Zinnecker 2000) im Lebenslauf, dessen Verfasstheit sich historisch wandelt und darin "Kindheits- und Jugendgestalten" hervorbringt. Die genannten Autoren rekonstruieren demnach die spezifischen Kindheitsgestalten zu einem guten Teil aus den jeweiligen Erziehungs- und Sozialisationsverhältnissen *zwischen* Kindern und Erwachsenen.

In jüngeren kindheitssoziologischen Ansätzen geht es dann noch stärker um die Nützlichkeit von Mannheims Konzepten für die Analyse von Generation als relationaler Kategorie (Alanen in diesem Band), wie auch ich sie in diesem Beitrag anvisiere. Bei der Verbindung der Perspektiven scheint es mir jedoch wichtig zu sein, dass die systematische Differenz von Generationen in historisch-politischer Perspektive und Generationen in pädagogisch-anthropologischer Relation zueinander nicht zu schnell einkassiert wird.[10] Denn die Rekon-

---

[9] Entsprechend spricht Müller (1999) von "personalen" und "überpersonalen" Generationenbeziehungen.

[10] Honig (1999: 197f.) deutet im Schlusskapitel seines Entwurfs einer Theorie der Kindheit Differenz und Verknüpfung beider Perspektiven an, arbeitet sie m.E. aber noch nicht befriedigend theoretisch aus. Er spricht davon, dass der Generationsbegriff "zwei Zeitebenen und zwei Ebenen der Sozialstruktur" aufeinander beziehe: "individuelle Entwicklung und sozialer Wandel, die mikrosozialen Beziehungen der erfahrbaren sozialen Welt und die eigenlogischen Funkti-

Kinder und Erwachsene. Die Differenzierung von Generationen als kulturelle Praxis 91

struktion von historisch-politischen Generationen erfolgt nicht zufällig in sozialhistorischen Arbeiten: Die Generationsgestalten erhalten erst im Rückblick und historischen Vergleich ihre Kontur. Will man nun die empirische Rekonstruktion gegenwärtiger Generationenverhältnisse nicht einfach aus adultistischer Perspektive – die historische Kontraste in ihrem Horizont hat – vornehmen, sondern die jüngeren Generationen symmetrisch in die Forschungsperspektive einbeziehen, dann muss man gegen die Brauchbarkeit des wissenssoziologischen Konzepts für die empirische Generationenforschung ein wissenssoziologisch-methodisches Argument vorbringen. (Kleine) Kinder erwerben schon früh einen Sinn für die Generationendifferenzierung von Kindern und Erwachsenen und ihre eigene kategoriale Zugehörigkeit, ihnen mangelt es aber (noch) an dem Selbstverständnis, einer Generation im historisch-politischen Sinn anzugehören. Gegen die Vereinnahmung von Mannheims Konzept der Generationseinheit für die ethnographische Erforschung von Erwachsenen-Kind-Verhältnissen steht das ethnographische Postulat, Forscher- und Teilnehmerperspektive zu symmetrisieren und die alltagsweltliche Relevanz der Generationendifferenzierung zu rekonstruieren. Während die Selbstzuordnung zu den Kategorien der Kinder, Jugendlichen und Erwachsenen zwar je nach Kontext stark variieren wird, in jedem Fall aber eine hohe Zuordnungsquote für alle Altersgruppen, die sprechen können, erwarten lässt, sieht die alltagsweltliche Virulenz der Selbst- und Fremdzuordnung zu historisch-politischen Generationen ganz anders aus.[11] Generationszugehörigkeit in letzterem Sinne spielt als Kategorie alltagsweltlicher Differenzierung zwischen Kindern und Erwachsenen eine weitaus geringere Rolle und steht auch für die Differenzierung von Erwachsenengenerationen immer mal wieder in Verdacht, ein soziologisches Artefakt zu sein. Sie ist – im Alltagswissen, nicht wissenssoziologisch – kontingent gesetzt, während der kategorialen Zugehörigkeit zum Kinder-, Jugendlichen oder Erwachsenenstatus etwas Zwingendes anhaftet: Man kann sozial überleben, ohne sich als "68er" oder Vergleichbares zu verstehen, man käme sozial aber nicht ohne eine fortlaufende (Selbst)Zuordnung zu einer der Alterskategorien zurecht. Diese unterschiedlichen Bedeutungen generationaler Differenzen hätte eine empirische Perspektive auf Generationenverhältnisse zu beachten, die an die alltagsweltlichen Relevanzen der Teilnehmer anknüpfen will.

---

onsbereiche moderner Gesellschaften wie Ökonomie, Staat, Rechtsordnung". An anderer Stelle (1999: 211) heißt es: "Die soziale Logik von Generationenbeziehungen wird von der Asymmetrie von alt und jung bestimmt, von Zugehörigkeiten, die mit dem biologischen Alter gegeben sind, von Macht und Reziprozität der Generationenbeziehungen, ihrer Zeitlichkeit und damit von der Entwicklungsfrage".

[11] Die Arbeiten von Bude (1996 und 2001) zeigen, dass Generation in dieser Hinsicht häufig genug eine problematische oder reflexive Kategorie ist.

Für die Kindheitssoziologie muss demnach die kulturelle Zuordnung zur Kategorie der Kinder und der Erwachsenen gegenüber der historisch-politischen (Fremd)Zuordnung beider Teilnehmergruppen empirisch im Vordergrund stehen. Es muss in ethnographischer Perspektive um die Entfaltung des systematischen Zusammenhangs der sozialen Konstruktion von Kinder- und Erwachsenengenerationen *für sich* genommen und der Konstruktionen der Generationen*beziehungen* gehen – mit allen Zwischenformen und Übergängen, die in der alltagsweltlichen Praxis, etwa über den Status des "Jugendlichen", realisiert werden, ohne also eine binäre theoretische Unterscheidung schlicht zu reifizieren. Ich komme darauf weiter unten zurück. Im nächsten Schritt soll jedoch zunächst geklärt werden, welche Bedeutung der Bezug auf anthropologische Bedingungen für eine Heuristik der sozialwissenschaftlichen Generationenforschung hat.

Generationale Ordnungen als anthropologische Konstanten – sozialwissenschaftliche Konsequenzen?

Unterschiedliche Bestimmungen der Bedeutung von generationalen Ordnungen sind sich zumindest darin einig, dass es dabei um die Sicherung von kultureller Kontinuität unter der Bedingung der begrenzten Lebenszeit der Gesellschaftsmitglieder und um die Sicherung der Chance auf kulturelle Entwicklung geht. Generationale Ordnungen bearbeiten zum einen die Probleme der "Ungleichzeitigkeit des Gleichzeitigen" (Mannheim 1965: 28), die Unterschiedlichkeit der Erfahrungshintergründe der gleichzeitig, aber nicht gleichaltrig Lebenden, die spezifische kulturelle und soziale Vermittlungen oder Synchronisierungen erforderlich machen. Kulturalität und Sozialität sind weitere unhintergehbare anthropologische Prämissen, auf die sich die Generationentheoretiker einigen können.

Zum anderen bearbeiten generationale Ordnungen das anthropologische Grundproblem der konstitutionellen Unselbständigkeit der kleinen Kinder (und der ganz Alten), d. h. der leiblichen Angewiesenheit auf "nicht-reziproke Sorgebeziehungen" in bestimmten Lebensaltern (Honig 1999: 212).

Als charakteristisch für die kindheitssoziologische Rezeption Mannheims hat sich gezeigt, dass sie seine fundierenden anthropologischen Annahmen tendenziell außer Acht lässt und bei historisch-spezifischen Generationsgestalten und -verhältnissen ansetzt. Demgegenüber zeichnet sich die erziehungswissenschaftliche Diskussion dadurch aus, dass sie den anthropologischen Bedingungen der Generationenbeziehungen tendenziell zu viel von ihrer wissenschaftlichen Aufmerksamkeit widmet.

Die maßgebliche Differenz Mannheims zu einer Reihe von anderen Konzeptionen sehe ich nun darin, wie Mannheim sich zu "Anthropologie und Biologie" positioniert. Von diesen Disziplinen her sei die Existenz des "Urfaktums" der begrenzten Lebensdauer verstehbar, nicht aber, welche Relevanz es für das gesellschaftlich-historische Miteinander bekommt. Mannheim (1965: 35) konzipiert den Zusammenhang von anthropologischen Bedingungen und gesellschaftlicher Ausgestaltung explizit *nicht* als Ableitungsverhältnis, sondern sieht das Phänomen des gesellschaftlichen Generationszusammenhangs als unableitbares "qualitativ eigenartiges Superadditum". Die Annahme der qualitativen Eigenartigkeit scheint mir gut dafür geeignet zu sein, heuristische Perspektiven für eine sozialwissenschaftliche Generationenforschung zu entwickeln, die sich von den anthropologischen Grundannahmen zwar nicht verabschiedet, aber mit Blick auf den eigenen Gegenstandsbereich davon emanzipiert. Warum dies nötig ist, will ich in der folgenden Diskussion zeigen.

Mit dem leiblichen Angewiesensein der Nachwachsenden auf "nicht-reziproke Sorgebeziehungen" begründen Autoren wie Honig oder Winterhager-Schmid (2000) (pädagogische) Generationenbeziehungen – und wenden sich damit gegen zu einfache Versuche der Kindheitssoziologie, Generationenverhältnisse als Herrschaftsverhältnisse zu thematisieren. So stellt Honig (1999: 213) fest: "Die Relationalität der Kindheit basiert ... nicht auf der Herrschaft der Erwachsenen, wie die These von der Kindheit als struktureller Minderheit meint, sondern auf der identitätsbildenden leiblichen Verwiesenheit von Kindern". Warum das ein Argument *gegen* die macht- oder herrschaftsstrukturierte Gestaltung des Erwachsenen-Kind-Verhältnisses sein soll, leuchtet mir nicht ganz ein, weil es die Begründung für die Asymmetrie dieses Verhältnisses in die anthropologischen Bedingungen der Gattung hinein verlängert.

Darüber hinaus kann das Argument der lebensaltersspezifischen Schutz- und Pflegebedürftigkeit aber die *lebenslange* Institutionalisierung von (familialen) Generationenbeziehungen nicht begründen. Lüscher (2000:140) spricht davon, dass eine biologische Abhängigkeit von Kindern etwa bis zum Alter von 6 bis 8 Jahren bestehe. Am Beispiel dieser Setzung kann man m.E. schön zeigen, wie anthropologische Bedingungen – abgesehen von Geburt und Tod – *selbst* Gegenstand kultureller Aushandlungen sind, denn die Grenze, die Lüscher nennt, ist doch relativ willkürlich gesetzt. Vielmehr können wir so etwas gar nicht denken, dass man Achtjährige wie Tiere in "freier Wildbahn" aussetzt. Wenn aber Soziologen mit solchen Setzungen arbeiten, neigen sie dazu, der frühen Kindheit – und den sie flankierenden Generationenbeziehungen – einen 'natürlicheren' Status zuzuschreiben als späteren Kindheitsphasen. Das mag einer der Hintergründe dafür sein, dass die Kindheitssoziologie bisher eher Schwierigkeiten hat, kleine Kinder in den Blick zu nehmen. Wenn man sagen kann, dass die Unterscheidung von "sorgen" und "versorgt werden" Generationenbeziehungen zwischen Kindern, Eltern und Großeltern organisiert, dann muss man auch feststellen, dass die Aushandlung dieser Abgrenzung – egal für welches Alter – kulturell und auch je interaktiv passiert. Eltern, die mit dem kindlichen "Kannschon-alleine" konfrontiert sind, wissen das nur zu gut.

Der Bezug auf anthropologische Grundtatsachen ist also ohne die anthropologischen Prämissen der Kulturalität und Sozialität nicht zu haben: Menschen sind von Anfang an (und bis um Schluss) soziale Wesen, Kulturvermittlung und -aneignung spielen lebenslang und lebensweit eine Rolle und haben teil an der sozialen Integration von Gesellschaften. Kindheitssoziologen haben so betrachtet keine Veranlassung, bestimmte Bereiche aus ihrer Aufmerksamkeit auszuklammern. Vielmehr muss gerade die Naturalisierung von Eltern-Kind-Verhältnissen ihr prominentester Gegenstand sein – zusammen mit deren Kulturalisierung, wie sie in Auseinandersetzungen zwischen den Generationen betrieben wird. Wenn die Aushandlung der Grenze zwischen den Generationen eine kulturelle Angelegenheit ist, wäre die Grundfrage für die empirische Forschung, wie genau dies passiert.

Ich wende mich im folgenden der eigenen kulturanalytischen Forschung der letzten Jahre zu, um von empirischer Seite aus die theoretischen Herausforderungen weiter zu beleuchten und einen Ausblick auf eine empirische Generationenforschung vorzubereiten.

Anschlussmöglichkeiten an die *peer culture* Forschung

Kindheitsforschung – und besonders *peer culture* Forschung – ist Generationenforschung insofern, als sie besonders eine Generation fokussiert. *Peer culture* Forschung referiert auf dasselbe Kriterium, das auch Mannheim für die Formierung von Generationen beansprucht: die Gleichaltrigkeit. Die *peer culture* Forschung rückt soziale Situationen, Interaktionen, kulturelle Praktiken und Gruppenprozesse in den Blick, bei denen Kinder unter sich bleiben. Sie akzentuiert nicht so sehr das "Mitgliedwerden" (Hurrelmann und Ulich 1991) der Kinder in der Gesellschaft oder ihren Status als "Kulturneulinge" (Klika 2002), sondern den Umstand, dass Kinder immer schon Mitglied und kompetente Akteure in ihren sozialen Welten sind (Kelle und Breidenstein 1996). Methodologisch verbindet sich mit der Betonung der Gegenwärtigkeit der Wirklichkeit von Kindern die Forderung nach ethnographischen Forschungen, die Orientierungen und Muster der sozialen Praxis von Kindern in ihrer relativen Eigenständigkeit entdecken können. Gemeinschaftliche kulturelle Praktiken der Kinder werden in Begriffen von Kultur- und Praxistheorien verstanden. Die kontextualisierte Analyse von Gleichaltrigenkulturen hat dabei ihre Wurzeln in interaktionistischen und ethnomethodologischen Forschungstraditionen (Cahill, Fine und Grant 1994).

Um kompetent agieren und sich aufeinander beziehen zu können, müssen Teilnehmer an sozialen Situationen, ob sie nun Kinder oder Erwachsene sind, ständig Interpretationen des sozialen Geschehens vornehmen. Im kommunikativen Austausch müssen sie zugleich Äußerungen und deren Rahmen (Goffman 1980) fortlaufend deuten. Kultursoziologische Ansätze beanspruchen diese lebensweltlichen Interpretationen zu rekonstruieren. Die *peer culture* Forschung richtet ihr Interesse darauf zu untersuchen, wie Kinder in den sozialen Formationen und alltäglichen Praktiken, an denen sie teilhaben, gemeinschaftlich Bedeutungen aushandeln und ihre soziale Welt in Interaktionen konstruieren. Die Sozialisationsfrage wird in diesem Forschungsgebiet verschoben und als Frage nach der "interpretativen Reproduktion" (Corsaro 1997) und Transformation gemeinsamer Wissensbestände in Kindergruppen gestellt. Kulturelles Wissen ist in dieser Sicht nicht außerindividuell immer schon gegeben, um von Individuen verinnerlicht zu werden – wie ältere Sozialisationskonzepte es annahmen -, sondern zeigt sich im gemeinschaftlichen Vollzug praktischer Aktivitäten. Neuere kulturanalytische Ansätze gehen demnach von der Eigenständigkeit, und nicht von einer voluntaristisch verstandenen Verfügbarkeit der Kultur aus. Kultur stellt keine objektgleiche Entität, kein gegebenes Reservoir an Praktiken dar, das vermittelt und angeeignet wird, sondern Kultur wird in der Praxis prozessiert und mit Bedeutung ausgestattet.

Diese allgemeinen kultursoziologischen Prämissen lassen sich auf Erwachsenen-Kind-Relationen ebenso beziehen wie auf Gleichaltrigenkulturen. Es ist für eine Analyse der Generationenbeziehungen zwar wichtig, auf die Bedeutung der "Kulturtatsachen" (Klika 2002), auf die materiale, historisch so gewordene Welt als (Kultur)Gut, Begrenzung und Ressource hinzuweisen – und Wissensvermittlung in einem basalen Sinn ist so gesehen immer noch ein Hauptgeschäft der Institutionen der generationalen Ordnung. Es ist aber genauso wichtig zu betonen, dass Kultur zu einem maßgeblichen Teil aus intersubjektiven Praktiken besteht, in denen die Beteiligten eine gemeinsame Wirklichkeit ko-konstruieren. Kulturelle Bedeutungen sind nicht 'irgendwo dort draußen' gegeben, sondern entstehen immer wieder neu in Interaktion. Kultureller Wandel ist auf diese Weise dem Vermittlungsprozess selbst eingeschrieben. Diese Sicht legt eine Perspektivverschiebung vom "was" zum "wie" der Kulturvermittlung nahe. Die

Ebene unmittelbarer Interaktionen im Sinne Goffmans stellt die Mikroebene solcher Aushandlungsprozesse dar.

Wie die Differenz Kinder – Erwachsene je historisch und kulturell spezifisch gestaltet wird, ist ebenfalls eine Sache konkreter Aushandlungsprozesse. Auch in Bezug auf den Status der kulturellen Akteure pflegt die kulturanalytische Forschung eine anti-ontologische Haltung: Nicht die Tatsache, dass sie Erwachsene oder Kinder sind, sondern die Frage, wie sie dazu in kultureller Praxis gemacht werden, wird zum Bezugspunkt der Forschung. Die Perspektivverschiebung vom "being" zum "doing" wurde dabei in der Geschlechterforschung (West und Zimmerman 1987) zunächst noch prononcierter als in der Kindheitsforschung (Solberg 1996) vorgetragen. West und Fenstermaker (1995) beziehen sich mit "doing difference" dann neben Geschlecht auf andere Strukturkategorien wie Ethnie und Klasse aber auch Alter, die ein Differenzgeflecht ausmachen, das im Zusammenhang und situierten kulturellen Kontext untersucht werden muss. "Doing age" könnte sich so gesehen auf die Hervorbringung von Altersgruppenzugehörigkeit in kulturellen Praktiken und "doing generation" auf die Herstellung und Abgrenzung von Generationen beziehen.

Inwiefern weist nun, über die allgemeinen kulturanalytischen Prämissen hinaus, die peer culture und Geschlechterforschung auf eine empirische Generationenforschung voraus? Ich möchte in Auseinandersetzung mit dieser Frage in drei Schritten Beobachtungen aus dem Kinderforschungsprojekt, das Breidenstein und ich (1998) an der Laborschule in Bielefeld durchgeführt haben, neu kontextuieren. In dem Laborschulprojekt haben wir die Praktiken der Geschlechterunterscheidung im Verhältnis zu anderen feldspezifischen Unterscheidungen – nach Beliebtheit, Freundschaft und Entwicklungsstand – erforscht. Inwiefern kann man analog dazu von den "Praktiken der Generationenunterscheidung" sprechen?

1. In der Schule zeigt sich wie an vielen anderen gesellschaftlichen Orten eine Präferenz für *altershomogene Vergemeinschaftungsformen* – ein *erster Baustein* generationaler Ordnungen. Die Schule hat die Altershomogenität institutionalisiert, indem sie Gleichaltrigkeit zum Kriterium der Klassenzusammensetzung macht. Insofern schafft sie – wie immer sonst dieses Kriterium begründet sein mag – auch die strukturelle Voraussetzung für Gleichaltrigenkulturen. Generationszusammenhänge und -einheiten im Sinne Mannheims sind selbstverständlich nicht mit lokalen *peer cultures* zu verwechseln, sie sind aber andererseits auf Gelegenheiten, Lokalitäten und Situationen angewiesen, um sich zu formieren. Wenn mit dem wissenssoziologischen Generationenbegriff mehr gemeint sein soll als die Selbst- oder Fremdzuschreibung zu einer imaginären gesellschaftlichen Gruppe, dann muss die empirische Forschung auch die Orte

Kinder und Erwachsene. Die Differenzierung von Generationen als kulturelle Praxis 97

identifizieren und Gelegenheiten aufsuchen können, an denen "doing generation" – im Sinne der Formierung nach innen – passiert. Für die Ausbildung eines generationalen Habitus z.B. ist die Einbindung in je konkrete Gleichaltrigenbeziehungen als maßgeblich anzusehen (Bohnsack et al. 1995). – Die Brücke zwischen peer culture Forschung und Generationenforschung besteht also zunächst einmal im Bezug auf Gleichaltrigkeit bzw. auf Alter als Kategorie sozialer Ordnung.

2. Im Rahmen einer ethnographischen Studie zum Entwicklungsdiskurs unter 10-12jährigen Kindern (Breidenstein und Kelle 1998, Kelle 2001) stieß ich auf Phänomene, die für die kulturelle Praxis der Generationendifferenzierung relevant sind. In der Studie bin ich heuristisch nicht von der "Entwicklungstatsache" ausgegangen, sondern habe die Frage nach "Entwicklung" ethnographisch gewendet und nach ihrer Bedeutung in der Alltagskultur und den Diskursen der Kinder gefragt. Statt von der "Natürlichkeit" des Einsetzens der "Pubertät" und den "sozialen Folgen" auszugehen, wie das die Erwachsenen des Feldes alltagsweltlich tun, habe ich die Perspektive umgedreht und danach gefragt, ob die Pubertät nicht zu aller erst herbeigeredet wird und dieser Umstand Kinder in ihren sozialen Welten zwingt, sich im Diskurs sozial zu positionieren.

Zum einen macht der Entwicklungsdiskurs unter Kindern deutlich, dass auch hier das Alter der abstrakte Referenzpunkt ist. Die Kinder konstruieren Entwicklung aber nicht als selbstläufiges, natürliches Programm, das einfach mit dem Älterwerden abliefe, sondern in hohem Maße als kulturellen Prozess. So sind die Kinder, denen das Etikett die "Weiteren" zugeschrieben wird, nicht notwendig diejenigen, die körperlich am weitesten entwickelt sind. In der Sicht der Kinder "entwickeln" sich nicht nur die Körper und kognitiven Fähigkeiten, sondern v.a. die gemeinschaftlichen kulturellen Praktiken: Diese sind einem fortlaufenden Prozess der Neukodierung unterzogen. Während z.B. im 4. Schuljahr die so genannten "Verfolgungsjagden" zwischen Jungen und Mädchen 'angesagt' sind, gelten sie im 6. Schuljahr als "Kinderkram"; und die Kleidung einer bestimmten Mädchenclique wird im 6. Schuljahr klassenöffentlich als prätentiös diskutiert ("die wollen schon älter sein als sie wirklich sind"). D.h. die Kinder verhandeln untereinander fortlaufend die Altersangemessenheit von kulturellen Praktiken.

Die *Konstruktion der Altersangemessenheit* von kulturellen Praktiken wird soziologisch bisher mit Begriffen wie Altersrollen oder Altersnormen diskutiert, die als ein *zweiter Baustein* generationaler Ordnungen gelten können (und um deren Erosion es geht, wenn z.B. von der Entstandardisierung des Lebenslaufs geredet wird). Meine Untersuchung zeigt nun, dass sich die Kinder nicht einfach an einem kulturellen Skript abarbeiten. Sie verhandeln nicht nur Einhaltung und

Abweichung von vorhandenen Normen, sondern die Normen selbst. In diesem Sinne betreiben sie in einem umfassenderen Sinne "doing age", als dies z.B. in Ansätzen, die von altersspezifischen Entwicklungsaufgaben ausgehen, angenommen wird.

Dass der kindliche Entwicklungsdiskurs in der Gleichaltrigenkultur nicht nur situiert eigensinnige Bedeutungen entfaltet, sondern auch gegenüber dem Erwachsenendiskurs nicht eigenständig funktioniert, zeigt das nächste Beispiel.

3. *Peer culture* Forschung zielt auf die innere Konstitutierung von sozialen Gleichaltrigenformationen, die sich in einen Generationszusammenhang einfädeln. "Doing generation" im Sinne der Hervorbringung der Differenz zwischen Kindern und Erwachsenen und der Pädagogisierung ihrer Beziehungen wäre aber etwas anderes.

Die Laborschule ist eines jener kulturellen Felder, an denen sich Verschiebungen der pädagogischen Generationenverhältnisse zeigen lassen, wie du Bois-Reymond et al. (1994) sie für familiale Beziehungen mit dem vielzitierten Topos vom "Verhandlungshaushalt" diskutieren. Auch an der Laborschule werden möglichst viele der Angelegenheiten, die die Schüler und Schülerinnen selbst betreffen, verhandelt; ein innovativer Umgang mit dem pädagogischen Vermittlungs- und Aneignungsverhältnis ist auch für eine Reihe von Unterrichtskonzepten zu konstatieren, bei denen die Akzente auf Eigenarbeit, das Lernen lernen oder peer teaching gesetzt werden.

In diesem reformpädagogischen Feld haben wir – sozusagen: trotz des partiellen Rückzugs der "älteren Generation" aus Lernsituationen – an vielen Stellen Szenen beobachtet, die den Grad der Institutionalisierung, im Sinne von Routinisierung, Habitualisierung und Ritualisierung, der Generationenbeziehungen in Schulen veranschaulichen. Ich gebe nur zwei kleine Beispiele.

Das erste Beispiel bezieht sich noch einmal auf den Entwicklungsdiskurs und die fortlaufende Neukodierung kultureller Praktiken, in die auch die Erwachsenen des Feldes verstrickt sind. In diesem Fall mussten die Schüler und Schülerinnen die Lehrerinnen regelrecht in eine pädagogische Rolle zwingen, als es um die Frage ging, ob nach Geschlechtern gemischte Zimmer auf der Klassenfahrt im 6. Schuljahr noch erlaubt seien (in vorangegangenen Jahren gab es, abweichend von den meisten Schulen, diese Möglichkeit). Weder die Lehrerin noch die Eltern hatten das Thema aufgebracht, vielmehr wurde es von den Kindern nachgefragt mit der Unterstellung, dass Lehrerin und Eltern nun etwas dagegen haben und gemischte Zimmer verbieten könnten – wobei die Kinder betonten, dass sie selbst damit "überhaupt noch keine Probleme" hätten. Das Thema wurde dann auf die Nachfrage der Kinder hin auf einem Elternabend besprochen, mit dem Ergebnis, dass Lehrerin und Eltern nach wie vor nichts ge-

Kinder und Erwachsene. Die Differenzierung von Generationen als kulturelle Praxis   99

gen gemischte Zimmer hatten. Wo lag das Problem, wenn niemand "damit" Probleme hatte?

Die Kinder haben sich, als die Erwachsenen sich gewissermaßen verweigerten, ihr pädagogisches Gegenüber selbst konstruiert (und dies ist vermutlich durchaus im Sinne der Laborschulpädagogik): Die Unterstellung einer prohibitiven Haltung bei den Erwachsenen, die real gar nicht gegeben war, ist nur das Vehikel für eine Neukodierung der kulturellen Praxis der Zimmerbelegung gewesen. Nach der Diskussion, relativ unabhängig davon, wie sie ausging, bedeuteten gemischte Zimmer nun nicht mehr das Gleiche wie im vorangegangenen Jahr, es war Bewusstsein dafür entstanden, dass die Kontakte zwischen Mädchen und Jungen sich verändert haben. Der neue Kode induzierte einen kollektiven Entwicklungsschritt. D.h., die Kinder funktionalisieren an dieser Stelle ein traditionelles pädagogisches Verhältnis – und sei es imaginär – als Stimulanz für die eigene Weiterentwicklung. Solcherart Funktionalisierungen sind wiederum nur bei einem hohen Grad der Institutionalisierung des Generationenbezugs vorstellbar.

Das zweite Beispiel handelt von einer Szene, in der die Kinder nach einer ereignisreichen Pause, die mit einem Jungen-gegen-die-Mädchen-Spiel ausgefüllt und mit viel Spaß für alle Beteiligten verbunden war, die Lehrerin bestürmen, sobald sie am Ende der Pause auf der Szene erscheint.

Auf Maltes und Björns Tisch werde ich aufmerksam, als Malte ein Mädchen aus einer anderen Gruppe, dessen Namen ich nicht kenne, von diesem runterschubst. Als nächstes setzen sich zwei der fremden Mädchen auf den Tisch, worauf Malte und Björn den Tisch umkippen, um sie zu vertreiben. Als der Tisch wieder steht, sind auch sofort wieder zwei Mädchen darauf.

Plötzlich geht die Mädchengruppe ein paar Schritte weg, eine setzt sich auf den Mülleimer. Björn ruft: "Malte, mach' mal den Mülleimer auf!" Malte geht hinüber, aber die Mädchen rufen "das ist unser Mülleimer" und umdrängen ihn dicht. Darauf kommen auch die anderen Jungen herüber und – glänzender Schachzug – die Mädchen stürmen auf den nun freien Tisch der Jungen los. Ihr Erfolg hält naturgemäß nicht lange vor, die Jungen vertreiben sie wieder. Also treffen sich die Mädchen noch einmal im Kreis zur Strategiebesprechung.

Als die Lehrerin nun erscheint, bedrängen die Jungen sie sofort und machen eine Beschwerde über die Mädchen. Die Ernsthaftigkeit, mit der sie diese vortragen, überrascht mich, weil sie offensichtlich ihren Spaß hatten. Karin, die Lehrerin, erinnert an die Regel, dass auch in der Pause auf der Fläche nicht getobt werden dürfe.

Die Jungen beschweren sich scheinbar ernsthaft über die Mädchen und die Lehrerin geht in ihre pädagogische Rolle. Unter der Oberfläche der Ereignisse liegen andere Bedeutungen als die von den Teilnehmern explizit thematisierten. Die Lehrerin wird als pädagogisches Gegenüber für die Kontextuierung von peer culture Aktivitäten benutzt, indem die Kinder sich ihr gegenüber verstellen: Sie tun so, als hätte es in der Pause Ärger gegeben, und kooperieren mit der Lehrerin darin, die unterrichtliche Ordnung nach der Pause wieder herzustellen, indem sie die eigenen Aktivitäten reinterpretieren und wieder in die schulisch-pädagogische Ordnung einpassen. Sie machen sich selbst wieder zu "Schülern".

Eine Parallelität von Interaktionsordnungen in der Schule wird hier deutlich. Je nach Zusammensetzung der Teilnehmer an Situationen differieren die interaktiven Anforderungen: Die physische Anwesenheit von Erwachsenen reicht aus, ein ganz anderes routinisiertes Verhaltensrepertoire zu aktivieren, als wenn Kinder unter sich bleiben. Durch die Camouflage der Kinder passen sie sich nicht nur wieder in die pädagogische Ordnung ein, sondern zugleich wird der Sonderstatus des Spiels noch einmal betont und bekommt eine zusätzliche Würze als eine den *Kindern* eigene Praxis im Schulalltag. Sie funktionalisieren also die pädagogische Beziehung für eigene Zwecke. Was lehren die Beispiele?

Erstens heißt "Schule als rituelle Performanz" (McLaren 1993, Göhlich und Wagner-Willi 2001) zu betrachten, das Augenmerk darauf richten, dass die schulischen Akteure an einem gemeinsamen Spiel der Inszenierung von Generationenverhältnissen partizipieren, das über die konkret verhandelten Inhalte hinausweist. Unter dem Begriff der rituellen Inszenierung pädagogischer Generationenverhältnisse wird das "wie" dieser Verhältnisse fokussiert, der Blick von den Inhalten zu den Formen (des Austauschs zwischen den Generationen) verschoben. Der Umstand, dass Erwachsene aufgrund vielfältiger medialer Sozialisationseinflüsse und rasanter technischer Entwicklungen immer weniger zielgerichtet darauf einwirken können, was Kinder konkret lernen wollen sollen, mag zwar alltagsweltlich als Drama erlebt werden. Der kulturelle Sinn und Zweck pädagogischer Generationenverhältnisse ist damit aber noch nicht am Ende. Der Grad ihrer Institutionalisierung und Ritualisierung zeigt an, dass der Sinn pädagogischer Generationenverhältnisse stärker in einem Metalernen kultureller Formen, moralischer Orientierungen und sozialer Strukturierungen der Welt besteht, als es in der sozialwissenschaftlichen Debatte um die Krise der Generationenbeziehungen bislang berücksichtigt wird.

Wenn man zweitens als Schüler unter Schülern bestehen will, muss man die Differenz zu den Lehrkräften fortlaufend und immer wieder neu herstellen. Die Ordnung der Gleichaltrigen steht in unmittelbarem Zusammenhang zur pädagogischen Ordnung der Generationen, insofern die Absetzbewegung von den Erwachsenen eine Ressource für die Aushandlung von Status bei den peers darstellt. Beide Ordnungen zusammen konstituieren also die generationale Ord-

Kinder und Erwachsene. Die Differenzierung von Generationen als kulturelle Praxis 101

nung, insofern eine den Kontext für die andere abgibt – das wäre ein *dritter Baustein* generationaler Ordnung. Um ihre Eigenständigkeit profilieren und demonstrieren zu können, braucht die eine Generation die andere, von der sie sich absetzen kann. Die vornehmste Aufgabe pädagogischer Generationenverhältnisse wäre so gesehen nach wie vor, dass Erwachsene sich als Gegenüber anbieten – und sich doch eine gewisse reflexive Distanz zu den konkreten Auseinandersetzungspunkten gönnen, weil sie ein Einsehen haben in die rituelle Ordnung der Generationen.

Kulturanalyse der Generationenunterscheidung. Heuristische Prämissen

Die zentrale Frage: "Wie wird die Unterscheidung von Kindern und Erwachsenen sozial organisiert", die Honig (1999: 214) am Schluss seines Entwurfs einer Theorie der Kindheit aufgeworfen hat, muss für den hier skizzierten Forschungsansatz interaktionstheoretisch dynamisiert werden: Was leistet die Unterscheidung von Kindern und Erwachsenen im sozialen Alltag? Wie strukturiert sie soziale Situationen und Institutionen?

Ich habe in diesem Beitrag den systematischen Unterschied zwischen pädagogisch-anthropologischer Generationendifferenz von Kindern und Erwachsenen und historisch-politischen Generationendifferenzen so betont, weil die sozialkonstruktivistische Perspektivverschiebung vom "being" zum "doing" für die Kindheitssoziologie nur für die erste Spielart generationaler Differenz wirklich Sinn macht: Die Annahme der sozialen Konstruiertheit kann nur für solche Differenzen überraschend und erkenntnisträchtig sein, die – wie die Geschlechterdifferenz – alltagsweltlich naturalisiert werden.

Spuren eines interaktionsorientierten Forschungsansatzes für die Generationenforschung finden sich in einer Reihe von empirischen Arbeiten oder theoretischen Reflexionen auf Generationenverhältnisse. B. Müller (1996: 311ff.) hat für die generationale Perspektive der Pädagogik gefordert, dass sie von Wechselseitigkeit in den Generationenbeziehungen von Anfang an – statt von einer wachsenden Autonomisierung der Kindergeneration – ausgehen und dass sie von einer "objektivierenden Haltung" zu einer "performativen Einstellung" finden möge. Der erste Punkt stimmt mit meiner Diskussion der sozialwissenschaftlichen Positionierung zu anthropologischen Fragen überein; der zweite Punkt wird von einigen Autoren bereits empirisch in Angriff genommen. Keppler (1994) untersucht die Performanz von "Tischgesprächen" in Familien mit konversationsanalytischen Mitteln und stößt dabei neben der Selbstinszenierung der Familie als Gemeinschaft auch auf die Selbstinszenierungen der Generationen in diesen alltagsweltlichen Ritualen. Diesen Punkt greifen auch Audehm und Zirfas (2001) in ihrer ethnographischen Studie zu Familie als performativer Gemeinschaft auf und thematisieren die "Bearbeitung der Generationdifferenz im Ritual". Eine entsprechende Perspektive der "rituellen Performanz" entwickeln, wie bereits erwähnt, McLaren (1993) sowie Göhlich und Wagner-Willi (2001) für die Schule.

Interessante Interaktionsstudien zu Kindern im öffentlichen Raum hat Cahill (1987 und 1990) vorgelegt: Er interpretiert die "kalkulierte zeremonielle Devianz", die Kinder im öffentlichen Raum häufig zeigen, als integralen Bestandteil ihrer Sozialisation zu "civility" und als "Affirmation biographischer Divisionen". Er arbeitet also nicht direkt mit dem Generationenkonzept, bezieht sich mit dem Konzept der biographischen Divisionen m.E. aber auf eine Standardisierung der Biographie, die Zugehörigkeiten zur Kategorie der Kinder oder zur Kategorie der Erwachsenen grundiert. So sind auch seine Studien reinterpretierbar als Beitrag zu einer interaktionistischen Generationenforschung, die die Performanz von generationellen Zugehörigkeiten und damit ihre kulturelle Hervorbringung beobachtet. Fuhs' (2003) Studie begibt sich ebenfalls in den öffentlichen Raum: Er beobachtet den "Körper als Grenze zwischen den Generationen" in einem Freibad.

Rosenthal (1997) spricht von der "interaktionellen Konstitution" von historisch-politischen und familialen Generationen, arbeitet aber bevorzugt mit der Methode des narrativen Interviews, bei dem die Bezüge auf Interaktionsprozesse eben narrativ, verdichtet sind. Sie legt eher einen situationsübergreifenden Interaktionsbegriff zugrunde, der auf die Verkettung der Erfahrungen und die Abgrenzung verschiedener (erwachsener) Generationen über längere Zeiträume abzielt. Die Hervorbringung von Generationen in interaktionellen Prozessen *in situ* sind mit der Methode des narrativen Interviews nicht zu rekonstruieren. Umgekehrt ist mit ethnographischen Methoden die Erfahrungsverkettung über die Lebenszeit nicht zu erfassen. Hier gilt es über die Verbindung von ethnographischen und biographischen Methoden weiter nachzudenken (Dausien und Kelle 2004).

Ich fasse die *heuristischen Konzepte* für die kulturanalytische Erforschung generationaler Ordnung zusammen:

1. Spricht man von den Institutionen der generationalen Ordnung, so fallen einem konkret v.a. Familie und Schule ein. Der kulturanalytischen Perspektive liegt aber zunächst ein abstrakter soziologischer Institutionenbegriff zugrunde, der Institutionen als wiederkehrende Regelmäßigkeiten gegenseitigen Verhaltens auffasst. Der überwiegende Teil sozialer Praxis läuft in Institutionen, d.h. in

Kinder und Erwachsene. Die Differenzierung von Generationen als kulturelle Praxis 103

strukturierten Beziehungen ab. Als wiederkehrende Muster, als Habitualisierungen und Routinen strukturieren Institutionen soziale Praxis auf für die Akteure kalkulierbare Weise und vermitteln dadurch Sicherheit: Institutionen beschränken Handlungsmöglichkeiten und bringen auf diese Weise erst spezifische Handlungsmöglichkeiten hervor.

2. Der Ablauf institutionalisierten Alltags erfährt an stabilen Bedingungen (wie z.B. raum/zeitlichen Bedingungen, rechtlichen Regelungen u. ä.) konkrete Begrenzungen, die gerade den Grad seiner Institutionalisierung ausmachen. Die Alltagspraxis geht aber nicht in einer schlichten Umsetzung der Regelungen auf – es gibt eine Differenz zwischen Plan und Praxis, zwischen Skript und Aufführung. Man kann nun von Institutionen (der generationalen Ordnung) sprechen, wenn es um tradierte soziale Muster geht, man kann mit Institutionen aber auch alle tatsächlich gelebten Formen solcher Muster bezeichnen. Eine Differenz zwischen Muster und gelebter Praxis klingt hier an, die für die Kulturanalyse bedeutsam ist. Wie kooperieren Angehörige verschiedener Generationen in der Gestaltung des institutionellen Alltags und wie bringen sie generationale Ordnung interaktiv hervor? Die Akteure sind maßgeblich an situierten Prozessen des "doing generation" beteiligt. Kultur wird in sozialen Praktiken prozessiert, es muss demnach in der Empirie um eine gelebte Ordnung der Generationen gehen.

Eine Mikrosoziologie der Generationenverhältnisse hätte dabei auch die Forschungsfrage zu stellen, wie sich Prozesse der Deinstitutionalisierung und Delegitimierung pädagogischer Generationenbeziehungen in der Praxis entfalten.

3. Die naheliegenden Felder dieser Forschung wären wie bereits erwähnt die konkreten Institutionen, die maßgeblich über Generationendifferenz strukturiert sind: die Familie und die Bildungseinrichtungen. In diesen Institutionen verbringen Kinder die meiste Zeit. Kinder sind an vielen Stellen des "öffentlichen Austausches" (Goffman) gar nicht vorgesehen und kommen dort nicht vor. Es gilt deshalb für ein Verständnis der generationalen Ordnung nicht nur die Inklusion von Kindern in pädagogische Institutionen, sondern auch die Exklusion aus vielen Lebensbereichen im Blick zu behalten.

4. Ferner gilt es im Blick zu behalten, ob nicht die "Entwicklungstatsache" Kinder auf nahezu all ihren Wegen begleitet und eben als "Kinder" definiert – die Erwachsenen müssen gar nicht anwesend sein, um als Kategorie der Differenzierung eine Rolle zu spielen. In der Geschlechterforschung betrachtet man Formen von Homosozialität oder geschlechtsspezifische Kulturen als Funktion der Trennung der Geschlechter, entsprechend könnte man mit Bezug auf die Kategorie Alter die Effekte "institutioneller Reflexivität" (Goffmann 1994) erforschen: Die institutionalisierten Formen der Trennung von Altersgruppen

bringen die Unterschiede zwischen diesen Gruppen erst sozial hervor, die sie als "natürliche" Bedingung für die Trennung aber schon voraussetzen. In diesem Sinne lässt sich Thornes (1993) Bild von der "Choreographie von Trennung und Mischung" z.b. auch auf den Wechsel von altershomogenen und -heterogenen sozialen Situationen (in pädagogischen Institutionen) beziehen.

5. Die Frage, die man demnach aus der neueren Geschlechterforschung übernehmen kann, ist die, wie die Praxis der Klassifikation – und nicht die "Natur" – Zugehörigkeit begründet. Thorne (1993) hat für die Untersuchung der Geschlechterdifferenzierung das Konzept "borderwork" eingeführt, das auch für die Generationenforschung vielversprechend erscheint: Die Grenzen zwischen den Generationen sind nicht anthropologisch fixiert, sondern die Arbeit an der Grenze konstituiert erst die Abgrenzungen zwischen den Generationen.

6. Detaillierte Rekonstruktionen der Prozesse des "doing generation" *im Kontext* sind unverzichtbar, wenn die Vielfalt situativer Rollen und Rahmungen und die Komplexität der Erfahrungen kultureller Akteure analysiert werden sollen. Dabei ist besonders die altersbezogene Kodierung kultureller Praktiken zu erforschen, weil sie an vielen Stellen als "scharfe" Unterscheidung von kindlichen und erwachsenen Teilnehmergruppen funktioniert, z. B. "fahren und gefahren werden". Darin zeigt sich nicht einfach nur eine Verteilung von kulturellen Praktiken auf Altersgruppen, sondern es werden Abhängigkeiten zwischen den Generationen deutlich. Bei den Aushandlungen der Grenzen zwischen den Generationen geht es zentral um Autonomie und Abhängigkeit und deren Ambivalenz (Lüscher 2001). Die Unterscheidung von "sorgen und versorgt werden" verweist dabei auch auf den Zusammenhang von Geschlechter- und Generationenordnung: Zu untersuchen wären "Differenzgeflechte" (Wimmer 1998: 97) und nicht voneinander unabhängige Ordnungen.

Alter und Geschlecht haben eine Gemeinsamkeit: Sie werden dem Körper zugeschrieben, den man immer und überall dabei hat. Beide Kategorien stehen damit *immer und überall* als Ressourcen zur Verfügung, um soziale Situationen zu strukturieren und soziale Ordnung hervorzubringen – entsprechend häufig und vielfältig kommen sie zum Einsatz. Alter und Geschlecht unterscheiden sich aber auch in einem entscheidenden Punkt: Während man sein Geschlecht üblicherweise konstant zugeschrieben bekommt und ein Leben lang behält, ist das Alter dasjenige Klassifikations- und Identitätsmerkmal, das sich in ständiger Bewegung befindet und dadurch die kulturelle Praxis der Relationierung der Generationen dynamisiert. Einer empirischen Generationenforschung bleibt also noch viel zu tun.

Kinder und Erwachsene. Die Differenzierung von Generationen als kulturelle Praxis 105

Literatur

Alanen, Leena (2000): "Visions of a social theory of childhood". *Childhood*, Vol. 7: 493-506.
Alanen, Leena (1994): "Gender and generation: feminism and the 'child question'". Qvortrup, Jens, Bardy, Marjatta, Sgritta, Giovanni, Wintersberger, Helmut (eds.): *Childhood Matters*. Avebury: Aldershot: 27-42.
Alanen, Leena (1988): "Rethinking childhood". *Acta Sociologica*, Vol. 1: 53-67.
Audehm, Kathrin und Zirfas, Jörg (2001): "Familie als ritueller Lebensraum". Wulf, Christoph et al. (eds.) (2001): *Das Soziale als Ritual: Zur performativen Bildung von Gemeinschaften*. Opladen: Leske und Budrich: 37-116.
Becker, Rolf (ed.) (1997): *Generationen und sozialer Wandel: Generationsdynamik, Generationenbeziehungen und Differenzierung von Generationen*. Opladen: Leske + Budrich.
Beck-Gernsheim, Elisabeth (1996): "Generation und Geschlecht". Liebau, Eckart und Wulf, Christoph (eds.): *Generation: Versuche über eine pädagogisch-anthropologische Grundbedingung*. Weinheim: Deutscher Studien Verlag: 24-41.
Benner, Dietrich und Brüggen, Friedhelm (eds.) (2000): "Theorien der Erziehungswissenschaft im 20. Jahrhundert. Entwicklungsprobleme – Paradigmen – Aussichten". 42. Beiheft der *Zeitschrift für Pädagogik*: 240-263.
Bohnsack, Ralf, Loos, Peter, Schaeffer, Burkhard, Städtler, Klaus und Wild, Bodo (1995): *Die Suche nach Gemeinsamkeit und die Gewalt der Gruppe. Hooligans, Musikgruppen und andere Jugendcliquen*. Opladen: Leske + Budrich.
Bohnsack, Ralf (1989): *Generation, Milieu und Geschlecht: Ergebnisse aus Gruppendiskussionen mit Jugendlichen*. Opladen: Leske + Budrich.
Breidenstein, Georg und Kelle, Helga (1998): *Geschlechteralltag in der Schulklasse. Ethnographische Studien zur Gleichaltrigenkultur*. Weinheim und München: Juventa.
Brumlik, Micha (1998): "Zeitgenossenschaft. Eine Ethik für die Generationen". Ecarius, Jutta (ed.) (1998): *Was will die jüngere mit der älteren Generation? Generationenbeziehungen in der Erziehungswissenschaft*. Opladen: Leske + Budrich: 139-158.
Bude, Heinz (2000): "Die biographische Relevanz der Generation". Kohli, Martin und Szydlik, Marc (eds.) (2000): *Generationen in Familie und Gesellschaft*. Opladen: Leske + Budrich: 19-35.
Bude, Heinz (1996): *Das Altern einer Generation. Die Jahrgänge 1938-48*. Frankfurt: Suhrkamp.
Büchner, Peter (1998): "Generation und Generationsverhältnisse". Krüger, Heinz-Hermann und Helsper, Werner (eds.): *Einführung in Grundbegriffe und Grundfragen der Erziehungswissenschaft*. Opladen: Leske + Budrich: 237-245.
Cahill, Spencer E. (1990): "Childhood and public life: reaffirming biographical divisions". *Social Problems*, Vol. 37: 390-402.
Cahill, Spencer E. (1987): "Ceremonial deviance and the acquisition of ritual competence". *Social Psychology Quarterly*, Vol. 50: 312-321.
Cahill, Spencer E., Fine, Gary A., und Grant, Linda (1994): "Dimensions of qualitative research". Cook, Karen, Fine, Gary A. und House, J. S. (eds.): *Sociological Perspectives on Social Psychology*. Boston: Allyn & Bacon: 605-629.
Christensen, Pia und James, Allison (2000): "Researching children and childhood: cultures of communication". Christensen, Pia und James, Allison (eds.): *Research with Children. Perspectives and Practices*. London: Falmer Press: 1-8.

106   Helga Kelle

Corsten, Michael (2001): "Generationenzusammenhänge in der BRD". Allmendinger, Jutta (ed.): *Gute Gesellschaft? Verhandlungen des 30. Kongresses der DGS in Köln 2000.* Opladen: Leske + Budrich: 477-518.

Corsaro, William A. (1997): *The Sociology of Childhood.* Thousand Oaks: Sage.

Dausien, Bettina und Kelle, Helga (2004): "Zur Verbindung von ethnographischen und biographischen Forschungsperspektiven". Erscheint in: Dausien, Bettina, Lutz, Helma, Rosenthal, Gabriele und Völter, Bettina (eds.): *Biographieforschung im Kontext. Theoretische und methodologische Verknüpfungen.* Opladen: Verlag für Sozialwissenschaften.

du Bois-Reymond, Manuela, Büchner, Peter und Heinz-Hermann Krüger (1994): *Kinderleben. Modernisierung von Kindheit im interkulturellen Vergleich.* Opladen: Leske + Budrich.

Ecarius, Jutta (ed.) (1998): *Was will die jüngere mit der älteren Generation? Generationenbeziehungen in der Erziehungswissenschaft.* Opladen: Leske + Budrich.

Fend, Helmut (1988): *Sozialgeschichte des Aufwachsens. Bedingungen des Aufwachsens und Jugendgestalten im 20. Jahrhundert.* Frankfurt a.M.: Suhrkamp.

Fuhs, Burkhard (2003): "Der Körper als Grenze zwischen den Generationen". Hengst, Heinz und Kelle, Helga (eds.): *Kinder – Körper – Identitäten. Theoretische und empirische Annäherungen an kulturelle Praxis und sozialen Wandel.* Weinheim: Juventa: 51-72.

Goffman, Erving (1980): *Rahmen-Analyse. Ein Versuch über die Organisation von Alltagserfahrungen.* Frankfurt a.M.: Suhrkamp.

Goodwin, Marjorie Harness (1990): *He-Said-She-Said: Talk as Social Organization among Black Children.* Bloomington/Indianapolis: Indiana University Press.

Hengst, Heinz (2004): "Differenzielle Zeitgenossenschaft". Geulen, Dieter und Veith, Hermann (eds.): *Sozialisationstheorie interdisziplinär. Aktuelle Perspektiven.* Stuttgart: Lucius & Lucius: 273-291.

Hengst, Heinz (2003): "Was für Zeitgenossen. Über Kinder und kollektive Identität". Hengst, Heinz und Kelle, Helga (eds.): *Kinder – Körper – Identitäten. Theoretische und empirische Annäherungen an kulturelle Praxis und sozialen Wandel.* Weinheim: Juventa: 333-346.

Hengst, Heinz und Kelle, Helga (eds.) (2003): *Kinder – Körper – Identitäten. Theoretische und empirische Annäherungen an kulturelle Praxis und sozialen Wandel.* Weinheim: Juventa.

Hockey, Jenny and James, Allison (1993): *Growing Up and Growing Old: Ageing and Dependency in the Life Course.* London: Sage.

Honig, Michael-Sebastian (1999): *Entwurf einer Theorie der Kindheit.* Frankfurt a.M.: Suhrkamp.

Honig, Michael-Sebastian (1996): "Normative Implikationen der Kindheitsforschung". *Zeitschrift für Sozialisationsforschung und Erziehungssoziologie,* Vol. 16: 9-25.

Kalthoff, Herbert und Kelle, Helga (2000): "Pragmatik schulischer Ordnung. Zur Bedeutung von 'Regeln' im Schulalltag". *Zeitschrift für Pädagogik,* Vol. 46: 691-710.

Kelle, Helga (2001): The discourse of "development". How 9 to 12-year-old school children construct 'childish' and 'further developed' identities within their peer culture. *Childhood,* Vol. 8: 95-114.

Kelle, Helga und Breidenstein, Georg (1999): "Alltagspraktiken von Kindern in ethnomethodologischer Sicht". Honig, Michael, Lange, Andreas, Leu, Hans (eds.): *Aus der Perspektive von Kindern? Zur Methodologie der Kindheitsforschung.* Weinheim und München: Juventa: 97-111.

Kelle, Helga und Breidenstein, Georg (1996): "Kinder als Akteure. Ethnographische Ansätze in der Kindheitsforschung". *Zeitschrift für Sozialisationsforschung und Erziehungssoziologie,* Vol. 16: 47-67.

Keppler, Angela (1994): *Tischgespräche. Über Formen kommunikativer Vergemeinschaftung am Beispiel der Konversation in Familien.* Frankfurt a.M: Suhrkamp.

Kinder und Erwachsene. Die Differenzierung von Generationen als kulturelle Praxis 107

Klika, Dorle (2002): "Das Verhältnis der Generationen. Zur Aktualität eines pädagogischen Grundproblems". *Die Deutsche Schule*, Vol. 94: 381-391.

Kohli, Martin und Szydlik, Marc (eds.) (2000): *Generationen in Familie und Gesellschaft*. Opladen: Leske + Budrich.

Kohli, Martin (1991): "Das Feld der Generationenbeziehungen". *Zeitschrift für Sozialisationsforschung und Erziehungssoziologie*, Vol. 11: 290-294.

Leisering, Lutz (2000): "Wohlfahrtsstaatliche Generationen". Kohli, Martin und Szydlik, Marc (eds.) (2000): *Generationen in Familie und Gesellschaft*. Opladen: Leske + Budrich: 59-76.

Liebau, Eckart und Wulf, Christoph (1996): *Generation: Versuche über eine pädagogisch-anthropologische Grundbedingung*. Weinheim: Deutscher Studien Verlag.

Lüscher, Kurt (2000): "Die Ambivalenz von Generationenbeziehungen – eine allgemeine heuristische Hypothese". Kohli, Martin und Szydlik, Marc (eds.): *Generationen in Familie und Gesellschaft*. Opladen: Leske + Budrich: 138-161.

Lüscher, Kurt und Schultheiß, Franz (1995): *Generationenbeziehungen in "postmodernen" Gesellschaften: Analysen zum Verhältnis von Individuum, Familie, Staat und Gesellschaft*. 2. Aufl. Konstanz: Universitäts-Verlag Konstanz.

Mannheim, Karl (1965 [1928]): "Das Problem der Generationen". Friedeburg, Ludwig von (ed.): *Jugend in der modernen Gesellschaft*. Köln, Berlin: Kiepenheuer & Witsch: 23-48.

Mansel, Jürgen, Rosenthal, Gabriele und Tölke, Angelika (eds.) (1997): *Generationen-Beziehungen, Austausch und Tradierung*. Opladen: Leske + Budrich.

Mayall, Berry (2003): *Kindheiten verstehen. Kommentare aus London*. Hengst, Heinz und Kelle, Helga (eds.) (2003): *Kinder – Körper – Identitäten. Theoretische und empirische Annäherungen an kulturelle Praxis und sozialen Wandel*. Weinheim: Juventa: 319-332.

McLaren, Peter (1993): *Schooling as a Ritual Performance. Towards a Political Economy of Educational Symbols and Gestures*. London and New York: Routledge.

Mollenhauer, Klaus (1979): "Kinder und ihre Erwachsenen. Anmerkungen zur Tradition des pädagogischen 'Kolonialismus' ". *Die Deutsche Schule*, Vol. 71: 338-344.

Müller, Burkhard K. (1996): "Was will denn die jüngere Generation mit der älteren? Versuch über die Umkehrbarkeit eines Satzes von Schleiermacher". Liebau, Eckart und Wulf, Christoph (eds.): *Generation: Versuche über eine pädagogisch-anthropologische Grundbedingung*. Weinheim: Deutscher Studien Verlag: 304-331.

Müller, Hans-Rüdiger (1999): "Das Generationenverhältnis. Überlegungen zu einem Grundbegriff der Erziehungswissenschaft". *Zeitschrift für Pädagogik*, Vol. 45: 787-805.

Preuss-Lausitz, Ulf (ed.) (1983): *Kriegskinder, Konsumkinder, Krisenkinder: zur Sozialisationsgeschichte seit dem 2. Weltkrieg*. Weinheim: Beltz.

Prout, Alan (ed.) (2000): *The Body, Childhood, and Society*. Houndsmill: Macmillan Press.

Qvortrup, Jens (1994): "Childhood matters: an introduction". Qvortrup, Jens, Bardy, Marjatta, Sgritta, Giovanni, Wintersberger, Helmut (eds.): *Childhood Matters*. Avebury: Aldershot: 1-24.

Rendtorff, Barbara (2000): "Konfliktlinien zwischen Generationen- und Geschlechterdifferenz". Winterhager-Schmid, Luise (ed.) (2000): *Erfahrung mit Generationendifferenz*. Weinheim: Deutscher Studien Verlag: 181-193.

Rosenthal, Gabriele (2000): *Historische und familiale Generationenabfolge*. Kohli, Martin und Szydlik, Marc (eds.) (2000): *Generationen in Familie und Gesellschaft*. Opladen: Leske + Budrich: 162-178.

Rosenthal, Gabriele (1997): "Zur interaktionellen Konstitution von Generationen. Generationenabfolge in Familien von 1890-1970 in Deutschland". Mansel, Jürgen, Rosenthal, Gabriele und

108   Helga Kelle

Tölke, Angelika (eds.) (1997): *Generationen-Beziehungen, Austausch und Tradierung.* Opladen: Leske + Budrich: 57-72.

Schleiermacher, Friedrich Daniel Ernst (1957): "Pädagogische Schriften". Theodor Schulze und Weniger, Erich (eds.): *Die Vorlesungen aus dem Jahre 1826.* Bd 1. Düsseldorf und München: Küpper.

Solberg, Anne (1996): "The challenge in child research: from 'being' to 'doing'". Brannen, Julia and O'Brian, Margaret (eds.): *Children in Families: Research and Policy.* London: Falmer Press: 53-65.

Sünkel, Wolfgang (1996): "Der pädagogische Generationenbegriff. Schleiermacher und die Folgen". Liebau, Eckart und Wulf, Christoph (1996): *Generation: Versuche über eine pädagogisch-anthropologische Grundbedingung.* Weinheim: Deutscher Studien Verlag: 195-204.

Thorne, Barrie (1993): *Gender Play. Girls and Boys in School.* New Brunswick, N.J.: Rutgers University Press

West, Candace und Fenstermaker, Sarah (1995): "Doing difference". *Gender and Society,* Vol. 9: 8-37.

Wimmer, Michael (1998): "Fremdheit zwischen den Generationen. Generative Differenz, Generationendifferenz, Kulturdifferenz". Ecarius, Jutta (ed.) (1998): *Was will die jüngere mit der älteren Generation? Generationenbeziehungen in der Erziehungswissenschaft.* Opladen: Leske u. Budrich: 81-113.

Winterhager-Schmid, Luise (ed.) (2000): *Erfahrung mit Generationendifferenz.* Weinheim: Deutscher Studien Verlag.

Winterhager-Schmid, Luise (2000): "'Groß' und 'Klein' – Zur Bedeutung der Erfahrung mit Generationendifferenz im Prozess des Heranwachsens". Winterhager-Schmid, Luise. (ed.): *Erfahrung mit Generationendifferenz.* Weinheim: Deutscher Studien Verlag: 15-37.

Wulf, Christoph, Althans, Birgit, Audehm, Kathrin, Bausch, Constanze, Göhlich, Michael, Sting, Stephan, Tervooren, Anja, Wagner-Willi, Monika und Zirfas, Jörg (eds.) (2001): *Das Soziale als Ritual: Zur performativen Bildung von Gemeinschaften.* Opladen: Leske + Budrich.

Zeiher, Helga (2000): "Der Blick auf Kindheitsgenerationen: 1980 und zwanzig Jahre danach." Thomas, Helga und Weber, Norbert H. (eds.): *Kinder und Schule auf dem Weg. Bildungsreformpolitik für das 21. Jahrhundert.* Weinheim und Basel: Beltz: 56-66.

Zinnecker, Jürgen (2000): "Kindheit und Jugend als pädagogische Moratorien. Zur Zivilisationsgeschichte der jüngeren Generation im 20. Jahrhundert". 42. Beiheft der *Zeitschrift für Pädagogik*: 36-68.

Zinnecker, Jürgen (2002): "Das Deutungsmuster Jugendgeneration. Fragen an Karl Mannheim". Merkens, Hans und Zinnecker, Jürgen (eds.): *Jahrbuch Jugendforschung.* Opladen: Leske + Budrich: 61-98.

Zweiter Teil
Gesellschaftliche Positionierung der Kinder

Zweiter Teil
Gesellschaftliche Bestimmungen des Alters

Doris Bühler-Niederberger

Generationale Ordnung und "moralische Unternehmen"

Einleitung: Alterskategorien und die komplementäre Logik der Kategorisierung

Eisenstadt (1965) hat die Vorstellung in die soziologische Theorie eingeführt, dass Alterskategorien keine natürlichen Größen seien, sondern ein Produkt sozialer Prozesse: eine gesellschaftliche Leistung der Alters*kategorisierung*. Auf der Grundlage ihres biologischen Alters werden den Individuen bestimmte Rechte und Pflichten zugeteilt. Bedürfnisse und Fähigkeiten, die diese Verteilung begründen und rechtfertigen, werden ihnen zugeschrieben. Das impliziert eine unterschiedliche Bewertung der Angehörigen (so geschaffener) verschiedener Gruppen, und dies ist nach Eisenstadt relevant für den Sozialisationsprozess. Dass der Erwachsene "... als erfahrener, weiser und besser beschrieben (wird), als ein Sinnbild moralischer Tugenden, die das Kind erst noch lernen muss" (1965: 53), verleiht ihm Autorität und begünstigt, dass das Kind von ihm lernt. Damit ist auch bereits angesprochen, dass die Alterskategorisierung die darin enthaltenen einzelnen Kategorien in einem komplementären generationalen Arrangement verknüpft. Dies trifft in besonderem Maße zu, wenn auf die kategoriale Unterteilung "Kind versus Erwachsener" Bezug genommen wird. Es impliziert, dass die Fassung der Kategorie "Kind" prinzipiell alle Gesellschaftsmitglieder defininiert.

"The baby cried. The mommy picked it up." Die beiden Sätze bringen die komplementäre Logik, die der Alterskategorisierung eigen ist – und die sie zum generationalen Arrangement macht – trefflich zum Ausdruck. Das ist auch die einfachste Variante einer Geschichte, die mit einer Spannung beginnt und glücklich endet. Ein zwei Jahre und neun Monate altes Mädchen erzählt sie und Sacks

(1972), der Begründer der soziologischen Konversationsanalyse, zeigt in der mikroskopischen Analyse dieser Sätze die Selbstverständlichkeit, die die Kategorien für sich in Anspruch nehmen können. Diese Selbstverständlichkeit haben sie nicht nur für die sehr junge Erzählerin, die auf die wesentlichen Merkmale der Alterskategorisierung ohne jede Erklärung Bezug nehmen kann, sie haben sie auch für die Zuhörer, die die Geschichte nur darum ohne weiteres verstehen, z.B. dass das schreiende Baby nach einer helfenden Reaktion der Erwachsenen verlangt, dass es die Mutter des Babys ist, die sie leistet und nicht irgend eine Mutter (obschon das nicht gesagt wird), dass der zweite Satz logisch und zeitlich auf den ersten folgt und nicht etwa umgekehrt (obschon auch dies nicht gesagt wird und grammatikalisch keineswegs eindeutig ist). Die beständige und selbstverständliche Bezugnahme bestätigt das generationale Arrangement stets aufs Neue in seiner Geltung.

Der vorliegende Beitrag geht den sozialen Prozessen nach, in denen die Alterskategorien ausgearbeitet werden. Anhand von zwei eigenen empirischen Projekten werde ich zunächst zeigen, wie politische Parteien und Berufsgruppen die Kinder definieren. Man stellt fest, dass sie in ihren Argumentationen die Bedürftigkeit und Gefährdung der Kinder herausstreichen. In der komplementären Logik des generationalen Arrangements lassen sich daraus Anforderungen an die Erwachsenen ableiten. Es lässt sich dann weiter konstatieren, dass die Interessengruppen sich genau dieser Logik mit Profit bedienen. Unter Rückgriff auf einen Begriff, den Becker (1973) in der Soziologie abweichenden Verhaltens geprägt hat, können sie als "moralische Unternehmer" bezeichnet werden. Sie treiben ihr Anliegen, die Anerkennung, die sie für besondere kindliche Bedürftigkeit verlangen, als gewinnbringendes Geschäft voran, vor allem über geschickte Propaganda, und sie nehmen dazu auch Bezug auf moralische Argumente.

Man würde aber zu kurz greifen, würde die Alterskategorisierung lediglich als Produkt solcher Instrumentalisierung gesehen. Vielmehr gelingen solche Unternehmen deshalb so erstaunlich gut, weil sie Bezug nehmen auf eine Sozialisationsordnung, eine absolut fraglos gewordene und in zentralen gesellschaftlichen Institutionen realisierte Vorstellung, dass der Nachwuchs einer systematischen sozialen Zurichtung durch die Erwachsenen bedürfe und dass dies eine unverzichtbare Grundlage der gesellschaftlichen Ordnung sei. Der Erfolg von Unternehmen, deren Kalküle doch evident sein müssten, macht auf diese Fraglosigkeit aufmerksam und stößt den Betrachter damit geradezu auf die Frage, wie eine solche erreicht wurde. Die Geschichten der profitablen Unternehmen führen also im nächsten Schritt an die Historie der Sozialisationsordnung, auf die sie sich auflagern und deren Fortschreibung sie zusammengesetzt bedeuten.

Geschichten moralischer Unternehmen

Parteipolitische Instrumentalisierung: arme Kinder und gute Erwachsene

In einer Analyse von öffentlichen Diskussionen und politischen Verhandlungen, wie sie zwischen 1994 und 2000 in Deutschland stattfanden,[1] hat die Autorin festgestellt, dass sich die Vertreter der großen Parteien zumindest rhetorisch gerne der Kinder annehmen. Zwei Linien der Argumentation lassen sich unterscheiden: Zum einen wurde ein späterer Nutzen der Kinder als Beitragszahler für die Sozialversicherungen und ganz allgemein als Humankapital veranschlagt. Zum zweiten und dies überwiegend wurde mit bedürftigen Kindern argumentiert, mit Kindern, die als gefährdete auch gefährlich werden können.

1994/95 war der Familienlastenausgleich ein wichtiges Thema öffentlicher Debatten. Mehrere Entscheidungen des Bundesverfassungsgerichtes waren vorausgegangen und verlangten, dass die Leistungen der Kindererziehung vermehrt entschädigt würden. Die Auseinandersetzung über Art und Ausmaß der Besserstellung der Familien wurde Thema des Wahlkampfes auf Bundesebene, der 1994 stattfand. In dieser Auseinandersetzung argumentierten die Vertreter der Regierungsparteien mit dem Nutzen der Kinder. Die Argumentation erwies sich aber von Anfang an als problematisch. So bestand innerhalb der Regierungsparteien in dieser Hinsicht kein Konsens. Während prominente Vertreter der regierenden CDU/CSU argumentierten, es müssten mehr Mittel zur Verfügung gestellt werden, um dem Geburtenrückgang zu begegnen, wandten andere ein, dass auch Einwanderung den Geburtenrückgang kompensieren könne, dass ohnehin Arbeitsplätze entscheidend seien und nicht die Bevölkerungszahl und dass eine eben durchgeführte Rentenreform Anlass zur Entwarnung gebe. Auf massive Kritik stieß die damalige Familienministerin Rönsch, als sie im Februar 1994 einen "Zukunftsbeitrag für die Gesellschaft" vorschlug, einen Steuerzuschlag für Kinderlose, aus dem Familien künftig für ihre Leistung zur Zukunftssicherung besser gestellt werden sollten. Die Kritiker aus den Reihen der eigenen Partei beurteilten den Vorschlag als schlichtweg unsinnig. Die Medien erklärten, dass die Herkunft des Vorschlags "rechtsaußen" liege und bezeichneten

---

[1] Das Projekt wurde von der DFG gefördert.

die Ministerin als "medienwirksam abgestraft".[2] In Leserbriefen wurde der Vorschlag als "geistlos" bezeichnet, und es wurde ihm Affinität zur Politik des Dritten Reiches unterstellt. Den Eltern, die die Politikerin in Leserbriefen unterstützten, wurde von anderen Leserbriefschreibern eine berechnende Haltung vorgeworfen und "Kinderfeindlichkeit" schlechthin.[3]

Man stößt an dieser Stelle auf eine Bewertungsregel, die für Kinder spätestens seit Beginn des 20. Jahrhunderts gilt und aus der sich ein besonderes Problem für eine Argumentation mit dem Nutzen der Kinder ergibt Die Regel besagt, dass Kinder nur nutzlos die ganz besondere Wertschätzung erhalten, die ihnen zusteht, nur nutzlos also zum Teuersten werden können. Sie beinhaltet ein Verdikt gegen jegliches Profitkalkül, das gegenüber dem Kind, gemacht werden könnte. Bürgerliche Sozialreformer setzten diese Regel in einer Kampagne und mit Gesetzen durch, die sich damals vor allem gegen die armen Eltern wandten (Zelizer 1985; Bühler-Niederberger 1996). Es fiel in der Debatte zum Familienlastenausgleich ganz offensichtlich leicht, auf diese Norm zurückzugreifen, um missliebige Forderungen abzuwehren. Wenn aus Kindern kein Nutzen geschlagen werden darf, dann darf der Staat nicht auf ein späteres Rendement der Kinder setzen – das besagten die Anspielungen auf das Dritte Reich. Ebenso dürfen auch die Eltern einen solchen Nutzen nicht in Anspruch nehmen und sich für ihre Kinder also nicht über Gebühren entschädigen lassen. Diese Regel sprach wenig später auch der Bundessozialminister an in einem Streitgespräch mit einem Rentenexperten, welcher eine Berücksichtigung der Kinderzahl bei der Berechnung der Rentenleistungen für die Eltern forderte. Er hielt seinem Kontrahenten entgegen, er gehe an das Problem heran wie "ein Buchhalter" und fuhr fort: "Eine Gesellschaft, in der jedes Kind beim Staat abgerechnet wird, ist nicht die Gesellschaft, die ich will. Kinder sind nicht nur Last, sondern auch Glück."[4]

Die Parteien der Opposition argumentierten mit wachsender Kinderarmut, für die sie drastische Folgen in Aussicht stellten: wachsende Aggressivität, Kriminalität und politischen Extremismus. In dieser Rhetorik der Gefährdung wurden sie in den Medien durch Kriminologen und Psychologen unterstützt. Zahlen obdachloser Kinder und Zahlen von Kindern, die in Haushalten lebten, die Sozialhilfe bezogen, wurden zitiert. Die Größen, die in dieser Weise in Umlauf gesetzt wurden beziehungsweise im Zuge dieses Umlaufs zustande kamen, basierten zum Teil wohl auf seriösen Ermittlungen, die allerdings nur selten einmal

---

[2]   Z.B. Spiegel 28.2.94 "Frommer Wunsch"; Die Zeit 4.3.94 "Die Last mit dem Nachwuchs"; Stern 10.3.94 "Wenn Kinder zum Luxus werden".

[3]   Z.B. Süddeutsche Zeitung 5./6.3.84 "Ständig neue Konzepte zum Schröpfen der Bürger"; "Bezahlen für das Kinderglück der anderen"; Spiegel 14.3.94 "Brandsatz gelegt"; Die Zeit 25.3.94 "Kostenfaktor Kind".

[4]   Die Zeit 30.9.94 "Ohne Kinder keine Rente".

Generationale Ordnung und "moralische Unternehmen" 115

genannt wurden, zum Teil auf Missverständnissen, vor allem falschen Bezugsgrößen der Prozentuierung, aber auch auf unklaren Definitionen der gemessenen Größe. So lagen die Zahlen, die genannt wurden, zum Teil zehnmal höher als sie wissenschaftliche Untersuchungen zur selben Zeit auswiesen. Über 30 % der Kinder und in den neuen Bundesländern sogar 44% der Kinder lebten von Sozialhilfe und über eine halbe Million auf der Straße, lauteten Behauptungen, denen weder im Parlament noch in den Medien konkret widersprochen wurde.[5] Vielmehr erreichten die Zahlen in einem öffentlichen Zitationszirkel, in dem die Politiker die Medien zitierten und die Medien die Politiker, Bedeutung und Unumstößlichkeit. Während man also über den Nutzen der Kinder streiten konnte, waren das Ausmaß und die Dramatik der Bedürftigkeit von der kritischen Debatte ausgeschlossen.

Ihre strategische Überlegenheit gewinnt die Argumentation mit dem armen Kind aus der komplementären Logik der Alterskategorisierung. Während der Erwachsene, der mit dem Nutzen der Kinder argumentiert, leicht in den Verdacht geraten kann, den eigentlichen Wert der Kinder zu missachten, ist die Gegenüberstellung im Falle des armen Kindes von doppeltem strategischem Wert. Sie erlaubt die Anklage des politischen Gegners, der den Anforderungen der Kinder nicht gerecht wird, und ebenso erlaubt sie die Positionierung der eigenen Gruppe oder Person als guten Erwachsenen, die sich für die Erfüllung eben dieser Anforderungen einsetzen. Das bedürftige Kind dient als Prüfstein moralischer Qualitäten.

Die Parteien der Opposition, vor allem die Sozialdemokraten, ließen sich keine Gelegenheit entgehen, die Regierungsparteien mit dieser Formel des bedürftigen Kindes anzuklagen. Ihr Kanzlerkandidat, Rudolf Scharping, apostrophierte in einem Interview mit dem Magazin "Spiegel" den nach Ansicht der Opposition mangelhaften Familienlastenausgleich als ein Beispiel der "kalten Politik" und "bitteren sozialen Ungerechtigkeiten" der damaligen Bundesregierung.[6] In nicht weniger als zwölf Bundestagssitzungen griffen die Sozialdemokraten zwischen Dezember 1993 und September 1994 die Regierung an – auf der Basis dieses generationalen Entwurfs. Hinter den Angriffen und Forderungen formte sich eine breite Koalition der Unterstützung: Die Medien schlossen sich der Argumentation an, sprachen von den Durchschnittsfamilien mit zwei Kindern, die nun bereits von Armut betroffen seien,[7] berichteten in Text und

---

[5] Der "10. Kinder- und Jugendbericht", 1998, nennt für das Jahr 1992 resp. 1994 auf der Basis einschlägiger Studien folgende Zahlen: Westdeutschland: 8,7%, Ostdeutschland: 3,6% der Kinder unter 18 Jahren, die in einem Haushalt leben, der Sozialhilfe erhält.

[6] Der Spiegel 10.1.94 "Wenn ich Kanzler bin".

[7] Z.B. Focus 3.1.94 "Familienpolitik: Eltern zahlen immer drauf"; Die Zeit 7.1.94 "Gefährdete Art – das 'Jahr der Familie' ist angebrochen"; Die Zeit 18.2.94 "Teures Thema"; Die Zeit 4.3.94 "Die

116 Doris Bühler-Niederberger

Bild vom Alltag armer Familien und Leserbriefschreiber fürchteten: hier "bröckelt das Fundament unserer Zukunft", es "tickt eine Zeitbombe", und mahnten: "(...) keine Investition dürfte lohnender sein als jene, Kindern eine würdevolle Kindheit zu ermöglichen."[8] Kirchen und Verbände der Wohlfahrt unterstützten die Forderungen der Opposition nach einem verbesserten Familienlastenausgleich und verliehen ihnen damit besondere moralische Anerkennung.

Der Entwurf eines bedürftigen, gefährdeten Kindes dominierte auch andere politische Debatten. Stets wurde im nächsten Argumentationsschritt ein gefährliches Kind prognostiziert. Als die jahrelangen Auseinandersetzungen um die Gewalt in der Erziehung im Jahre 2000 mit einem Gesetz zur Ächtung der Gewalt in der Erziehung abgeschlossen wurden, gab die Justizministerin der nun regierenden Sozialdemokraten an, sie könne mit "Fakten" argumentieren: "Kinder, die geprügelt wurden, schlagen später zwei- bis dreimal häufiger zu, das zeigen alle Untersuchungen."[9] Dies war schon seit Jahren die Argumentationslinie der SPD gewesen, wenn sie sich um ein solches Gesetz bemühte. In den Auseinandersetzungen rund um das neue Kindschaftsrecht wurde ein Kind entworfen, das seine beiden leiblichen Eltern brauche, um eine Fehlentwicklung zu vermeiden, und es wurde auf einen "unverhältnismäßig hohen Anteil vaterlos aufgewachsener jugendlicher Straftäter" aufmerksam gemacht.[10] Als die entsprechende Gesetzesvorlage im Bundestag verabschiedet wurde, feierten sich die Politiker, die diesmal über alle Parteien hinweg große Einigkeit erzielt hatten, kollektiv als gute Erwachsene. Besonders deutlich ausgedrückt ist dies im Redebeitrag einer Abgeordneten der Sozialdemokraten: "Ich denke, wir haben mit diesem Gesetz keine Menschen verändert. Aber wenn es uns gelingt, in einigen Fällen Tränen zu trocknen, ist es gut."[11]

Man darf zwar nicht unterstellen, dass das bedürftige Kind der politischen Rhetorik von Anfang an bloßes Kalkül wäre, aber der Erfolg, der sich erzielen lässt – und dieser wird von den Politikern sehr wohl registriert – drängt die weitere strategische Nutzung der Alterskategorisierung in der Konstellation von armen Kindern versus guten Erwachsenen geradezu auf. Das zeigte sich in Interviews, die im Rahmen des Projekts mit den Mitgliedern der Kinderkommission des Deutschen Bundestages geführt wurden:

Last mit dem Nachwuchs"; Westdeutsche Zeitung 2.8.94 "Mehr als zwei Kinder gelten als Armutsrisiko"; Spiegel 17.10.94, "Bitterkeit und Wut", dazu acht Leserbriefe am 31.10.94 "Notorisch verdrängt".

[8] Der Spiegel 31.10.94 "Notorisch verdrängt", Zitate aus 3 Leserbriefen.
[9] Frankfurter Rundschau 11.2.2000 "Geprügelte Kinder prügeln selber".
[10] Frankfurter Rundschau 11.6.96 "Männer und Frauen auch in familienrechtlichen Angelegenheiten gleichberechtigt".
[11] Deutscher Bundestag, 13. Wahlperiode, 3.7.97, M. von Renesse (SPD), PP 17349.

Generationale Ordnung und "moralische Unternehmen" 117

"Also Kinderpolitik, ich kenne eigentlich niemanden, der die Beschäftigung mit diesem Thema als ambivalent empfindet, sondern es ist ein Sympathiepolitikthema und insofern kann ich nur jedem raten, der sich überlegt, wo, mit welchen Themen beschäftige ich mich, wenn ich neu in die Politik einsteige, ... dann würde ich jedem raten: 'Fangen Sie damit an!'" [*CSU-Mitglied der Kinderkommission, 13. Wahlperiode*]

"Es ergeben sich eine Menge Möglichkeiten der Profilierung und Außendarstellung, weil das Interesse an Kinderthemen in der Öffentlichkeit groß ist," urteilte ein SPD-Vertreter und fuhr fort, er glaube nicht, dass der Einsatz in der Kommission seiner Karriere schade. Dieser Aussage fügte er hinzu: "Jetzt haben Sie aber eine ganz ehrliche Antwort bekommen." [*SPD-Mitglied der Kinderkommission, 14. Wahlperiode*]

Die SPD-Vertreterin erklärte, die Bereitschaft in der Kinderkommission mitzuwirken, ergebe sich

"(...) sicherlich auch aus redlichen Motiven und dann muss man allerdings auch ... darf man auch nicht verkennen, das habe ich allerdings erst hinterher erfahren, das hat auch eine hohe PR-Wirkung und darauf ist man als Abgeordneter ja immer scharf, und das muss man auch ganz offen sagen." [*SPD-Mitglied der Kinderkommission, 13. Wahlperiode*]

Die Vertreterin der Grünen bezeichnete sich als

"(...) guten Beweis dafür, dass die Mitgliedschaft in der Kinderkommission durchaus förderlich sein kann für die politische Karriere." Sie sei jetzt nämlich für den renommierten Bereich Außenpolitik eingesetzt. [*Bündnis 90/Die Grünen-Mitglied der Kinderkommission, 13. Wahlperiode*]

Bleibt noch anzufügen, dass die Kinderkommission sich in ihren Aktionen vor allem des bedürftigen Kindes annahm, Anliegen des Kinderschutzes, Gewalt gegen Kinder und Kinderpornographie bestimmten den Themenkatalog. Den substantiellen Gewinn in diesen Bereichen beurteilten die Interviewten wesentlich skeptischer als den Gewinn für die eigene Person beziehungsweise Partei.

Professionelle Instrumentalisierung: die Geschichte der Legasthenie und die Logik des Verdachts

Die Legasthenie setzte sich als Muster der Deutung und Erklärung störenden kindlichen Verhaltens ab den fünfziger Jahren des 20. Jahrhunderts durch. Verschiedene Berufsgruppen, allen voran die Schulpsychologen, machten Lehrer, Schulpolitiker und Eltern damit bekannt und erschlossen sich damit auch das große Reservoir, das die Schule an zu behandelnden Fällen bereit hielt. Das professionelle Unternehmen zielte nicht nur auf einige wenige, auffällige Kinder, sondern auf Kinder schlechthin, denn es handelte sich um eine umfassende Pathologisierung. Der interessierende Effekt auf die Alterskategorisierung war also letztlich derselbe wie in den analysierten politischen Debatten: Die Kinderkategorie wurde auf die Eigenschaft der Bedürftigkeit hin zugespitzt und entsprechend asymmetrisch gegenüber der Kategorie der Erwachsenen gefasst.

Die Vorstellung einer krankhaften Unfähigkeit zu Lesen und zu Schreiben, für die dann der Ausdruck "Legasthenie" geprägt wurde, tauchte schon am Ende des 19. Jahrhunderts in medizinischen Schriften auf. Sie bezog sich auf spektakuläre Fälle, gebildete erwachsene Patienten, die diese Fähigkeit plötzlich verloren, in Folge einer Hirnverletzung oder einer anderweitig bedingten Gehirnanomalie, wie vermutet wurde, und sie bezog sich auf Fälle, bei denen eine "angeborene Wortblindheit" wiederum als behauptete Folge anomaler Gehirnfunktionen diagnostiziert wurde. Erst rund fünfzig Jahre später wurde diese Vorstellung aufgegriffen und in eine professionelle Praxis der Diagnose und Therapie von Schulkindern überführt, welche vor allem in der Rechtschreibung den schulischen Anforderungen nicht genügten. Diese Behandlung von Schulkindern, für die nun eigene Techniken entwickelt wurden, erstreckte sich direkt auf die Lese- und Schreibfertigkeiten, die vermehrt trainiert wurden, oder aber auf eine Vielzahl von neuropsychologischen Defiziten, von denen die Legasthenieforschung vor allem der fünfziger und sechziger Jahre fand, dass sie ursächlich für mangelnde Lese- und Schreibfähigkeiten seien. Die Liste dieser Defizite umfasste unter anderem folgende: Defekt der Richtungsfunktion, Störung der visuellen Wahrnehmung, Störung der akustischen Wahrnehmung, Gedächtnisschwäche, Probleme der visuo-motorischen Integration und Linksdominanz oder sogenannte gekreuzte Lateralität. Eine Kausalkette der Erklärung, die von den Experten angeboten wurde, rückte diese neuropsychologischen Defizite zwischen die Gehirnanomalie, als behaupteter organischer Ursache, und die Lese-Rechtschreibschwäche der Kinder als Folgeerscheinung (zur Wissenschaftsgeschichte der Legasthenie vgl. Bühler-Niederberger 1991; 2001).

Verglichen mit den spektakulären Fällen, die ursprünglich der Legasthenie-kategorie zugrunde gelegt wurden und für die die Mediziner noch Schätzungen von 0,02%, 0,05% und 0,7% betroffener Personen nannten, kam es zu einer Inflation der Diagnose, als sie erst auf die Kinder angewendet wurde. Die Schätzungen von Legasthenikern, die der Behandlung bedürften, lagen nämlich in den sechziger und siebziger Jahren bei 8% aber auch bei 15% (Malmquist und Valtin 1974) oder sogar 22% aller Schulkinder (Schenk-Danzinger 1968). Im Verhältnis zu dem, was " Legasthenie" ursprünglich meinte, ist dies eine Multiplikation der Prävalenzrate mit einem Faktor bis zu 1100! Dennoch wurde weiterhin eine Erklärung der Legasthenie in Anspruch genommen, die durch ihren Verweis auf das Gehirn besondere Dramatik der Störung und unbedingte Notwendigkeit ihrer Behandlung geltend machte. Dies geschah, obschon der neurophysiologisch/neuropsychologische Erklärungsansatz durch die Forschung der siebziger Jahre mehrfach falsifiziert wurde und schwerwiegende methodische Mängel der entsprechenden Studien konstatiert wurden (Vellutino 1979; Valtin 1970; 1975). Die Legasthenie – so machten die Experten weiter geltend – musste nicht nur behandelt werden, weil sie für das einzelne Kind fatale Auswirkungen haben könnte, sondern ebenso im Interesse der gesellschaftlichen Ordnung: Eine erheblich erhöhte Kriminalitätsneigung von Legasthenikern wurde behauptet (Esser 1991; Warnke 1996), wobei gleich angefügt werden muss, dass es sich um sehr spezielle, mehrfach belastete Gruppen handelt, die dabei untersucht wurden.

In einer empirischen Studie hat die Autorin rekonstruiert, wie sich die Legasthenie im Kanton Zürich als diagnostische Kategorie etablierte (Bühler-Niederberger 1991). Dies geschah auf der Basis von qualitativen Interviews mit Lehrern, Schulpsychologen, Therapeutinnen, Schulpolitikern und von statistischen Daten u.a. zu den Behandlungsraten. Demnach können drei Phasen eines solchen professionellen Unternehmens unterschieden werden. In einer ersten Phase wurde die Diagnose fallweise in Anspruch genommen und zwar bei solchen Schülern, bei denen die Beteiligten nicht weiter wussten. Bei den ersten diagnostizierten Legasthenikern handelte es sich in der Erinnerung der Beteiligten um Kinder, die in den Leistungen krass versagten, bei denen aber eine Sonderklassen- oder Sonderschuleinweisung nicht in Frage kam, entweder weil diese Einrichtungen zu weit entfernt waren oder weil die Eltern sich dagegen sträubten. Mehrfach wurde berichtet, dass es sich dabei um Lehrerkinder handelte. Die Diagnose und Behandlung einer Legasthenie bot einen Ausweg aus dem Problem.

Der Übergang zu einer zweiten Phase wurde durch Aufklärungskampagnen bewirkt, die die Schulpsychologen durchführten. Es handelte sich um Vorträge in den Gemeinden, auf Lehrerversammlungen, Artikel in der Presse usw., in denen über Legasthenie informiert wurde. Es ging darum, Aufmerksamkeit für deren bloße Anzeichen zu fordern, auch und sogar besonders in Fällen, die noch keine großen Schwierigkeiten boten. Kritische Aufmerksamkeit hatte also auch Schülern zu gelten, die nicht versagten, bei denen aber eine Legasthenie dennoch aufgrund gewisser Anzeichen, z.B. bestimmter Fehler, vermutet werden konnte und bei denen sich eine Störung noch auswachsen könnte. Sie hatte auch Vorschülern zu gelten, die noch gar nicht lesen und schreiben lernten und also hierin gar nicht versagen konnten, die aber z.B. Aussprachemängel aufwiesen, die zwar per se auch nicht als gravierend gelten konnten, die aber als erstes Anzeichen einer Störung zu Bedenken Anlass geben mussten. Eine neue Interpretation kindlicher Normalität setzte sich durch: die "*Logik des Verdachts*". Es wurde jetzt nicht mehr nur für unübersehbare Probleme nach einer Bezeichnung gesucht, die neuerdings "Legasthenie" heißen konnte. Vielmehr gab die Legasthenie ihrerseits ein Problem auf: Sie verlangte den konstanten Verdacht gegenüber jedem Kind: stete und feine Beobachtung, um den Verdacht zu prüfen, zu

120

Doris Bühler-Niederberger

erhärten oder von ihm zu entlasten. Die folgenden Zitate aus Lehrerinterviews zeigen, wie sehr sich die Lehrer diese Logik zu eigen machten:

"Es braucht schon ein feines Gespür ..."; "Man achtet ganz anders als noch früher, wo man dem nur Beachtung gab, wenn es ganz schlimm war"; "Ich achte gut auf solche Sachen, aber manchmal merke ich es leider zu spät"; "Der Lehrer muss aufmerksam sein ..."; "Es ist manchmal schwer festzustellen ..."; "Ich mache auch regelmäßig diesen Test, man kann sonst manchmal Sachen übersehen." "Ich achte gut auf Buchstabenverdrehungen und so, auch schon früh, denn ab der 4. oder 5. Klasse kann man schlechte Rechtschreiber und eigentliche Legastheniker nicht mehr gut unterscheiden." "Ich bin vielleicht besonders hellhörig. Ich schaue darauf, wie orientieren sich die Kinder im Raum, gibt es da Störungen ... dann die Wahrnehmung des Kindes, ist es rasch beim Lesen ... dann die links-rechts-Orientierung ... Ich führe ein Merkheft, das ich in der 1. Klasse für jeden Schüler anfange. Darin ist alles erwähnt, wenn es spiegelverkehrt schreibt oder eine Rechnung nicht weiß. Ich gebe das Heft jede Woche mit einem Vermerk für die Eltern dem Kind nach Hause. Wenn Besserung eintritt, dann streiche ich das ab, aber manchmal nur vorübergehend. Wenn solche Sachen häufiger sind, dann melde ich noch in der Hälfte des ersten Schuljahres beim Schulpsychologen an."

Eine dritte Phase schließlich wurde nur in einem Teil der untersuchten Gemeinden erreicht und zeichnete sich dadurch aus, dass die Psychologen und Therapeutinnen die Lehrer von ihrer Verpflichtung zur Beobachtung, die sie zuvor noch mit stets wachsender Sensitivität wahrzunehmen hatten, wieder entlasteten und die Prüfung des Verdachts professionell systematisierten, durch Reihenuntersuchungen und klassenweise durchgeführte Testverfahren.

In jeder dieser Phasen stieg die Anzahl der Kinder, die mit einer Diagnose belegt und entsprechend behandelt wurden.

Der Legastheniediagnose und -therapie kam auch eine Schlüsselstellung für die Einführung weiterer diagnostischer Kategorien und entsprechender Behandlungen im Umkreis der Schule zu. Die Legasthenie wurde nämlich (und wird dies noch) argumentativ mit verschiedenen anderen Störungskategorien verbunden, denen dann der Erfolg der Legastheniekategorie mit zur Durchsetzung verhalf. Es sind dies z.B. die Dyskalkulie, die Teilleistungsschwächen, die Hyperkinese, die Aufmerksamkeitsdefizitstörungen usw., die – reichlich uneindeutig – zum Teil als Störungen mit vergleichbaren Ursachen, zum Teil ihrerseits als ursächlich für die Legasthenie oder auch als damit einhergehend konzipiert werden. Nach demselben Muster des professionellen Unternehmens wurde Aufmerksamkeit und institutionelle Anerkennung (Finanzierung der Therapien, vertragliche Absicherung der Therapeutinnen usw.) auch für diese weitere Störungsbilder beschafft. Es stellte sich eine Art Automatismus in der Anerkennung weiterer diagnostischer Kategorien ein, der sich in den Interviews wie folgt äußerte:

Lehrer: "Dyskalkulie wird ja jetzt auch behandelt (...) und so warte ich schon auf die nächste 'Kalkulie'. Zum Beispiel die 'Geographiekalkulie' könnte ja jetzt noch kommen."

Ausbilderin, ehemals Lehrerin: "Wenn wir etwas Neues herausfinden, wie eine 'Realikanie', dann stürzt man sich sofort darauf und wird etwas machen. Die 'Informatikie', das wird es auch noch

Generationale Ordnung und "moralische Unternehmen"
121

geben, das Kind, das einfach genuin unfähig ist, einen Computer zu begreifen. Das finde ich nicht gut, was da läuft."

Schulpräsident: "Wir lassen unsere Therapeutin regelmäßig weiterbilden (...) da wird ja immer noch etwas Neues angeboten. Es kommt ja immer noch so ein Guru."

Die Aussagen zeigen, dass die Beteiligten dieser Entwicklung mit einiger Skepsis begegneten, dass sie ihr aber nichts entgegen zu setzen hatten. Der veranschlagten Bedürftigkeit der Kinder, gilt es ganz offensichtlich Rechnung zu tragen.

Errechnet man die Rate der Kinder, die sich an einem Stichtag in einer von der Schule finanzierten therapeutischen Behandlung einer solchen Störung befanden, so waren dies im Jahre 1984 im Kanton Zürich 12% aller Grundschulkinder, 1987 waren es bereits 15%. Da die Schulgemeinden solche Behandlungen in der Regel nicht länger als zwei Jahre finanzierten, dürfte – vorsichtig geschätzt – die Rate von Kindern, die im Laufe der Grundschulzeit mit einer dieser Diagnosen belegt werden, zwei- bis dreimal höher liegen. Die Verzehnfachung des Konsums der Psychopharmaka Ritalin und Medikinet zwischen 1994 und 2000 weist daraufhin, dass die Pathologisierung auch in den jüngsten Jahren weiter voranschreitet. Es handelt sich um Medikamente, mit denen v.a. eine diagnostizierte Hyperkinese der Kinder behandelt wird. Die drastische Steigerung ihres Verbrauchs wurde von der Drogenbeauftragten der deutschen Bundesregierung beklagt.[12] Die prompte scharfe Reaktion einer Interessengruppe von Eltern hyperaktiver Kinder, die hinter dieser Klage Sparabsichten vermuteten, lässt – wie schon die Schlüsselstellung der Lehrerkinder bei der Einführung der Legasthenie – erkennen, dass sich professionelle Unternehmen auch mit Elternkalkülen kreuzen.

Geschichte der generationalen Ordnung

Der separierende Blick der Wissenschaften

Die beiden dargestellten Unternehmen haben gezeigt, dass die Bedürftigkeit der Kinder, die in solchen Unternehmen behauptet werden kann, prinzipiell unermesslich ist und also legitimerweise gefordert werden kann, dass ihr zu begegnen sei – und eben das können sich die erwachsenen Akteure zunutze machen.

Ein solcher Entwurf der Kinder ist nicht neu, er wird in solchen Unternehmen nur zugespitzt, jeweils fokussiert auf die Probleme, die geltend gemacht

---

[12] Frankfurter Rundschau 16.8.01 "Vor Ritalin-Missbrauch gewarnt".

werden. Von ihren Anfängen an haben sich die Kindheitswissenschaften bereits darum bemüht, die gänzliche Andersartigkeit der Kinder darzustellen. Dass Kinder grundsätzlich anders seien, begründete den Anspruch der Expertise zunächst für die Kindermedizin, später für die Pädagogen und dann die Psychologen. Bezogen auf die Vorstellung der Entwicklung, der diese Wissenschaften sich verpflichteten, bedeutete das Ausmaß der Andersartigkeit nichts anderes als die Distanz, die das Kind in seiner Entwicklung zurückzulegen hatte. Bildlich greifbar wurde die Behauptung der Distanz im biogenetischen Gesetz, das im letzten Jahrhundert für die menschliche Entwicklung aufgestellt wurde. Das Gesetz besagte, dass das einzelne Individuum im Laufe seiner Entwicklung die Geschichte der Evolution rekapituliere. Von den intrauterinen Stadien der Amöbe, des Fisches und der Amphibien über das Stadium des Säugetiers, dem der Säugling zugerechnet wurde, und das Stadium des kleinen Wilden in der Kindheit erreiche das Individuum allmählich die Stufen der menschlichen Zivilisation. Das psychogenetische Gesetz wurde von Charles Darwin (1877) in der Beobachtung seiner eigenen Kinder formuliert. Die grundlegende Annahme einer individuellen Entwicklung vom Tier zum Menschen durch die Erziehung war allerdings bereits seit der Aufklärung in den Gedanken der Wissenschaftler enthalten (Wiesbauer 1982; Cleverley und Philipps 1986). Die evolutionistische Vorstellung erwies sich als überaus langlebig, man findet sie in Erziehungsratgebern noch bis in die zweite Hälfte des 20. Jahrhunderts, z.B. bei Benjamin Spock, und noch in allerneuester Zeit wird sie zur Illustration der Entwicklung herangezogen und gibt einen Vorrat an Formulierungen ab.[13] Die fundamentale Andersartigkeit der Kinder wird in der Entwicklungspsychologie auch an anderer Stelle herausgestrichen, etwa wenn Piaget den Kindern bis zum mittleren Kindheitsalter die vielleicht menschlichste Eigenschaft überhaupt abspricht, die Empathie. Die neuere Entwicklungspsychologie setzt die kognitiven und sozialen Fähigkeiten der Kinder zum Teil erheblich höher an (Papousek 1969; Trevarthen et al.1981; Bower 1982; Smith und Cowie 1988; Uzgiris 1988), dennoch hinterlässt die in die Wissenschaft eingeführte Vorstellung der kindlichen Asozialität ihre Spuren (Bühler-Niederberger 1998).

Dem Aufzeigen der Distanz, welche das Kind in seiner Entwicklung zurücklegen muss, schloss sich das wissenschaftliche Aufdecken all der Gefahren und möglichen Fehlentwicklungen an, die auf diesem langen Weg lauerten. Bereits zu Beginn des 20. Jahrhunderts hatte der amerikanische Entwicklungspsychologe Gesell exakte und differenzierte Fahrpläne der Entwicklung aufgestellt. Aus statistischen Ergebnissen zu durchschnittlichen Entwicklungstempi, die die Kin-

---

[13] Vgl. etwa die einleitenden Formulierungen in einem Textbuch wie Handel (1988).

der auf verschiedenen Dimensionen kognitiver und motorischer Fähigkeiten aufwiesen, leitete er normative Standards der Entwicklung ab. Diese Normen verknüpfte er in seiner Argumentation überdies mit der gesellschaftlichen Ordnung: eine dem Mittelwert entsprechende Entwicklung wurde also umstandslos zur gesunden Entwicklung deklariert und zur besten Voraussetzung für einen guten Sozialcharakter (Gesell 1925). Die zur selben Zeit gegründeten Kinderrettungs- und mentalen Hygienebewegungen stützten sich auf diese wissenschaftlichen Vorgaben (Horn 1989; Richardson 1989). Man kann von einem separierenden Blick der Wissenschaft auf die Kinder sprechen. Ein solcher insistiert auf der Andersartigkeit der Kinder und rückt sie gedanklich in die Ferne; innerhalb der Gruppe der Kinder trennt er die devianten von den normalen (Bühler-Niederberger 1998).

Alterskategorisierung und gesellschaftliche Ordnung. Stationen auf dem Weg zu einer disziplinierten Gesellschaft

Aber auch die Wissenschaften haben die Alterskategorisierung mit der deutlichen Trennung der Kategorien und ihrer Asymmetrie nicht erfunden. Vielmehr konnten die Wissenschaften, die sich den Kindern besonders zuwandten, erst aufkommen und gesellschaftliche Relevanz beanspruchen, als die Vorstellung der Andersartigkeit – die sie dann allerdings radikalisiert haben – die realen Kindheiten schon bestimmte und in zentrale gesellschaftliche Institutionen eingebettet war.

Schon Jahrhunderte zuvor hatten Anstrengungen eingesetzt, Kinder und Erwachsene im gesellschaftlichen Leben voneinander zu unterscheiden und zu trennen (Ariès 1988). Seit dem Beginn der Neuzeit hatten Männer von einigem öffentlichem Ansehen und Einfluss versucht, das Verständnis, das ihre Zeitgenossen von Kindheit hatten, und die Bedingungen, unter denen Kinder aufwuchsen, zu verändern. Bei allen Unterschieden, die ihre Vorstellungen aufwiesen, kann man doch ganz generell sagen, dass sie sich dabei stets bemühten, eine stärker geordnete Kindheit zu erreichen. Sie wandten sich gegen das bloße Daherwachsenlassen der Kinder, ohne dass man sich ihrer gezielt angenommen hätte, gegen "Libertinage" und "Vagabundieren". Diese Bemühungen geschahen im Versuch, die gesellschaftliche Ordnung zu verstärken, eine insgesamt effizientere und ordentlichere Gesellschaft zu erreichen. Das soll hier mit dem Begriff der generationalen Ordnung angesprochen werden. Er steht sowohl für die stets komplementäre Alterskategorisierung, wie auch für die Tatsache, dass

124 Doris Bühler-Niederberger

diese ihrerseits als zentrales Element gesellschaftlicher Ordnungsbemühungen überhaupt geschaffen wurde.

Die drei Episoden[14], die in der Folge skizziert werden, erhellen die Geschichte der generationalen Ordnung exemplarisch. Beachtung verdienen sie nicht so sehr, weil hier gedanklich entscheidende Vorarbeit geleistet worden wäre, sondern wegen ihres pragmatischen Beitrags zur Ausgestaltung wichtiger Institutionen des generationalen Arrangements: der Elternschaft und der Schule.

Erste Episode – Die Kinder den Autoritäten unterstellen

Mit diesem Anspruch traten zu Beginn der Neuzeit Luther und seine Mitstreiter an. Die Reformation hatte nicht nur religiöse, sondern auch zivile Ziele. Eine neue Ordnung sollte geschaffen werden, in der die Herrscher das Szepter fest in den Händen hielten und in der die Unterstellten im richtigen Verhältnis zur Obrigkeit standen. Jede Art von Obrigkeit sollte man im Herzen fürchten, nicht nur Gott, auch Eltern, Lehrer, Magistraten, müsse man verehren, ihnen ergeben sein, habe ihnen doch Gott ihr Amt und ihre Würde verliehen.[15] Mit bloß äußerlichem Wohlverhalten wollte man sich nicht länger begnügen.

Die neue Ordnung setzte ein klares Verhältnis der Altersgruppen voraus: Soweit es Schlechtes in der Gesellschaft gebe, sei es am besten durch die Erziehung der Kinder zu bekämpfen (Strauss 1978: 12). Diese Botschaft adressierten die Reformatoren unablässig an die Eltern, die sie rigoros in die öffentliche Pflicht nehmen wollten. Sie ermahnten die Eltern – in Schriften und von der Kanzel – streng zu ihren Kindern zu sein und sparten nicht mit deutlichen Worten, wenn es galt, die Plage darzustellen, die ungezogene Kinder bedeuteten (Mallet 1987). Ein klares häusliches Unterstellungsverhältnis wurde gefordert. Dem Hausvater oblag die Verantwortung für die religiöse Instruktion und die Erziehung der Haushaltsmitglieder. Ein Bischof in seinen vier Wänden solle er sein, sagte Luther.[16] Demgegenüber stand die Analogie von Kind und Untertan. Das Wort Kinder, das die Reformatoren für den Nachwuchs meist gebrauchten (während sie die im Mittelalter gebräuchlichen Ausdrücke "Jüngling", "adolescens", "juvenis" vermieden), bezeichnete jene, die der Führung bedurften. Erläuternd zum vierten Gebot fügte Konrad Dietrich an, als Kinder seien alle zu ver-

---

[14] Als Episoden sollen hier Ausschnitte aus der Geschichte bezeichnet werden, die zum Zwecke der Analyse mit einer gewissen Willkür als abgrenzbare behandelt werden. Verglichen mit den "Geschichten" der moralischen Unternehmen sind sie zeitlich, im Hinblick auf ihre Protagonisten und ihren Inhalt weit weniger geschlossen.

[15] Caspar Huberinus (1544): Der kleine Catechismus. Augsburg: ci v–cii v. (zitiert nach Strauss 1978: 149).

[16] D. Martin Luthers Werke: Kritische Gesamtausgabe 30, 58.

Generationale Ordnung und "moralische Unternehmen" 125

stehen, die Gott unter die Autorität anderer gestellt habe; nebst natürlichen und angenommenen Kindern seien das Schüler, Lehrlinge, politisch Unterstellte und Bedienstete (Strauss 1978: 241).

Die Eltern sollten ihre Kinder auch zur Schule schicken und diese mussten die Kinder zu dem erziehen, was die Reformatoren als "allgemeines Wohl" bezeichneten. Deshalb zogen die Reformatoren Lateinschulen vor, denn sie misstrauten den Eltern, dass diese ihre Kinder lediglich auf die deutschen Schulen schicken wollten, um ihnen berufliches Rüstzeug vermitteln zu lassen (Strauss 1978: 10-24, 176f.). Rigoros wurden die Schulzeiten auf Markttage und den Sommer ausgedehnt, Zeiten also, in denen die Eltern ihre Kinder für die eigenen Geschäfte brauchen konnten. Das zeigt den umfassenden Anspruch auf die Kinder, der im Interesse der neuen Ordnung erhoben wurde. Alle eigennützigen Ansprüche der Eltern mussten zurück gestellt werden. Pflichtvergessene Eltern wurden bestraft. Luther drohte ihnen an, sie nicht mehr zur heiligen Kommunion zuzulassen. Für Kinder, die der Schule fernblieben, wurden Bußen angeordnet. Was aber die Belohnung für ihre Mühe betraf, wurden die Eltern aufs Jenseits verwiesen, "(d)as Auferziehen der Kinder zu Gottes Dienst ..." war " ... die richtigste Straße gen Himmel".[17] Vielleicht hat diese Aussicht den Eltern nicht genügt – jedenfalls konnten sie die Ansprüche, die die Reformatoren an sie richteten, nicht befriedigen. Im Laufe der Zeit setzten Luther und seine Mitstreiter deshalb immer stärker auf Schulen und Obrigkeit. Gemeinsam mit den Herrschern erließen sie Schulordnungen, wortreiche Dokumente, die für jede Stunde des Tages vorsahen, was zu tun sei (Maynes 1985; Strauss 1978: 176f.).

Zweite Episode – Nützliche Individuen abrichten

Über die Gründung von Schulen versuchten in der zweiten Hälfte des siebzehnten Jahrhunderts Männer wie Nicolas Barré, Jean-Baptiste de la Salle und Charles Demia die Kinder in ein strafferes Verhältnis der Unterstellung einzubinden. Auch ihre Interessen zielten weiter als nur auf die Kinder. Laster und Müßiggang, mit denen die armen Leute die ganze Gesellschaft verdürben, weil sie schlecht erzogen seien, sollten beseitigt werden – im Interesse einer verfleissigten Gesellschaft. Das legte Demia in einem Schreiben an die Handelsvorstände, Schöffen und ersten Bürger Lyons dar:

"Die armen Leute, wenn sie eben schlecht erzogen sind, verfallen für gewöhnlich in Müßiggang (...), sie werden die verdorbensten, misslichsten Glieder des Staates, und sie würden als solche den ganzen Körper verderben, würden nicht die Peitschen der Scharfrichter, die Galeeren der Prinzen,

---

[17]   Luther, op. cit. 30, 57 und 10: 642f.

126   Doris Bühler-Niederberger

die Galgen der Justiz diese giftigen Schlangen, die (...) die Welt verunreinigen, von der Erde entfernen."[18]

Die Schulen der "Christlichen Schulbrüder" fanden rasch Verbreitung. Sie erfassten in den französischen Städten etwa ein Viertel bis die Hälfte aller Schuljungen, waren aber auch in Deutschland, Italien, Belgien verbreitet. Ihre Schüler waren Kinder armer oder jedenfalls kleiner Leute (Maynes 1985). Diese Schulen sollten die Kinder den ganzen Tag beschäftigen, vormittags und nachmittags. Und selbst das reichte nicht aus, die Disziplin durfte sich nicht auf die Schule beschränken: In den Straßen rund um die Schule wurden die Schüler beim Verlassen der Schule überwacht. Einige Schüler wurden beauftragt, sich gut zu merken, was in den Straßen vor sich gehe, in denen sich viele Schüler aufhielten (Julia 1998: 15f.).

Vor allem aber mussten auch die Eltern herangezogen werden und an der Disziplinierung ihrer Kinder mitwirken. Sie mussten die Schule unterstützen, mussten ihre Kinder zum regelmäßigen Besuch der Schule anhalten. Sie durften sich keinerlei Klagen der Kinder über die Lehrer anhören, stattdessen sollten sie mindestens alle drei Monate mit dem Lehrer über das Verhalten der Kinder konferieren – in Abwesenheit der Kinder (Julia 1998: 16f.). Eine Allianz von Schule und Eltern sollte geschlossen werden, zur lückenlosen Besetzung des Kindes. Dazu durften die Eltern den Kindern nicht länger soviel Freiheit gewähren, wie es die kleinen Leute offensichtlich taten. De La Salle klagte:

"Es ist eine Praxis, die nur zu verbreitet ist, dass die Handwerker und armen Leute ihre Kinder in Freiheit aufwachsen lassen, sie streunen überall umher, solange die Eltern sie zu keinem Beruf brauchen können, da die Eltern auch keine Sorge tragen, sie zur Schule zu schicken (...) Die Folgen sind äußerst ärgerlich; denn diese armen Kinder (...) haben viel Mühe, sich an die Arbeit zu gewöhnen."[19]

Blieben die Kinder der Schule unentschuldigt fern, so fand man Druckmittel: De La Salle forderte die Lehrer auf, die Priester der Kirchgemeinde und die wohltätigen Damen zu veranlassen, die Almosen, die sie den Armen gewährten, vom regelmäßigen Schulbesuch der Kinder abhängig zu machen. Trotzdem blieb der regelmäßige Schulbesuch der Kinder ein konstantes Problem. De La Salle kam zur Ansicht:

"Die Kinder der Armen machen in der Regel nur das, was sie wollen, und die Eltern kümmern sich nicht darum und sind sogar närrisch verliebt in ihre Kinder."[20]

---

[18]   C. Demia (1666): Remontrances à MM. les prévôts des marchands, eschevins et principaux habitants de la ville de Lyon touchant l'établissement des écoles chrétiennes, pour l'instruction des enfants du pauvre peuple. Lyon. (zitiert nach Julia 1998: 15. Übersetzung D.B.-N.).

[19]   J.-B. de La Salle (1730): Méditations pour le temps de la retraite à l'usage de toutes les personnes qui s'employent à l'éducation de la jeunesse; et pariculièrement pour la retraite que font les Frères des Écoles chrétiennes pendant les vancances. J.-B. de La Salle: Oeuvres complètes. Rouen: 464–5. (zitiert nach Julia 1998: 91. Übersetzung D.B.-N.).

[20]   J.-B. de La Salle (1720): Conduite des ècoles chrétiennes divisée en deux parties. Avignon: 681 (zitiert nach. Julia 1998: 92. Übersetzung D.B.-N.).

Elternliebe sollte aber vernünftig werden, zielgerichtet, diszipliniert, denn so würde sie die Bemühungen der Schule aufs trefflichste ergänzen. Weder zu große Zärtlichkeit sollten die Eltern zeigen, noch zu große Grobheit, und natürlich sollten sie ihren Kindern stets ein gutes Vorbild sein (Julia 1998: 22). Wir können diese rationalisierte "Liebe" der Eltern "produktiv" nennen. Denn würde das pädagogische Unternehmen gelingen, so würden sich die Fabriken und Manufakturen mit guten Lehrlingen füllen, mit solchen, die die Verpflichtung spüren würden, treu und fleißig zu arbeiten, und die man in den allermeisten Handwerken und Berufen brauchen könnte (Julia 1998: 16).

Zur technischen Perfektion entwickelte sich das Unternehmen der Christlichen Schulbrüder mit seinen Erfindungen zur Zerlegung von Raum und Zeit als Grundlage der Disziplinierung. Foucault (1977) greift in seiner historischen Theorie der Disziplinargesellschaft wiederholt auf de La Salle und seine disziplinarischen Errungenschaften zurück. Was andere Männer des 17. und 18. Jahrhunderts in Fabriken, Gefängnissen und in der Armee an solchen Erfindungen realisierten, hat de La Salle für die Schulen geleistet. Er veranstaltete raumzeitliche Anordnungen, die ein Höchstmaß an Überwachung und Disziplinierung ermöglichten. In solchermaßen geordneten Räumen sollten nicht nur grobe Verstöße entdeckt und geahndet werden, jede feine Abweichung von der Norm sollte erfasst werden und dies mit unpersönlichen, unauffälligen Techniken (Foucault 1977: 173-220.). Man muss sich nur einmal die Karikaturen vor Augen halten, die sich bis ins letzte Jahrhundert finden, und die die Rückständigkeit ländlicher Schulen anprangern: Ein chaotischer Haufen, der sich in einem Raum lümmelt, in dem sich womöglich nicht einmal Bänke befinden, öffnet schlechthin allem Tür und Tor, außer geregeltem Lernen und der Disziplin – das ist es, was sie zeigen (Schiffler/Winkeler 1985). Es lässt sich dann ermessen, welch großen Schritt auf dem Weg zu einer disziplinierten Gesellschaft die Erfindung und Realisierung systematischer Raumordnungen bedeutete. Eine besondere raum–zeitliche Ordnung blieb den Schulen als Prinzip bis heute erhalten. Sie ist in Schulen in einem Maße selbstverständlich, dass jedes Gesellschaftsmitglied gerade an dieser besonderen Ordnung – nämlich an einem abgegrenzten Schulareal, das man nicht beliebig verlassen oder betreten darf, an geordneten Tischen und Bänken, am knappen Kommando "Setzen" und am Glockenzeichen – Schulen erkennen wird.

128
Doris Bühler-Niederberger

Dritte Episode – Eine auf Liebe gegründete Autorität erzieht zur Selbstdisziplin

Es brauchte weitere hundert Jahre, bis eine ebensolche technische Raffinesse auf das gleichzeitig privateste und doch für die öffentliche Ordnung effizienteste Mittel zielte, die Liebe, vor allem die Liebe der Mutter. "Eine auf Liebe gegründete Autorität vermag alles bei den Kindern";[21] ganz besonders vermag sie nützliche Glieder der Gesellschaft hervorzubringen. Nicht mehr häusliche "Bischöfe" und nicht militärischer Drill standen im Vordergrund der nun geführten Kampagne, sondern liebende Eltern. Die richtige Liebe musste es sein – sorgfältig eingesetzt, fachkundig angeleitet. Eine Flut beratender Literatur zielte genau darauf.

Die "moralischen Wochenschriften" des 18. Jahrhunderts verbreiteten Ideen über das Lernen: kein Drill, nicht bloßes Auswendiglernen unverstandener Texte, keine Überforderung. Das individuelle Temperament des Kindes müsse berücksichtigt werden, sein Interesse geweckt werden; das Üben sei wichtig – und vor allem das Vorbild. Eine solche Erziehung dürfe man nicht den Bediensteten überlassen, die ein schlechtes Vorbild abgäben, die Mutter selber habe sich der Kinder von Anfang an anzunehmen und – sei das Kind erst etwas älter – auch der Vater. So stand es im "Patriot", im "Biedermann", in "Die Vernünftigen Tadlerinnen", um nur einige dieser Periodika zu nennen, die zumeist in den reformierten Städten Deutschlands gedruckt wurden, und die sich an ein interessiertes Bürgertum wandten. Gelehrte Männer, denen es um die Stärkung der gesellschaftlichen Moral ging, schrieben für die moralischen Wochenschriften. Sie hatten die Ideen zum Lernen und zur Erziehung bei John Locke entlehnt, wie denn auch die deutschen moralischen Wochenschriften nach englischen Vorbildern entstanden waren (Brown 1952; Stecher 1914: 2). Jetzt erreichten diese Ideen den einzelnen Haushalt, und das ist es, was in unserem kurzen Gang durch die Geschichte des Generationenarrangements interessiert, in dem es nicht um die Geschichte der Ideen geht, sondern um faktische Veränderungen, die erreicht wurden.

Gegen Ende des 18. Jahrhunderts unterstützten Erziehungsratgeber, die in großer Zahl auf den Markt gebracht wurden, das Bemühen der "Moralischen Wochenschriften". Von Ärzten geschrieben, wandten sich die Ratgeber an die Mütter. Sie definierten, wie verantwortliche Mutterschaft zu sein habe und stellten negative Folgen für den Fall der Missachtung ihrer Ratschläge in Aussicht (Schütze 1991). Das Gefüge der bürgerlichen Familie, als der Produktionsstätte des neuen, brauchbaren und glücklichen Menschen, sollte auf Liebe beruhen

---

[21] Anonymer Aufsatz: "Der Hofmeister". In: Hannoversche Gelehrte. Anzeigen vom Jahr 1754. 21-24. Stück (zitiert nach Schlumbohm 1983: 306).

Generationale Ordnung und "moralische Unternehmen" 129

(Rosenbaum 1982). In diesem intimen Machtdispositiv erhielt die Frau eine besondere Position und sollte gerade dadurch das Kind zu Verinnerlichung der Autorität führen: Durch ihre innige Beziehung zum Kind und durch ihr eigenes Beispiel lehrte sie das Kind, sich der Strenge des Vaters in Liebe zu beugen (Schlumbohm 1983: 307). Die Liebe zum Kind war den Müttern zwar von Natur aus gegeben, räsonierten die Experten – und verglichen die Frauen mit Tiermüttern und den Wilden (Badinter 1984: 148-152.) –, jedoch nicht die Fähigkeit, sie vernünftig einzusetzen, wie es die Erziehung der Kinder verlangte. Also hatte der Experte die Mutter anzuleiten. "Der Arzt schreibt vor, die Mutter führt aus", charakterisiert Donzelot das neue Bündnis (1979: 25f.).

Eine Gesellschaft der Brauchbaren sollte erzielt werden und eine Gesellschaft, in der der Einzelne ohne unmittelbare Aufsicht leben konnte. Die Familie des Prudentius war ein Lehrbeispiel, das eine moralische Wochenzeitung schilderte, um ihre Leser zur richtigen Erziehung anzuhalten. Am Beispiel der Entwicklung, die Prudentius' Kinder nahmen, wurde der schöne Erfolg der richtigen Erziehung in Aussicht gestellt:

"Die Tugend ist itzo schon so tief in ihren Gemüthern gegründet, daß auch der gewaltigste Sturm sie kaum umstürzen dörfte. Zweene davon sind bereits auf der hohen Schule und bearbeiten sich allda mit unermüdeter Kraft, der seufzenden Kirche, dem hoffenden Vaterlande, und den wünschenden Eltern die Frucht ihres angewandten Fleißes und einer gereiften Klugheit beglückt darzulegen".[22]

Einen "unsichtbaren Wegweiser" sollten sich die Menschen in dieser Erziehung erwerben. Den besaß der Schreiber einer Autobiographie "in dem Andenken an die liebe Mutter und den ernsten Vater".[23] Eine zwar noch begrenzte, aber doch schon angestrebte gesellschaftliche Unabhängigkeit des Einzelnen sollte also durch die besondere Abhängigkeit der Kinder erreicht werden, wie sie nur die Liebe herzustellen vermag.

Die Experten traten in ein anderes Verhältnis zu den Eltern als die Moralisten früherer Zeiten. Man konnte auf gleichläufige Interessen setzen, ohne dass man den Eltern die Hölle oder die Verweigerung der heiligen Kommunion androhen musste. Das Bürgertum, das zunächst zu einem großen Teil aus Studierten bestand (Schlumbohm 1983: 302), aus Verwaltungsbeamten, Richtern, Lehrern höherer Schulen, Professoren, reformierten Geistlichen, hatte seine Position unter anderem auch durch seine Bildung erworben und legte entsprechenden Wert auf Erziehung und Bildung. Die intellektuelle Entwicklung der Kinder wurde früh gefördert. Besuchten die Kinder dann die Schule, wurden Fortschritte und Probleme von den Eltern intensiv mitverfolgt (Schlumbohm 1983: 309f.).

---

[22]   "Der Einsiedler", 1. Jg. 5. Stück, Königsberg, 3. Februar 1749, S. 33-40 (zitiert nach Schlumbohm 1983: 312 f.).

[23]   Wilhelm Harnisch (1865): Mein Lebensmorgen. Berlin: 48 (zitiert nach Schlumbohm 1983: 309).

130 Doris Bühler-Niederberger

Das ist noch heute das Verhältnis von Eltern und Schule, wie es die Schule einfordern möchte: die Liebe der Eltern, die die Kinder auch in der Schule observiert, reguliert, motiviert. Dass es daneben auch weiterhin sozialdisziplinierende Anstrengungen zur Errichtung einer "Ordnung der Familie" gegenüber armen Eltern und ihren Kindern gab, zeigen z.b. Donzelot (1979) und Mahood (1995).

Generationale Ordnung als generationales Ordnen
Abschließende Bemerkungen

Im Zuge der institutionellen Geschichte des generationalen Arrangements wurden die Altersgruppen ebenso klar geschieden, wie sie umgekehrt strikt aufeinander verwiesen wurden. Die historischen Versuche der Bearbeitung dieses Arrangements wirkten daraufhin, die Angehörigen beider Gruppen straffer einzuspannen, indem der Sozialisationsbedarf höher angesetzt wurde und noch mehr und tiefer greifende Anstrengungen zu seiner Erreichung gefordert wurden. Besonders eindrückliches Ergebnis dieser Relationierung der Altersgruppen ist die gesellschaftliche Durchformung der Liebe zwischen den Generationen. Durch das neue Arrangement sollte eine Perfektionierung der sozialen Ordnung erreicht werden: und zwar zum einen längerfristig, über die erfolgreichere Sozialisation und d.h. die Verinnerlichung sozialer Anforderungen, und zum anderen unmittelbar, durch die disziplinierende Wirkung, die das generationale Zuordnungs- und Unterstellungsverhältnis sowohl auf das Leben der Kinder wie auch der Erwachsenen hat. Die zeitgenössichen Unternehmen, wie sie im ersten Teil vorgestellt wurden, implizieren eine weitere Straffung des Arrangements. Der Sozialisationsbedarf erfordert jetzt noch mehr Anstrengungen, die unternehmerischen Gruppen müssen sich als Helfer zuschalten. Aus den Anforderungen, die das generationale Arrangement an den erwachsenen Part beinhaltet, leiten sie mit politischem oder professionellen Gewinn ein Mandat für die eigene Gruppe ab. Das Ergebnis dieser Anstrengungen, das besonders beeindruckt, ist der permanente und systematische Verdacht des Misslingens der Sozialisation, der gegenüber jedem Kind zu gelten hat.

Das generationale Arrangement ist eingefügt in ein umfassendes Dispositiv sozialer Ordnung. Die historischen Ordnungsbemühungen haben das sichtbar gemacht und die zeitgenössische Bearbeitung, in der zwar vielleicht der instrumentelle Gewinn für einzelne Gruppen vorrangig ist, nimmt dieses Ordnungsinteresse immerhin als Legitimation in Anspruch. Eisenstadt (1965) bezeichnet die strikte Alterskategorisierung als unverzichtbar für die Ordnung der moder-

Generationale Ordnung und "moralische Unternehmen" 131

nen Gesellschaft, die auf Sozialisation beruhe. In seiner struktur-funktionalistischen Perspektive drängt sich diese Einschätzung auf. In der Perspektive, die diesem Beitrag zugrunde liegt, der sich theoretisch einer Weiterführung der Chicago-Schule verschrieben hat, wie wir sie etwa bei Strauss (1993) finden, werden beständige Prozesse des Ordnens als Grundlage gesellschaftlicher Ordnung identifiziert und dabei die Interessen und Interaktionen sozialer Gruppen in den Vordergrund gestellt. Entsprechend erscheint das generationale Arrangement der Sozialisation als politische Lösung. Es muss dann bedacht werden, dass die frühen Versuche seiner Errichtung durchaus von Gruppen und Akteuren mit obrigkeitlichem Interesse ausgingen, die Kinder als Untertanen schlechthin konzipierten. Zur Realität der meisten oder aller Kinder wurde dieses Arrangement zwar erst in der bürgerlichen Zeit, aber auch hier stand es unter durchaus sozial-utilitaristischen Vorzeichen. Brauchbarkeit des Menschen und Respekt vor der gesellschaftlichen Hierarchie waren die erhofften Ergebnisse (Schlumbohm 1983; Martin-Fugier 1992; Budde 1994). Bezogen auf eine bürgerliche Gesellschaft handelt es sich um ein ängstliches, wenn nicht gar paradoxes Dispositiv, das die Abwesenheit persönlicher Herrschaft und von Abhängigkeitsverhältnissen erst nach einer langen Phase zugesteht, die gerade eben durch besondere Abhängigkeit darauf vorbereiten soll. Einem neuen Entwurf der Alterskategorien stehen nun aber auch die moralischen Unternehmen entgegen, die die überaus leichte Instrumentalisierbarkeit der generationalen Asymmetrie entdeckt haben und diese weiter verstärken.

Literatur

Ariès, Philippe (1988): *Geschichte der Kindheit*. München: Deutscher Taschenbuch Verlag.
Badinter, Elisabeth (1984): *Die Mutterliebe. Geschichte eines Gefühls vom 17. Jahrhundert bis heute*. München: Deutscher Taschenbuch Verlag.
Becker, Howard (1973): *Außenseiter. Zur Soziologie abweichenden Verhaltens*. Frankfurt am Main: Fischer.
Bower, Thomas G. R. (1982): *Development in Infancy*. San Francisco: Freeman Company. (2. Aufl.)
Brown, F. Andrew (1952): "On education: John Locke, Christian Wolff, and the moral weeklies". *University of California Publications in Modern Philology*, Vol. 36: 149-171.
Budde, Gunilla (1994): *Auf dem Weg ins Bürgerleben*. Göttingen: Vandenhoeck & Ruprecht.
Bühler-Niederberger, Doris (1991): *Legasthenie – Geschichte und Folgen einer Pathologisierung*. Opladen: Leske + Budrich.
Bühler-Niederberger, Doris (1996): "Teure Kinder – Ökonomie und Emotionen im Wandel der Zeit". Zeiher, Helga, Büchner, Peter und Zinnecker, Jürgen (eds.): *Kinder als Außenseiter? Umbrüche in der gesellschaftlichen Wahrnehmung von Kindern und Kindheit*. München: Juventa: 97-116.

132   Doris Bühler-Niederberger

Bühler-Niederberger, Doris (1998): "The separative view – is there any scientific approach to children". Deepak, Kumar Behera (ed.): *Children and Childhood in our Contemporary Societies*. Delhi: Kamla-Ray Enterprises: 51-66.

Bühler-Niederberger, Doris (2001): "*Makellose Kindheiten und die Konstruktion abweichender Kindergruppen*". Behnken, Imbke und Zinnecker, Jürgen (eds): *Kinder. Die biographische Perspektive. Ein Handbuch.* Hannover: Kallmeyer.

Cleverley, John F. und Phillips, Denis Charles (1986): *Visions of Childhood. Influential Models from Locke to Spock.* New York: Teachers College Press.

Darwin, Charles (1877): "A biographical sketch on an infant". *Mind*, Vol. 2: 285-295 (reprinted in Kessen, William (ed.) (1965): *The Child.* New York: John Wiley: 118-129.

Donzelot, Jacques (1979): *Die Ordnung der Familie.* Frankfurt am Main: Suhrkamp.

Eisenstadt, Samuel N. (1965): "*Altersgruppen und Sozialstruktur*". Friedeburg, Ludwig von (ed.): Jugend in der modernen Gesellschaft. Köln und Berlin: Kiepenheuer & Witsch: 49-82.

Esser, Günther (1991): *Was wird aus Kindern mit Teilleistungsschwächen?* Stuttgart: Enke.

Foucault, Michel (1977): *Überwachen und Strafen. Die Geburt des Gefängnisses.* Frankfurt am Main: Suhrkamp.

Gesell, Arnold (1925): *The Mental Growth of the Pre-school Child: a Psychological Outline of Normal Development from Birth to the Sixth Year, Including a System of Developmental Diagnosis.* New York: Macmillan.

Handel, Gerald (ed.) (1988): *Childhood Socialization.* New York: Aldine de Gruyter.

Horn, Margo (1989): Before it's too Late. The Child Guidance Movement in the United States. Philadelphia: Temple University Press.

Julia, Dominique (1998): "L'enfance entre absolutisme et lumières". Becchi, Egle und Julia, Dominique (eds.): Histoire de l'enfance en occident. Paris: Seuil: 7-111.

Mahood, Linda (1995): Policing Gender, Class and Family, Britain, 1850-1940. London: UCL Press Limited.

Mallet, Carl-Heinz (1987): Untertan Kind: Nachforschungen über Erziehung. Ismaning: Hueber.

Malmquist, Eve und Valtin, Renate (1974): Förderung legasthenischer Kinder in der Schule. Weinheim und Basel: Beltz.

Martin-Fugier, Anne (1992): "Riten der Bürgerlichkeit". Perrot, Michelle (ed.): *Geschichte des privaten Lebens. Band 4. Von der Revolution zum Großen Krieg.* Frankfurt am Main: Fischer: 201-266.

Maynes, Mary Jo (1985): *Schooling in Western Europe.* Albany: State University of New York Press.

Papousek, Hanus (1969): "Individual variability in learned responses in human infants". Robinson, R.J. (ed.): *Brain and Early Behaviour. Development in the Fetus and Infant.* London: Academic Press: 251-266.

Richardson, Theresa (1989): The Century of the Child. The Mental Hygiene Movement and Social Policy in the United States and Canada. New York: State University of New York Press.

Rosenbaum, Heidi (1982): *Formen der Familie. Untersuchungen zum Zusammenhang von Familienverhältnissen, Sozialstruktur und sozialem Wandel in der deutschen Gesellschaft des 19. Jahrhunderts.* Frankfurt am Main: Suhrkamp.

Sacks, Harvey (1972): "On the Analysability of Stories by Children". Gumperz, J. und Hymes, D. (eds.): *Direction in Sociolinguistics: The Ethnography of Communication.* New York: Holt, Rinehart & Winston: 329-345.

Schenk-Danziger, Liselotte (ed.) (1968): *Handbuch der Legasthenie im Kindesalter.* Weinheim: Beltz.

Schiffler, Horst und Winkeler, Rolf (1985): *Tausend Jahre Schule. Eine Kulturgeschichte des Lernens in Bildern*. Stuttgart und Zürich: Belser 1985.

Schlumbohm, Jürgen (1983): *Kinderstuben. Wie Kinder zu Bauern, Bürgern, Aristokraten wurden*. München: Deutscher Taschenbuch Verlag.

Schütze, Yvonne (1991): Die gute Mutter. Zur Geschichte des normativen Musters "Mutterliebe". Bielefeld: Kleine.

Smith, Peter K. und Cowie, Helen (1988): *Understanding Children's Development*. New York: Basil Blackwell.

Stecher, Martin (1914): "Die Erziehungsbestrebungen der deutschen moralischen Wochenschriften. Ein Beitrag zur Geschichte der Pädagogik des 18. Jahrhunderts". *Pädagogisches Magazin*, No. 582. Langensalza: Hermann Beyer & Söhne.

Strauss, Anselm L. (1993): *Continual Permutations of Action*. New York: Aldine de Gruyter.

Strauss, Gerald (1978): *Luther's House of Learning. Indoctrination of the Young in the German Reformation*. Baltimore and London: John Hopkins University Press.

Trevarthen, Colwyn, Murray, Lynne und Hubley, Penelope (1981): "Psychology of infants". Davis, John A. und Dobbing, John (eds.): *Scientific Foundations of Paediatrics*. Baltimore: University Park Press: 211-272.

Uzgiris, Ina C. (1988): "Infants in relation: performers, pupils and partners". Damon, William (ed.): *Child development, today and tomorrow*. San Francisco and London: Jossey-Bass Publishers: 288-311.

Valtin, Renate (1970): *Legasthenie – Theorien und Untersuchungen*. Weinheim: Beltz.

Valtin, Renate (1975): "Ursachen der Legasthenie: Fakten oder Artefakte". *Zeitschrift für Pädagogik*, Vol. 21: 407-418.

Vellutino, Frank R. (1979): *Theory and Research in Dyslexia*. Cambridge: MIT Press.

Warnke, Andreas (1996): "Umschriebene Lese-Rechtschreibschwäche aus kinder- und jugendpsychiatrischer Sicht". Behrndt, Selma-Maria und Steffen, Martina (eds.): *Lese-Rechtschreibschwäche im Schulalltag*. Bern, New York, Paris, Wien: Lang: 21-44.

Wiesbauer, Elisabeth (1982): *Das Kind als Objekt der Wissenschaft*. Wien und München: Löcker.

Zelizer, Viviana (1985): Pricing the Priceless Child. The Changing Social Value of Children. New York: Basic Books.

Berry Mayall

Der moralische Status der Kindheit

Die prekäre gesellschaftliche Position der Kinder

Soziologen haben unterschiedliche Forschungsperspektiven und Ziele. Ich halte es mit jenen, die der Auffassung sind, Soziologie müsse letztlich immer die Struktur der Gesellschaft als ein System von Beziehungen zwischen sozialen Positionen zum Gegenstand haben, und fragen, wie jene Beziehungen konstituiert, reproduziert und transformiert werden (Bhaskar 1998). Wenn wir an einer Soziologie arbeiten, die Kindheit als beteiligt an der Strukturbildung der sozialen Ordnung begreift, müssen wir die Beziehungen zwischen Kindheit und Erwachsenheit studieren. Es geht dann nicht um individuelle Kinder in ihren Beziehungen zu individuellen Erwachsenen, sondern darum, wie es kommt, dass Kindheit auf bestimmte Weise definiert, gelebt und erfahren wird. Wir haben es mit intergenerationalen Beziehungen zwischen dem sozialen Status der Kindheit und dem sozialen Status der Erwachsenheit zu tun.

Dieser Beitrag basiert auf Forschungsarbeiten in Großbritannien. Ich werde soziale Prozesse innerhalb von Kind-Erwachsenen-Beziehungen untersuchen, in denen das moralische Handlungsvermögen der Kinder erkannt und respektiert wird oder aber dies nicht geschieht. Aus neueren Studien, in denen Kindern bewußt zugehört wird, lernen wir Erwachsenen, dass es Kindern außerordentlich wichtig ist, ihr Handeln an moralischen Maßstäben auszurichten. Sie leben in einem sozialen Raum, in dem ihre Verhaltensweisen nicht immer von den Erwachsenen respektiert werden und dennoch erwartet wird, dass sie Verantwortung übernehmen. In ihren alltäglichen Interaktionen sind sie mit moralischen Dilemmata konfrontiert, und sie schlagen sich damit herum. Ihre Erfahrungen und die Erwartungen, die Erwachsene an sie haben, klaffen auseinander.

Kindheit als ein minoritärer Status

Wie Jens Qvortrup (1985) dargelegt hat, ist Kindheit vor allem deshalb aus dem soziologischen Denken der westlichen Länder ausgeschlossen gewesen, weil in der Mainstream-Soziologie akzeptiert worden war, dass Kindheit mit psychologischen Konzepten als eine Sozialisationsphase entworfen und Kinder somit in die Ordnung der Erwachsenengesellschaft eingefügt wurden. Zugleich sind Kinder davon ausgeschlossen worden, (durch bezahlte Arbeit) direkte Beiträge in der gesellschaftlichen Arbeitsteilung zu leisten; auch ihre Scholarisierung – Zuweisung zu Schulen – wurde als Sozialisation verstanden. Mit geballter Macht haben Soziologie und Psychologie sicher gestellt, dass Kinder in der westlichen Welt als Wesen verstanden werden, die erst noch zu Personen gemacht werden – als Werdende und nicht als Seiende –, und die aus der Gesellschaft ausgeschlossen werden müssen, um vor deren Härten geschützt zu werden (Engelbert 1994). Kinder selbst pflegen zu akzeptieren, dass sie von Rechts wegen unter der Herrschaft von Eltern und Lehrern stehen (z.B. Montadon 2001; Mayall 2001).

In mancher Hinsicht ähnelt die soziale Position der Kinder derjenigen der Frauen. Das Leben beider sozialer Gruppen ist durch Herrschaftsbeziehungen bedingt ("relations of ruling", formuliert Smith 1988); sie leben in sozialen Strukturen, die durch die dominante soziale Gruppe, die Männer, definiert sind. Beide Gruppen erfahren, dass ihr Wissen, ihr soziales Verständnis und ihre Wünsche nicht respektiert werden (z.B. Harding 1991). Darüber hinaus sind die Schicksale der Frauen und der Kinder eng verbunden, weil Frauen für die Versorgung der Kinder zuständig sind[1]. Die Feminisierung der Kindheit war ein sozialer Prozess der bürgerlichen Gesellschaft (Jensen 1994); in vielen Haushalten waren in der Regel Frauen und Kinder anwesend, während die Männer woanders arbeiteten und manchmal auch lebten. Beziehungen zwischen Kindern und Erwachsenen waren dann vor allem solche zwischen Kindern und Müttern.

Dennoch gibt es bedeutende Unterschiede zwischen den Minoritätspositionen der Kinder und der Frauen (Oakley 1994). Frauen führen ihre Kämpfe selbst, aber für Kinder kämpfen bis heute Erwachsene. Frauen sind nie Männer gewesen, aber alle Erwachsenen sind mal Kinder gewesen, und das mag (in vielfältiger Weise) ihr Verständnis von Kindheit beeinflussen. Um die soziale Positionierung und die Erfahrungen der Frauen zu konzeptualisieren, ist Gender

---

[1] Hierzu gibt es viel Literatur, aus den 90er Jahren z.B.: Alanen 1992; Alcoff und Potter 1993; Segal 1999.

Der moralische Status der Kindheit 137

das Schlüsselkonzept geworden; in bezug auf Kindheit haben wir beides in den Blick zu nehmen, Gender und Generation (Alanen 1992). Ein entscheidender Unterschied zwischen Frauen und Kindern ist, dass Kinder viel weniger Rechte haben. Wesentlich ist, dass sie kein Wahlrecht haben – in aktuellen Debatten in Großbritannien wird empfohlen die Wahlmündigkeit in früheres Alter zu verschieben, vielleicht bis zum Alter von 16 Jahren (Lindley 1989; Freeman 2000). Obwohl die Rechte der Kinder in der Kinderkonvention der Vereinten Nationen von 1989 festgeschrieben sind, und obwohl fast alle Länder diese unterzeichnet haben, erweist es sich als schwierig, sie weltweit in Politik und Praxis durchzusetzen[2]. Erwachsene, die sich für die Rechte der Kinder einsetzen, pflegen die "drei Ps" hervorzuheben – protection, provision, participation. In Großbritannien weisen Untersuchungen darauf hin, dass Kinderarmut eine entscheidende Barriere darstellt für die Rechte der Kinder auf Versorgung und Schutz (provision und protection) (Oppenheim & Lister 1996). Kinder selbst wünschen ausdrücklich zu partizipieren, soweit sie ihr Leben direkt betroffen sehen (Artikel 12 der Kinderrechtskonvention), zum Beispiel in der Schule, in der Gesundheitsversorgung, in Beratungen über Umweltprobleme[3]. In den Debatten über die Rechte der Kinder ist entscheidend, in welcher Weise Erwachsene die Kinder als moralisch Handelnde verstehen.

Kinder als moralisch Handelnde

Wir (Erwachsene in Großbritannien) haben gelernt, die Vorstellung von Kindern als moralisch Handelnden befremdlich zu finden. Die in der Bereitstellung von Wissen über Kindheit domininante Wissenschaft, die Entwicklungspsychologie, hat Kindheit als eine Sequenz von Stufen entworfen, die an Lebensalter gebunden sind, wobei auf jeder neuen Stufe bestimmte kognitive Eigenschaften hinzukommen. Kinder können nicht von einer Stufe zur nächsten fortschreiten, wenn ihre kognitiven Fähigkeiten nicht genügend entwickelt sind, um mit der größeren Komplexität auf der nächsten Stufe zurecht zu kommen. Die unter Erwachsenen üblichen Denkweisen über Kinder basieren auf der Unterstellung der Psychologie, dass Kindheit ein Aufstieg über verschiedene Stufen sei, und dass die Veränderungen von Stufe zu Stufe Veränderungen "von relativer Unzulänglichkeit zu relativer Eignung" seien (Matthews 1984: 31-32).

---

[2] Siehe Save the Children 1995; Freeman 2000; Aufsätze in Sammelbänden herausgegeben von Wintersberger 1996 und Smith et al. 2000.

[3] Auch hierzu liegen viele Studien vor. Aus Großbritannien: Lansdown 1995; 2001; Franklin 1995; Hodgkin und Newell 1996; Alderson 2000; Freeman 2000. Studien zu Verhältnissen in inner- und außereuropäischen Ländern: Save the Children 1995; Johnson et al 1995.

Im Familienalltag erfahren Eltern jedoch, wie ihre Kinder moralische Handlungsfähigkeit zeigen und lebhaft moralische Fragen diskutieren. Schon in den ersten Lebensmonaten kommunizieren Kinder mit Eltern und älteren Geschwistern: Sie initiieren Interaktionen, imitieren deren Handlungen, und sie tun das im Spiel oder wenn sie sich ärgern (Dunn 1984: Kapitel 2; Dunn 1988; Alderson 2000: Kapitel 2). In Interaktionen und Beziehungen mit anderen Kindern und mit Erwachsenen sind Kinder mit Problemen der Gerechtigkeit und der Gleichheit konfrontiert und sie sollen mit anderen teilen. Sie antworten auf Aktionen und Gefühle anderer und erfahren bei ihren eigenen Aktionen Zustimmung und Ablehnung. "...Moralität ist ein fundamentaler, natürlicher und wichtiger Teil im Leben der Kinder von der ersten Beziehungsaufnahme an." (Damon 1190: 1) Jerome Kagan (1986: xiii) meint, dass Kinder "vorbereitet" seien, moralische Urteile zu fällen (in derselben Weise, wie Kinder "vorbereitet" – oder "programmiert" – seien, zu sprechen. Emotionen seien die Basis für moralische Entwicklung. Er zitiert David Hume:" Gefühle und nicht Argumente liegen im Herzen der Moralität".

Solche Interaktionen in den Familien bilden die Grundlage, auf der soziales Verständnis sich zu entwickeln beginnt, also das Verständnis für Intentionen, Gefühle und Bedürfnisse anderer Menschen. Durch solche Erfahrung lernen Kinder zu argumentieren. Kagan nimmt an, dass Kinder mit etwa zwei Jahren beginnen, moralische Urteile zu fällen. Weil sie in jenem Alter auch zu sprechen lernen, und Sprechen das Vorhandensein kognitiver Fähigkeiten verlange, hält er es für wahrscheinlich, dass auch die Sensivität für Richtig und Falsch erst entstehen könne, wenn Kinder mögliche Zustände anderer erfassen und Reaktionen Erwachsener auf ihr eigenes Verhalten antizipieren können (Kagan 1986: x).

Matthews illustriert an seinen eigenen philosophischen Gesprächen mit acht- bis zehnjährigen Kindern (1980; 1984) die Fähigkeiten der Kinder zu argumentieren und den enormen Enthusiasmus, mit dem sie solche Diskussionen führen. Sein Zugang zu moralischer Entwicklung (1987) hat große Vorzüge gegenüber Piaget's und Kohlberg's Ansätzen kognitiver Entwicklung, die nur das übliche Erwachsenenverständnis untermauern (zur Kritik s. Pritchard 1996: Kapitel 8; Matthews 1994: Kapitel 4 und 5). Denn Matthews sagt, dass Kinder moralisch Handelnde seien (und nicht vor-moralische Personen), die in frühem Alter ein Arbeitswissen moralischer Konzepte entwickelten, – sie täten dies, indem sie Fälle betrachten, denen sie begegnen. Wenn sie älter werden – und mehr Fälle kennen – würden sie diese Konzepte nicht ersetzen, sondern erweitern und verfeinern. Sehr wichtig ist, dass Matthews die Kinder zusammen mit Erwachsenen

Der moralische Status der Kindheit   139

in einer sozialen Welt platziert, in der sie gemeinsam moralischen Problemen begegnen. So verringert er den Abstand zwischen Kindern und Erwachsenen.

Michael Pritchard bezieht sich in seiner Diskussion über "Reasonable Children" (1996) auf Reid, der (im achtzehnten Jahrhundert) die Entwicklung der "geistigen Kräfte" wie die der Körperkräfte als "das Werk der Natur" beschrieb; wobei beide von Ermutigung und Praxis profitierten. Pritchard meint, Erwachsene und Schulen könnten Kinder helfen, ihre geistigen Kräfte auszubilden (s. auch Damon 1990: 35). Er entwickelt eine nützliche Unterscheidung zwischen Rationalität und Argumentationsfähigkeit (reasonableness) sowie Verknüpfungen zwischen beiden. Die Fähigkeit, etwas zu durchdenken und Argumente für seine Überzeugungen und Handlungen anzugeben, sei beiden gemeinsam, aber die Argumentationsfähigkeit habe noch eine besondere Dimension: Sie sei primär eine soziale Fähigkeit:

"Die argumentierende Person respektiert andere und ist bereit, deren Ansichten und Gefühle in Rechnung zu stellen, und sie geht so weit, die eigene Sicht auf bedeutsame Sachverhalte zu ändern. Sie läßt bewußt zu, dass ihre eigene Sicht durch andere verändert wird. In anderen Worten, sie ist bereit, mit sich argumentieren zu lassen". (*Pritchard 1996: 3*)

Diese Fähigkeiten mögen im Laufe der Zeit entwickelt und verbessert werden, doch es ist klar, dass selbst kleine Kinder darüber verfügen. Sie argumentieren moralisch, und sie zeigen Engagement für Familienmitgliedern und Verantwortlichkeit für deren Wohlergehen.[4]

In den meisten Studien über moralisches Wissen und Handlungsvermögen von Kindern wurden Methoden benutzt, in denen Erwachsene bestimmen, was erhoben wird. Erwachsene legen jungen Leuten einen Fragebogen mit moralbezogenen Themen vor (z.B. Schweder 1986) oder lassen sie vorgegebene hypothetische Situationen diskutieren (z.B. Matthews 1984); oder sie haben Interaktionen zwischen Kindern beobachtet. (Edwards 1986; Dunn 1988). In einigen neueren Arbeiten ist versucht worden, den Einfluß der Erwachsenen in der Datensammlung zu verringern und den der Kinder zu vergrößern, indem der Blick darauf gerichtet wurde, wie Kinder Ereignisse in ihrem Leben reflektieren und welche Themen sie in ihren sozialen Beziehungen wichtig finden.

Umgebungen für moralisches Handeln

In diesem Abschnitt geht es darum, was junge Leute über ihre Erfahrungen als moralisch Handelnde in drei Lebensbereichen, der Schule, der Nachbarschaft und dem Zuhause, berichten. Diese Erfahrungen werfen Licht auf soziale Pro-

---

[4]   Die Sorgeaktivitäten von Kindern mögen oft geringen Umfang haben, aber Eltern schätzen sie (Mayall und Foster 1989: Kapitel 2; Mayall 1996: 69-74; Brannen et al. 2000: Kapitel 8).

140

zesse, in denen sich der moralische Status der jungen Leute in diesen Lebensbereichen zeigt, und erkennbar wird, wie sie ihren Status akzeptieren oder sich dagegen wehren.

Ich beziehe mich hier auf neue Studien in Großbritannien, und besonders auf die "Childhood Study", die ich in London von 1997 bis 1999 mit 72 Neunjährigen und mit 67 Zwölfjährigen durchgeführt habe. Ich habe mit ihnen zusammen versucht herauszufinden, wie sie ihr tägliches Leben und insbesondere den sozialen Status der Kindheit erfahren und verstanden haben[5]. Um das Konzept der Kindheit zu problematisieren, nenne ich meine Informanten "junge Leute".

Schule

Wie bereits gesagt, kann Kindheit in den Ländern der minoritären Welt als scholarisiert bezeichnet werden; die "richtige" Aktivität der Kinder findet in der Schule statt und nicht in der Erwerbsarbeitswelt. In England und Wales hat es lange Tradition[6], dass Kinder aus Familien der Elite "Private Schools" besuchen. Die Leistungen und das Verhalten von Kindern in staatlichen Schulen haben dagegen kein hohes Ansehen. Die Bildungspolitik der letzten zwanzig Jahre hat sich darauf konzentriert, das Curriculum zu standardisieren, die Schüler häufig zu testen und diejenigen zu bestrafen, die sich nicht dem lehrerzentrierten Schulbetrieb einfügen. Der niedrige Status von Schülern staatlicher Schulen – ihres Geistes und ihrer Körper – wird an der schlechten sozialen und materiellen Ausstattung der Schulen erkennbar (Mayall et al. 1996).

Junge Leute als Schüler oder als Studenten?

Der moralische Status junger Leute in der Schule hängt sehr davon ab, wie sie als Schüler in der Primary School oder als Studenten in Secondary School positioniert sind[7]. In Primary Schools unterrichten traditionell Frauen, die ihre Arbeit ganzheitlich verstehen. Zu ihrer Arbeit gehört es, Kindern moralische Normen beizubringen, das formale Curriculum zu unterrichten und für die Kin-

---

[5] Die Childhood Study wurde zwei Jahre lang (1997-1999) vom UK Economic and Social Research Council als eines von 22 Projekten des Children 5-16 Research Programme finanziert. Ich habe mehrere Wochen lang mit jungen Leuten (im Alter 9 und 12) an staatlichen Schulen gearbeitet und individuelle Interviews, Diskussionen mit Kinderpaaren und Gruppendiskussionen geführt.

[6] In England und Wales, in Schottland, and in Nordirland sind Bildungspolitik und Bildungspraxis getrennte Ressorts. Ich beschränke mich hier auf erstere.

[7] In England und Wales besteht Schulpflicht vom Alter 5 bis 16. In den meisten Gebieten besuchen Kinder im Alter 5 bis 11 die Grundschule und im Alter 11 bis 18 die Sekundarschule.

Der moralische Status der Kindheit

141

der zu sorgen. Von ihnen wird ein "mütterliches Bewußtsein" erwartet, sie sollen "natürliche" Mütterlichkeit mit pädagogischem Wissen verbinden (Steedman 1988; Burgess and Carter 1992). In Secondary Schools unterrichten dagegen mehr Männer, und das Lehrerbild betont mehr die Wissensvermittlung als die persönlichen Beziehungen zu den Kindern. In der Childhood Study haben die jungen Leute beschrieben, wie sie diese unterschiedlichen sozialen Positionen wahrnehmen. Demnach haben Kinder in der Primary School eine Lehrerin, die sie gut kennen und auf deren Person sie sich beziehen, auf ihre Vorzüge und Mängel, guten und schlechten Stimmungen und persönlichen Umstände; die Lehrerin ihrerseits kennt die Kinder gut, hilft ihnen beim Arbeiten und sorgt für sie. In der Secondary School kennen die jungen Leute viele Lehrer kaum als Person; die Lehrer erwarten, dass sie sich wie Studenten verhalten, dass sie zuhören, Aufgaben ausführen und ihre Arbeit verantwortlich tun. In beiden Schultypen sind die Schüler also dem Lehrer moralisch untergeordnet. Aber in der Primary School erleben sie sich innerhalb einer Kind-Erwachsenen-Beziehung als aktiv, hier geht es mehr individuell und persönlich zu. In den relativ unpersönlichen, mehr formellen Student-Lehrer-Beziehungen der Secondary School fühlen sich die Schüler dagegen passiv und machtlos.

Respektiert werden in der Schule?

Untersuchungen mehrerer Altersgruppen zeigen, dass Schüler die Macht der Lehrer über die Klassengruppe als stark empfinden; Schüler und Studenten sagen, "Lehrer haben über dich zu entscheiden" und "Du mußt eben tun, was sie wollen".[8] In der Childhood Study sagten junge Leute, sie könnten in den zentralen Unterrichtsarbeiten nicht über ihr Handeln entscheiden, selbstbestimmtes Handeln sei nur in Pausen und beim Mittagessen möglich. Auf die Frage, ob sie in der Schule respektiert werden, entwickelte sich folgendes Gespräch unter drei Jungen[9]:

S.: Manchmal schon, aber nicht sehr oft.

B.: Sonst –

S.: – wir werden nur respektiert, wenn sie (die Lehrer) das wollen.

B.: Aber wenn wir sie nicht respektieren, dann respektieren sie uns auch nicht.

S.: Ja, aber das muß mit den Lehrern ebenso geschehen: Sie müssen uns respektieren. Stell' Dir vor, wenn die Lehrer so etwas von uns verlangen, und dann anfangen uns anzuschreien –

---

[8]   Die Zitate entstammen der Childhood Study. Siehe auch z.B.: Cullingford 1990; Triggs und Pollard 1998; Christensen und James 2001.

[9]   In dieser Sekundarschule erhält jeder Schüler eine Broschüre, in der die gegenseitige Achtung zwischen Schüler und Lehrer als Grundlage für gute soziale Beziehungen und für die Arbeit sehr deutlich hervorgehoben wird.

H.: – Ja.

B.: Ja.

S.: Die respektieren uns nicht.

Interviewerin: Nein?

S.: Sie respektieren niemanden.

H.: Sie sagen dir, du sollst eine Menge Dinge tun, aber sie sagen dir nicht genau, was du tun sollst, und dann –

S.: Genau. Sie geben dir Erklärungen in Spanisch oder Französisch oder in –

H.: – und, ich versteh' nicht, und sie sagen einfach "nun mach dich ans Arbeiten!" (Gelächter)

S.: Und du hebst die Hand, und sie sagen "Tu die Hand runter!" Und nach einer Stunde kommen sie und prüfen, was du gemacht hast.(Gelächter)

Diese Oberschüler sind mit dem Konzept wechselseitiger Achtung als Basis für gute Arbeitsbeziehungen vertraut. Ihr Bericht über das Verhalten von Lehrern paßt zu Beobachtungen, die ich in Schulklassen gemacht habe. Lehrer gaben der Klasse neue und manchmal schwierige Aufgaben und konnten dann auf die vielen Fragen nicht schnell genug Hilfe geben. Die Schüler wollten miteinander über die Arbeit und über ihre Bedenken dagegen reden, aber der Lehrer schimpfte über den Lärm, er gab Befehle, tadelte, schritt dagegen ein. Diese Probleme spiegeln die Anforderungen, unter denen Lehrer stehen, wenn ein großes und komplexes Curriculum in großen Klassen auf kleinem Platz gleichsam "von oben nach unten" unterrichtet werden soll.

In einer anderen Gruppendiskussion erklärten junge Leute, was einen guten Lehrer ausmacht:

Interviewerin: Wie kommt es, dass ihr mit manchen Lehrern besser zurecht kommt?

Schüler: Die respektieren uns eben, und ihr Unterricht macht Spaß.

Schüler: Und sie haben keine Lieblinge.

Schüler: Und sie picken nicht Leute raus, um sie zu blamieren.

Interviewerin: Wie machen sie das, die, die es gut machen?

Schüler: Die hören zu, was du sagst.

Schüler: Und sie drängen dich nicht, sie sagen du sollst die Zeit nehmen, die du brauchst.

Schüler: Und sie helfen dir, etwa wenn du stecken bleibst...

Respekt, Fairness, Zuhören und Hilfsbereitschaft wurden als gute Lehrereigenschaften genannt, und ebenso die Bereitschaft, Unterricht lustig zu machen und zeitlich gut einzuteilen.

Schulen als demokratische Einrichtungen?

In England und Wales stehen die Chancen für Demokratie in der Schule schlecht (Alexander 2000: Kapitel 6). Junge Leute werden als moralisch unter den Lehrern stehend positioniert; Lehrer als die Kompetenteren herrschen über

Der moralische Status der Kindheit 143

die wenig kompetenten Schüler. In einer großen Untersuchung in britischen Schulen fand Priscilla Alderson (1999: 2):

"Die Schüler erwarteten im Allgemeinen kaum, in der Schule fair behandelt zu werden. Nur ein Viertel meinte, ihre Lehrer würden ihnen glauben, was sie sagen. Die Hälfte meinte, das sei unterschiedlich. Etwa ein Drittel würde einem Lehrer vertrauen, wenn es darum ging, etwas geheim zu halten, traute Lehrern zu, sorgfältig auf fairen Umgang mit den Schülern zu achten und zuzuhören, bevor sie entscheiden, dass jemand im Unrecht sei."

In der Hälfte der untersuchten Schulen gab es einen Schülerrat. 20 Prozent der Schüler hielten diesen für ineffektiv, 28 Prozent für effektiv. Auch Virginia Morrow (2000) berichtet von negativen Einschätzungen; die Schülervertreter der einzelnen Jahrgänge waren oft von den Lehrern ausgewählt; in den Versammlungen wurden Vorschläge und Fragen nicht aufgegriffen. Der Schülerrat war nur ein leeres Versprechen und hatte keine Macht, Verbesserungen zu bewirken.

Trotzdem gibt es in Großbritannien nach wie vor eine Tradition, sich für die Entwicklung der Schulen nach demokratischen Prinzipien einzusetzen (Meighan und Siraj-Blatchford 1997). Und es gibt viele Beispiele von Schulen, die sich selbst demokratisieren (und vermutlich wissen wir von vielen weiteren nichts). In Hightfield (Hightfield Junior School 1997) hat die Direktorin ihre Schule "umgedreht". Sie erleichterte die Zusammenarbeit von Kindern und Lehrerschaft, damit sie sich über Pläne und Regeln zur Verbesserung des Schulbetriebs einigten. In "Gruppenzeiten" bekam jeder in der Klasse Gelegenheit zum Reden, und ein demokratisch gewählter Schülerrat kümmerte sich um allgemeinere Belange. Ein Vertreter der Schulbehörde lobte begeistert den Respekt für die Kinder in dieser Schule und die Verbesserung der Umgangsformen, die diese Praxis bewirkte. Lehrer erkennen, dass demokratische Formen beitragen, die Selbstachtung der jungen Leute und ihre Beteiligung in Diskussionen in der Klasse zu steigern; Gruppenarbeit, die zur Beteiligung herausfordert, hat sich als eine gute Methode dafür erwiesen (Osler 2000). Zwei Lehrer einer Grundschule, die nach einer Arbeitsphase im Haus mit den Kindern einen Ort draußen gestaltet hatten, berichteten:

"Unsere Absicht war, den kleinen Kindern einige persönliche Verantwortungen und Wahlmöglichkeiten zu geben. Die Kinder lernen, die wenigen Regeln, die wir setzen, zu respektieren, und sehen deren Sinn ein. Wir beobachten, wie sie füreinander sorgen und aufeinander aufpassen, wenn sie draußen sind... Wir glauben, wenn Kinder in einer lebendigen, veränderlichen und abwechslungsreichen Landschaft arbeiten und spielen, dann handeln sie imaginativ, entwickeln hohe Erwartungen und nehmen glückliche Erinnerungen an das Schulleben mit." (*Humphries und Rowe 1994: 116*)

Eine andere neuere Studie weist dagegen auf anti-demokratische Trends in der Erziehung. Kinder, die 1991 eingeschult worden waren, wurden bis zu ihrem letzten Schuljahr untersucht (Triggs und Pollard 1998). Dies war der erste Jahrgang, der der vollen Macht einer neuen staatlichen Bildungspolitik ausgesetzt war – dem national einheitlichen Curriculum, nationalen Tests in den Klassen 7 und 10, Wettbewerb zwischen Schulen. Im Laufe der Jahre nahm der Anteil der Kinder ab, die die Schularbeit gern taten und die es schätzten, Wahlfreiheiten zu haben, also aktive Lerner zu sein. Mit dem Alter wuchs die Überzeugung der Kinder, der Lehrer wüßte, was sie lernen müssen; ihre Zukunft hinge davon ab, diese Dinge zu lernen. Mit explorierender, aktiver, partizipatorischer Arbeit würden sie nur wertvolle Zeit verlieren (112-118). Im gegenwärtigen Klima eines von hoch kontrolliertem, von oben nach unten gerichteten Unterrichts scheinen die Kinder das Vertrauen in selbstbestimmtes Lernen zu verlieren.

Es ist ein Paradox der gegenwärtigen Politik: Die Schulpolitik fördert hierarchischen Unterricht, man ist aber zugleich – in den USA und in Großbritannien – besorgt über junge Leute, die sich sowohl innerhalb der Schulen wie auf den Straßen antisozial verhalten. In vielen Untersuchungen wird deutlich, dass Schulen zutiefst undemokratisch sind, und dass dort moralische Handlungsbereitschaft der Schüler nicht aufgegriffen wird. Wenn es stimmt, dass moralische Handlungsfähigkeit in Interaktionserfahrungen erworben wird und Erwachsene die Aufgabe haben, junge Leute dabei zu unterstützen, dann sollten Lehrer sich darin engagieren, mit jungen Leuten über moralische Themen zu diskutieren. Junge Leute müssen befähigt werden, die Schule als eine Institution zu analysieren und sie demokratischer zu machen (Alderson 1999).

Nachbarschaft und öffentlicher Raum

In den letzten Jahren haben britische Forscher Erfahrungen junger Leute in ihren Wohnumgebungen und im öffentlichen Raum studiert. Die Ergebnisse bestätigen Alltagsbeobachtungen: Schutz und Ausschluß der Kinder verstärken sich wechselseitig und bestimmen deren Erfahrungen. Die jungen Leute sagten, sie würden nicht als berechtigte Nutzer öffentlichen Raums akzeptiert; Erwachsene fänden, sie seien am falschen Platz zur falschen Zeit, und würden ihre Motive beargwöhnen. (O'Brien et al. 2000; Morrow 2000).

Junge Leute (überwiegend zwischen 12 und 16 Jahre alt) wurden in Einkaufspassagen mittelenglischer Städte beobachtet und befragt. Sie kamen ziemlich regelmäßig dorthin. Diese Orte waren warm und hell, und es hatte einem gewissen Reiz für Teenager, dort "herum zu hängen". Besonders die Mädchen fanden, es seien sichere Orte für Gruppen. Aber 70 Prozent der jungen Leute fühlten sich dort unter der Aufsicht Erwachsener, und 44 Prozent waren schon einmal vertrieben worden; mehr Jungen (57 Prozent) als Mädchen (39 Prozent) war das passiert. Obwohl den Erwachsenen ihre Präsenz verdächtig erschien, ließen sich die jungen Leute nicht beirren, im öffentlichen Raum in Gruppen aufzutreten:

"Hier sind junge Leute nicht mehr Kinder, die im sicheren Hafen der Familie leben, aber auch noch nicht ganz Erwachsene, die sich im öffentlichen Raum frei und unangreifbar bewegen können. Indem sie sich in Situationen begeben, in denen sie nicht Erwachsenen untergeordnet sind und dadurch Machtansprüche Erwachsener herausfordern, begeben sich die jungen Leute in ein Gebiet dazwischen, in ein Drittland." (*Matthews et al. 2000: 292*)

Auch am Verhalten Erwachsener in Läden zeigt sich der problematische Status junger Leute im öffentliche Raum. Erwachsenen schieben junge Leute beiseite, weil sie davon ausgehen, sie müßten zuerst bedient werden. Die jungen Leute bestehen aber unbedingt darauf, dass das Prinzip der Fairness ihnen gegenüber ebenso zu gelten habe wie Erwachsenen gegenüber (Brannen et al. 2000: 29-33).

Diese Ergebnisse stehen im Einklang mit Daten, die ich in den neunziger Jahren erhoben habe[10]. Eltern waren zutiefst besorgt über Gefährdungen im Straßenverkehr und durch Fremde. Wenn sie Kindern erlaubten, sich allein im öffentlichen Raum zu bewegen, gingen dem jedes Mal lange und scharfe Erörterungen dieser Problem voraus (s. auch Holloway und Valentine 2000). In der Childhood Study berichteten Neunjährige von Geschlechterdifferenzen. Mädchen wurden mehr eingeschränkt, und zwar in allen ethnischen Gruppen. Mehr Jungen (25 von 32) als Mädchen (11 von 25) gingen unbegleitet nach draußen zum Spielen, in Läden und in Parks, und mehr Jungen (20 von 32) als Mädchen (8 von 25) gingen allein oder mit Freunden oder Geschwistern zur Schule.

Das änderte sich beim Übergang zur Secondary School mit elf Jahren. Dorthin wollten die jungen Leute nicht mehr begleitet werden, und die meisten Eltern ließen das zu. Für Eltern und Kinder ist die soziale Akzeptanz des unbegleiteten Schulwegs zur Secondary School mit dem sozialen Status der Oberschüler als "teenager" verknüpft. Zwei zwölfjährige Mädchen diskutierten den sozialen Status des "teenager":

S.: Sie können mehr selbst wählen. Sie sind alt genug um zu entscheiden. Die Eltern denken, du wärest alt genug, Entscheidungen zu treffen. Noch sorgen sie für dich, aber sie denken, du kannst dich um manches selber kümmern.

R.: Du hast mehr Verantwortung, aber sie sind immer noch überbehütend. Das sind sie in jedem Alter, sagt meine Mama. Sie denken gleich das Schlimmste, wenn du nicht da bist, oder –

Interviewerin: Du sagst, überbehütend –meinst du, zu sehr behütend?

S.: Wir sagen, übermäßig behütend, aber unsere Eltern wollen nur unser Bestes.

---

[10]   In zwei früheren Studien wurden Kinder und Eltern über ihr Alltagleben und Risiken in der Gesellschaft sowie über Eltern-Kind-Beziehungen und deren Aushandeln befragt (Mayall 1994; Kelley, Mayall und Hood 1997).

146 Berry Mayall

Auch hier spielt Gender eine Rolle; Zwölfjährige Mädchen asiatischer Herkunft wurden meistens zur Schule begleitet, ihre schulfreie Zeit verbrachten sie zu Hause mit der Familie oder bei Verwandten (z.B. O'Brien et al. 2000); dagegen durften die meisten anderen Zwölf- oder Dreizehnjährigen nach draußen. Die meisten Mädchen sagten, sie müßten jedesmal um Erlaubnis verhandeln, während Jungen viel freier selbst über sich bestimmen durften.

Die zitierten Studien haben gemeinsame Ergebnisse. Erstens, in den Diskursen und im Handeln Erwachsener werden Kinder als potentielle Opfer von Straßenverkehr oder Gewalt durch Fremde verstanden, aber auch als potentielle Bedrohung: Sie sind Personen am falschen Ort und als solche nicht legitimiert, dort zu sein, denn sie könnten Böses tun. Britische Politik bestärkt die Rhetorik von Opfer und Bedroher: Der Gesetzgeber hat Ausgehverbote für unter Zehnjährige erlassen, die freilich noch keine lokale Behörde tatsächlich eingeführt hat (Gill 2001)[11].

Zweitens, in Großbritannien gelten Erwachsene als verantwortlich für Kinder im öffentlichen Raum; Kinder sind dort entweder gar nicht präsent oder mit Erlaubnis ihrer Eltern. Viele Autoren beschreiben, daß Kinder immer mehr aus dem öffentlichen Raum ausgeschlossen werden (Ward 1978; 1988; Zelizer 1985; Cahill 1990; Hillman 1993: Engelbert 1994).

Drittens, es gibt große Unterschiede zwischen den Geschlechtern. Mädchen werden bei der Nutzung öffentlichen Raums mehr eingeschränkt als Jungen, vor allem Mädchen asiatischer Herkunft. Auch viele Frauen sehen den öffentlichen Raum als frauenfeindlich; er gehört mehr den Männern als allen Erwachsenen (Little et al. 1988).

Zu Hause

Das "Zuhause" ist ein gesellschaftlich geformter sozialer Ort. "Zuhause" kann für Menschen in unterschiedlichen Gesellschaften und in unterschiedlichen Zeiten Verschiedenes bedeuten. Ich berichte aus Großbritannien, werde aber einen kürzlich angestellten Vergleich mit Finnland heranziehen, weil dieser Licht auf Besonderheiten wirft (Mayall 2002). In Großbritannien verbringen Kinder in den ersten Lebensjahren die meiste Zeit zu Hause. Unzureichende Versorgung mit Betreuungseinrichtungen, die Ideologie der Mütterlichkeit und die ungleiche Arbeitsteilung zwischen Eltern sichern die Zuständigkeit der Müt-

---

[11] Ausgehverbote für Kinder unter zehn enthält das Crime and Disorder Act 1998. 2001 ist eine Änderung im Kriminal- und Polizeirecht vorgeschlagen worden, das diese Verbote auf alle unter 16 Jährigen ausweitet. Die Wahlen im Jahr 2001 haben das Gesetz jedoch verhindert.

ter für die Kinderversorgung. Nur sehr wenige kleine Kinder halten sich allein oder mit Freunden draußen in der Wohnumgebung auf. Bis sie zehn Jahre alt sind, verbringen sie die meiste Zeit zu Hause. Das gilt noch mehr für Mädchen als für Jungen. Finnische Frauen sind dagegen nie als aus dem Arbeitsleben ausgeschlossen betrachtet worden. Obwohl Eltern sich in den ersten Lebensmonaten des Kindes beurlauben lassen können, sind die Kommunen verpflichtet, Tagesbetreuung für alle Kinder bereit zu stellen, deren Eltern diese wünschen. Kinder gelten als kompetent, mit ihrem Alltagsleben zurecht zu kommen. Wenn sie mit sieben Jahren in die Schule kommen, gehen sie ihre Schulwege selbst, ohne von Erwachsenen begleitet zu werden, und sie organisieren ihre Freizeit zu Hause, in der Nachbarschaft, in Vereinen, in der Bücherei nach eigenem Belieben.

Hinter den unterschiedlichen Vorstellungen und Politiken steht ein je anderes Verhältnis zwischen Staat, Familie und Kindern (Pringle 1998). In Großbritannien haben Politiker vor allem in den letzten zwanzig Jahren die Privatheit der Familie und die elterliche Verantwortung für das Wohl der Kinder betont: Die Verantwortung des Staates beginnt, wo und wenn Eltern versagen. Auf diese Weise drängt die Politik den Generationenvertrag zwischen Staat und Individuen in den Hintergrund und hebt das Familienkind hervor, dem gegenüber der Staat nur residuale Funktionen hat. Kinder gelten als verletzlich und als der Aufsicht durch Erwachsene bedürftig. In Finnland dagegen gründet der Staat Kinderwohlfahrtspolitik auf universalistische Prinzipien, die präventiv und positiv für die gesamte Bevölkerung gelten. Die Position der Kinder in der Sozialstruktur ist im Blick, denn man möchte Kinder durch adäquate Lebensbedingungen und Dienstleistungen davor schützen, zu Problemfällen zu werden.

Im Folgenden werde ich an Hand von Daten aus meiner Childhood Study illustrieren, wie die besondere britische Konstruktion des "Zuhause" und die Art und Weise, wie junge Leute die Beziehungen zu Hause beschreiben, zusammen hängen.

Gehorsam und Familienarbeit

Welchen Status sie als Kinder haben, lernen die meisten Kinder zuerst in der Familie, also in einem Zusammenhang, in dem die Menschen zwei sozialen Gruppen angehören, Eltern und Kindern. Kinder erkennen und akzeptieren die elterliche Autorität und die Gehorsamspflicht des Kindes (Montandon 2001). Die Gruppengespräche, die in der Childhood Study aufgezeichnet wurden, weisen auf Abhängigkeit der Kinder von den Eltern, und, soweit Kinder am Herstellen des Familienlebens partizipierten, auf wechselseitige Abhängigkeit. Das Zuhause war ein Ort, an dem moralische Aspekte zentral waren für die Erfahrungen, für das Lernen und die Aktivitäten der Kinder. Das zeigt das folgende Gespräch zwischen zwei Neunjährigen, das durch die Frage angestoßen war, was es eigentlich bedeute, ein Kind zu sein:

N.: Du mußt den Erwachsenen gehorchen...

G. : Du kannst nicht machen, was du willst, bevor du achtzehn oder sechzehn bist. Du mußt um Erlaubnis fragen. Und du hast nicht soviel Geld. Und bekommst nur Taschengeld, und das ist für die Schule.

N. Und du mußt nach der Schule gleich nach Hause gehen, und wenn du draußen spielst, mußt du zu einer bestimmten Zeit reinkommen.

Interviewerin: Und in deinem Fall, welche Zeit ist das?

G.: Ich weiß nicht. Das kommt darauf an, wann Mama mich ruft.

Interviewerin: Kommt es manchmal vor, dass ihr darüber nachdenkt, dass ihr Kinder seid?

G.: Ja, das tue ich. Weil, wenn ich kein Kind wäre, würde ich einiges so tun wie ich will. Ich müßte nicht immerzu meine Mutter fragen. Ich könnte tun, was ich will...

Interviewerin: Und gibt es Zeiten, wo du Dich nicht als Kind fühlst?

G.: Ich bin ein Kind, aber wenn ich auf meine Schwester (zwei Jahre alt) aufpasse, dann kommt meine Mama, "Du bist jetzt ein großes Mädchen, du mußt auf deine Schwester aufpassen." Und manchmal sagt sie, "Du bist zu klein, dort hinzugehen". Und das verstehe ich nicht. Manchmal sagt sie, "Du bist ein großes Mädchen", und manchmal sagt sie, "Du bist ein kleines Mädchen" – so was kann man nicht tun.

N.: Meine Mama, mein Papa – manchmal sagt meine Mama das auch zu mir. Wenn sauber gemacht werden muß, dann sagt sie, "Du bist ein großes Mädchen, du solltest sauber machen", aber wenn es darum geht, draußen zu spielen, dann sagt sie "Du bist klein".

Diese Mädchen fühlten sich eingeschränkt. Ihre Mütter kontrollierten ihr Tun zu Hause und das Rausgehen zum Spielen. Sie beschrieben zweierlei Beiträge zur Familienarbeit: Kinder hüten und Hausarbeit. Fast alle Neunjährigen und alle Zwölfjährigen leisteten Beiträge der einen oder anderen Art, einige routinemäßig und andere, wenn sie aufgefordert wurden, oder um "Mama eine Pause zu geben". Die Normen waren andere in Familien von Einwanderern aus Ländern, wo die Sozialisation der Kinder, vor allem der Mädchen, das Lernen von Hausarbeit einschließt. In vielen solcher Familien war die Mitarbeit der Kinder unerläßlich, weil die Eltern sehr lange am Tag arbeiteten.

Kinder als Vertraute der Eltern

In Großbritannien gibt es immer mehr Ein-Eltern-Familien, meist solche von Müttern. Das größere Armutsrisiko solcher Familien ist eine Folge der Sozialpolitik. Ein Drittel der Kinder meiner Childhood Study lebte nur mit der Mutter, und manche erklärten, sie seien deren Vertraute. Janet (9) zum Beispiel lebte mit ihrer kleinen Schwester in einer sehr engen Wohnung. Sie teilte das einzige

Schlafzimmer mit ihrer Schwester. Ihre Mutter schlief im Wohnzimmer. Janet sagte, sie habe zu wenig Raum und Zeit, weil ihre Mutter Zeit für sich wolle und deshalb Janet sich um das Baby kümmern läßt. Janet wußte viel über die Lebensgeschichte ihrer Mutter, sie war Vertraute und in mancher Hinsicht gleichgestellte Freundin ihrer Mutter.

J.: Na ja, manchmal finde ich es ok, weil ich meine Schwester mag, aber manchmal hätte ich gern meinen eigenen Raum, weil sie ihn immer nimmt, die ganze Zeit lang... Und meine Mutter hat immer so viel zu tun, und ebenso, wenn sie (Mutter) Zeit für sich nimmt, dann muß ich etwas tun – und wenn ich mich um meine Schwester kümmere, dann hängt meine Schwester immer an mir. Und ich will meinen eigenen Raum. Weil, mit meinen eigenen Freundinnen, mit denen soll ich spielen, während sie die Teletubbies ansieht.

Interviewerin: Und mußt du in dieser Zeit auch Haushaltsarbeiten machen?

J.: Ja, ich mache Mama eine Tasse Tee, bin ihre Dienerin – borge ihr mein Geld. (lacht)

Interviewerin: Kommst du gut mit ihr aus?

J.: Ja, aber sie ist mühsam. Weil, sie leiht mein Geld an einem Samstag und sagt, dass sie es zurückgeben wird am Donnerstag...

Interviewerin: Und Du leistest ihr Gesellschaft?

J.: Ja, weil sie mir alle ihre Probleme sagt. Und wenn sie einen Film ansieht, sitze ich bei ihr bis meine Schlafenszeit ist, und wenn ich gehe, oh, manchmal ist das spät.

Interviewerin: Und sie braucht also auch Zeit für sich selbst?

J.: Ja, weil ich sie nerve, und sie nervt mich, und dann, dann tut das meine Schwester auch. Und manchmal werde ich richtig wütend und möchte ihr das sagen.

Interviewerin: Du wirst wütend auf sie?

J.: Ja.

Sich um die Mutter kümmern

Junge Leute merken, wenn ihre Mutter Sorge braucht, auch praktische Sorge. Erschöpfte oder kranke Mütter sind zu umsorgen. Eine "arbeitende" Mutter braucht eine Tasse Tee, wenn sie nach Hause kommt, und Hilfe beim Geschirrabwasch. Die Väter der im Folgenden zitierten zwölfjährigen Jungen waren fortgezogen. Leo wohnte zusammen mit Bruder, Mutter und Stiefvater, Rob mit seiner Mutter. (Mädchen redeten so wie diese beiden, aber ich zitiere hier Jungen, weil Jungen oft nachgesagt wird, sie seien nicht emotional involviert und wenig hilfsbereit.) Sie waren gefragt worden, was zu tun von Kindern erwartet werde.

Interviewerin: Du hast gesagt, zur Schule gehen und Schularbeiten machen, Leo. Noch etwas?

L.: Im Haushalt arbeiten.

R.: Sich um ihre Mutter kümmern.

Interviewerin: Was tut ihr für sie?

R.: Ich wasche manchmal ab. Wenn sie will, dass ich Essen koche, dann versuche ich, das Essen zu kochen.

L.: Versuche! (Gelächter)

R.: Und wenn es ihr nicht gut geht, den Arzt rufen.

Interviewerin: Geht es ihr manchmal nicht gut?

R.: Nun, wie im Januar, da hatte sie diese Schwindelsache, und wenn sie aufgewacht ist, wurde ihr so schwindlig, dass sie nicht aufstehen konnte. Da habe ich das Krankenhaus angerufen und sie kamen und –

Interviewerin: Du das Krankenhaus angerufen?

R.: Ja.

Später hat Leo berichtet, dass er nach der Schule zu ihrem Arbeitsplatz geht und sie dann zusammen nach Hause kommen:

L.: Und dann gehen wir gleich nach Hause, und ich gucke, dass sie o.k. ist, und mache ihr Tee und Essen... Jeden Tag wasche ich ab, und räume im Haus auf, und sauge Staub und so was.

Diese Jungen betonten, wie sehr sie ihr Familienleben mögen: gemeinsame Familienzeiten, Einkaufen, Ausflüge.

Interviewerin: Was gefällt euch in eurem Leben am besten?

R.: Weihnachten und Geburtstag!

L.: Ich mag etwas für das Gefühl. Wenn wir einen Tagesausflug machen und etwas zusammen tun. Am, Wochenende waren wir in Southend und haben ein verrücktes Golfspiel gemacht, und das war wirklich richtig schön. Ich mag besonders solche angenehmen Dinge, und nicht einfach bloß Geschenke und Zeug (lachen beide). Weil, das beste, was ich im Leben bekommen habe, ist das (ein heiliger Christophorus an einer Kette), weil ich das von meinem (Stief-)Vater habe und mein Bruder hat auch eines gekriegt. Und wenn er so was wie Kampfausrüstung bekommt, dann kauft meine Mutter das auch für uns, und manchmal gehen wir alle mit Arsenal-T-Shirts und -Sachen raus. Und sie macht Witze darüber: "Guckt Euch meine drei Jungen an und wie sie aussehen!"

Wechselseitige Beziehungen

An Kind-Erwachsenen-Beziehungen in der Schule habe ich bereits gezeigt, wie wichtig jungen Leuten das Konzept gegenseitigen Respekts ist – Menschen sollen sich als moralisch Handelnde begegnen. Die meisten sagten, dass ihnen diese Haltung zu Hause entgegen gebracht wird; nur bei wenigen war das nicht der Fall. Sie hatten Eltern, die sie vernachlässigten, die zu lange arbeiteten und immer fort waren. Manche jungen Leute sprachen nicht über das Respektiert-werden, weil in ihren Familien und Religionszusammenhängen ihre Position mehr die des Lernenden war, aber sie nahmen Familiensolidarität nicht minder wichtig als Verpflichtung, die das Leben lang besteht. Zum Beispiel Ferdous, der älteste Junge in einer muslimischen Familie aus Bangladesh, und Mark, der mit Mutter, Vater und zwei jüngeren Brüdern zusammen lebte. Beide waren zwölf Jahre alt.

Interviewerin: Was ist gut daran, wenn junge Leute mit ihren Eltern zusammen leben?

M.: Es ist gut. Eltern geben einem Sachen. Sie helfen einem in mancher Weise, etwa wenn man etwas nicht versteht.

Der moralische Status der Kindheit

Interviewerin: Macht Ihr auch etwas für sie?

M.: Ich, ich passe auf meinen Bruder auf. Aber was meinen Sie damit?

Interviewerin: Nun, manche sagen, dass sie ihrer Mutter eine Tasse Kaffee machen, wenn sie müde ist.

F.: Ja, ich kümmere mich um meinen Vater, weil er nicht sehr gut englisch sprechen kann. Er braucht manchmal Hilfe, wenn er irgendwo hin muß.

Interviewerin: Du bist also der Übersetzer?

F.: Ja.

Interviewerin: Ist auch etwas schlecht daran, in einer Familie zu sein?

M.: Nein.

F.: Nein.

M.: Wenn man keine Familie hätte, würde man den Spaß nicht haben, den man mit seinen Eltern hat.

F.: Und die Mutter und der Vater kümmern sich um einen.

M.: Sie kümmern sich. Weil sie nicht wollen, dass einem was passiert.

F.: Ich will nicht von meinen Eltern weg, weil sie sich immer für mich eingesetzt haben, und sich um mich gekümmert haben. Und das will ich ihnen zurückgeben. Wenn sie alt werden, brauchen sie Hilfe, und dann helfe ich ihnen.

Am eigenen Lebensentwurf arbeiten

Moralische Handlungsfähigkeit junger Leute wurde auch erkennbar, wenn sie berichteten, wie sie in ihren sozialen Beziehungen das Projekt ihres eigenen Lebens bearbeiteten. Sie beschrieben Kindheit als eine Zeit, in der sie alles so machten wie vorgehen: Freundschaften, Spielen, eigene Interessen, Zusammensein in der Familie, Beziehungen zu anderen Verwandten, ebenso wie Schularbeit und Helfen zu Hause. Ein wichtiger Prozess in ihrem Leben war, den Übergang in den neuen sozialen Status als Teenager auszuhandeln. Zwei zwölfjährige Jungen unterhielten sich darüber, wie sie manchmal ablehnen, etwas im Haushalt zu tun, und ihrer Mutter "Widerworte geben":

S.: Neulich hat sie (die Mutter) gesagt, ich würde jetzt solche Teenager-Symptome bekommen, weil ich älter werde, und schwierig bin, weil ich dreizehn werde.

Interviewerin: Siehst du dich selbst als jemanden, der Teenager wird?

S.: Nein. Wir sehen uns selbst einfach als Wir.

Interviewerin: Aber Eure Mütter denken, ihr wäret?

P.: Ja, meine Mutter denkt, ich kriege all diese Symptome, weil ich in letzter Zeit dagegen rede,...

Interviewerin: Und werdet ihr manchmal als Kinder behandelt?

S.: Ja und nein.

Interviewerin: Wann?

S.: Wenn ich den Abwasch machen soll. Sie sagt, ich soll den Abwasch machen, weil ich jung bin – das heißt, ich soll erst groß werden, bis ich zu etwas Besserem da bin (lacht). Sie sagt, Kinder müssen nun mal den Abwasch machen.

Mit Veränderungen umgehen

Moralisches Handlungsvermögen zeigt sich auch, wenn die jungen Leute berichten, wie sie mit größeren Veränderungen in der Familie umgehen. Bezeichnend ist, dass sie sich selbst moralisches Handeln nicht zutrauen – in Übereinstimmung mit dem geringen moralischen Status, den sie erfahren. In einer Grundschulklasse hatten mindestens zwölf von 29 Schülern früher oder jetzt bedeutsame Veränderungen erlebt, etwa dass der Vater die Familie verläßt, dass die Familie umzieht und das Kind seine Freunde verliert, dass ein Stiefvater und Halbgeschwister hinzukommen, dass die Mutter immer neue Freunde hat, Krankheit und Tod von Großeltern, den Tod der Mutter, oder dass das Eltern wegen einer Finanzkrise besonders lange arbeiten. Andere Ereignisse waren, in der Schule gemobt zu werden, Krankenhausaufenthalte oder davon erfahren, dass die Mutter früher Fehlgeburten hatte. Die jungen Leute hatten viele Strategien, damit umzugehen. Sie bearbeiteten die Ereignisse in Gesprächen mit ihren Eltern, vor allem Müttern; sie sprachen untereinander in der Schule darüber und halfen sich so. Die Lehrerin ermutigte sie, mit Familienproblemen offen umzugehen. Gegenseitiger Respekt in Kind-Erwachsenen-Beziehungen und auch in Beziehungen zwischen den Eltern waren wichtig, damit Veränderungen erfolgreich bearbeitet werden konnten. (s. Neale 2002).

Allgemeine Gesichtspunkte

Wie bereits gesagt, stehen die Eigenart des britischen Familienlebens und dessen Bedeutung für die Einzelnen im Zusammenhang übergreifender gesellschaftlicher Prozesse, durch die "die Familie" und "das Zuhause" auf bestimmte Weise konstruiert werden. Die starke emotionale Identifikation junger Leute mit ihren Familienangehörigen läßt sich auf die Privatheit der Familie in Großbritannien und den subsidiären Charakter staatlicher Eingriffe in das Familienleben (der sich gegenwärtig allmählich ändert) zurückführen. Aber wie Menschen die Qualität ihres Zuhause beurteilen, hängt auch mit ihren Werten zusammen. In der westlichen liberalen Tradition sind Unabhängigkeit und Autonomie für manche ein hoher Wert[12]. Dennoch ist vielen Menschen die wechselseitige Abhängigkeit in der gegenseitigen Verantwortlichkeit unter Familienmitgliedern noch wichtiger. Die jungen Leute der Childhood Study haben "in der Familie zusammen sein" und "Zeit in der Familie" hoch bewertet. Sie haben die Erfah-

---

[12] Zur Kritik an "liberalen" intellektuellen Traditionen in Westeuropa, bezogen auf Kindheit, siehe O'Neill (1994). Kritiken aus feminitischer Sicht finden sich bei Grimshaw 1986; Harding 1991.

Der moralische Status der Kindheit 153

rung von Familienbeziehungen positiv erlebt.[13] Enge Identifikation mit der Familie, mit deren Geschichte, Kultur und Zukunft und mit den sich darin entwickelnden Beziehungen, macht, dass diese jungen Londoner sich ihren Familien zugehörig fühlten. Zugehörigkeit bedeutet, beitragen, damit die Familie funktioniert – beim Aufbauen und Pflegen sozialer Beziehungen, bei Arbeiten im Haushalt, durch Übernehmen von Pflichten und Hüten jüngerer Geschwister (s. auch Brannen et al. 2000).

Die starke Beziehung zur Familie, die die jungen Leute zeigten, bestärkt die obige These: Ihre moralische Handlungsfähigkeit basiert auf einem starken Zugehörigkeitsgefühl. Das Zuhause war für sie die soziale Umwelt, in der Moralität entsteht. Sie fanden, Eltern seien für moralisches Lernen zuständig. Das Ausmaß, in dem sie im einzelnen darüber verhandeln konnten und das auch taten, hing davon ab, wie Eltern die Kind-Erwachsenen- Beziehungen verstanden – es variierte zwischen autoritär und demokratisch (vgl. du Bois-Reymond et al. 1993).

Die Diskurse der jungen Leute zeigten große Unterschiede zwischen dem moralischen Status der Kinder in der Schule und zu Hause. Die jungen Leute verwiesen auf relativ starre Strukturen in der Schule; als Handelnde kämpften sie damit, aber sie konnten wenig daran ändern. Das Zuhause war dagegen der Ort, wo Beziehungen prozessiert werden und Kinder und Eltern Beziehungsstrukturen, Gewohnheiten und Aktivitäten der Familie und wechselseitiges Verstehen herstellen und verändern. Als problematisch mag dabei gesehen werden, dass Gender und Generation in diesen Beziehungen zusammenspielen; es war vor allem die Mutter, mit der Kinder beiderlei Geschlechts interagierten. Mit ihr als der Managerin der Familie verhandelten sie Freiheitsspielräume zum Ausgehen, und sie waren auf ihrer Seite, wenn sie in Schwierigkeiten war.

Mit dem Erkennen und Respektieren des moralischen Urteilens der Kinder beginnt das Respektieren ihrer Partizipationsrechte. Denn weil es eine lange Tradition hat, Kinder als irrational und deshalb inkompetent zu sehen, sind die Rechte der Kinder auf Versorgung und Schutz bislang weit eher allgemein anerkannt worden als ihre Rechte auf Partizipation (Alderson 1993: 32-35).

---

[13] Neuere Studien stellen die frühere Annahme in Frage, dass Teenager aus dem Elternhaus herausstreben. Der Wunsch nach Unabhängigkeit vermischt sich mit dem Sinn junger Leute für wechselseitige Verantwortung in der Beziehung zu den Eltern. So war in einer Untersuchung Jugendlicher (Alter 16 bis 18) und ihrer Eltern das Verständnis von Interdependenz auf beiden Seiten von gegenseitiger Verpflichtung bestimmt (Ribbens McCarthy 2001).

Die Komplexität des sozialen Status der Kinder

Die dargestellten britischen Forschungsergebnisse weisen auf einen niedrigen moralischen Status der Kinder. Leser in anderen Ländern mögen glauben, Kind-Erwachsenen-Beziehungen in ihrem Land seien demokratischer. Das mag so sein. Doch auch in Großbritannien meinen viele Erwachsene, dass sie demokratisch mit ihren Kindern umgehen. Wenn dann aber Kindern Gelegenheit gegeben wird, frei zu äußern, wie sie selbst ihre Situation erfahren, können ihre Aussagen auch Erwachsene in den "fortgeschrittensten" Ländern sehr erstaunen.

Jedenfalls weisen die Gespräche mit jungen Leuten eindeutig auf deren moralisches Handeln. Was Gareth Matthews (1984) an Hand von Langzeit-Fallstudien über den Erwerb moralischen Handlungsvermögens berichtet, paßt zu der differenzierten Weise, in der die befragten jungen Leute den moralischen Status von Kindern beurteilten und in der sie ihre eigenen Erfahrungen und Handlungsweisen darauf bezogen. Die jungen Leute demonstrieren, dass sie einsichtige Menschen sind. Sie waren fähig und willens, die Ansichten anderer Leute ernst zu nehmen, ihre eigenen Meinungen und Handlungsweisen verantwortlich zu ändern, und sie können ihre eigenen unmittelbaren Interessen zurückstellen, um anderen zu helfen.

Die jungen Leute sprachen darüber, dass die moralische Kompetenz, die sie praktizierten, nicht dem niedrigen moralischen Status entspricht, der ihnen zugeschrieben wird – vor allem außerhalb der Familie. Oft trauten sie sich aber selbst wenig moralische Kompetenz zu, darin sie ihren niedrigen Status reflektierend. Manchmal widersetzten sie sich heftig und verteidigten ihr eigenes moralisches Handeln. Bemerkenswert ist, dass ihre moralische Handlungsfähigkeit vor allem in den Beziehungen zur Mutter deutlich zum Ausdruck kam; Frauen und Kinder befinden sich aus gleichen Gründen in prekären, untergeordneten sozialen Lagen.

Oben habe ich auf Verfahren der Psychologie hingewiesen, die das übliche Verständnis von Kindheit so strukturieren, dass Kindheit als ein Aufstieg zu erwachsener moralischer Kompetenz erscheint. Einflußreiche Mediziner, Erziehungswissenschaftler und Juristen fördern die Dominanz der Entwicklungspsychologie (Rose 1989). Auch in Schule und Nachbarschaft ist der moralische Status der Kinder niedrig. Dagegen wird ihre moralische Handlungsfähigkeit zu Hause und auch im Umgang mit Freunden akzeptiert und praktiziert (Mayall 2002). Beide Orte, das Zuhause und das Leben unter Gleichaltrigen, sind nicht öffentlich und deshalb nicht leicht zu studieren (vgl. Hutchby and Moran-Ellis 1998). Deshalb liegt ein Grund für den niedrigen sozialen Status von Kindern darin, dass ihr Handlungsvermögen für diejenigen, die die Ideologien der Kindheit bearbeiten, nicht sichtbar ist. Die Erwachsenen, die am meisten über das moralische Handeln der Kinder wissen, ihre Mütter, haben in der Gesellschaft keine starke Position, um zugunsten der Kinder zu sprechen. Der mehr als hundertjährige Prozess, in dem junge Leute aus der Arbeitswelt genommen und als Schulkinder positioniert worden sind, hat das Verständnis Erwachsener von Kindheit zutiefst geprägt (Zelizer 1985). Sowohl die Familiarisierung der Kindheit, die Kinder als Abhängige in der Familie verborgen hat, wie die Scholarisierung haben die Abwertung moralischer Handlungsfähigkeit der Kinder befördert.

Es ist jedoch ermutigend, dass die Handlungsfähigkeit von Kindern immer mehr erforscht wird; im Laufe der Zeit mag das beitragen, Denken zu verändern. Ein wichtiges Ergebnis der Untersuchungen ist, dass nicht nur Autonomie hoch bewertet wird, sondern auch wechselseitige Abhängigkeit und Hinwendung zur Familie, und zwar in allen Altersgruppen (Ribbens und McCarthy 2001; Langford et al. 2001). Menschen werden in Beziehungen gesehen und nicht als Einzelne. In anderen Kulturen ist schon früher hohe Wertschätzung von Interdependenz festgestellt worden (Kagitcibasi 1996); heute können wir das bei Personen untersuchen, die in Großbritannien wohnen, ihre Wurzeln aber in anderen Kulturen haben.

Ermutigend ist ebenfalls, dass die Rechte der Kinder inzwischen öffentlich thematisiert und auf internationaler Ebene zunehmend anerkannt werden. Neue Strukturen sollen sichern, dass auf Kinder gehört wird und ihre Sichtweisen einbezogen werden (Hart 1997; Johnson et al. 1998). Das Bewußtsein dafür steigt, dass – über die "liberale" ökonomische Theorie hinausgehend – neben Gesundheit, Bildung und Geschlecht auch Gerechtigkeit zwischen den Generationen als internationale Wohlfahrtsindikatoren verwendet werden sollten (z.B. Knutsson 1997), und dass die Rechte der Kinder als soziale Gruppe in der Gegenwart und nicht nur zukunftsbezogen zu beachten sind (z.B. Franklin 1995; Freeman 2000). Die einfache, an den Äußerungen der Kinder ablesbare Tatsache, dass sie eigene Meinungen haben, moralisch handeln und ihre Rechte behaupten, gelangt allmählich in die Köpfe der Erwachsenen.

Literatur

Alanen, Leena (1992): *ModernCchildhood: Exploring the Child Question" in sociology*. Research report 50. Jyväskylä: University of Jyväskylä, Finland.
Alcoff, Linda und Potter, Elizabeth (1993): *Feminist Epistemologies*. London: Routledge.
Alderson, Priscilla (1993): *Children's Consent to Surgery*. Buckingham: Open University Press.

Alderson, Priscilla (1999): *Civil Rights in Schools, Children 5-16 Research Briefing no. 1*. Swindon: Economic and Social Research Council.

Alderson, Priscilla (2000): *YoungCchildren's Rights: Exploring Beliefs, Principles and Practices*. London: Jessica Kingsley.

Alexander, Robin (2000): *Culture and Pedagogy: International Comparisons in Primary Education*. Oxford: Blackwell Publishers Ltd.

Bhaskar, Roy (1993): "Societies". Margaret Archer, Roy Bhaskar, Andrew Collier, Tony Lawson and Alan Norrie (eds.): *Critical realism: essential readings*. London: Routledge: 206-257.

du Bois Reymond, Manuela, Büchner, Peter und Krüger, Heinz-Hermann (1993): "Modern family as everyday negotiation: continuities and discontinuities in parent-child relationships". *Childhood*, Vol. 1: 87-99.

Brannen, Julia, Heptinall, Ellen und Bhopal, Kalwant (2000): *ConnectingChildren: Care and FamilyLlife in Later Childhood*, London: RoutledgeFalmer.

Burgess, Hilary und Carter, Bob (1992): " 'Bringing out the best in people': teacher training and the 'real' teacher". *British Journal of the Sociology of Education*, Vol. 13: 349-359.

Cahill, Spencer (1990): "Childhood and public life: Reaffirming biographical divisions". *Social Problems*, Vol. 37: 390-401.

Christensen, Pia und James, Allison (2001): "What are schools for: the temporal experience of children's learning in northern England". Alanen, Leena und Mayall, Berry (eds.): *Conceptualizing child-adult relations*. London: Falmer Press: 70-85.

Cullingford, Cedric (1990): *The Inner World of the School: Children's Ideas about School*. London: Cassell.

Damon, William (1990): *The Moral Child: Nurturing Children's Natural Moral Growth*. New York and London: The Free Press

Dunn, Judy (1984): *Sisters and Brothers. London:* Fontana Books.

Dunn, Judy (1988): *The Beginnings of Social Understanding*. Oxford: Blackwell Publishers Ltd.

Edwards, Carolyn (1986): "Culture and the construction of moral values: a comparative ethnography of moral encounters in two cultural settings". Kagan, Jerome und Lamb, Sharon (eds.): *The emergence of morality in young children*. Chicago and London: University of Chicago Press: 123-150.

Engelbert, Angelika (1994): "Worlds of childhood: differentiated but different. Implications for social policy". Qvortrup, Jens, Bardy, Marjatta, Sgritta, Giovanni und Wintersberger, Helmut (eds.): *Childhood matters: social theory, practice and politics*. Aldershot, England: Avebury Press: 285-298.

Franklin, Bob (1995): "The case for children's rights: a progress report". Franklin, Bob (ed.): *The handbook of children's rights*. London: Routledge: 3-22.

Freeman, Michael (2000): "The future of children's rights". *Children and Society*. Vol. 14: 277-293.

Gill, Tim (2001): "Editorial". *Play Today*, No. 23 (February).

Grimshaw, Jean (1986): *Feminist Philosophers: women's perspectives on philosophical traditions*. London: Harvester Wheatsheaf.

Harding, Sandra (1991): *Whose Science? Whose Knowledge? Thinking from Women's Lives*. Milton Keynes: Open University Press.

Hart, Roger (1997): *Children's Participation: theTheory and Practice of Involving Young Citizens in Community Development and Environmental Care*. London: Earthscan Publications Ltd.

Hightfield Junior School (1997): *Changing our School: PromotingPositive Behaviour*. London: Institute of Education.

Der moralische Status der Kindheit 157

Hillman, Meyer (1993): "One false move: a study of children's independent mobility". Hillman, Meyer (ed.): *Children, transport and the quality of life.* London: Policy Studies Institute: 7-18.

Hodgkin, Rachel und Newell, Peter (1996): *Effective Government Structures for Children. Report of a Gulbenkian Foundation Study.* London: Calouste Gulbenkian Foundation.

Holloway, Sarah und Valentine, Gill (2000): "Children' geographies and the new social studies of childhood". Holloway, Sarah and Valentine, Gill (eds.): *Children's geographies: playing, living, learning.* London: Routledge: 1-26.

Humphries, Susan und Rowe, Susan (1994): "The biggest classroom". Blatchfor, Peter and Sharp, Sonia (eds.): *Breaktime and the school: understanding and changing classroom behaviour.* London and New York: Routledge: 107-117.

Hutchby, Ian und Moran-Ellis, Jo (1998): "Situating children's social competence". Hutchby, Ian and Moran Ellis, Jo (eds.): *Children and social competence.* London: Falmer Press: 7-26.

Jensen, An-Magritt (1998): "The feminisation of childhood". Qvortrup, Jens, Bardy, Marjatta, Sgritta, Giovanni und Wintersberger, Helmut (eds.): *Childhood matters: social theory, practice and politics,* Aldershot, England: Avebury Press: 59-76.

Johnson, Victoria, Ivan-Smith, Edda, Gordon, Gill, Pridmore, Pat und Scott, Patta (eds.) (1998): *Stepping Forward: Children and Young People's Participation in theDevelopment Process.* London: Intermediate Technology Publications Ltd.

Johnson, Victoria, Hill, Joanna und Ivan-Smith, Edda (1995): *Listening to Smaller Voices: Children in an Environment of Change.* London: Action Aid.

Kagan, Jerome (1996): "Introduction". Kagan, Jerome und Lamb, Sharon (eds.): *The Emergence of Morality in Young Children.* Chicago und London: University of Chicago Press: ix-xx.

Kagitçibasi, Çigdem (1996): *Family and Human Development across Cultures: a View from the other Side.* Hove and London: Lawrence Erlbaum.

Kelley, Peter, Mayall, Berry und Hood, Suzanne (1997): "Children's accounts of risk". *Childhood,* Vol. 4: 305-324.

Knutsson, Karl-Erik (1997): *Children, Noble Causes or Worthy Citizens.* Florenz: United Nations Children's Fund.

Langford, Wendy, Lewis, Charlie, Solomon, Yvette und Warin, Jo (2001): *Closeness, Authority and Independence in Families with Teenagers.* York: Joseph Rowntree Foundation.

Lansdown, Gerison (1995): "The Children's Rights Development Unit". Franklin, Bob (ed.): *The handbook of children's rights.* London: Routledge: 107-118.

Lansdown, Gerison (2001): *Promoting Children's Participation in Democratic Decision-making.* Florenz: UNICEF.

Lindley, Richard (1989): *Teenagers and other children.* Scarre, Geoffrey (ed.): Children, parents and politics. Cambridge: Cambridge University Press: 72-93.

Little, Jo, Peak, Linda und Richardson, Pat (1988): *Women in Cities: Gender and the Urban Environ-men.* London: Macmillan.

Matthews, Gareth (1980): *Philosophy and the Young Child.* Cambridge Massachusetts: Harvard University Press.

Matthews, Gareth (1984): *Dialogues with Children.* Cambridge Massachusetts: Harvard University Press.

Matthews, Gareth (1987): "Concept formation and moral development". James Russell (ed.): *Philosophical perspectives on developmental psychology.* Oxford: Basil Blackwell: 175-190.

Matthews, Gareth (1994): *The philosophy of childhood.* Cambridge Massachusetts: Harvard University Press.

Matthews, Hugh, Taylor, Mark, Percy-Smit, Barry und Limb, Melanie (2000): "The unacceptable flaneur: the shopping mall as a teenage hangout". *Childhood*, Vol. 7: 279-294.

Mayall, Berry (1994): *Negotiating Health: Children at Home and Primary School*. London: Cassell.

Mayall, Berry (1996): *Children, Health and the Social Order*. Buckingham: Open University Press.

Mayall, Berry (2001): "Understanding childhoods: A London study". Alanen, Leena und Mayall, Berry (eds.): *Conceptualizing child-adult relations*. London: Falmer Press: 114-128.

Mayall, Berry (2002): *Towards a Sociology for Childhood*. Buckingham: Open University Press.

Mayall, Berry und Foster, Marie-Claude (1989): *Child Health Care: Working for Children, Living with Children*. Oxford: Heinemann.

Mayall, Berry, Bendelow, Gill, Barker, Sandy, Stor, Pamela und Veltman, Marijke (1996): *Children's Health in Primary Schools*. London: Falmer Press.

Meighan, Roland und Siraj-Blatchford, Iram (1997): *A sociology of Educating*. London: Cassell. (3. Aufl.)

Montandon, Cléopâtre (2001): "The negotiation of influence: children's experiences of parental education practices in Geneva". Alanen, Leena und Maya, Berry (eds.): *Conceptualizing child-adult relations*. London: Falmer Press: 54-69.

Morrow, Virginia (2000): "'Dirty looks' and 'trampy places' in young people's accounts of community and neighbourhood: implications for health inequalities". *Critical Public Health*, Vol. 10: 141-152.

Neale, Bren, (2002): "Dialogues with children: children, divorce and citizenship". *Childhood*, 9: 455-476

Oakley, Ann (1994): "Women and children first and last: Parallels and differences between children's and women's studies". Mayall, Berry (ed.): *Children's childhoods: Observed and experienced*. London: Falmer Press: 13-22.

O'Brien, Margaret, Jones, Deborah, Sloan, David und Rustin, Michael (2000): "Children's independent spatial ,mobility in the urban public realm". *Childhood*, Vol. 7: 257-278.

O'Neill, John (1994): *The missing Child in Liberal Theory*. Toronto und London: University of Toronto Press.

Oppenheim, Carey und Lister, Ruth (1996): "The politics of child poverty 1979-1995". Pilcher, Jane und Wagg, Steve (eds.): *Thatcher's children: Politics, childhood and society in the 1980s and 1990s*. London: Falmer Press: 114-133.

Osler, Audrey (ed.) (2000): *Citizenship and Democracy in Schools: diversity, identity, equality*. Stoke on Trent: Trentham Books.

Pringle, Keith (1998): *Children and Social Welfare in Europe*. Buckingham: Open University Press.

Pritchard, Michael (1996): *Reasonable Children: Moral Education and Moral Learning*. Lawrence, Kansas: University Press of Kansas.

Qvortrup, Jens (1985): "Placing children in the division of labour". Close, Paul und Collins, Rosemary (eds.): *Family and economy in modern society*. London: Macmillan: 129-145.

Ribbens und McCarthy, Jane (2001): *The Family Lives of Young People*. York: Joseph Rowntree Foundation

Rose, Nicholas (1989): *Governing the Soul*. London: Routledge.

Save the Children (1995): *Towards a Children's Agenda: New Challenges for Social Development*. London: Save the Children.

Segal, Lynne (1999): *Why Feminism: Gender, Psychology, Politics*. Cambridge: Polity Press.

Schweder, Richard, Mahapatra, Manamohan und Miller, Joan (1989): "Culture and moral development". Kagan, Jerome und Lamb, Sharon (eds.): *The emergence of morality in young children*. Chicago and London: University of Chicago Press: 1-82.

Der moralische Status der Kindheit 159

Smith, Anne, Gollop, Megan, Marshall, Kate und Nairn, Karen (eds.) (2000): *Advocating for children: international perspectives on children's rights*. Dunedin, New Zealand: University of Otago Press.

Smith, Dorothy (1988): *The Everyday World as Problematic: Towards a Feminist Sociology*. Milton Keynes: Open University Press.

Steedman, Carolyn (1988): "The mother made conscious: The historical development of a primary school pedagogy". Woodhead, Martin und McGrath, Andrea (eds.): *Family, school and society*. London: Hodder and Stoughton: 82-95.

Triggs, Pat und Pollard, Andrew (1998): "Pupils' experience and a curriculum for life-long learning". Richard, Colin und Taylor, Philip (eds.): *How shall we school our children?: Primary education and its future*. London: Falmer Press: 108-122.

Ward, Colin (1978): *The Child in the City*. London: Architectural Press.

Ward, Colin (1988): *The child in the Country*. London: Robert Hale Ltd.

Wintersberger, Helmut (ed.) (1996): *Children on the way from marginality towards citizenship. Childhood policies: conceptual and practical issues*. Papers from an international seminar in Montebello, Canada, 16-20 October 1995. Vienna: European Centre.

Zelizer, Viviana A. (1985): *Pricing the Priceless Child: The Changing Social Value of Children*. New York: Basic Books.

Übersetzung aus dem Englischen von Helga Zeiher

Jesper Olesen

Das Kinderpublikum positionieren

Seit 1988 in Dänemark kommerzielle Kinderkanäle eingeführt wurden, ist die Wirkung von Werbebotschaften auf Kinder wiederholt Gegenstand öffentlicher Debatten gewesen. Vor allem ist kritisiert worden, dass man an Kinder gerichtete Werbung auf die Weihnachtszeit konzentriert und direkt an Kinderprogramme anbindet. Nach dem Golfkrieg ist das Phänomen in militärischer Begrifflichkeit mit dem Etikett "kommerzielles Teppich-Bombardement" versehen worden. Dieser Ausdruck ist insofern interessant, als er sowohl den Produzenten wie den Rezipienten der Werbespots spezifische Qualitäten zuschreibt. Der Produzent wird mit der militärischen und ökonomischen Supermacht USA verglichen, während dem Rezipienten die Position des Opfers einer gnadenlosen Attacke zugewiesen wird. Das Kinderpublikum erscheint in einer solchen diskursiven Strategie als passives Opfer der Überredungsmacht der Werbespots. Werbe- und Spielzeugindustrie antworten auf die diskursive Passivierung des Kinderpublikums, indem sie Kinder als anspruchsvolle und kompetente Zuschauer sowie als kritische Konsumenten darstellen. Eltern bringen immer wieder ihre Sorge zum Ausdruck, dass die Kinder – im Gegensatz zu ihnen selbst – leicht den Werbebotschaften erliegen und entsprechend Vater und Mutter drängen, ihnen die beworbenen Konsumgüter zu kaufen. Welche Meinungen Kinder zu diesem Thema haben, ist in der Debatte höchst selten zu hören. Das Interessanteste an dieser Auseinandersetzung ist nicht die Frage, ob Kinder besonders passiv, leicht zu überreden, oder kompetent sind, sondern die Tatsache, dass spezifische Darstellungen von Kindern bestimmten kulturellen, sozialen und ökonomischen Zwecken dienen. Seit 1988 ist es in Dänemark jedes Jahr zur Weihnachtszeit zu einem Streit über die Vorstellung von Kindern als eines besonderen Publikums mit spezifischen Eigenschaften gekommen, weil solche Kindheitsbilder bestimmte soziale Aktionen nahe legen, und andere ausschließen. Und selbstverständlich ist es von großer Bedeutung, wie das Kinderpublikum gesehen wird. Es ist wichtig für die Agenten, die finanziell an dieser Ziel-

162 Jesper Olesen

gruppe interessiert sind, und es ist äußerst wichtig für die Kinder, deren Leben durch die in der Gesellschaft vorherrschenden Kinderbilder mitgeprägt wird.

Diskurs und *agency*

Die Weihnachtsepisode ist ein gutes Beispiel dafür, wie Kindern diskursiv spezifische Positionen als Mediennutzer zugeteilt werden. Die Diskurstheorie unterstellt, dass soziale Kontexte wie Familien, Gleichaltrigengruppen und öffentlicher Raum durch Diskurse strukturiert werden (Laclau und Mouffe 1985). Diskurse definieren die Beziehungen zwischen sozialen Akteuren. Die Familie wird vor allem durch Diskurse organisiert, die Beziehungen zwischen den Generationen regulieren. Es ist wichtig zu betonen, dass immer mehrere Diskurse in reale Kontexte hineinspielen. Das Soziale wird niemals durch einen einzelnen dominanten Diskurs organisiert, sondern immer durch eine Reihe konkurrierender Diskurse. Allerdings könnte ein Diskurs eine hegemoniale Position erlangen, und deshalb als mehr oder weniger natürlich erscheinen, allerdings ohne alle abweichenden Stimmen völlig blockieren zu können. Der dominante Diskurs über Kinder basierte lange Zeit auf der Wahrnehmung, sie seien anders als andere Publikumsgruppen. Der Diskurs unterstellt, dass Kinder besonders empfindlich auf Mediengewalt reagieren, oder dass sie eine besondere Lebensphase durchlaufen, die der Entwicklung ihrer Persönlichkeit. In jüngster Zeit kam es zu der entgegengesetzten Tendenz, in Kindern besonders kompetente und kultivierte Leser visueller Inhalte zu sehen. Angeblich sind sie in der Lage, sogar komplizierte visuelle Darstellungen zu begreifen, zum Beispiel in Musikvideos, denen Erwachsene kaum folgen können. Die Annahme, man könne Kinder am besten verstehen, wenn man die Unterschiede zwischen ihnen und den Erwachsenen im Blick hat, hat sich derart etabliert, dass wir sie nur selten in Frage stellen. Mit der Zeit haben die Wissenschaften, die sich mit Kindern beschäftigen, etwa Biologie, Psychologie, Pädagogik und Soziologie, diese Annahme bestätigt, und die, die professionell auf diesen Gebieten arbeiten, haben auf der Basis von Theorien über die mentale, kognitive und physische Entwicklung der Kinder, ihre Bildung, ihre Sozialisation zu Bürgern, darüber gestritten, was es bedeutet, Kind zu sein. Was diese theoretischen Perspektiven miteinander verbindet, ist ihre Fixierung auf das sich entwickelnde Kind (James, Jenks und Prout 1998). Während der letzten Jahrzehnte hat sich Schritt für Schritt eine alternative Perspektive entwickelt, die diese fundamentalen Annahmen in Frage stellt. Die neuen Kindheitsstudien argumentieren, die Konzentration auf die Entwicklung des individuellen Kindes in Jahren und Stufen hebe das hervor, was Kinder nicht sind, was sie noch werden müßten. Weil sie Kinder primär als Wesen betrachtet, die erst dabei sind, die Reife und die Fähigkeiten zu erlangen, die für eine volle Mitgliedschaft in der Gesellschaft unabdingbar sind, tendiert die Perspektive vom sich entwickelnden Kind dahin, so die Kritik, eine ganze Bürgergruppe außerhalb der Gesellschaft zu plazieren. Die neuen Kindheitsstudien setzen sich dafür ein, Kinder als Bürger von heute, und nicht als die von morgen zu behandeln (Qvortrup 1993). Die Kritik des konventionellen Verständnisses von Kindern, wie sie vor allem von Soziologen und Anthropologen vorgebracht wird, ist von großer Bedeutung für unser Verständnis des Medienumgangs von Kindern. Anstatt Kindermedien als Instrumente zu studieren, die entweder die Entwicklung von Kindern behindern oder fördern, sollten wir Medien als integralen Bestandteil des kulturellen und sozialen Lebens in der Kindheit betrachten. Anstatt Medien als eine informelle Parallelschule oder Medieninstitutionen als Sozialisationsagenten zu betrachten, die Familienmitgliedern oder Gleichaltrigen ähneln, sollten wir anfangen zu untersuchen, wie Kinder, im Freundeskreis und in der Familie, mit Medien umgehen, nicht im Hinblick auf ihr künftiges Erwachsensein, sondern auf ihre gegenwärtige Kindheit. Absicht dieses Artikels ist es zu untersuchen, wie die dominanten Kindheitsdiskurse den Mediengebrauch von Kindern mitgestalten und wie Kinder als Publikum in spezifischen sozialen Alltags-Forschungskontexten etabliert sind.

Soziale und symbolische Gemeinschaften

Die skizzierten Probleme betreffen die Beziehung zwischen der diskursiven und der sozialen Ebene der Praxis. Welche Möglichkeiten haben Kinder, sich den dominierenden Darstellungen von Kindern als verwundbaren und inkompetenten Zuschauern mit wenig Erfahrung, wie sie von Erwachsenen meistens vorgebracht werden, zu widersetzen? Welches Autonomie-Niveau wird Kindern in den diskursiven Strukturen des Sozialen angeboten? Berry Mayall (1994) argumentiert, dass, auch wenn Erwachsene grundsätzlich die organisatorische Kontrolle über die Aktivitäten von Kindern haben, deren Interaktionen mit anderen Menschen und in den Alltags-Umgebungen nicht so sehr durch ihre absolute Machtlosigkeit gegenüber Erwachsenen bedingt sind, sondern durch die spezifische Machtbeziehung zwischen den Kindern und den Erwachsenen in dem jeweils gegebenen Kontext. Der Einfluß auf andere Menschen und auf soziale Konventionen oder Ansprüche, variiert von Kontext zu Kontext. Kinder werden deshalb ihre soziale Umgebung erfolgreicher in Settings beeinflussen können, in denen es weniger wahrscheinlich ist, dass Erwachsene eine maßgebende Position einnehmen. Kindheit wird also nicht als ein konsistentes Beziehungsgefüge erlebt, sondern dürfte wohl eher entsprechend den Kinder- und Kindheitsvorstellungen, welche die Erwachsenen für spezifische soziale Settings konzipieren, variieren.

In Medienstudien ist es zur Selbstverständlichkeit geworden, zwischen 'sozialen' und 'symbolischen' Mediennutzern zu unterscheiden (Drotner 1993). Die erste Kategorie ist durch sozioökonomische Variablen wie Klasse, Geschlecht, Ethnizität und Generation definiert, die zweite durch Interpretationsgewohnheiten. Die soziologisch inspirierte Medienforschung denkt Zuschauer gewöhnlich als soziale Nutzer, während Studien in den Humanwissenschaften in ihnen symbolische Nutzer sehen. Im Allgemeinen praktiziert man entweder das eine oder das andere Konzept. Ich möchte ein paar gute Beispiele für Studien über symbolische Nutzer erwähnen. Es handelt sich um Studien, die in Dänemark realisiert wurden. Tove Arendt Rasmussen hat eine Rezeptionsstudie über Jungen durchgeführt, die sich in einem Jugendclub einen Actionfilm anschauten (Rasmussen 1995), und Anne Jerslev hat untersucht, wie Mädchen in kleinen Gruppen mit Horrorfilmen umgehen (Jerslev 1998). In beiden Studien geht es um bereits existierende interpretative Gemeinschaften, die sich auf der Basis gemeinsamer Medienpräferenzen etabliert haben. Und die Studien beschränken sich auf die Untersuchung der Interpretationen, die diese Gruppen von Jungen und Mädchen in einem spezifischen Kontext liefern. Stellen wir uns jetzt vor, diese Studien wären auf eine Reihe anderer sozialer Kontexte ausgedehnt worden, in denen dieselben jungen Leute ebenfalls Medien nutzen (z.B. in ihren Familien, mit Freunden des anderen Geschlechts oder in der Schule), dann wäre die Dimension sozialer Nutzer klarer zum Vorschein gekommen. Die jungen Mediennutzer würden nicht nur als Mitglieder mehrerer unterschiedlicher Interpretationsgemeinschaften in Erscheinung treten, und als solche eine Vielzahl interpretativer Strategien zum Ausdruck bringen. Sie würden auch Gemeinsamkeiten haben, die sie über die verschiedenen Kontexte hinaus miteinander teilen. Sie würden auch als soziale Nutzer in Erscheinung treten, die durch soziale Herkunft, Geschlecht, Ethnizität, Generation usw. charakterisiert sind. Das sind soziale Konstrukte, die sie in all die symbolischen Gemeinschaften mit hineinbringen, denen sie angehören. Auf der einen Seite zählen Kinder zu einer spezifischen Generationskategorie in allen sozialen Kontexten, gleichgültig mit wem sie zusammen sind (mit gleichaltrigen Freunde in einer Peer-group oder mit Eltern und Geschwistern in einer Familie). Auf der anderen Seite ist das, was die Zugehörigkeit zu einer spezifischen Generationskategorie ausmacht, in jeder symbolischen Gemeinschaft Gegenstand der Interpretation. Generation bedeutet nicht in allen Kontexten dasselbe und ist nicht in jedem Kontext gleich wichtig.

Das Kinderpublikum positionieren 165

Deshalb werden einige Diskurse über Kinder und Medien in bestimmten Kontexten mit größerer Wahrscheinlichkeit aktiviert als in anderen. Mit anderen Worten: Wie Kinder als Publikum positioniert sind, hängt davon ab, wie die Bedeutung der Zugehörigkeit zu einer besonderen Generationskategorie interpretiert wird.

Die Bedeutung von Generation in der Familie

In diesem Abschnitt möchte ich illustrieren, wie Generation im Familienkontext spezifische Bedeutungen annimmt, und wie diese Bedeutungen sich auf die vorherrschenden Diskurse über Kindheit stützen. Die Erfahrungen, die Kinder durch und mit Medien machen, werden zum Beispiel oft im diskursiven Rahmenwerk von Generation interpretiert. Es stellt sich die Frage, wie sich die Medienerfahrungen der Kinder zu einer sozialen Ressource im Familienkontext verwandeln. William Corsaro vertritt in "The Sociology of Childhood" (1997) die Auffassung, dass Kinder bereits in sehr frühen Lebensjahren ihre eigenen Erfahrungen machen. Kinder treten durch die Familie in die Kultur ein, beginnen dann aber mit der Bildung von Gleichaltrigengruppen und partizipieren an verschiedenen Gleichaltrigenkulturen. Als Alternative zum konventionellen Verständnis, nach dem Kinder in die Erwachsenenwelt hinein sozialisiert werden, indem sie eine Reihe vorgefasster Stadien passieren, schlägt Corsaro das Konzept "interpretative Reproduktion" vor. Er geht von der Basisannahme aus, dass Kinder die Kindheit nicht als Individuen durchlaufen, sondern als Mitglieder einer Serie von Gleichaltrigenkulturen. Sie internalisieren nicht einfach passiv Erwach-senenfähigkeiten und –wissen. Es ist eher so, dass sie sich kreativ Informationen aus der Erwachsenenwelt aneignen, um ihre eigene, einzigartige Gleich-altrigenkultur zu produzieren. Corsaro ist der Auffassung, die individuelle Entwicklung sei in die kollektive Produktion einer Reihe von Gleichaltrigenkulturen eingebettet, die dann ihrerseits zu Reproduktion und Wandel der umfassenderen Erwachsenengesellschaft beitragen (Corsaro 1997: 26). Die in der Kindheit gemachten Erfahrungen werden nicht abgestreift, wenn das individuelle Kind schließlich erwachsen geworden ist und in die Erwachsenenwelt eintritt. Sie behaupten sich als Teil der persönlichen und kollektiven Lebensgeschichte. Außerdem wird jede neue Generation auch in einen neuen historischen Kontext hineingeboren, einen, der sich von dem unterscheidet, in dem ihre Eltern aufwuchsen. Die historische Entwicklung ist im Hinblick auf die jeweilige Medienlandschaft bedeutsam, von der Kinder einer Generation umgeben sind. In diesem Bereich sind Kinder natürlich auf ihre eigenen Erfahrungen mit neuen Technologien und Programmformaten angewiesen. Ich möchte illustrieren, dass Kinder ihre eigenen unabhängigen Erfahrungen mit Medien machen, und dass diese Erfahrungen die Basis für ihren künftigen Umgang mit Medien bilden. Mein Beispiel stammt aus einem Interview, dass ich mit einem 10-jährigen Mädchen gemacht habe (Olesen 2000a). Sie hatte herausgefunden, dass ein gruseliger Film weniger gruselig war, wenn sie sich ihn mehrmals anschaute. Es gab zum Beispiel eine spezifische Szene in einem Film, die ihr besonders angsteinflößend erschien. Es handelte sich um eine Szene, in der ein Wiesel alle Tauben in einem Taubenschlag frisst, weil das Fenster offen gelassen wurde. Sie hatte die Szene viele Male gesehen, und jetzt erschein sie ihr nicht mehr unheimlich. Obwohl es darum ging, die emotionale Wirkung zu reduzieren, kann man sich kaum vorstellen, dass ihre Eltern ihr den Rat gaben, sich die Szenen wiederholt anzuschauen, die sie besonders unheimlich fand. Ihre Art des Umgangs mit angsteinflößenden Szenen basiert also eindeutig auf ihren eigenen Erfahrungen. Das Beispiel zeigt, dass Kinder über ihre Medienerfahrungen nachdenken, und vor diesem Hintergrund brauchbare Strategien für den Umgang mit Medientexten entwickeln. Obwohl Kinder, wie das Mädchen in diesem Beispiel, über einige Erfahrung verfügen, ist es jedoch nicht so, dass sie dementsprechend als Erfahrene behandelt werden. Die soziale Anerkennung von Kindererfahrungen hängt von spezifischen Interpretationsgemeinschaften ab.

Wie bereits erwähnt, basiert einer der dominanten Kindheitsdiskurse auf der Vorstellung vom sich entwickelnden Kind. Im Rahmen dieses Diskurses ist Kindheit eine Durchgangsstufe im Leben des individuellen Kindes auf dem Weg zum Erwachsensein. Er ist tief in der psychologischen Theorie über die Entwicklung von Kindern in Altersabschnitten und -stufen verwurzelt. Angeblich existiert eine enge Verbindung zwischen dem Alter des Kindes und seiner geistigen Entwicklungsstufe, und kann deshalb in einem bestimmten Alter von einem Kind ein bestimmtes geistiges Niveau erwartet werden. Der Diskurs vom sich entwickelnden Kind tendiert dazu, den Mediengebrauch von Kindern als einen Lernprozeß zu betrachten, in dem Kinder Schritt für Schritt, eine ihrem jeweiligen Alter entsprechende Erfahrung und Kompetenz aufweisen. Wenn dieser Diskurs auf den Mediengebrauch von Kindern in der Familie angewendet wird, dann oft in Verbindung mit der Besorgnis, die natürliche Entwicklung der Kinder könnte gestört werden. In Abhängigkeit vom Stand der geistigen Entwicklung eines Kindes werden konsequent bestimmte Formen der Mediennutzung für geeignet erachtet. Was auch bedeutet, dass die tatsächliche Mediennutzung oberhalb oder unterhalb des für angemessen gehaltenen Niveaus liegen kann. Diese Argumentation kann mit einem Beispiel aus der bereits erwähnten

Studie illustriert werden. Die Mutter eines 11-jährigen Jungen beschreibt dessen Medienvorlieben für Cartoons und Actionfilme. Auf der einen Seite findet sie sein Interesse an Cartoons ein bisschen kindisch – ein Interesse, das sie mit LEGO-Spielen vergleicht. Auf der andern Seite war sie ein wenig besorgt über die Actionfilme, die er sich anschaute, wenn er mit einigen seiner Freunde zusammen war. Sie fand, dass sich die Jungen, wenn sie sich zusammen Videos anschauten, ein bisschen erwachsener gaben als sie waren. Sie wertete die Filme, die sie sich im Club anschauten, als Zeichen dafür, dass sie sich gegenseitig unter Druck setzten, sich härtere Filme anzuschauen, als sie wirklich zu sehen wünschten. Diese Beurteilung der Mediennutzung ihres Sohnes impliziert ein Modell natürlicher Entwicklung. Auf der Basis dieses Modells wurden die Cartoon-Vorlieben als unter dem Niveau eines Elfjährigen eingeschätzt, während Actionfilme als darüber liegend betrachtet wurden. Es ist wichtig zu betonen, dass diese Einschätzung von Cartoons kontextuell bestimmt ist. In anderen Kontexten ist es Kindern, die älter als elf sind, sehr wohl erlaubt, sich Cartoons anzuschauen, ohne zu riskieren, dass sie für kindisch oder für geistig zurückgeblieben gehalten werden. Das ist zum Beispiel jedes Jahr Weihnachten der Fall, wenn das dänische Fernsehen die *Disney Christmas Show* ausstrahlt. Wenn diese Show von einer großen Anzahl von Kindern angeschaut wird, sieht man darin nichts Kindisches, sondern einen Ausdruck von Tradition und Nostalgie. Im ersten Fall wird Generation als eine bedeutsame Kategorie auf die Mediennutzung des Jungen angewendet, während sie im zweiten Fall keine Rolle spielt. Oder, um genauer zu sein: Generation wird im Zusammenhang mit Weihnachtstraditionen anders verwendet. In diesem Fall liegt der Akzent auf dem, was Generationen verbindet, und nicht auf dem, was sie voneinander trennt.

Im Diskurs über das sich entwickelnde Kind gibt es eine enge Beziehung zwischen dem Mediengebrauch von Kindern und ihrer geistigen Entwicklung. Ein anderer Aspekt dieses Diskurses betrifft die kulturelle Bildung von Kindern. Bestimmte kulturelle und künstlerische Erfahrungen sind eng mit der kulturellen Bildung von Kindern verknüpft. Es wird zum Beispiel angenommen, dass kultiviertere Kunstformen wie klassische Musik, Malerei, Kunstfilme und bestimmte Literaturformen ein beträchtliches kulturelles Kapital bei Zuschauern, Lesern oder Hörern voraussetzen. Und es wird unterstellt, dass Kinder nicht über das kulturelle Kapital verfügen, das erforderlich ist, um die Gehalte dieser avancierten Kunstformen wirklich genießen und verstehen zu können. Ich möchte zeigen, wie spezifische Erfahrungen mit den Medien als Belege für kulturelles Kapital und für Erwachsensein dienen. Mein Beispiel stammt aus einem Interview, das ich mit einem elfjährigen Jungen und seiner Mutter gemacht habe (Olesen 2000a). Die Mutter sprach über einige ihrer Jugenderfahrungen mit

Filmen. Sie war unter anderem in eine der ersten Klassen gegangen, die in der staatlichen dänischen Schule 'Film-Studien' als Unterrichtsfach anboten. Dadurch wurde ihr Interesse an italienischen und französischen Filmen geweckt. Sie ging auch oft in ein Kunstfilmkino in Kopenhagen, welches zu der Zeit eine Reihe von Filmen der französischen "Nouvelle Vague" zeigte. Sie nannte einige ihrer Lieblingsregisseure aus den sechziger und siebziger Jahren. Heute sind diese Erfahrungen für sie ein Bezugspunkt, wenn sie neue Filme sieht und darüber spricht. Die Schilderung einiger ihrer besonders wichtigen Medienerfahrungen erinnerte ihren Sohn an einen Film, den er kürzlich gesehen hatte. Es war *Nuovo Cinema Paradiso*. Er konnte sich nicht an den Titel erinnern, aber als er die Handlung wiedergab, konnten wir mühelos herausfinden, über welchen Film er sprach. Es ist leicht zu verstehen, weshalb er an diesen speziellen Film dachte; denn er ähnelt in mancherlei Hinsicht den modernistischen Filmen aus der Jugendzeit seiner Mutter. Es ist ein italienischer Film. Die Handlung spielt in der Vergangenheit, in der Zeit, in der das Medium Film noch sehr neu war. Trotz dieser offensichtlichen Ähnlichkeiten, gehört *Nuovo Cinema Paradiso* nicht in die modernistische Ära. Die Mutter machte dem Jungen klar, dass *Nuovo Cinema Paradiso* kein alter Film ist. Der Junge versuchte, sich mit *Antonia* besser an die 'Nouvelle Vague' heranzutasten. Er rechtfertigte seine Vermutung, indem er sagte, es handle sich um einen holländischen Film, und man bekomme selten einen Film dieses Genres zu sehen. Seine Mutter antwortete, sie denke nicht, dass diese Filme etwas für ihn seien. Beide Vermutungen des Jungen zeigen, dass er eine, wenn auch vage, Vorstellung vom Geschmack seiner Mutter hatte. Er wusste, dass die Filme 'alt' zu sein hatten, ein Kriterium, dem er mit *Nuovo Cinema Paradiso* zu entsprechen suchte. Er unterschied allerdings bei seinen Vorschlägen nicht zwischen Filmen, die in der Vergangenheit spielen und solchen, die in der Vergangenheit gedreht worden sind. Er hatte auch eine Vorstellung davon, dass seine Mutter eine Vorliebe für 'special interest'-Filme hat, ein Anspruch, dem *Antonia* gerecht wird. Auf der anderen Seite war ihm nicht klar, dass 'special interest' nicht ausreicht. Die Filme mussten aus einer bestimmten Zeit sein, die von besonderem Interesse für die Generation war, die damals jung war. Die mütterliche Zurückweisung der beiden Film-Vorschläge, die ihr Sohn machte, kann deshalb als Verteidigung einer kulturellen Distinktion zwischen ihrem eigenen kultivierten Geschmack und dem weniger raffinierten ihres Sohnes verstanden werden. Einem Erwachsenen wäre es möglich gewesen, Ähnlichkeiten zwischen den beiden jüngeren Filmen und der modernistischen Ära der sechziger Jahre aufzuzeigen. Allerdings ist es unwahrscheinlich, dass die Mutter ihrem Sohn das zugestehen würde; denn kulturelles Kapital und Alter sind miteinander verknüpft. Die kulturellen Erfahrungen, die der Junge mit *Nuovo Cinema Paradiso* und *Antonia* gemacht hat, lassen sich nicht mit den Erfahrungen seiner Mutter in ihrer Jugend vergleichen. Diese ginge nämlich das Risiko ein, den Wert der modernistischen Filme als Beleg für kulturelles Kapital aufs Spiel zu setzen, wenn sie sie mit einem Kind teilen würde.

Diese wenigen empirischen Beispiele können deutlich machen, dass Generation ganz entscheidend den Prozeß beeinflusst, durch den Kinder zu einem Publikum gemacht werden, das anders ist als Erwachsene. Im Rahmen eines Diskurses, der die Entwicklung der Kinder im Sinne psychischer und kultureller Reifung betont, werden Kinder hauptsächlich in untergeordneten Zuschauerrollen positioniert: Sie werden durch das charakterisiert, was ihnen im Vergleich mit erwachsenen Zuschauern fehlt. Aus sozialkonstruktivistischer Perspektive ist bemerkenswert, dass, wenn Kinder zum Beispiel mit Erwachsenen im Familienkontext zusammen sind, diese Situation vor allem Unterschiede zwischen dem Kinderpublikum und dem Erwachsenenpublikum produziert. Ein derartiger Prozeß der Bedeutungskonstruktion führt dazu, dass das Kinderpublikum als Publikum einer besonderen Ordnung erscheint: einer Ordnung, die in hohem Maße aus spezifischen Beziehungen zwischen zwei Generationen resultiert (Olesen 2000b). Das Studium von Kindern als Publikum, auf das in diesem Abschnitt Bezug genommen wurde, teilt die theoretische Perspektive mit einer Reihe neuer Arbeiten über Kindheit als eine soziale Konstruktion. Diese Arbeiten sind der Frage nachgegangen, wie Kindheit in sozialen Prozessen von Kindern und Erwachsenen in unterschiedlichen sozialen Kontexten konstruiert und rekonstruiert wird. Susanne Højlund hat untersucht, wie dänische Kindheit als soziokulturelles Phänomen in die Begegnungen neunjähriger Kinder und professioneller Erwachsener in drei verschiedenen Institutionen hineinspielt: Eine Schule, einen Hort und ein Krankenhaus. Die drei Institutionen und die soziale Praxis, die in ihrem Innern stattfindet, produzieren unterschiedliche Kategorien von Kindern. Das ist für die Erfahrungen der Kinder mit sozialer Identität von zentraler Bedeutung (Højlund 2001). Bjørg Kjær hat sich die sozialen und kulturellen Prozesse angeschaut, die zwischen dänischen Kindern und Vorschullehrern in einem Hort-Zentrum ablaufen. Ergebnis der interpretativen Prozesse in den Institutionen ist, dass Kindern und Erwachsenen spezifische soziale Positionen zugeteilt werden (Kjær 2001). Ein Verdienst solcher Kontextstudien gelebter Kindheiten liegt darin, dass sie sichtbar machen, dass Kinder sehr wohl als eine Gruppe mit distinkten Eigenschaften in Erscheinung treten, dieser Umstand aber eher den sozialen und kulturellen Prozessen geschuldet ist, als einfach ihrer Physis oder Psyche inhärent.

Wechselbeziehungen zwischen Kinderbildern und Medienbildern in der Kindermedienforschung

Wenn wir dazu tendieren, Kinder als Wesen zu begreifen, die sich von Angehörigen anderer sozialer Gruppen grundsätzlich unterscheiden, so hat das sehr viel damit zu tun, dass wir erwarten, Unterschiede zu finden, wenn wir Kinder studieren. Diese Erwartung ist nicht nur im Alltagsleben sehr verbreitet. Sie herrscht auch in dem wissenschaftlichen Kontext vor, der sich auf eine lange Tradition stützt, die Kinder über ihr Anderssein versteht. Diese Tradition erhebt den Anspruch, dass wir, wenn wir Kinder verstehen wollen, zuallererst verstehen müssen, wie sie sich von Erwachsenen unterscheiden:

"Nur wenn Kinder in einigen entscheidenden Aspekten anders auf das Fernsehen reagieren als Erwachsene, können wir es rechtfertigen, ihnen als einem besonderen Publikum Aufmerksamkeit zu schenken" (*Hodge und Tripp 1986: 73*).

In "Children and Televison" sagen Hodge und Tripp ganz direkt, dass Kinder als Zuschauer anders sind als Erwachsene, und dass die Medienforschung sich deshalb auf spezielle Weise mit ihnen beschäftigen sollte. Sie gehen sogar so weit, eine spezielle Beschäftigung mit Kindern für nicht gerechtfertigt zu erklären, falls es keinen markanten Unterschied zwischen Kindern und Erwachsenen gebe. Einzigartig ist an dem zitierten Satz nur, dass Hodge und Tripp ausdrücklich formulieren, was für den Großteil der Medienforscher eine selbstverständliche Prämisse der Beschäftigung mit dem Kinderpublikum darstellt. Auf jeden Fall beruht die Bestimmung dessen, was das Kinderpublikum ausmacht, in hohem Maße auf der Vorstellung vom Kind, die in der theoretischen Perspektive der spezifischen Medienstudien impliziert ist. Auf dem Hintergrund der Arbeiten, die im Rahmen der neuen Kindheitsstudien durchgeführt worden sind, ist es wichtig zu fragen, aus welchen Gründen wir nach Unterschieden schauen, und was wir vernachlässigen, wenn uns die Unterschiede zwischen Kindern und Erwachsenen bedeutsamer erscheinen als die Ähnlichkeiten. Um diese Fragen beantworten zu können, ist es wichtig, die Wechselbeziehungen zwischen Kinderbildern und Medienbildern in der Kindermedienforschung genauer zu betrachten. Es gibt zumindest drei grundlegende Perspektiven auf die Beziehung zwischen Kindern und Medien: eine essentialistische, eine konstruktivistische und eine kontextualistische. Jede Perspektive unterstellt besondere Verbindungen zwischen Medienbild und Kinderbild. Das jeweilige Medienbild entscheidet darüber, ob die Betonung der Medienforschung auf dem Text, dem Zuschauer oder dem Kontext liegt, während das Kindheitsbild den entsprechenden Akteursstatus des Kindes bestimmt.

Essentialismus

Der Essentialismus setzt den Akzent auf die naturgegebenen Eigenschaften des Kindes. Er unterstellt, dass es etwas genuin Kindliches gibt, das mit dem Wesen des Erwachsenseins kontrastiert. Diese Essenz rechtfertigt es, Kinder anders als Erwachsene zu behandeln. Chris Jenks (1996) hat in einem historischen Beitrag gezeigt, wie zwei spezifische Vorstellungen des essentiell Kindlichen das westliche Denken über Kinder dominiert haben. Er nennt sie dionysisches und apollinisches Kind. Das dionysische Kind ist seinem Wesen nach böse. Es ist deshalb Aufgabe des verantwortlichen Erwachsenen, diese Bösartigkeit unter Kontrolle zu bringen und, wenn nötig, zu brechen. Das apollinische Kind hingegen verfügt über ein gutes Potential, das der Zuwendung und der Stimulation bedarf, um sich im Erwachsenenleben zu entfalten. Jenks behauptet, dass diese Vorstellungen des Kindlichen koexistieren und, in der Vergangenheit wie heute, eine ideologische Basis für die Praxis in den Institutionen liefern. Das heißt, dass wir unser Handeln, soweit es sich auf Kinder bezieht, an diesen Vorstellungen orientieren, sowohl in engen Beziehungen wie in der Familie, als auch außerhalb. Das gilt etwa für Themen wie Kinder und Schule, Kinder und Gewalt oder Werbung für Kinder. In der Auseinandersetzung über die Mediennutzung von Kindern findet man das dionysische Kind in der Vorstellung, das Böse in den Kindern könne durch inspirierende Anreize wie mediale Gewaltdarstellungen zum Vorschein gebracht werden. Das apollinische Kind muß mit Medienprodukten von hoher Qualität stimuliert werden, um sein Potential entfalten zu können. Im essentialistischen Ansatz bilden Kinder ein spezifisches Publikum, eines, das sich kraft seiner inhärenten kindlichen Eigenschaften von Erwachsenen unterscheidet. Das essentiell Kindliche kann sowohl als etwas Destruktives und Subversives verstanden werden, wie beim dionysischen Kind, als auch, wie beim apollinischen Kind, als positives Potential. Im Zusammenhang mit dem Thema Kinder und Medien ist das Kindliche vor allem auf bestimmte Dinge reduziert worden, an denen es Kindern mangelt. Unter anderem wird angenommen, sie seien besonders passiv, verletzlich, unerfahren, inkompetent, und deshalb besonders empfänglich für die Botschaften der Medien. Kinder, so wird unterstellt, können nicht wie Erwachsene als vollentwickelte Akteure betrachtet werden, die, im Gegensatz zu ihnen über alle notwendigen Qualifikationen verfügen. Die essentialistische Perspektive tendiert deshalb eher zur Erforschung der Wirkungen von Medien auf Kinder als zur Untersuchung der Mediennutzung von Kindern (vgl. Postman 1983; Winn 1985; Werner 1986). Obwohl Wirkungsforschung sich leicht mit Kinderbildern verbindet, die den Akteurs-Status von Kindern herunterspielen, ist sorgfältig darauf zu achten, dass man nicht in die entgegengesetzte Falle tappt, und Medienwirkungen unterschätzt oder einfach ignoriert. Das größte Problem bei der Anwendung einer essentialistischen Perspektive auf die Mediennutzung von Kindern ist nicht die Aufmerksamkeit für Medienwirkungen, sondern die Ontologisierung des Kinderpublikums. Man sieht in ihnen die ganz Anderen, Wesen, die mit einer konstanten, historisch invarianten, inhärenten Kindlichkeit ausgestattet sind. Es ist deshalb genauso problematisch, Kindern eine angeborene positive Kompetenz zuzuschreiben, wie das zum Beispiel mit der Behauptung gemacht wurde, sie seien eine besonders geschickte Gruppe von Bilder-Lesern. Der Essentialismus fragt nach charakteristischen Eigenschaften, die für alle Kinder zu allen Zeiten gelten, und verurteilt ihre Positionierung in Zeit und Raum zur Bedeutungslosigkeit. Die essentialistische Perspektive unterstellt somit, die Mediennutzung von Kindern könne, anders als die Erwachsener, unabhängig von den historischen und sozialen Kontexten studiert werden, in denen die Medien verwendet werden, und zwar ohne wichtige Informationseinbußen.

Konstruktivismus

Der Konstruktivismus betont, dass Kinder Akteure sind. Wie alle anderen Zuschauer sind sie aktiv, indem sie die Medienprodukte im Gebrauch mit Bedeutung aufladen. In der Kinderforschung ist der Konstruktivismus zuerst, und vor allem, in psychologischen Theorien ausgearbeitet worden. Jean Piaget (1968) und Lev Vygotsky (1978) zählen zu denen, die am stärksten die Untersuchung der Frage stimuliert haben, wie Kinder die Informationen aus ihrer Umgebung aufgreifen und bearbeiten, um sich ihr eigenes Bild von der Welt zu machen. Die Aktivitäten von Kindern werden nahezu ausnahmslos als kognitive Prozesse verstanden, während umfassendere kulturelle und soziale Prozesse keine Beachtung finden. Bedeutsame konstruktivistische Beiträge zum Thema Kinder und Medien haben u.a. Dorr (1986) sowie Bryant und Anderson (1983) geleistet. In der radikalsten konstruktivistischen Version bestimmen allein die Zuschauer die Bedeutungsinhalte, weil die Medientexte nur, wenn sie auf reale Rezipienten treffen, Bedeutung erlangen. Der Konstruktivismus ist Ausdruck eines Gleichheitsprinzips, insofern jeder die Bedeutung herstellt, die für ihn selbst und sein Leben wichtig ist. Wenn Bedeutung relativiert wird, kann niemand den Anspruch erheben, eine bestimmte Interpretation sei besser oder richtiger als andere. Auf diese Weise wird jede Differenz annulliert – auch die zwischen dem Kinder- und dem Erwachsenenpublikum, und die Grundlage für die Privilegierung der Rezeptionsformen Erwachsener verschwindet. Eine solche

Perspektive tendiert zu einem besonderen Interesse für das Hier und Jetzt, in dem der Zuschauer die Bedeutung konstruiert. Das kann als "Ad-hoc-isierung" des Kinderpublikums beschrieben werden. Weil die sozialen Strukturen der Handlungsperspektive untergeordnet sind, fällt es dem Konstruktivismus schwer, über die Analyse situationsgebundenen Medienhandelns hinaus zu kommen. Er ist nicht an den umfassenderen Kontextbedingungen interessiert, die z.B. die Angehörigen einer Kindergeneration miteinander teilen, und die sie möglicherweise von früheren Generationen unterscheiden. Die Wirkungen, die Textstrukturen und soziale Strukturen auf das Kinderpublikum haben, müssen dem Forschungsinteresse an der Frage Platz machen, wozu Kinder die Medien nutzen. Obwohl dem Kinderpublikum der Status von Akteuren attestiert werden muß, ist es wichtig, sich der Tatsache bewusst zu sein, dass die Reichweite des Handelns der Akteure begrenzt ist. Die Programme, die für dieses Publikum, überwiegend von Erwachsenen, produziert werden, und die ihm in Medien präsentiert werden, die von einem normativen Feld umgeben sind, welches anzeigt, dass bestimmte Formen der Mediennutzung besonders "natürlich" sind, begrenzen seine Freiheit. Es ist wahr, die Medien liefern Rohmaterial für das soziale und kulturelle Leben der Kinder, aber dieses Rohmaterial ist bereits aufpoliert worden. Trotz aller grundsätzlichen Unterschiede zwischen Essentialismus und Konstruktivismus, beide stimmen in der Marginalisierung der Dimensionen Raum und Zeit überein: der Essentialismus, indem er das universell Kindliche betont, und der Konstruktivismus, indem er das situative Moment betont.

Kontextualismus

Der Kontextualismus richtet seine Aufmerksamkeit auf die Umwelt der Kinder. Anstatt die Kinder in den Blick zu rücken, konzentriert er sein Interesse auf Kindheit und Kinderkultur. Obwohl Kinder Akteure sind, müssen ihre Aktionen in dem Rahmen interpretiert werden, den die Gesellschaft, im umfassenden Sinne, für sie bereitstellt (Qvortrup 1993). Es ist zum Beispiel weniger interessant, Spielaktivitäten zu erforschen, wenn die Räume, in denen gespielt werden kann, wegen des zunehmenden Verkehrs verschwinden, oder wenn andere strukturelle Veränderungen die Spielumgebungen beeinträchtigen. Was die Mediennutzung von Kindern betrifft, so gilt das Interesse zum Beispiel technologischen, ökonomischen und organisatorischen Faktoren der Medienlandschaft, die für die Programme wichtig sind, die Kindern überhaupt angeboten werden sowie den Modalitäten der Realisierung solcher Programme. In diesem Zusammenhang ist es sehr wichtig, die Vorstellungen zu kennen, welche die Produzenten von dem Publikum haben, für das sie produzieren. Handelt es sich um ein Publikum, das vor allem unterhalten, oder um eines, das vor allem erzogen werden soll? Ist es ein Publikum, das hohes Ansehen genießt oder eines, das unten auf der Rangskala angesiedelt ist, usw.? Auch ideologische Strukturen, Bedeutungskonstruktionen, können die Medienrezeption von Kindern rahmen. Die kontextualistische Perspektive ebnet den Weg für eine historisierende Betrachtung der Mediennutzung von Kindern, weil der Medienkontext sich im Laufe der Zeit verändert, und so die Entwicklung neuer Modi der Medienrezeption ermöglicht; zum Beispiel Videoabende, die nicht nur die Existenz der Videotechnologie voraussetzen, sondern auch Raum, über den Kinder verfügen können. Eine besonders auffällige Veränderung in den Nordischen Ländern ist der Übergang von Fernsehkanälen, die nur durch Gebühren finanziert werden, in eine Medienlandschaft, die sich aus Kanälen zusammensetzt, die – mit graduellen Unterschieden – über Gebühren und durch Werbung finanziert werden. Kontextualismus darf nicht mit strukturellem Determinismus verwechselt werden, welcher allein den ideologischen und materiellen Strukturen Einfluß auf die Bedeutungskonstruktionen der Kinder zuschreibt. Das Kinderpublikum hat den Status von Akteuren und somit die Fähigkeit, Medienangebote mit Bedeutung aufzuladen. Der Kernpunkt des Kontextualismus liegt darin, dass er die Tatsache hervorhebt, dass es keine Bedeutung ohne Kontext gibt. Der Kontext, in dem Kinder die Medien nutzen, ist in hohem Maße durch die Beziehung geschaffen worden, die zwischen den Generationen in der Gesellschaft besteht. Es ist z.B. interessant, dass Kinder organisatorisch als ein besonderes Publikum von der "Danish national broadcasting corporation Denmark's Radio" identifiziert werden; denn das Department Kinder/Jugendliche wird als einziges durch die Kategorie Alter bestimmt, während alle sonstigen Programmaufteilungen durch Genrebegriffe definiert sind. Man muß davon ausgehen, dass der Grund für diese organisatorische Unterscheidung auf der Annahme beruht, man könne Kinder nicht so wie Erwachsene als Zielgruppe ansteuern. Sie bedingt die Auffassung, es sei sinnvoller, das Kinder- und Jugendfernsehen gesondert zu behandeln, als es in die existierenden Programmabteilungen zu integrieren. Der Kontextualismus macht es möglich, die Tendenz, Kinder in Fragen der Produktion wie der Rezeption als ein ganz anderes Publikum zu behandeln, zu überdenken.

Epistemologische Überlegungen zur Kindermedienforschung

Essistentialismus, Konstruktivismus und Kontextualismus schließen sich nicht notwendigerweise gegenseitig aus. Man hat deshalb nicht die Wahl zwischen der Untersuchung von Medienwirkungen auf verletzliche Seelen und der Handhabung neuer Medientechnologien durch ein kompetentes Kinderpublikum. Die verschiedenen Perspektiven setzen vielmehr unterschiedliche Akzente beim Studium der Mediennutzung von Kindern. Der Essentialismus betont den Text und dessen Wirkungen auf ein Publikum. Der Konstruktivismus hebt die interpretative Autonomie des Zuschauers hervor, während der Kontextualismus die Rahmenbedingungen des Medienumgangs von Kindern ins Zentrum der Aufmerksamkeit rückt. In diesem Sinne handelt es sich um Perspektiven, die einander ergänzen. Allerdings es ist wichtig, daran zu denken, dass diese Perspektiven mit spezifischen Bildern des Kinderpublikums verbunden sind, welches entweder dem Einfluß von Bedeutungen ausgesetzt ist (Essentialismus), Bedeutungen konstruiert (Konstruktivismus) oder in Bedeutungsstrukturen agiert (Kontextualismus). Mit anderen Worten: Kindermedienstudien erfordern ein bestimmtes Reflexionsniveau bezüglich der verwendeten Theorien und ihrer impliziten Kinderbilder. Reflexivität ist ein zentrales Konzept in der neueren qualitativen Methodologie, die ein Bewusstsein der theoretischen Annahmen, der Bedeutung von Sprache und Vorverständnis, also all dessen einklagt, was für die Interpretation konstitutiv ist. Außerdem richtet Reflexion die Aufmerksamkeit nach innen, auf die Person des Forschers, die Forschungsgemeinschaft, die Gesellschaft als ganze, auf intellektuelle und kulturelle Traditionen sowie auf die Bedeutung von Sprache und Darstellungsform im Forschungskontext. Mats Alvesson und Kaj Skjöldberg definieren das Konzept der Reflexivität in "Reflexive Methodoloy – New vistas for qualitative Research" (Alvesson und Skjöldberg 2000) als Interpretation der Interpretation. Sie begreifen Reflexivität als eine kritische Evaluation der Interpretationen, die in einer bestimmten Studie geliefert werden, und als die empirische Basis, auf der sie Ansichten über die 'Realität' als solche entwickeln. Der Forschungsprozeß leistet eine (Re)konstruktion der sozialen Realität, in der die Forscher sowohl mit den Forschungssubjekten interagieren, als auch durch aktive Interpretation für sich selbst wie für andere Bilder kreieren: Bilder, die selektiv bestimmte Ansprüche geltend machen, wie Bedingungen und Prozesse verstanden werden sollen, und dabei alternative Interpretationen unterdrücken. Eine der wichtigsten Aufgaben reflexiver Forschung besteht deshalb darin zu prüfen, warum bestimmte Perspektiven und Konstruktionen der Realität bevorzugt werden. Die systematischen Beziehungen zwischen Kinderbildern und Medienbildern bieten eine Erklärung der Frage an, warum bestimmte Perspektiven auf die Medien in der Kindermedienforschung bevorzugt worden sind: weil sie sich auf konventionelle Bilder vom Kind beziehen. Das ist zweifellos bei der gewaltigen Menge der Wirkungsstudien mit ihrer Betonung des Einflusses der Medien auf das Verhalten oder die Einstellungen von Kindern der Fall (vgl. Bandura 1977; Werner 1986; Feilitzen 1998). Diese Studien beziehen sich eindeutig auf Vorstellungen vom Kind, das seinem Wesen nach anders ist als Erwachsene, z.b. stärker schädlichen Medien ausgeliefert ist, mit schlimmen Folgen für seine Sozialisation. Auch die Rezeptionsforschung spielt inzwischen beim Studium der Mediennutzung von Kindern eine sehr wichtige Rolle (vgl. Rydin 1996; Tønnesen 1999; Povlsen 1999). Die Vorstellung von Zuschauern als Bedeutungen konstruierenden Akteuren im Umgang mit Medientexten in dieser Forschungsperspektive entspricht in mancherlei Hinsicht dem konstruktivistischen Programm von Piaget und Vygotsky. Die Perspektive auf Kinder als Wesen, die sich aktiv bei ihrer eigenen kognitiven Entwicklung engagieren, war bereits Teil des konventionellen Wissens und institutioneller Praxis. Der psychologische Konstruktivismus lieferte den intellektuellen und kulturellen Kontext, der es erlaubte, Rezeptionsstudien auf das Kinderpublikum auszudehnen. Die jüngste Tendenz in der Medienforschung, die Untersuchung von Mediennutzung als interpretativen Prozessen, die in umfassendere soziale und kulturelle Prozesse eingebettet sind, hat Kindermedienstudien nur in sehr begrenztem Maße beeinflusst (Buckingham 2000; Drotner 1992). Der sogenannte "ethnographic turn" in der Medienforschung fordert die Ersetzung der textzentrierten Perspektive durch die publikumszentrierte Perspektive der Rezeptionsforschung. Ethnographische Medienstudien sind ihrem Wesen nach Alltagsforschung, mit dem Akzent auf der Frage, wie Medien in das soziale und kulturelle Leben von Durchschnittsmenschen integriert sind. Diese Sicht der Medien impliziert eine viel komplexere Vorstellung von den Zuschauern: Sie sind nicht nur kognitive Akteure wie im psychologischen Konstruktivismus, sondern auch kulturelle. Eine solche Vorstellung verträgt sich gut mit der Annahme der neuen Kindheitsstudien, dass Kinder Mitglieder der Gesellschaft sind, und zur Konstruktion und Rekonstruktion von Gesellschaft und Kultur einen Beitrag leisten. Sie konfligiert aber mit der gemeinhin anerkannten Auffassung, dass Kinder ein Leben außerhalb der Gesellschaft und der Erwachsenenkultur in ihren eigenen abgesonderten Territorien des Spiels und der Vorbereitung auf das Erwachsenleben führen. Mit der Trennung der kulturellen Domänen von Kindern und Erwachsenen scheint z.B. die generationale Frage irrelevant zu werden. Das Problem liegt darin, dass die Bevorzugung bestimmter Perspektiven und Interpretationen in Kindermedienstudien offensichtlich dabei hilft, bestimmte Vorstellungen vom Kinderpubli-

Das Kinderpublikum positionieren 177

kum beizubehalten. Es ist deshalb eine wichtige Aufgabe heutiger Kindermedienstudien, im Blick zu behalten, dass sie niemals wirklich die Mediennutzung von Kindern untersuchen, sondern immer nur eine theoretisch basierte Perspektive darauf. Eine solche Perspektive beschränkt nicht nur unsere Konzeption der sozialen Realität, sondern ermöglicht es uns überhaupt erst, ein zusammenhängendes Bild der sozialen Realität zu entwickeln und zum Ausdruck zu bringen. Es ging in diesem Artikel also nicht darum, Vorbehalte gegenüber all den Kindermedienstudien anzumelden, die mit irgendwelchen Schlußfolgerungen zum Mediengebrauch von Kindern aufwarten, sondern um eine Schwerpunktverschiebung: von der Beschäftigung mit dem empirischem Material zum – so weit das möglich ist – Nachdenken über die theoretischen, linguistischen, politischen und kulturellen Kontexte, die den Hintergrund der Interpretationen abgeben, und die sie auch durchdringen.

Literatur

Alvesson, M. und Skjöldberg, K. (2000): *Reflexive Methodology – New Vistas for Qualitative Research*. London: Sage Publications.

Bandura, A. (1977): *Social Learning Theory*. Englewood Cliffs, N.J.: Prentice Hall.

Bryant, J. und Anderson, D.R. (eds.) (1983): *Children's Understanding of Television*. New York: Academic Press.

Buckingham, D. (2000): After the Death of Childhood – Growing up in the Age of Electronic Media. Cambridge: Polity Press.

Corsaro, W.A. (1997): *The Sociology of Childhood*. Thousand Oaks et al.: Pine Forge Press.

Dorr, A. (1986): Television and Children. A Special Medium for a Special Audience. Beverly Hills: Sage.

Drotner, K. (1992): "Modernity and media panics". Skovmand, M. und Schrøder, K. (eds.): *Media Cultures: Reappraising Transnational Media*. London: Routledge: 42-62.

Feilitzen, C. (1998): "Introduction". Carlsson, U. und Feilitzen, C.: *Children and Media Violence*. Göteborg: Nordicom.

Hodge, R. und Tripp, D. (1986): *Children and Television. A semiotic approach*. Cambridge: Polity Press.

Højlund, S. (2001): *Barndom mellem børn og professionelle*. Esbjerg: University of Southern Denmark.

James, A., Jenks, C. und Prout, A. (1998): *Theorizing Childhood*. Cambridge: Polity Press.

Jenks, C. (1996): *Childhood*. London: Routledge.

Jerslev, A. (1996): "Mellem latter og gru: horrorfilmen og ungdomspublikummet". Drotner, K. und Sørensen, A.S. (eds.): *Øjenåbnere: unge, medier, modernitet*. Dansklærerforeningen: 92-122.

Kjær, B. (2001): Barndom, voksendom, pædagogdom – et folkloristisk studie af fortolkning og forhandling på et fritidshjem. Odense: University of Southern Denmark.

Laclau, E. und Mouffe, C. (1985): Hegemony and Socialist Strategy. Towards a Radical Democratic Politics. London: Verso.

178 Jesper Olesen

Mayall, B. (1994): "Children in action at home and school". Berry Mayall (ed.): *Children's Child-hoods Observed and Experienced.* London. The Farmer Press: 114-127.

Olesen, J. (2000a): *Børn som tv-seere.* København: Gyldendal.

Olesen, J. (2000b): "Childhood, media and viewer positions". Van den Bergh, B. und Van den Bulck, J. (eds.): *Children and Media: Multidisciplinary Approaches.* Leuven-Apeldoorn: Garant: 67-88.

Piaget, J. (1968): *Six Psychological Studies.* New York: Vintage.

Povlsen, K.K. (1999): "Tekst og reception – Beverly Hills 90210 i Danmark. Christensen, C.L. (ed.): *Bjørn, unge og medier.* Göteborg: Nordicom.

Postman, N., (1983): *The Disappearance of Childhood.* London: W.H. Allen [deutsch *Das Verschwinden der Kindheit.* Frankfurt:Fischer (1983)].

Qvortrup, J. (1993): "Nine Theses about 'Childhood as a Social Phenomenon'". Qvortrup, J. red.: *Childhood as a Social Phenomenon: Lessons from an international project. Eurosocial Report no 47.* Wien: European Centre for Social Welfare Policy and Research: 11-18.

Rasmussen, T.A. (1995): *Actionfilm og drengekultur.* Aalborg: Institut for Kommunikation: Aalborg Universitet.

Rydin, I. (1996): Making Sense of TV-Narratives – Children's Readings of a Fairy Tale. Linköping: Linköpings Universitet.

Tønnessen, E.S. (1999): Sesam til fjernsynsteksten. Norske barns møte med en ny fjernsynskultur. Oslo: University of Oslo.

Vygotsky, L. (1978): *Mind in Society.* Cambridge MA: Harvard University Press.

Werner, A. (1986): *Oppvekst i fjernsynsalderen: en studie av endringer i socialisationsprecessen.* Oslo: University of Oslo.

Winn, M. (1977): *The Plug-In Drug.* New York: Viking. [deutsch (1979): Die Droge im Wohnzimmer. Reinbek:Rowohlt]

Übersetzung aus dem Englischen von Heinz Hengst

Dritter Teil
Gegenwärtiger Wandel der Kindheit

Helmut Wintersberger

Generationale Arbeits- und Ressourcenteilung. Die Evolution der Kindheit aus ökonomischer Perspektive

Der Versuch einer wirtschaftswissenschaftlichen Standortbestimmung von Kindheit und Kindern ist ein schwieriges Unterfangen. Repräsentieren Kinder einen Wert oder sind sie ein Kostenfaktor? Sind Kinder Objekte, gleichsam Rohmaterial für die Herstellung vollwertiger (=erwachsener) Menschen, oder sind sie von Geburt an Subjekte und menschliche Wesen mit eigenen Bedürfnissen und Fähigkeiten sowie Rechten und Pflichten? Bei keiner anderen Bevölkerungsgruppe sind Annäherungen und Zugänge im Rahmen der ökonomischen Theorie und Praxis – soweit überhaupt vorhanden – derart unscharf, wechselhaft und widersprüchlich wie bei Kindern.

Diese Unschärfe und Widersprüchlichkeit spiegelt die Marginalisierung von Kindheit in der modernen Gesellschaft wider. Für die Ökonomie ist dies solange kein Problem, als diese Randständigkeit von Kindheit gesellschaftlich akzeptiert wird. Allerdings hat es im Verlauf der letzten Jahre zwei Entwicklungen gegeben, welche eine Überprüfung ökonomischer Theorie und Praxis hinsichtlich des Umgangs mit Kindheit und Kindern geraten erscheinen lassen. Erstens hat die neuere sozialwissenschaftliche Forschung Kindheit als soziale Kategorie entdeckt und damit die generationale oder Altersdimension in den Mittelpunkt theoretischer und empirischer Untersuchungen gestellt, was früher oder später auch Implikationen für den ökonomischen Zugang zum Phänomen Kindheit haben wird. Zweitens wurden mit der Ratifizierung der UN-Kinderrechtskonvention Kinder als Rechtssubjekte anerkannt, womit die in der ökonomischen Theorie vorherrschende Interpretation von Kindern als Objekten der Handlungsentscheidungen Erwachsener inkompatibel ist.

Im vorliegenden Aufsatz geht es zunächst um generationale Verteilungsgerechtigkeit, welche von zwei Regelkreisen maßgeblich bestimmt wird, nämlich der generationalen Arbeitsteilung sowie der Verteilung der Ressourcen. Diese beiden Regelkreise sind offensichtlich miteinander verbunden, und für einen langfristigen generationalen Ausgleich bedarf es einer Balance in der generationalen Arbeitsteilung, einer Balance in der generationalen Ressourcenteilung und der Kompatibilität zwischen den beiden Gleichgewichtspunkten. Im ersten Abschnitt werden die die generationale Arbeitsteilung betreffenden Transformationsprozesse analysiert und gängige historische Interpretationen von Kinderarbeit hinterfragt; im zweiten Abschnitt wird die Aufmerksamkeit auf die generationale Verteilungsgerechtigkeit gelenkt; der dritte Abschnitt ist der Evolution von Kindheit in ökonomischer Perspektive gewidmet; der letzte Abschnitt setzt sich mit dem Wert von Kindern auseinander.

Kinderarbeit und die Transformation der generationalen Arbeitsteilung

In wirtschafts- und sozialhistorischer Dimension ist es plausibel, die ökonomische Ausbeutung von Kindern zunächst in drei Epochen zu untersuchen: ausgehend von der traditionellen Hauswirtschaft über den frühen bis zum entwickelten Kapitalismus.

In der vorkapitalistischen traditionellen Hauswirtschaft waren Kinder mit den Erwachsenen in die Gemeinschaft integriert (Ariès 1975). Kinderarbeit bedeutete einen selbstverständlichen Beitrag zur Existenzsicherung der zumeist bäuerlichen Hausgemeinschaft. Da das Produkt – das Vorhandensein von Grund und Boden vorausgesetzt – im wesentlichen von der Zahl der arbeitenden Hände abhing, erfuhr die Hauswirtschaft durch zusätzliche (leibliche oder in Pflege genommene) Kinder, die sich am Arbeitsprozess beteiligen konnten, eine Stärkung. Die Frage der internen Verteilung der Ressourcen ist ein anderes Kapitel. Selbstverständlich waren aufgrund der vorherrschenden patriarchalischen Strukturen Kinder auch ökonomisch diskriminiert, ebenso wie Frauen, Dienstboten und Leibeigene.

Die traditionelle Hauswirtschaft wurde im Zuge der großen kapitalistischen Umwälzung zunächst durch formelle Subsumption von Arbeit unter das Kapital abgelöst. Die vorwiegend agrarisch strukturierte Wirtschaft schlitterte in die Krise, und die freigesetzten Arbeitskräfte wurden in Manufaktur und Fabrik beschäftigt. Kinderarbeit spielte dabei eine erhebliche Rolle; daher verwende ich auch den Begriff der *formellen Subsumption von Kindheit unter das Kapital.* Die materielle, gesundheitliche und soziale Verelendung von Kindern, die in frühesten Jahren in der Fabrik arbeiteten, führte zu einer Gegenbewegung, in der

Generationale Arbeits- und Ressourcenteilung

183

sich die emanzipatorisch-humanitären Ziele der Pädagogik mit den Gesamtinteressen des Staates (Sicherung der Wehrtauglichkeit) und den Partikularinteressen fortschrittlicher Kapitalfraktionen (Bedarf an höher qualifizierten und gesunden Facharbeitern) trafen.

Verschulung von Kindheit trat schließlich an die Stelle der Fabrikarbeit. In diesem Zusammenhang verwende ich das Konzept der reellen Subsumption von Kindheit unter das Kapital. Damit meine ich, daß ähnlich wie bei den Erwachsenen, für die an die Stelle des brutalen Fabrikregimes des 19. Jahrhunderts die Arbeitsbeziehungen des 20. Jahrhunderts getreten sind, Kinder das Fabrikregime mit dem Schulregime vertauscht haben. Zumeist wird in diesem Zusammenhang jedoch ein anderer wesentlich wichtigerer Aspekt übersehen: Während sich die Einkommen der Erwachsenen beim Übergang von der formellen zur reellen Subsumption deutlich erhöhten, verflüchtigten sich die – wenn auch kärglichen – Einkommen von Kindern restlos.

Es soll nicht verhehlt werden, dass dieser Übergang für sich genommen einen sozialen Fortschritt bedeutete. Daraus abzuleiten, dass die moderne Schule den Idealzustand einer kindergerechten Institution darstellt, wäre jedoch verfehlt. Außerdem verfügen wir bis heute noch nicht über die notwendige historische Distanz, um diesen Substitutionsprozess richtig einschätzen zu können. Zu sehr stehen sowohl wissenschaftliche als auch politische Mythenbildungen im Weg, wenn auch neuerdings die Voraussetzungen und Gründe für diese Transition wesentlich differenzierter gesehen werden (Cunningham and Viazzo 1996).

Der ambivalente Charakter von Kinderarbeit im 19. Jahrhundert sowie die Doppelbödigkeit des öffentlichen Bewußtseins darüber wird von Zelizer (1994) für die US-amerikanische Gesellschaft nachgezeichnet.

"Children were removed from the market between 1870 and 1930 in large part because it had become more economical and efficient to educate them than to hire them. But cultural guidelines profoundly shaped and directed the process of social change by differentiating legitimate from illegitimate occupations for children and distinguishing licit from illicit forms of child money. As children became increasingly defined as exclusively emotional and moral assets, their economic roles were not eliminated but transformed; child labour was replaced by child work and child wages with a weekly allowance. A child's new job and income were validated more by educational than economic criteria" (*Zelizer 1994: 112*).

Dieses Zitat unterstreicht, dass Kinderarbeit im weiteren Sinn niemals verschwunden ist. Sie wurde lediglich in gesellschaftlich akzeptierte (child work) und nicht akzeptierte (child labour) aufgesplittet, und das Band zwischen Kinderarbeit und Kindereinkommen zerschnitten.

Die generationale Arbeitsteilung der modernen Gesellschaft ist also nur scheinbar durch die völlige Abwesenheit von Kindern charakterisiert. Denn die Arbeit der Kinder in der und für die Schule ist ein fester und unabdingbarer Bestandteil dieser Arbeitsteilung. Sie ist vom Standpunkt der zeitlichen, physischen und psychischen Belastungen als äquivalent zur Erwerbsarbeit von Erwachsenen einzustufen, und für das Funktionieren einer modernen Wirtschaft und Gesellschaft ebenso unersetzlich wie die beruflichen Tätigkeiten Erwachsener. Wenn – dem marxistischen Diskurs folgend – Maschinen als geronnene lebendige Arbeit gesehen werden, so sind die für fortgeschrittene Industriegesellschaften selbstverständlich erforderlichen Grundqualifikationen erwachsener Beschäftigter nichts anderes als geronnene Kinderarbeit. Ferner ist zu berücksichtigen, dass Kinder neben ihrer zentralen schulbezogenen Arbeit auch in westeuropäischen Ländern andere Arbeitsleistungen, wie Hausarbeit (Zeiher 2000), bezahlte und unbezahlte, legale und illegale Arbeit verrichten.

Wenn jedoch Schule weniger als pädagogisch und wohlfahrtsstaatlich verbrämte Überwindung der Praxis vor- und frühindustrieller Kinderarbeit, sondern eher als deren für eine moderne Gesellschaft adäquate Fortsetzung gesehen wird, ist es auch zulässig, darüber nachzudenken, inwieweit bestimmte Formen von Kinderarbeit – jeweils in Abhängigkeit vom Entwicklungsstand einer Gesellschaft – als angemessen oder unangemessen zu beurteilen sind.

"If we recognize that it is through work, thought and language that mankind has transformed the environment, for better or for worse, we have to conclude that work is an important component of the human identity. Why then should we prohibit children from working? .... Perhaps it is time that we make an effort to change our negative perception of children's work, translating its unrecognized value, like that of women's work within the home, into positive values associated with cooperation as well as into monetary value. If we do not, we are implying that their work is without worth" (*Munoz 1996: 104*).

Zweifellos sind diese Zeilen von der aus Kolumbien stammenden Autorin vor dem Hintergrund lateinamerikanischer KinderarbeiterInnen geschrieben worden. Mit diesem Thema beschäftige ich mich im Rahmen des vorliegenden Aufsatzes nicht, sondern verweise auf die Arbeiten von Manfred Liebel (1998; 2000). Allerdings ist die Überlegung von Cecilia Munoz auch für entwickelte Länder von Relevanz, insoweit als die klassische Arbeits- und Sozialgesetzgebung im Hinblick auf Kinderarbeit nicht nur als Schutz, sondern gleichzeitig auch als Ausgrenzung von Kindern und Jugendlichen gesehen werden kann. Mehr Durchlässigkeit zwischen schulischer Ausbildung und praktischer Arbeit könnte eine Lösung sein (von Hentig 1993).

Generationale Verteilung – das Problem der Kinderarmut

In den folgenden Ausführungen über Verteilungsprobleme geht es vorwiegend um Geld (Einkommen und Ausgaben). Dies ist eine krasse Vereinfachung. Eine umfassende Analyse der Verteilungsproblematik müsste auch andere Dimensionen wie die Verfügung über Raum und Zeit sowie den Zugang zu Sach-

und Dienstleistungen einschließen; denn Kleinkinder, welche in einem Land einen kostenlosen Zugang zu qualitätsvollen Einrichtungen der Kinderbetreuung haben, sind deshalb nicht unbedingt ärmer als die eines anderen Landes, in welchem die Eltern viel Geld für eine ähnliche Betreuung aufwenden müssen. Auch stellt sich in historischer Perspekive die Frage, wie die weitgehend unorganisierte Freizeitgestaltung von Kindern im natürlichen Umfeld der Mitte des 20. Jahrhunderts mit der kommerziell verdichteten Freizeitgestaltung von Kindern der Jahrtausendwende verglichen werden kann.

Eine zweite Vorbemerkung bezieht sich auf den Einkommensvergleich zwischen Haushalten unterschiedlicher Größe. Einkommensarmut von Kindern besteht ja nicht vordergründig in der Tatsache, dass Kinder im Regelfall über kein eigenes Einkommen verfügen. Diese leitet sich vielmehr über das standardisierte pro-Kopf Einkommen aus dem Haushaltseinkommen ab. Die Standardisierung erfolgt mithilfe einer Äquivalenzskala, welche festlegt, wie Haushaltsmiglieder zu gewichten sind (Förster 1994). Man ging dabei nicht den einfachsten Weg, das Haushaltseinkommen durch die Zahl der Mitglieder des Haushalts einfach zu dividieren, sondern man bediente sich über einen längeren Zeitraum einer OECD-Skala, welche den ersten Erwachsenen mit 1, weitere Erwachsene mit 0,8 und Kinder mit 0,5 gewichtete. Dafür mag es gute und weniger gute Gründe geben. Niemand bezweifelt, dass bei zunehmender Haushaltsgröße Einsparungspotenziale gegeben sind, da etwa die Ausgaben für Wohnung und Auto nicht proportional zur Zahl der Familienmitglieder steigen. Etwas schwieriger ist es schon zu begründen, warum das Gewicht von Kindern geringer sein soll als das von weiteren Erwachsenen. Umso größer war meine Überraschung, als ich feststellen musste, dass bei neueren internationalen Einkommensvergleichen mit einer modifizierten OECD-Skala das Gewicht von Kindern von 0,5 auf 0,3 weiter herabgesetzt wurde.

Die Auswirkungen dieser Korrektur lassen sich an einem einfachen Beispiel erläutern. Betrachten wir zwei Haushalte, ein Paar ohne Kinder und eine alleinerziehende Mutter mit zwei Kindern, und nehmen wir an, beide Haushalte verfügen über dasselbe Einkommen von 900 EUR monatlich. Nach der alten Skala betrug das standardisierte pro-Kopf-Einkommen des Paares ohne Kinder 500 EUR (900:1,8=500), das der Einelternfamilie mit zwei Kindern 450 EUR (900:2=450); Mutter und Kinder waren also vergleichsweise ärmer als das Paar ohne Kinder. Nach der neuen Methode ändert sich am standardisierten pro-Kopf Einkommen des Paares nichts, das der Einelternfamilie "steigt" jedoch rein statistisch auf 562,50 EUR (900:1,6=562,5); das Paar ohne Kinder ist demnach vergleichsweise ärmer. Daraus wird ersichtlich, dass die Einkommensverteilung zwischen Haushalten mit und ohne Kinder(n) sowie zwischen Kindern und

Erwachsenen nicht zuletzt von den normativen Annahmen über das Gewicht von Kindern nach den jeweilig verwendeten Äquivalenzskalen abhängt. Persönlich zweifle ich nicht daran, dass die alte Methode angemessener war als die neue, jedoch ist die Macht der von nationalen statistischen Ämtern und Eurostat veröffentlichten und allgemein verwendeten Daten nicht zu unterschätzen.

Eine dritte Vorbemerkung ist konzeptueller Natur: Armut ist ein evidentes Phänomen der Alltagsrealität, jedoch schwer zu definieren. Essentiell ist die Unterscheidung zwischen *absoluter und relativer Armut*. Hängen Begriffe wie *Subsistenz, Mindeststandards, Grundbedürfnisse* vor allem mit der Bestimmung eines Schwellenwerts für absolute Armut zusammen, so geht es beim Begriff der relativen Armut um das Ausmaß von Gleichheit bzw. Ungleichheit in einer Gesellschaft. In sozialphilosophischer Hinsicht stehen hinter absoluter und relativer Armut völlig verschiedene Problemstellungen: Geht es im ersten Fall um eine Diskrepanz zwischen elementaren Bedürfnissen einerseits und den Mitteln zur Befriedigung dieser Bedürfnisse andererseits, so steht im Fall der relativen Armut der Vergleich des Zugangs zu Ressourcen zwischen verschiedenen Personen oder gesellschaftlichen Gruppen im Vordergrund. Nicht nur der Mangel an eigenen Mitteln, sondern vor allem die größeren Mittel des Nachbarn determinieren die eigene Armut. Das heißt relative Armut wird nicht absolut, sondern in Relation zum durchschnittlichen Lebensstandard in einer Gesellschaft bestimmt.

Dementsprechend können wir davon ausgehen, dass auch absolute Kinderarmut über eine Diskrepanz zwischen Grundbedürfnissen von Kindern und mangelnden Ressourcen zur Befriedigung dieser Bedürfnisse zu erklären ist. Nun läßt sich trefflich darüber streiten, wer über die Grundbedürfnisse von Kindern entscheidet (Kinder selbst oder deren Eltern?). Komplexer wird es mit der relativen Armut von Kindern: Analog zur relativen Armut schlechthin geht es dabei um ein Problem von Ungleichheit; aber um welche Ungleichheit? Ungleichheit zwischen verschiedenen Segmenten von Kindern oder Ungleichheit zwischen Kindern und Erwachsenen bzw. Kindern und Alten? Zur besseren Unterscheidbarkeit spreche ich im letzten Fall von generationaler Kinderarmut.

Bezüglich generationaler Kinderarmut zeigen sich in fast allen entwickelten Industrieländern, Italien eingeschlossen, mit mehr oder weniger großer Ausprägung und Übereinstimmung die folgenden zwei Trends. Erstens sind Kinder in weit höherem Ausmaß armutsgefährdet als Erwachsene und Senioren; sie sind in den niedrigsten Einkommensklassen deutlich über- und in den höchsten ebenso deutlich unterrepräsentiert (Jensen and Saporiti 1992; Cannari und Franco 1997). Ferner ist im historischen Verlauf zu beobachten, dass sich die Armut seit dem Zweiten Weltkrieg von der älteren Bevölkerung zu Kindern und Ju-

Generationale Arbeits- und Ressourcenteilung 187

gendlichen verschoben hat (Cornia 1990). Beim Studium der Verursachungszusammenhänge dieser Verteilungsproblematik stößt man auf eine Reihe von Vermittlungsebenen.

- Die Erforschung der *generationalen Verteilung zwischen verschiedenen Altersgruppen* auf gesellschaftlicher Ebene ist noch nicht weit gediehen (vgl. dazu den Beitrag Giovanni Sgrittas in diesem Band). Die Berechnung der Kinderarmut erfolgt in diesem Fall über die statistische Zuordnung von Altersgruppen zu Einkommensklassen, und die angegebenen Werte beziehen sich nicht auf absolute sondern auf relative Armut bzw. generationale Ungleichheit. Nur wenige Faktoren, die die generationale Verteilung zwischen Kindern und Erwachsenen strukturell verzerren, liegen weitgehend offen: Erwachsene im erwerbsfähigen Alter verfügen mit hoher Wahrscheinlichkeit über ein eigenes Einkommen, Kinder in der Regel nicht; Transferzahlungen an Rentner und Pensionäre sind zumeist höher als Familien- und Kinderbeihilfen. Nicht unterschätzt werden darf aber die Komplexität dieses Phänomens: man muß auch andere Faktoren wie staatliche Infrastrukturpolitik, Spar- und Kreditzinsen, Bodenmarkt und Wohnungskosten, Gesundheitsausgaben und Pflegesicherung sowie Sparförderung, Steuerpolitik und Staatsverschuldung miteinbeziehen. In diesem Sinn wird die bereits erwähnte Verschiebung der generationalen Armut von den Alten zu den Jungen von Thomson (1996) damit erklärt, daß neben dem Prozeß des demographischen Alterns der Gesellschaft auch ein politischer Alterungsprozeß stattgefunden hat, in welchem die Ressourcen durch politische und ökonomische Entscheidungen Kindern bzw. jungen Familien mit Kindern tendenziell entzogen und der mittleren bis älteren Bevölkerung zugewiesen wurden.

- Auch die *vertikale Verteilung* zwischen Reichen und Armen ist im allgemeinen nicht neutral in bezug auf Kinderarmut. Dort wo Familienarmut durch klassen- und/oder regionalspezifische Verelendung bedingt ist, kann die damit verbundene Kinderarmut letztlich auch nur als Teil der Armut an sich bekämpft werden. Am deutlichsten sichtbar wird dieser Zusammenhang in den krisengeschüttelten Ländern der Dritten Welt und Osteuropas, wo die Maßnahmen von UNICEF und zahlreichen nicht-staatlichen Organisationen zugunsten von Kindern die Probleme zwar lindern, jedoch nicht nachhaltig beseitigen können. Aber auch in den reichsten Ländern der Welt bilden sich immer wieder neue Bruchlinien in der Gesellschaft aus, durch die ganze Bevölkerungsgruppen und/oder Regionen von Armut bedroht, und damit auch die Lebenschancen von Kindern beeinträchtigt werden. Diese Probleme bedürfen jeweils regionaler bzw. sektoraler strukturpolitischer Interventionen, integrativer Maßnahmen in bezug auf Randgruppen und Minderheiten sowie einer vertikal ausgleichenden Sozial-, Einkommens- und Steuerpolitik.

- Eine andere für die Vermittlung von Kinderarmut relevante Ebene ist die der *horizontalen Verteilung* zwischen Haushalten mit und ohne Kinder bzw. mit unterschiedlicher Kinderzahl. Zweifellos gibt es diskriminierende Mechanismen in der primären Einkommensverteilung bezüglich der Kinderzahl von Haushalten. Denn einerseits bestimmt sich das Haushaltseinkommen heute im allgemeinen durch die Addition der Einkommen beider Partner; andererseits tendieren die a priori geringeren Einkommen von Frauen mit wachsender Kinderzahl statistisch gesehen gegen Null. Der Grund dafür liegt wohl darin, dass sich Mütter mit mehreren Kindern auf Grund mangelnder komplementärer Strukturen der Kinderbetreuung vom Arbeitsmarkt vorübergehend oder überhaupt zurückziehen (Wintersberger 1999). Bleibt noch die Frage zu beantworten, ob es ausreichend kompensierende Maßnahmen für die wirtschaftliche Belastung von Haushalten durch Kinder gibt? Trotz erheblicher Aufwendungen für den Familienlastenausgleich in einigen Ländern können wir davon ausgehen, dass von einer vollen Kompensation der Kinderlasten in keinem Land die Rede sein kann. Einerseits wurde der Nutzen, den Kinder generieren, fast völlig vergesellschaftet; dem steht auf der anderen Seite nur eine teilwise Vergesellschaftung der Kinderkosten gegenüber. Es bleibt somit – trotz Familienlastenausgleich – ein strukturelles Problem horizontal vermittelter relativer Kinderarmut bestehen.

- Daneben besteht noch die ungelöste Frage der *Verteilung zwischen den Geschlechtern*, die ebenfalls Auswirkungen auf Kinder und Jugendliche hat. Ein klares Beispiel dafür sind die Einelternfamilien, deren Anteil an den Familienformen von wenigen Ländern abgesehen zwar noch klein ist, aber rasant zunimmt. Im internationalen Schnitt werden in rund 9 von 10 Fällen solche Familien von einer alleinerziehenden Mutter geführt. Zieht man außerdem die strukturelle Einkommensdiskriminierung von Frauen gegenüber Männern in Betracht, ergibt sich ein weiteres Element der Vermittlung von Kinderarmut. Im Verhältnis zwischen den Geschlechtern besteht ein Paradoxon derart, dass Frauen auf Grund schlechterer Erwerbsbiographien unter dem Strich für erbrachte Reproduktionsleistungen mit niedrigeren Renten bestraft, Männer hingegen für die Verweigerung angemessenerer Beteiligung an der Reproduktionsarbeit mit höheren Renten belohnt werden.

- Eine weitere Ebene ist die des Vergleichs verschiedener *Generationen im Sinne von Kohorten*. So spricht man beispielsweise von Friedens-, Kriegs- und Nachkriegsgenerationen, von Aufbau-, Wirtschaftswunder-, Konsum- und Krisengenerationen, wobei suggeriert wird, dass mit der Zugehörigkeit zu einer Generation bzw. zu einem Geburtsjahrgang Vor- und Nachteile verbunden sein mögen. Interessant ist in diesem Zusammenhang eine weitere These von Thomson (1996), welcher meint, der Wohlfahrtsstaat westeuropäischer Prägung sei nur ein relativ einmaliges und kurzlebiges Phänomen: er sei von einer Generation aufgebaut worden, und werde von derselben im Alter wieder abgeräumt. Somit wären also nicht nur gegenwärtige Kinder gegenüber gegenwärtigen Senioren, sondern auch zukünftige gegenüber gegenwärtigen Senioren benachteiligt.
- Auch die nächste Dimension berührt, ebenso wie die vorangegangene, die diachronische Verteilung allerdings auf der individuellen Ebene: Wie sieht die *Einkommensverteilung über den Lebenszyklus* aus? Armut und Reichtum wird ja nicht nur durch das während des gesamten Lebens erworbene Einkommen, wie hoch auch immer, bestimmt, sondern auch wesentlich durch die Verteilung über die verschiedenen Lebensphasen. Wird diese durch Kriege und/oder Wirtschaftskrisen geprägt, kann man sagen: Geteiltes Leid ist halbes Leid. Handelt es sich aber um individuelle Schicksalsschläge, wie z.B. den Tod eines Elternteils, Scheidung oder Arbeitslosigkeit, wird die Schwere der Situation vom Vorhandensein gesellschaftlicher Ausgleichsmaßnahmen abhängen, die geeignet sind, solche Schläge zumindest materiell abzufedern. Es kann sich aber auch um strukturelle Mechanismen handeln, die möglicherweise die lebenszyklische Einkommensverteilung so steuern, dass Kinder davon tendenziell negativ betroffen werden. So ist zu fragen, inwieweit ein ausgeprägtes Senioritätsprinzip die Zuweisung der Mittel verknappt, wenn man sie am notwendigsten braucht (Familiengründung und –aufbau).
- Weitgehend ausgeklammert bleibt die mikroökonomische Betrachtungsweise nach der *Verteilung zwischen Kindern und Erwachsenen in der Familie*. Darüber wissen wir naturgemäß wenig, und im Rahmen unserer methodischen Annäherung an die generationale Einkommensverteilung über standardisierte pro-Kopf-Einkommen ist dieser Sachverhalt auch irrelevant. Es wird im Modell einfach unterstellt, dass die Eltern den in der verwendeten Äquivalenzskala für Kinder reservierten Anteil des Haushaltseinkommens widmungsgemäß verwenden. Ob Eltern in der Realität mehr oder weniger für ihre Kinder ausgeben, ist für die Statistik der Kinderarmut irrelevant. Im Rahmen familialer Generationenbeziehungen hin-

gegen stellt sich sehr wohl die Frage nach der Herstellung einer partnerschaftlichen Familienkultur zwischen den Generationen auch bei ökonomischen Entscheidungen. Als Beispiel mag Schweden dienen, wo es im Verlauf der letzten Jahre zu einer weit verbreiteten Praxis geworden ist, das Kindergeld, welches prinzipiell an die Mutter ausbezahlt wird, ab einem gewissen Alter an die Kinder weiterzugeben.

In der öffentlichen Debatte um die Einkommensverteilung stehen bisher zwei klassische Dimensionen im Vordergrund: die vertikale Verteilung zwischen Arm und Reich und die horizontale Verteilung einschließlich Familienlastenausgleich. Mit dem Erstarken der Frauenbewegung ist erstmals eine vermehrte Fokussierung der Verteilung zwischen den Geschlechtern zu beobachten, von welcher indirekte Wirkungen auch auf die generationale Verteilung ausgehen (und umgekehrt). Demgegenüber ist die Debatte über die generationale Verteilung zwischen Kindern und Erwachsenen politisch noch kaum etabliert. Dazu kommt noch die Verteilung nach Kohorten, im lebenszyklischen Verlauf und im intrafamilialen Bereich.

Insgesamt befindet sich die Analyse generationaler Verteilung noch in einer rudimentären Phase; dementsprechend müssen auch die ersten Schlussfolgerungen allgemein bleiben. Wichtig erscheint mir zunächst die grundsätzliche Bereitschaft, die generationale Dimension als relevanten Baustein der Gesellschaftsstruktur anzuerkennen. Wissenschaftlich bedeutet dies eine vermehrte Erforschung von Generationenverhältnissen in verschiedenen Disziplinen wie beispielsweise Soziologie, Ökonomie und Politikwissenschaft; in politischer Hinsicht müssten sich Ansätze einer Generationenpolitik etablieren, und Instrumente der Frauenpolitik wie "mainstreaming" in analoger Weise auch auf verschiedene Altergruppen, zum Beispiel Kinder, Anwendung finden. Eine zweite Schlussfolgerung leitet sich aus der nachgewiesenen Komplexität und Interdependenz der verschiedenen Verteilungsdimensionen ab. Zumindest in retrospektiver Betrachtung großer gesellschaftlicher Konflikte drängt sich der Eindruck auf, früher seien die gesellschaftlichen Bruchlinien wesentlich klarer verlaufen: Modernisierung und bürgerliche Revolution gegen Feudalismus und Reaktion; oder Arbeit gegen Kapital. Im 19. Jahrhundert hat sich der Begriff der *sozialen Frage* etabliert, wodurch diese Eindimensionalität semantisch unterstrichen wird. Heute gibt es die soziale Frage nicht, es gibt mehrere soziale Fragen, und es besteht das Problem, dass Lösungsansätze in einer Verteilungsdimension kontraproduktive Effekte in einer anderen haben können. Es stellt sich daher auch die grundsätzliche Frage nach der Existenz von *Gleichheit* und *Gerechtigkeit*; oder mit anderen Worten, wäre es nicht angemessener, durch Verwendung des Plurals Gleichheiten und Gerechtigkeiten zu relativieren, wie wir dies bei

Generationale Arbeits- und Ressourcenteilung 191

deren Negation, *Ungleichheiten* und *Ungerechtigkeiten*, bereits zu tun gewohnt sind.

Ökonomische Evolution der Kindheit

In diesem Abschnitt werde ich mich mit ökonomischen Entwicklungsstufen von Kindheit beschäftigen. Dabei werde ich teilweise auf die beiden vorangegangenen Abschnitte zurückgreifen, aber auch versuchen, ausgewählte Erkenntnisse historischer und gegenwartsbezogener Kindheitsforschung in ein schematisches Modell der ökonomischen Evolution von Kindheit einzubauen. Es handelt sich dabei um idealtypische Entwicklungsstufen, die in chronologischer Abfolge dargestellt werden. In der Realität ist sicher mit Abweichungen vom jeweiligen Idealtypus sowie dem gleichzeitigen Auftreten verschiedener Entwicklungsstufen zu rechnen.

Maßgebende kontextuelle Faktoren für die Herausbildung der einzelnen E-volutionsstufen von Kindheit sehe ich in der Entwicklung von Produktivkräften und Produktionsweisen (wie Agrargesellschaft, frühe Industrialisierung, entwickelter Kapitalismus) unmittelbar oder vermittelt über die entsprechenden Familienformen (bäuerliche Großfamilie, proletarische Familie, bürgerliche Kernfamilie, Zweiverdiener- und Einelternfamilie). Insoweit hat die Reihung der Evolutionsstufen auch eine systematische Logik. Andererseits ist nicht zu erwarten, dass mit dem erstmaligen Auftreten einer neuen Form von Kindheit alle früheren Formen verschwinden. So ist heutige Kindheit in Europa gleichzeitig geprägt von der gesellschaftlichen Notwendigkeit der Bildung von Humankapital (Stufe 3), elterlichen Erwartungen in Bezug auf Selbstverwirklichung über Kinder (Stufe 4), Verwertungsinteressen bestimmter Teile des Kapitals, vor allem in den Bereichen der Freizeit-, Informations-, Entertainment- und life-style-Industrien, sowie gleichzeitig Autonomieansprüchen der Kinder selbst (Stufe 5). Die jeweilig sich herausbildende Mixtur hängt nicht zuletzt auch von sozioökonomischen und –kulturellen Gegebenheiten ab, und sieht in den USA anders aus als in Japan und in Südeuropa anders als in den skandinavischen Ländern. Dieser Vorbehalt ist für das Verständnis des folgenden schematischen Aufbaus der ökonomischen Evolution von Kindheit wichtig.

(1) Traditionelle/vorindustrielle Kindheit: Kinderarbeit ist auf dieser Entwicklungsstufe vor allem land- und hauswirtschaftliche Arbeit. Insgesamt besteht ein hohes Maß an Integration in mehrfacher Bedeutung. Kinder arbeiten und wohnen mit Erwachsenen zusammen am selben Ort und zur selben Zeit. Auch die Einheit von Ausbildung und Praxis ist gewährleistet. Die ökonomische

Perspektive ist betriebswirtschaftlich; der Ausgleich zwischen Kinderkosten und Kindernutzen erfolgt ebenfalls auf der einzelwirtschaftlich-familialen Ebene. Der rechtliche Status der Minderjährigkeit und Unmündigkeit dient nicht primär dem Schutz von Kindern und Jugendlichen. Minderjährigkeit ist vielmehr die Grundlage fast unbeschränkter väterlicher Gewalt, die nicht zuletzt auch die ökonomische Ausbeutbarkeit arbeitsfähiger Kinder und Jugendlicher sicherstellen soll.

(2) Proto- und frühindustrielle Kinderarbeit: Die Einheit von Ausbildung und Praxis besteht weiterhin; die Einheit von Arbeiten und Wohnen wird hingegen aufgelöst, ebenso wie die Kooperation mit Erwachsenen. Kinder, Jugendliche und Erwachsene arbeiten arbeitsteilig, jedoch gleichzeitig an verschiedenen Produkten bzw. an verschiedenen Stellen des Produktionsprozesses (synchronische Arbeitsteilung). Die dominierende Betrachtungsweise ist nach wie vor einzelwirtschaftlich. Die Kinderarbeit wird allerdings nicht mehr unmittelbar in der häuslichen Sphäre eingesetzt, sondern einem Kapitalisten verkauft; der Ausgleich zwischen Kinderkosten und Kindernutzen erfolgt noch in der Familie. Der Mehrwert der Kinderarbeit wird vom Kapitalisten einverleibt (formelle Subsumption von Kindheit unter das Kapital). Der beginnende Kinder- und Jugendschutz richtet sich gegen Kapitalisten und Eltern gleichermaßen.

(3) Verschulung von Kindheit: Auf Grund des technischen und organisatorischen Fortschritts entwickelt sich die Produktion in Richtung relativer Mehrwert; d.h. nicht die Verlängerung des Arbeitstags und der frühzeitige Verbrauch von Kinderarbeitern, sondern der effizientere Einsatz von besser ausgebildeten Arbeitern bestimmt den Mehrwert. Anstelle von Integration setzt sich Segregation durch. Wohnen und Arbeiten, Ausbildung und Praxis, Tätigkeiten von Kindern und Erwachsenen werden getrennt. Die Arbeitsteilung zwischen Kindern und Erwachsenen wird durch die Aufeinanderfolge von Ausbildung und Arbeit i.e.S. charakterisiert (diachronische Arbeitsteilung). Die dominierende ökonomische Perspektive bewegt sich in Richtung volkswirtschaftlicher Ebene. Es treten Spannungen im Kosten-Nutzen Ausgleich zwischen den Generationen, zwischen Familie und Gesellschaft sowie zwischen staatlichen Gesamt- und kapitalistischen Partikularinteressen auf. In der Folge kommt es zum Ausbau des Mutterschafts-, Kinder- und Jugendschutzes, zu weitgehenden Beschränkungen der Kinder- und Jugendbeschäftigung sowie zur Ausweitung der Schulpflicht. Aus einzelwirtschaftlicher Perspektive erscheint dies als ein Ausschluß von Kindern aus dem Produktionsprozeß; aus makroökonomischer Sicht verlassen Kinder vordergründig die Produktionssphäre, sie werden gleichsam als Investitionsgut oder Humankapital gesehen; hintergründig bedeutet es hingegen eine effiziente-

re Eingliederung von Kindern in den gesamtwirtschaftlichen Produktionsprozeß (reelle Subsumption von Kindheit unter das Kapital).

(4) Sentimentalisierung der Kindheit: Die Nutzenstiftung von Kindern verschiebt sich in der Familie von der materiellen auf die emotionale/sentimentale Ebene (Zelizer 1994). In materieller Hinsicht werden Kinder für die Eltern nutzlos. Die traditionell bürgerliche Kernfamilie und die Rollenteilung zwischen den Geschlechtern bildet zunächst die Voraussetzung für diese Form von Sentimentalisierung. Mit der Trennung von Sex und biologischer Reproduktion wird der Druck zur Sentimentalisierung von Kindern noch größer, sind Kinder doch nicht mehr ein Geschenk des Himmels ("Kindersegen"), sondern das Produkt einer freien Entscheidung. Durchaus im Sinne endogener Fruchtbarkeitsmodelle existieren Kinder nicht um ihrer selbst willen, sondern dienen primär der Selbstverwirklichung ihrer Eltern. Kinder werden zu Konsumgütern. Als solche stehen sie aber im Wettbewerb mit anderen Konsumgütern oder -gelegenheiten, wie beispielsweise Haustieren, Reisen, Autos. Dem Phänomen des Mißbrauchs von Kindern wird mehr öffentliche Aufmerksamkeit zugewendet.

(5) Kinder als Konsumenten: Diese Stufe repräsentiert die Emanzipation von Kindern als Konsumenten. Ging es in der Mangelgesellschaft noch darum, im Zuge der Erziehung auch Konsumverzicht zu vermitteln, so ist diese Qualifikation in der Konsumgesellschaft nicht mehr gefragt. Kinder sollen als Konsumenten nicht nur gleichberechtigt mit Erwachsenen sein, sie sollen sogar zu besseren Konsumenten werden. Die Medien sind dabei ein wichtiges Instrument. Diese Entwicklung wird von Hengst (1996) als "Rückzug des Marktes aus dem Bildungsprojekt der Moderne" interpretiert. Die Perspektive bleibt jedoch nicht in der einzelwirtschaftlichen Dimension stecken. Das Auftreten von Kindern als Konsumenten wirft die Frage nach der Kaufkraft der Kinder auf. Da das Potential der Familien mit Kindern rasch ausgeschöpft ist, gewinnt die Thematik der generationalen Verteilungsgerechtigkeit, des Familienlastenausgleichs und des Grundeinkommens für Kinder an Bedeutung. Auch ein vermehrtes Interesse am "Jobben" kann bei Jugendlichen registriert werden. Partizipative Rechte von Kindern werden ausgeweitet.

(6) Kinder als Produzenten: Auf der nächsten Stufe halte ich eine Synthese der vorangegangen Stufen für möglich, ebenso wie eine Reintegration von Arbeit und Wohnen, Arbeitszeit und Freizeit, Theorie und Praxis, Produktion und Konsum. Der Arbeitsbegriff wäre – unter Einbeziehung der Tätigkeiten von Kindern neu zu definieren. Auf gesellschaftlicher Ebene würden Themen wie die Neuverhandlung des Generationenvertrags und die Vereinbarkeit von Beruf und Familie apostrophiert.

In der folgenden Graphik wird die ökonomische Evolution von Kindheit schematisch dargestellt:

Tabelle 1: *Evolution der Kindheit in ökonomischer Perspektive*

Kinder	*Produktion*	*Konsumption*
Subjekte	Kinder als Produzenten (vor-, früh- und postindustrielle Kinderarbeit) (1) (2) (6)	Kinder als Konsumenten (Rückzug des Marktes aus dem Bildungsprojekt der Moderne) (5)
Objekte	Kinder als Humankapital (Verschulung von Kindheit) (3)	Kinder als Konsumgüter (Sakralisierung von Kindheit) (4)

Zwei Dimensionen sind dabei hilfreich: erstens die Position von Kindern im ökonomischen Kreislauf, i.e. in der Sphäre von Produktion oder Konsum; und zweitens die Achse von Kommodifizierung und Dekommodifizierung von Kindheit bzw. die Sichtweisen von Kindern als Subjekten oder Objekten. Ausgangspunkt ist das linke obere Feld. Der Schritt von der vor- oder frühindustriellen Ausbeutung von Kinderarbeit zur Verschulung von Kindheit wird durch den Übergang zum linken unteren Feld veranschaulicht, in welchem Kinder als Investitionsgüter oder Humankapital gesehen werden. Im rechten unteren Feld werden Kinder als Konsumgüter dargestellt. Der Übergang vom linken zum rechten unteren Feld signalisiert also die Transformation von Kindern zu Konsumgütern oder die Sakralisierung der Kindheit. Der Weg zum rechten oberen Feld repräsentiert die Erlangung des Subjektstatus durch Kinder als aktive Konsumenten. Erst schattenhaft sehe ich die Möglichkeit einer weiteren Tansition, die wieder zum Ausgangspunkt zurückführen könnte, was jedoch eine neue positive Definition von Kinderarbeit voraussetzen würde.

In der Grafik werden die ökonomischen Entwicklungsstufen der Kindheit in chronologischer Abfolge dargestellt. Darin liegt eine grobe Vereinfachung; denn in der Realität ist sicher von der Koexistenz verschiedener Entwicklungsstufen auszugehen. Wie eingangs bereits betont, ist gegenwärtige Kindheit in hochentwickelten Gesellschaften durch eine Mixtur (Hengst 2000) durchaus divergierender Interessen und Ansprüche geprägt: der gesellschaftspolitische Anspruch der Bildung von Humankapital (3), Ansprüche der Eltern auf Selbstverwirklichung durch glückliche und erfolgreiche Kinder (4) sowie Ansprüche der Kinder auf Sicherung gegenwartsbezogener Lebensqualität durch Konsum (5) überlagern sich und konkurrieren miteinander.

Dennoch lassen sich entlang der bisherigen Entfaltung kapitalistischer Produktionsverhältnisse zwei deutliche Trends in der Frage Kindheit und Ökonomie ausmachen: der Verlust an Subjektivität und der Verlust an Produktivität. Bei retrospektiver Betrachtung können diese beiden Trends in plausibler Weise den Prozessen von Industrialisierung und Modernisierung zugeordnet werden. Dabei vertrete ich die These, dass sich in den höchstentwickelten westlichen Industrie- und Dienstleistungsgesellschaften eine Rückwendung zu vermehrter Subjektivität und Produktivität von Kindheit abzuzeichnen beginnt.

Verschiebungen in Richtung Subjektivität (zunächst als KonsumentInnen) erklären sich aus äußerst heterogenen Ursachen: der Übergang von der traditionellen Kernfamilie mit nicht erwerbstätiger Mutter zur Zweiverdienerfamilie verlagert die Knappheit tendenziell von der Geld- zur Zeitdimension. Die Monetarisierung des Kindeswohls kann bis zu einer gewissen Grenze somit auch als elterliche Kompensationsstrategie interpretiert werden. Ferner kann auf der psychosozialen Ebene das utilitaristische Elternprojekt der Selbstverwirklichung durch Kinder (Zelizer 1994) von letzteren entschlüsselt und in der Folge mit dem utilitaristischen Gegenprojekt der Kinder einer gegenwartsbezogenen Selbstverwirklichung durch aktive Teilhabe am Konsum (Hengst 1996) konfrontiert werden. Dies alles ist vor dem Hintergrund steigender Bildung der Kinder (diese ist vielfach höher als die ihrer Eltern) sowie tendenziellem Abbau von Machtgefällen (ausgelöst durch Kinderrechtsbewegung und UN-Übereinkommen des Kindes) zu sehen.

Verschiebungen in Richtung Produktivität von Kindheit sind noch nicht so deutlich sichtbar. Mögliche Indizien dafür können aus der stattfindenden Revision der Einschätzung von Kinderarbeit, aus Ansätzen zur Neudefinition von Schularbeit von Kindern sowie schließlich aus der anhaltenden Diskussion um den Arbeitsbegriff und deren notwendige Ausweitung auf Kinderarbeit abgeleitet werden. Auch die Betonung partizipativer Rechte im UN-Übereinkommen über die Rechte des Kindes, welche bisher auf politische, soziale und zivile Partizipation beschränkt war, könnte in einer weiteren Phase um die ökonomische Dimension erweitert und damit Anstoß zu vermehrter Teilnahme von Kindern am Produktionsprozess werden (Hengst 2000).

Schlussfolgerungen: der Wert von Kindern in der modernen Gesellschaft

Abschließend wende ich mich dem Wert von Kindern zu; ich werde mich dieser Frage von drei Seiten her nähern: die Stellung von Kindern im Generationenvertrag, die Aktivitäten von Kindern und die Bedeutung von Kindern für den sozialen und technologischen Wandel.

Wie in der traditionellen Gesellschaft beruht die *Alterssicherung* auch in der modernen Gesellschaft auf einem System intergenerationaler Transferzahlungen. Zwar folgt die Logik der individuellen Pensionsberechnung im wesentlichen der Erwerbsbiographie und damit den Beitragsleistungen der Versicherten in der Vergangenheit; hingegen werden die Auszahlungen der Pensionskassen im Umlageverfahren, d.h. nicht aus den eigenen Beiträgen, sondern den Beiträgen der nächsten Generation finanziert. Daraus folgt, daß die aus den eigenen Beitragszahlungen abgeleitete Pensionserwartung zur Illusion wird, wenn – wie im gegenwärtigen Zeitpunkt – die Beitragsaufkommen wegen wirtschaftlicher oder demographischer Rezessions- bzw. Stagnationserscheinungen nicht mehr wachsen. Da aber sowohl Beitragszahler als auch Leistungsempfänger staatlicher Pensionssysteme im allgemeinen Erwachsene sind, erhebt sich die Frage, was dies alles mit Kindern zu tun hat? Der Wert von Kindern liegt in ihrer Bedeutung für den zeitlichen Transfer von finanziellen Ressourcen. Sieht man von Migration ab, dann bildet biologische Reproduktion die unabdingbare Grundlage auch für den materiellen Fortbestand einer Gesellschaft. Ähnlich wie Sparguthaben oder Versicherungspolicen schon jetzt (und nicht erst zum Zeitpunkt der Realisierung) einen Wert darstellen, repräsentieren auch Kinder schon jetzt einen Wert im Hinblick auf zu erwartende Transferzahlungen für die ältere Generation. Daraus ergibt sich jedoch zwingend, dass der unseren Pensionssystemen zugrunde liegende Generationenvertrag nicht – wie oft angenommen – nur zwischen zwei Generationen (Rentnern und Aktiven), sondern vielmehr zwischen drei Generationen (Rentnern, Aktiven und Kindern) zu vereinbaren ist. (Qvortrup 1987; Saporiti und Sgritta 1997)

Während die *Aktivitäten von Kindern* in der traditionellen und frühindustriellen Gesellschaft aus heutiger Sicht zwar für ökonomisch sinnvoll jedoch ethisch bedenklich gehalten wurden, meint man, bei den heutigen Aktivitäten von Kindern verhalte sich dies genau umgekehrt: sie seien zwar ökonomisch nutzlos, dafür bestünde aber kein Anlaß, sich über ökonomische Ausbeutung von Kindern in der modernen Gesellschaft entrüsten zu müssen. Ich habe bereits aufgezeigt, dass Kinder auch in der modernen Gesellschaft ökonomisch sinnvolle Tätigkeiten verrichten. Ferner gibt es auch hier und jetzt flagrante und verbrämte Formen ökonomischer Ausbeutung von Kindern. Die Tätigkeiten von Kindern verlangen in ihrer Gesamtheit nach einer Neubewertung. In diesem Zusammenhang wird erstens eine historische Revision in der Aufarbeitung von Kinderarbeit, zweitens eine umfassende Untersuchung der Tätigkeiten von Kindern in der modernen Gesellschaft, sowie drittens, mit Blick auf die Zukunft, der Einschluß von Kindern in die Neudefinition des Arbeitsbegriffs und zwar sowohl in ihrer Eigenschaft als Akteure, aber auch als Personen mit einem Anspruch auf die Zeit ihrer Eltern erforderlich (Hengst 2000).

Ich habe schon betont, wie wichtig Kinder für die Kontinuität einer Gesellschaft sind. Allerdings gibt es in der modernen Gesellschaft keine Kontinuität ohne gleichzeitige Anpassung an Veränderungen. Im allgemeinen wird davon ausgegangen, dass Erwachsene Kindern überlegen sind, dass sie einen nicht einholbaren Wissensvorsprung haben, und dass daher Kinder von Erwachsenen (oder größeren Kindern) sozialisiert werden. Vernachlässigt wird die Sozialisation von Erwachsenen durch Kinder (Ambert 1992); verschwiegen wird die Tatsache, dass Kinder in einer ganzen Reihe von Situationen den Erwachsenen überlegen sind, etwa in der Fähigkeit, zu lernen. Dies zeigt sich z.B. bei der Integration von Migrantenfamilien, aber auch im meist viel problemloseren Umgang von Kindern mit neuen Technologien. Ich wage daher die These, dass *technologische und gesellschaftliche Innovationsprozesse* in einem viel größeren Ausmaß über Kinder ablaufen, als dies derzeit wahrgenommen und anerkannt wird. (Wintersberger 1996)

Diese dreifache Wertigkeit von Kindern steht in einer Beziehung zu drei Krisenerscheinungen in einer sich rasch verändernden Welt, in denen sich Bruchlinien für die bestehenden Generationenverhältnisse abzeichnen: nämlich der Krise des Generationenvertrags, die Krise der Arbeitsgesellschaft und der ökologischen Krise.

- Zum ersten Mal in der Geschichte ist die biologische Reproduktion nicht mehr vorwiegend natürlich oder göttlich gesteuert, sondern entspringt tendentiell immer mehr einer rein menschlichen Entscheidung der Frau bzw. der Partner. Die empirische Evidenz in entwickelten Industriestaaten legt nahe, dass diese Entscheidungskompetenz auch wahrgenommen wird, und zwar – durchaus im Sinne utilitaristischer familienökonomischer Überlegungen – nicht für sondern gegen Kinder. Nun könnte man einwenden, dass auf Grund der Migrationsströme nach Westeuropa biologische Reproduktion nicht mehr notwendig ist. Diese Ansicht wird jedoch von führenden Demographen eindeutig verneint. Darüber hinaus ist hier in Erinnerung zu rufen, dass bereits die derzeitigen Migrationsströme das Phänomen der Xenophobie in Westeuropa hervorgebracht haben. Das heißt, wir leben in einer Gesellschaft, die weder mit Zuwanderern teilen, noch Rücksicht auf nachwachsende Generationen nehmen will. Eine solche Gesellschaft sägt aber an dem Ast, auf dem sie sitzt, und – ceteris paribus – es ist nur eine Frage der Zeit, bis der Ast bricht.
- Viel wurde im vergangenen Jahrzehnt von der Krise der Arbeitsgesellschaft gesprochen. Einige Themen, wie das der Flexibilisierung der Ar-

beitszeit, sind inzwischen schon fester Bestandteil der politischen Diskussion geworden. Tiefergreifende Ideen, wie die Entkoppelung von Arbeit und Einkommen, sind allerdings immer noch theoretische Ansprüche, deren praktische Verwirklichung in weiter Ferne liegt. Dennoch, die Erosion eines ausschließlich auf Erwerbsarbeit begründeten Wohlfahrtsstaats wird in den nächsten Jahren weitergehen. Das macht weitere Diskussionen nicht nur der Verteilung von Arbeit über den Lebenszyklus sondern über den Begriff und das Konzept Arbeit als Ganzes erforderlich. Im Hinblick auf Kindheit sehe ich die Notwendigkeit, auch die Aktivitäten von Kindern und die Arbeitsteilung zwischen den Generationen vermehrt in diese Kalküle einzubeziehen.

- Der dritte relevante Bereich ist die Umwelt. In den vergangenen Jahren hat sich in internationalen Resolutionen der unübersetzbare Begriff "sustainable development" durchgesetzt. Dieser Begriff ist eine Antwort auf die in der historischen Club of Rome-Studie zu den Grenzen des Wachstums aufgeworfenen Fragen. Er hat aber genauso viel mit der intergenerationalen Ressourcenverteilung zu tun. Denn der Wachstumsprozess der Nachkriegsära beruhte zum Teil auf der überzogenen Inanspruchnahme der Ressourcen späterer Generationen. Aus sozialphilosophischer Sicht ließe sich argumentieren, dass wir nach Abschluß jener großen fortschrittsgläubigen Transformation den Übergang zu einer neuen Gesellschaftsformation schaffen müssen, in der Stabilität durch die Sicherung der Lebensgrundlagen späterer Generationen definiert wird. So besehen entwickelt sich die menschliche Gemeinschaft aus einer vormodernen vergangenheitsbezogen traditionalistischen Ethik über moderne fortschritts-, wachstums- und technikorientierte gegenwartsbezogene Ideologien (Kapitalismus und Sozialismus) letztlich zu einem postmodernen ökologiebezogenen, zukunftsorientierten und kinderzentrierten Weltbild.

An diesen drei Bruchlinien der Entwicklung der Menschheit stellt die Anerkennung des Wertes von Kindern eine zusätzliche Herausforderung dar. Kinder können aber auch als Ressource bei der Lösung der bestehenden Probleme gesehen werden.

Literatur:

Ambert, Anne Marie (1992): *The Effect of Children on Parents.* New York: The Haworth Press.
Ariès, Philippe (1975): *Geschichte der Kindheit.* München: Carl Hanser.
Cannari, Luigi und Franco, Daniele (1997): *La povertà tra i minorenni in Italia: dimensioni, caratteristiche, politiche. Temi di discussione.* Rom: Banca d'Italia.

Generationale Arbeits- und Ressourcenteilung 199

Cornia, Giovanni Andrea (1990): *Child Poverty and Deprivation in Industrialized Countries*, Innocenti Occasional Paper 2. Florenz: Unicef/ICDC.

Cunningham, Hugh und Viazzo, Pier Paolo (eds.) (1996): *Child Labour in Historical Perspective 1800-1985. Case studies from Europe, Japan and Colombia.* Florenz: Unicef/ICDC und Istituto degli Innocenti.

Förster, Michael (1994): *Familienarmut und Sozialpolitik – Eine vergleichende Studie von 14 O-ECD Ländern,* Forschungsbericht 9411. Wien: Ludwig Boltzmann Institut zur Analyse wirtschaftspolitischer Aktivitäten.

Heinz Hengst, Heinz (2000): "Die Arbeit der Kinder und der Umbau der Arbeitsgesellschaft". Hengst, Heinz und Zeiher, Helga (eds.): *Die Arbeit der Kinder.* Weinheim und München: Juventa: 71-97.

Hengst, Heinz (1998): "Kinderarbeit revisited". *Zeitschrift für Soziologie der Erziehung und Sozialisation Vol. 18:* 25-37.

Hengst, Heinz (1996): "Kinder an die Macht! Der Rückzug des Marktes aus dem Kindheitsprojekt der Moderne." Zeiher, Helga, Büchner, Peter und Zinnecker, Jürgen (eds.): *Kinder als Außenseiter?* Weinheim und München: Juventa: 117-133

Hengst, Heinz und Zeiher, Helga (eds.) (2000): *Die Arbeit der Kinder.* Weinheim und München: Juventa.

von Hentig, Hartmut (1993): *Die Schule neu denken.* München und Wien: Hanser.

Jensen, An-Magritt und Saporiti, Angelo (1992): "Do Children Count?" *EUROSOCIAL Report* 36/17. Wien: European Centre for Social Welfare Policy and Research.

Kränzl-Nagl, Renate, Riepl, Barbara und Wintersberger, Helmut (eds.) (1998): *Kindheit in Gesellschaft und Politik. Eine multidisziplinäre Analyse am Beispiel Österreichs.* Frankfurt und New York: Campus.

Liebel, Manfred (2000): "Ein Recht auf Arbeit und gesellschaftliche Anerkennung". Hengst, Heinz und Zeiher, Helga (eds.): Die Arbeit der Kinder.Weinheim und München: Juventa: 241-254.

Liebel, Manfred (1998): "Die 'Internationale Arbeits-Organisation (ILO)' und die Kinderarbeit". neue praxis 1: 80-89.

Cecilia Munoz Vila, Cecilia (1996): *The Working Child in Colombia since 1800.* Cunningham, Hugh und Viazzo, Pier Paolo (eds.): *Child Labour in Historical Perspective 1800-1985. Case studies from Europe, Japan and Colombia.* Florenz: Unicef/ICDC und Istituto degli Innocenti: 91-102

Qvortrup, Jens, Bardy, Marjatta, Sgritta, Giovanni und Wintersberger, Helmut (eds.) (1994): *Childhood Matters. Social Theory, Practice and Politics.* Aldershot: Avebury.

Qvortrup, Jens (ed.) (1987): "The Sociology of Childhood". *International Journal of Sociology,* Vol. 17/3.

Saporiti, Angelo und Sgritta, Giovanni B. (1997): *La staffetta. Anziani e giovani: una ricerca sui rapporti generazionali.* Rom: Edizioni Lavoro.

Sgritta, Giovanni B. (1993): "L'infanzia come fenomeno sociale: dal singolare al collettivo". *La voce dei bambini.* Trient: Publiprint: 81-114

Thomson, David (1996): "Justice between Generations and the Plight of Children". Wintersberger, Helmut (ed): *Children on the Way from Marginality towards Citizenship.* Eurosocial Report 61. Wien: European Centre for Social Welfare Policy and Research: 43-66.

Wintersberger, Helmut (2000): *Kinder als ProduzentInnen und als KonsumentInnen.* Hengst, Heinz und Zeiher, Helga (eds.): *Die Arbeit der Kinder.* Weinheim und München: Juventa: 169-188.

Wintersberger, Helmut (1999): "Work Viewed From a Childhood Perspective". *Family Observer:* 18-24.

Wintersberger, Helmut (1998): "Ökonomische Verhältnisse zwischen den Generationen. Ein Beitrag zur Ökonomie der Kindheit". *Zeitschrift für Soziologie der Erziehung und Sozialisation* 1: 8-24.

Wintersberger, Helmut (1993): "Condizione dell'infanzia moderna: diritti e politiche". AA.VV.: *La voce dei bambini.* Trient: Publiprint: 31-80.

Wintersberger, Helmut (1996): "E qual è il costo di essere bambino? Una prospettiva capovolta". *Inchiesta*, gennaio – marzo.

Wintersberger, Helmut (2000): "Bambino e società: per una economia dell'infanzia". Alberto Agosti, Alberto und de Nicola, Paola (eds.): *Leggere il maltrattamento del bambino: le radici della violenza.* Milano: Franco Angeli: 135-144.

Zeiher, Helga (2000): "Hausarbeit: zur Integration der Kinder in die häusliche Arbeitsteilung". Hengst, Heinz und Zeiher, Helga (eds.): *Die Arbeit der Kinder.* Weinheim und München: Juventa: 45-69.

Zeiher, Helga, Büchner, Peter und Zinnecker, Jürgen (eds.) (1996): *"Kinder als Außenseiter?"*Weinheim und München: Juventa.

Zelizer, Viviana (1985): *Pricing the Priceless Child.* Princeton: Princeton University Press.

Helga Zeiher

Der Machtgewinn der Arbeitswelt über die Zeit der Kinder

Kindheit und Arbeitswelt

Kindheit ist ein integraler Bestandteil der Gesellschaft. Das mag trivial klingen, mußte aber in der Anfangsphase der Kindheitssoziologie ausdrücklich betont werden gegenüber einem anderen Verständnis der Kindheit: dem Verständnis von Kindheit als außerhalb der Gesellschaft, in einem Vorraum der Arbeitsgesellschaft angesiedelt. Letzteres entspricht der institutionellen Abtrennung besonderer Kindheitsstrukturen, nämlich der bürgerlichen Familie und des Bildungswesens, von der Arbeitswelt. Es richtet sich auf Prozesse innerhalb der Kindheitsstrukturen, nicht aber darauf, wie das Kindheitskonstrukt im gesellschaftlichen Zusammenhang steht und wie es sich historisch verändert. Denn das Gesellschaftsprojekt der Moderne, Kindheit als einen Schon- und Vorbereitungsraum auszugestalten, verlangte die Beschäftigung mit den Prozessen des Aufwachsens, also mit Entwicklung, Erziehung, Bildung und Sozialisation der Kinder. Erst als dieses Projekt offensichtlich an Grenzen stieß, führte die Auseinandersetzung mit den Grenzen zur Ergänzung der Binnenperspektive durch eine soziologische Perspektive, die das Kindheitskonstrukt in seinen Beziehungen zur Gesamtgesellschaft, also gleichsam von außen sichtbar macht[1]. Das geschah seit Ende der 70er Jahre, als am Einfluß der Medien die Grenzen der pädagogischen Steuerung der Kinder deutlich wurden (Hengst et al. 1981) und als der Wandel der Familie sozialpolitisch motivierte Fragen nach der gesellschaftlichen Ordnung des Generationenverhältnisses im Zusammenhang der Arbeitsgesellschaft weckte (vgl. Qvortrup et al. 2004; Kränzl-Nagl et al. 2003).

---

[1] Zur Unterscheidung von Binnen- und Außenperspektive auf Kindheit siehe Zeiher 1996.

Kaufmann (1980) problematisierte damals die Situation der Kinder als "Außenseiter der Gesellschaft". Qvortrup (2000) bestimmte die Integration der Kinder in die Arbeitsgesellschaft, indem er sie als Produzenten von Selbstqualifikation begriff. Andere bezogen auch die Konsumentenrolle der Kinder sowie produktive Arbeit der Kinder neben der Schularbeit ein (s. Wintersberger in diesem Band; Hengst und Zeiher 2000).

In diesem Kapitel möchte ich einen anderen Aspekt der Integration der Kindheit in die Arbeitswelt hervorheben: den Einfluß, der von Produktionsweisen in der Arbeitswelt der Erwachsenen auf die Situation der Kinder in den Schon- und Vorbereitungsinstitutionen ausgeht. Erstens geht es um den Einfluß der Arbeitswelt auf die Konstruktion der Schonräume. Wieviel Zeit Erwachsene in der Familie für die Arbeit an und mit Kindern einsetzen, ist davon abhängig, welche Ansprüche die (übrige) Arbeitswelt an ihre Zeit stellt. Unter arbeitsweltlichen Einflüssen wird die Sorgearbeit zwischen Familie und wohlfahrtsstaatlichen Instanzen verteilt und werden innerhalb der Familien Sorgearbeiten und Erwerbsarbeit zwischen den Geschlechtern verteilt. Zweitens geht es darum, wie die Aktivitäten der Kinder innerhalb der Schonräume der Familie und des Bildungswesens durch die Organisationsprinzipien und durch den Arbeitskräftebedarf der Arbeitswelt geformt werden.

Bedingt durch Umbrüche in den Produktionsweisen der Arbeitswelt ist gegenwärtig beides radikalen Veränderungen unterworfen. Ich werde deshalb nach sozialem Wandel fragen. Wie ist das Konstrukt Kindheit und wie sind die Handlungsmöglichkeiten, die alltägliche Lebensführung und die Lebensqualität der Kinder von den aktuellen Veränderungen in der Arbeitswelt betroffen?

Diesen Fragen soll an zeitlichen Phänomenen nachgegangen werden. Denn Zeit als Ansatzpunkt zu nehmen, ermöglicht zweierlei zugleich: erstens, das Ineinandergreifen von gesellschaftlichen Strukturen und individuellem Handeln sowie, zweitens, den hier interessierenden sozialen Wandel konkret zu fassen. Die Verteilungen von Sorgearbeit zwischen Familie und öffentlichen Bildungs- und Betreuungsinstanzen sowie die Arbeitsteilungen innerhalb der Kindheitsinstitutionen sind immer Verteilungen von Zeit: sowohl von gesellschaftlicher Zeit für Kinder als auch von Lebenszeit der Kinder. Und die Organisationsbedingungen, die Kinder für ihre Aktivitäten vorfinden, sind ebenso wie die Formen, in denen Kinder ihr Handeln organisieren und ihr Alltagsleben führen, weitgehend Zeitformen [2].

---

[2] Auf der Seite individuellen Handelns ist es die alltägliche Lebensführung der Individuen, in der die ständigen Auseinandersetzungen mit konkreten Möglichkeiten und Beschränkungen des Handelns stattfinden und individuelle Zeit disponiert und organisiert wird. Alltägliche Lebensführung ist eine besondere Aktivität, mit der das Individuum Tätigkeit für Tätigkeit und Tag für Tag seine Lebenszeit disponiert. In den Entscheidungen für Tätigkeiten werden auch deren zeit-

Anhand der wenigen Untersuchúngen, die es zu diesem Thema gibt, und auch spekulativ werde ich in diesem Kapitel auf Beziehungen zwischen alltäglicher Lebensführung von Kindern und deren Alltagsbedingungen, die im gesellschaftlichen Wandel neu geformt werden, hinweisen. Die Argumentation geht von gesellschaftlichem Strukturwandel aus und hat dort ihren Schwerpunkt. Von der anderen Seite, dem Lebensführungs-Handeln der Kinder, auszugehen, würde ein anderes Vorgehen erfordern, das empirisch bei konkretem Lebensführungs-Handeln ansetzt und nach den gesellschaftlichen Verhältnissen fragt, die in den individuellen Lebensführungs-Entscheidungen bedeutsam geworden sind [3].

Zeit und der Wandel der Arbeitswelt

Wir sind es gewohnt, Zeit als etwas Objektives wahrzunehmen. Als Zeitpfeil in einem räumlichen Modell vorgestellt, kann Zeit abgelöst von den Prozessen, in denen sie sich ereignet, betrachtet und gehandhabt werden. Auf der Zeitlinie lassen sich Prozesse ungeachtet ihres Inhalts positionieren, ordnen und aufeinander beziehen, ihre Zeitposition und Dauer lassen sich planen. Lineare Zeit dient als abstraktes Medium, in dem sich Aktivitäten der Menschen rational verknüpfen lassen. In der Entwicklung der Moderne, mit zunehmender Arbeitsteiligkeit und räumlicher Ausdehnung der arbeitsteiligen Verflechtungen, wurde dieses Medium immer wichtiger für die gesellschaftliche Vernetzung, darin dem Geld vergleichbar. Zeit wurde immer mehr zu einem in der Gesellschaft verselbständigten Phänomen; bis heute hat sich ein immer dichteres Netz von dauerhaften Zeitstrukturen, von Terminen, Sequenzen, Dauern und Tempi, auskristallisiert. Der Bedeutungszuwachs, den verselbständigte Zeit erfahren hat, war zum einen durch die räumliche Ausdehnung von arbeitsteiligen Zusammenhängen befördert worden. Kaufleute mußten langfristiger planen, als die immer weiteren Entfernungen, über die hin Handel betrieben wurde, immer längere Transport- und Kommunikationszeiten brauchten. Heute, da die Informationstechnik räumliche Distanz für viele Zwecke der Kommunikation bedeutungslos

---

liche Lagen, Dauern und Tempi sowie räumliche Bewegungen und Aufenthaltsorte bestimmt. Als soziologisches Konzept ist alltägliche Lebensführung seit Max Weber immer auf gesellschaftliche Modernisierungserscheinungen bezogen worden. Fragen nach der Lebensführung der Individuen sind erneut aktuell geworden mit dem verstärkten Hervortreten von Prozessen gesellschaftlicher Individualisierung, also der Ablösung der Individuen aus sozialen Zusammenhängen, in denen der Lebensweg und die Lebenszeit im ganzen Leben wie im Alltag vorgezeichnet waren (Voß 1991; Jurczyk und Rerrich 1993). Kinder sind im letzten Drittel des 20. Jahrhunderts von solchen Prozessen an vielen Stellen ihres Alltagslebens erreicht worden (Zeiher und Zeiher 1994).

[3] So zum Beispiel in Zeiher und Zeiher 1994.

gemacht hat, verändert sich der Umgang mit Zeit. Ohne das Hindernis Raum beschleunigen sich viele Prozesse enorm, die Akteure kommen unter Druck, das Tempo zu halten. Wo die Unabhängigkeit vom Raum alles sofort möglich macht, verdichten sich Aktivitäten in der Zeit, Planungshorizonte werden kürzer und Zeitdruck und Zeitkonflikte werden häufiger. Zum anderen war der Bedeutungszuwachs objektiver Zeitsetzung durch die Möglichkeit befördert worden, die Zeit von Arbeitsprozessen zu rationalisieren und durch Zeitökonomie Profit zu steigern. Heute, im Zusammenhang einer Vervielfältigung von Optionen mit je eigenen Zeitbedingungen, von Beschleunigungen und von Verkürzungen der Planungshorizonte, werden zeitliche Standardisierungen von Arbeitsprozessen unökonomisch. An die Stelle externer Zeitregimes treten zeitliche Flexibilisierungen und Öffnungen, die die Zeitbestimmung weniger von außen vorgeben. Verlangt wird, Zeiten individuell zu koordinieren und zu bestimmen. Zeitkontrolle, die sich im Prozeß der Moderne in immer mehr Zeitstrukturen verselbständigt hatte, wird jetzt zunehmend individualisiert.

Aktuellen Wandel in der Art der gesellschaftlichen Integration der Kindheit gerade an Zeitphänomenen zu untersuchen, liegt nahe, weil der Umbruch der gesellschaftlichen Zeitstrukturen und des Zeitgebrauchs alle Lebensbereiche ergreift. In Zeitbedingungen und Zeitgebrauch kommt zum Ausdruck, wie Abtrennungen, die für die Moderne charakteristisch waren, entstandardisiert, brüchig und durchlässig werden. Wenn die Macht der verselbständigten Zeit im Leben der Erwachsenen zu brechen beginnt, wie verändern sich dann die Zeitregimes für das Leben der Kinder in der Familie, in den Bildungsinstitutionen und in den übrigen Lebensbereichen der Kinder?

Sorgezeit für Kinder

Der Umbruch der gesellschaftlichen Generationenordnung

Das Familienmodell, das in der Phase der Industriegesellschaft, in Deutschland bis in die 50er Jahre des 20. Jahrhunderts, zunehmend mehr Bevölkerungsschichten realisierten, war das der Ernährer-Hausfrau-Familie. In jenem Modell bestand ein Gleichgewicht zwischen Erwerbsarbeit und privater Sorgearbeit, das auf einer strikten Trennung der beiden Arbeiten zwischen den Geschlechtern basierte: Die Väter verdienten das Geld, die Mütter sorgten für Haushalt und Kinder und waren materiell von den Männern abhängig. Diese Geschlechterordnung war mit einer bestimmten Ordnung des Generationenverhältnisses verschränkt: Die Sorge für Kinder hatte ihren gesellschaftlichen Ort ausschließlich in der Familie, weil dort die Mutter im Prinzip rund um die Uhr Zeit dafür hatte. In den letzten Dekaden leben nun immer mehr junge Familien nicht nach dem Ernährer-Hausfrau-Modell. Sie praktizieren vielmehr eine Arbeitsteilung, bei der jeder Partner beides tut, nämlich erwerbstätig ist und sich um das Kind oder die Kinder kümmert. Im Idealfall ist diese neue Arbeitsteilung egalitär: beide Eltern sind in gleichem Maß an der Erwerbs- und an der Familienarbeit beteiligt. Die Veränderung, die das für die Versorgung der Kinder bedeutet, liegt auf der Hand: Wenn jeder Elternteil innerhalb seines Alltagslebens Zeit für Erwerbsarbeit verwendet, hat keiner von beiden rund um die Uhr Zeit für das Kind oder die Kinder. Es gibt eine gesellschaftliche Lösung dieses Zeitproblems: die Verlagerung eines Teils der Sorgezeit aus der Familie zu wohlfahrtsstaatlichen Instanzen. Wie diese Verlagerung im einzelnen geschieht, hat Folgen für Kindheit und für Alltagsleben und alltägliche Lebensführung der Kinder.

Der Wechsel vom traditionalen bürgerlichen zum egalitären Familienmodell hat in Deutschland – im internationalen Vergleich – erst spät eingesetzt und beschleunigt sich gegenwärtig rasch. Die Schubkräfte des Wandels kommen ebenso aus der Ökonomie wie aus demokratischen Entwicklungen. Der Übergang der Frauen aus der Beschränkung auf private Sorgearbeit in die Erwerbsarbeit folgt einerseits dem Bedarf der Wirtschaft an der Arbeitskraft der Frauen und dem in jüngster Zeit wachsenden Armutsrisiko von Familien, und andererseits dem Anspruch der Frauen auf Emanzipation. Die Frauenbewegung hat Gleichheit vor allem über die Beteiligung in der Erwerbssphäre angestrebt. Als Rücksicht auf erwerbstätige Mütter hat sie in der Anfangsphase des Umbruchs der Familienmodelle durchsetzen können, dass mehr Teilzeitarbeitsplätze mit flexibler Zeitbestimmung geschaffen wurden, und dass Eltern eine längere Arbeitspause nach der Geburt eines Kindes gesetzlich garantiert wurde (die freilich nur gering staatlich finanziert wird). Es stellte sich bald heraus, dass diese beiden Maßnahmen weniger die Egalität der familialen Arbeitsteilung förderten als vielmehr eine Variante des tradierten Familienmodells, das sogenannte Vollzeit-Teilzeit Familienmodell: nur die Mutter verkürzt ihre Erwerbsarbeitszeit [4] (Jürgens 2003). Gegenwärtig befinden wir uns in einer neuen Phase des Umbruchs, jetzt von Wirtschaftsinteressen ausgehend und mehr das egalitäre Familienmodell unterstützend. Großbetriebe beginnen zu erkennen, dass Arbeitszeit-Freistellungen die Qualifikationen weiblicher Arbeitskräfte nicht ausreichend nutzen lassen. Nach US-amerikanischem Vorbild streben Großunternehmen "work-life-balance"-Maßnahmen an, die Müttern nahelegen, sehr bald nach der

---

[4] In Deutschland wurde diese Variante 1998 von einem knappen Viertel der Eltern von Kindern unter sechs Jahren praktiziert (Olk u.a. 2004).

Geburt vollzeitig zu arbeiten: betriebseigene Kinderbetreuung, mehr Zeitflexibilität, Telearbeit und anderes.

Die aktuelle Umorientierung der Arbeitszeitpolitik von der Rücksicht auf Familien hin zu ökonomischem Kalkül findet in einer Situation statt, die von einem radikalen Wandel der Arbeitszeitregimes bestimmt ist. Wochenendarbeit, verlängerte Arbeitszeit am Abend, Heimarbeit, unregelmäßige Arbeitszeiten, flexible Zeitbestimmung, völlig selbstbestimmte Arbeitszeiten nehmen seit den 90er Jahren rapide zu (Bauer et al. 2002). Betriebe stehen unter zunehmendem Druck des Wettbewerbsfaktors Zeit. Die neuen Mittel ökonomischer Rationalisierung und Marktanpassung sind just-in-time Produktion, Flexibilisierungen des Arbeitskräfteeinsatzes und Verlagerung von Verantwortung auf Mitarbeiter. Gearbeitet wird unter wachsendem Zeitdruck und immer häufiger in deregulierten Zeiten. Globalisierung der Ökonomie und Knappheit der Arbeitsplätze verstärken den Druck auf die Arbeitenden, die verlängerten und irregulären Arbeitszeiten zu akzeptieren. Der Wandel beschleunigt sich auch durch den Anpassungsdruck, den der Synchronisationsbedarf und die Zeitkonflikte in der Alltagswelt erzeugen. Angebotszeiten von Dienstleistungen und Handel werden auf Druck veränderter Arbeitszeiten der Kunden ausgedehnt; die Folge sind neue Deregulierungen der Zeiten für die dort Arbeitenden. In Produktion, Handel und Dienstleistungen ist eine Tendenz zum non-stop-Betrieb zu beobachten, innerhalb dessen die Zeitmuster der Einzelnen unterschiedlich gelagert sind. Dadurch verlieren kollektive Rhythmen der Tages-, Wochen- und Jahreseinteilung Bedeutung (Eberling und Henckel 2002; Fürstenberg et al. 1999). Individuelle Zeitgestaltungspotentiale erhöhen sich – ein oft nur scheinbarer Gewinn, weil sich die Individuen Zeitdisziplin und Zeitdruck jetzt vermehrt selbst antun müssen (Rinderspacher 2003).

Wie folgen die Maßnahmen zur Verlagerung von Sorgezeit für Kinder den veränderten Arbeitszeitbedingungen? Die bundesrepublikanische Familienpolitik hat im Vergleich zu anderen europäischen Ländern sehr lange am bürgerlichen Familienmodell und am damit verbundenen Entwurf des Kindes als in hohem Maße auf mütterliche Sorge angewiesen festgehalten. Deshalb ist bis heute das Angebot an Betreuungsplätzen, insbesondere an Ganztagsplätzen für Kinder in den ersten drei Lebensjahren und für Schulkinder, viel geringer als die Nachfrage, in manchen Regionen fehlt es noch völlig [5]. Die Zeitmuster der meisten Schulen – Halbtagsschulen mit mal frühen, mal späteren Zeiten des Beginns und Endes des Unterrichts und ohne Mittagessen – setzen noch immer das tradierte Familienmodell mit ständiger zeitlicher Verfügbarkeit der Mütter

---

[5] Das gilt für die westlichen Bundesländer. Die östlichen Länder sind mit Kinderbetreuungseinrichtungen gut ausgestattet.

voraus. Erst in jüngster Zeit beginnt die Politik, sich dem Umbruch der Familienrealität anzupassen; zeitlich "verlässliche" Grundschulen nehmen Rücksicht auf erwerbstätige Eltern, und Ganztagsbetrieb in Schulen wird ausgebaut. Betreuungseinrichtungen bieten mehr Ganztagsplätze und flexibilisieren ihre Öffnungszeiten. Hierbei verbinden sich ökonomische Gründe mit demokratischen. Die Wirtschaft hat neben dem schon erwähnten Bedarf an der aktuellen Arbeitskraft der Frauen Bedarf an qualifizierten künftigen Arbeitskräften. In der bildungspolitischen Debatte wird der demokratische Aspekt des Qualifikationsbedarfs hervorgehoben; von mehr professioneller Betreuungs- und Beschulungszeit verspricht man sich mehr Emanzipation der Kinder aus der Abhängigkeit des Bildungserwerbs von der Familie, und damit zugleich mehr soziale Chancengleichheit für die Einzelnen und bessere Qualifikationen bei mehr Kindern.

Die Ablösung des bürgerlichen Familienmodells wird in Deutschland auch durch besonders hohe Ansprüche von Eltern an ihre elterliche Sorgearbeit verzögert. Die Ideologie des sensiblen, der mütterlichen Sorge bedürftigen Kindes (vgl. Bühler-Niederberger in diesem Band) ist hier stärker verankert als zum Beispiel in den nordischen Ländern, und hat sich seit den 70er Jahren mit neuen Erwartungen an elterliche Sorgearbeit verbunden, die aus der Betonung des Lernens und der Entwicklungsförderung in den letzten Dekaden folgen. Alles, was Kinder tun, gilt als lern- und sozialisationsbedeutsam. Eltern gelten als umfassend verantwortlich für Entwicklung, Sozialisation und Lernerfolge des Kindes. Sie sollen und wollen sich engagieren und Zeit einsetzen für Kommunikation, Spielen und Unternehmungen mit dem Kind, für ein Alltagsmanagement, das dem Kind zusätzliche Bildung und soziale Kontakte unter Gleichaltrigen ermöglicht, und für Elternarbeit in Kitas und Schulen. Auch der Schutz der Kinder vor Gefahren erfordert mehr elterliche Zeit als vor einigen Dekaden; bis in die mittlere Kindheit werden Kinder vielerorts nur selten allein aus dem Haus gelassen, Eltern begleiten sie zu Spielplätzen und transportieren sie zu Veranstaltungen und Verabredungen.

Insgesamt ist festzuhalten: In Deutschland finden sich viele Eltern heute im Konflikt zwischen dem Wunsch und der Notwendigkeit, erwerbstätig zu sein, den hohen Ansprüchen an die Zeit, die sie meinen, für ihr Kinder aufbringen zu müssen, und unzureichenden Möglichkeiten, Sorgezeit für Kinder dann auszulagern, wenn ihre Arbeitszeit es erfordert. Einer geringeren Zeitmenge für elterliche Sorgearbeit steht ein erhöhter Bedarf an elterlicher Sorgezeit gegenüber; heutige Eltern haben im Vergleich zu früheren Generationen weniger Zeit für ihre Kinder, obwohl sie mehr Zeit brauchen. Wie der Zeitkonflikt gelöst werden kann, ist in Deutschland den Eltern überlassen; dieses Thema ist bis vor kurzem als privates, und nicht als politisches Problem verhandelt worden. Weil in unserer Gesellschaft Produktionsarbeit als zentral im Leben der Menschen gewertet wird, und weil Eltern ihren Arbeitsplatz nicht gefährden können, entsteht ein Druck, der Sorgezeit für Kinder innerhalb der Familie zur Residualgröße werden läßt.

Immer mehr junge Erwachsene wagen es nicht mehr, Kinder aufzuziehen. Die radikale Reaktion angesichts unsicherer Arbeitsverhältnisse, unberechenbarer Arbeitszeiten und ungenügender Bedingungen für die Auslagerung von Sorgearbeiten bei hohen eigenen Ansprüchen an elterliche Sorgearbeit ist der Verzicht auf Kinder, oft entgegen eigenen Wünschen[6]. Mehr als vierzig Prozent der gut ausgebildeten Frauen überläßt die generationale Reproduktion anderen. Das bedeutet, die sozialstrukturelle Position der Kinder in der Gesellschaft verändert sich: Die ökonomische Entwicklung verringert die Zeit und somit den Platz für Kinder in der Gesellschaft. Der verbleibende Platz liegt vermehrt im unteren Bereich sozialer Lagen der Bevölkerung.

Zeit der Kinder im Familienalltag

Trotz der Unsicherheiten und trotz der Anstrengungen komplexer Zeitarrangements nehmen auch Menschen, die erwerbstätig sein und bleiben wollen und müssen, ein Leben mit Kindern auf sich. Verschärft oder vereinfacht sich das Problem der Zeit für Kinder, wenn Arbeitszeiten flexibler und individueller bestimmbar werden? Was machen Eltern, wenn ihre Arbeitszeit schlecht planbar ist, und wenn die Arbeit sich in Phasen des Tages und der Woche ausbreitet, die traditionell dem Familienleben gehören? Wechselschichten, Nacht- und Wochenendarbeit, Heimarbeit, flexible Zeitbestimmung, völlig selbstbestimmte Arbeitszeiten machen die Zeitorganisation für manche Eltern schwieriger, für andere jedoch einfacher (Bauer 2000; Jürgens 2003). Manche können entstandardisierte, flexible Arbeitszeiten nutzen, bei anderen verschlimmert dies die Zeitnot. Ohne die Hilfe von Großeltern, anderen Eltern, Hauspersonal und/oder Dienstleistungsfirmen zusätzlich zu Kindertagesstätten geht es meist nicht. Alltagsbeobachtungen zeigen eine große Vielzahl an Mustern der Arbeitsteilung zwischen den Eltern. Neben langfristigen Teilungen, wenn Mutter und Vater im Wechsel für Monate oder Jahre die Erwerbsarbeit oder die Berufsausbildung reduzieren oder unterbrechen, verbreiten sich vielerlei Varianten der Arbeitstei-

---

[6] In Deutschland verzichten mehr erwerbstätige Frauen ganz auf Kinder als in anderen europäischen Ländern: von allen 1962 bis 1966 geborenen Frauen in den westlichen Bundesländern werden 28 % kinderlos bleiben, von den Akademikerinnen sogar 42 % (Grünheid 2003).

lung am Tag oder im Wochenverlauf. Vater und Mutter, manchmal auch eine Großmutter, arbeiten zeitversetzt, so dass jeweils eine Person Zeit für das Kind hat (Klenner u.a. 2003). Voraussetzungen sind die Möglichkeit, flexible Arbeitszeiten oder Wechselschichten entsprechend zu nutzen, sowie die Bereitschaft des Vaters zur Kinderbetreuung, eine Bereitschaft, die zunimmt. Immer mehr der heute jungen Väter akzeptieren die gleichberechtigte Partnerin und wollen aktive Väter sein – die Zeitarrangements erwerbstätiger Mütter und Väter werden allmählich egalitärer (Bundesministerium 2003).

In den USA, wo das egalitäre "dual career" Familienmodell schon länger Normalität ist, hat die Soziologin Arlie R. Hochschild (2002) in einem Technologie-Unternehmen bei Eltern eine befremdliche Beobachtung gemacht: Obwohl diese Eltern Zeitmangel als ihr größtes Problem beschrieben, nahmen sie familienfreundliche kürzere Arbeitszeiten, die die Firma anbot, nicht in Anspruch. Hochschild suchte nach den Gründen. Sie beschreibt in Fallstudien erwerbstätiger Eltern, wie Zeiten der Beziehung und Sorge im Familienalltag zerstört wurden, weil sich Zeitmangel, Fragmentierung und Effizienzsteigerung der wenigen Zeit, die für die Kinder vorhanden war, wechselseitig so sehr verstärkten, dass diese Eltern schließlich aus den häuslichen Zeit-Anstrengungen in mehr Erwerbsarbeit flohen. Denn während die Arbeitsplätze immer attraktiver wurden, war zu Hause das aus der Arbeitswelt verschwundene tayloristische Arbeitszeitregime immer beherrschender geworden; zu Hause fühlten sich diese Eltern überfordert und gestresst. "When work becomes home and home becomes work", so der Untertitel des Buchs, verkehren sich die Welten. Eine "kulturelle Umpolung" von Arbeits- und Privatleben finde statt. Diese Dynamik beherrsche eine zunehmende Anzahl amerikanischer Familien, und die Leidtragenden seien die Kinder.

In welcher Weise, und ob überhaupt Kinder Leidtragende neuer Formen elterlicher Arbeitszeiten sind, ist bislang nur in wenigen Aspekten untersucht worden. Generelle Aussagen sind immer weniger möglich, je größer die Vielfalt familialer Alltagsmuster wird. Arrangements, die für Eltern zeitlich sehr komplex sind, machen das Leben der Kinder nicht notwendig ebenso komplex. Wenn es Eltern gelingt, sich in ihren Erwerbs- und Familienarbeitszeiten so miteinander abzuwechseln, dass ständig jeweils ein Elternteil zu Hause ist, können für das Kind einfache raum-zeitliche Alltagsmuster zustande kommen. Manche Eltern widmen alle verbleibende Zeit der Familie, andere haben darüber hinaus weitere außerhäusliche Engagements, die Zeit brauchen. Manche Eltern können viel zusätzliche Hilfen finden, etwa von Großeltern oder von bezahltem Personal, andere kaum oder gar nicht. Zeitbedingungen wirken sich, je nach Alter und Zahl der Kinder, in Ein- oder Zweielternfamilien, und nicht zuletzt je nach dem persönlich besonderen Bedarf eines jeden Kindes, sehr unterschiedlich aus. Wie Eltern ihre Sorge- und Erziehungsaufgaben verstehen, wie sie den Haushalt organisieren, wie sie persönlich Stress verarbeiten, ist von Bedeutung (vgl. Bianchi 2000; Sandberg und Hofferth 2001). Dennoch lassen die wenigen Untersuchungsberichte einige Tendenzen in bezug auf die Zeit der Kinder für soziale Beziehungen und ihre zeitliche Selbstbestimmung erkennen:

Mit der zunehmenden Erwerbstätigkeit von Müttern ist das Konzept der "Qualitätszeit" entstanden, das den Müttern die Angst, "Rabenmutter" zu sein, nehmen sollte. Mütter widmen sich zu bestimmten Zeiten am Tag voll dem Kind und sind in der übrigen Zeit nicht oder kaum erreichbar. Solche Zeitreduktion wurde seit den 70er Jahren als pädagogisch sinnvoll begründet; es komme nicht auf die Menge, sondern auf die Intensität gemeinsamer Zeit an. Heute wird die strikte Trennung zwischen Zeiten der Zuwendung und der Unerreichbarkeit kritisiert und darauf hingewiesen, wie wichtig Kindern auch die bloße Anwesenheit von Eltern ist. Christensen et al. (2000) zeichnen in ihrer Studie den "dynamischen Bewegungsfluß" des Familienlebens nach, in dem Kinder ihre Bedürfnisse nach Unabhängigkeit und nach Zusammensein ausbalancieren. Doch macht die Verknappung elterlicher Zeit die zeitökonomische Bewirtschaftung gemeinsamer Familienzeit, Planung, Terminierung, Begrenzung sowie Verdichtung der verbleibenden Zeiten in "Qualitätszeiten" nötig. Letzteres sind oft bestimmte Mahlzeiten. Um gemeinsame Zeiten zu sichern, etablieren viele Familien die Gewohnheit wenigstens einer gemeinsamen Mahlzeit am Tag oder sogar nur am Wochenende, an der dann alle Familienmitglieder festhalten (Klenner et al. 2003). Denn die gemeinsame Mittagsmahlzeit in Familien wird seltener, Essen in Betriebs-kantinen und fast food zu Hause, das jeder zu eigener Zeit aus dem Kühlschrank nimmt, werden häufiger.

Befragungen von Kindern (Klenner et al. 2003; Roppelt 2003) zeigen Ambivalenzen zwischen Wünschen nach Nähe und nach Unabhängigkeit, und zwischen Wünschen nach Zuwendung, Aufmerksamkeit und gemeinsamen Aktivitäten mit Eltern und solchen nach gemeinsamer Anwesenheit ohne gemeinsames Tun, also nach Pausen von ständiger Aufmerksamkeit der Eltern. Kinder bestehen auf Zeiten, die ihnen gewohnheitsmäßig gewidmet werden. Sie legen großen Wert darauf, dass Eltern sich bei besonderen Ereignissen Zeit nehmen, etwa bei Geburtstagen oder Schulveranstaltungen, und in besonderen Situationen, etwa wenn das Kind krank ist. Kinder wollen aber nicht nur Qualitätszeit, sondern auch allein sein. Sie verstehen und akzeptieren, dass ihre Eltern an Arbeitszeiten gebunden sind, dennoch wünschen sie sich, dass sich elterliche Zeit nach den jeweiligen Befindlichkeiten des Kindes richten solle. Eltern sollen immer dann da sein, wenn das Kind sie braucht, und sie sollen das Kind frei lassen, wenn das Kind das will. Sehr wichtig ist Kindern die Berechenbarkeit elterlicher Zeit. Sie wollen sich darauf verlassen können, dass Eltern sie zu verabredeter Zeit abholen oder nach Hause kommen.

Während Selbst- und Mitbestimmung der Kinder über Familienzeit in vielen Alltagsentscheidungen in den letzten Dekaden erheblich zugenommen haben, werden alle Umstände, die den raum-zeitlichen Rahmen des Alltagslebens betreffen, von Eltern verfügt. Doch basieren solche Zeitentscheidungen heute kaum mehr auf tradierten Konventionen. Macht über die Zeit der Kinder wird heute auch kaum mehr mit hierarchisch begründeter Autorität ausgeübt. Eltern müssen ihre eigenen außerfamilialen Zeitzwänge an ihre Kinder weitergeben, und Kinder pflegen dies in der Regel zu verstehen und hinzunehmen, weil sie wissen, dass beide, Eltern und Kinder, gegenüber strukturellen Zwängen gleich machtlos sind (Klenner et al. 2003; Roppelt 2003).

Externe Zeitzwänge wirken in einzelnes Handeln hinein. Termine können die Handlungsmöglichkeiten in den Zeitabschnitten einschränken, die unmittelbar vor dem Termin liegen. Eine Spielphase wird unterbrochen, wenn das Kind an einen anderen Ort und in ein anderes Arrangement wechseln soll. Oder das Kind wartet auf bevorstehendes Fortgehen. In Wartezeiten gibt es weniger Handlungsmöglichkeiten als in offener Zeit. Um Neues zu beginnen scheint die Zeit oft zu kurz. So kann die Erwartung des vorbestimmten Tätigkeitswechsels die Gegenwart von Zwischenzeiten und Wartezeiten entwerten. Auch Transportzeiten – auf dem Weg mit der Mutter oder dem Vater zu Fuß oder im Auto – können entwertete Zeiten sein, sie können freilich auch als Zeiten der Kommunikation zwischen Elternteil und Kind besonderen Wert haben.

Andererseits gibt es mehr Herausforderungen zu selbständiger Zeitbestimmung, nicht zuletzt in den Phasen elterlicher Abwesenheit. In diesem Zusammenhang wird gern auf eine norwegische Befragungsstudie bei zehn- bis zwölfjährigen Kindern (Solberg 1990) verwiesen, die nach der Vormittagsschule bis zur Heimkehr der Eltern in der Wohnung allein waren und sich selbst versorgten. Die Eltern bemerkten erfreut Kompetenzen, die sie den Kindern in diesem Alter nicht zugetraut hatten und revidierten ihre Vorstellungen darüber, bis zu welchem Alter Kinder unselbständig seien. Solberg interpretiert das als einen Wandel der Normalitätsvorstellungen über das "soziale Alter" von Kindern. Denn wenn Kinder ihren Alltag mit den Eltern verbrächten, müssten sie ihre Selbstbestimmungsansprüche mit diesen aushandeln, wobei die Eltern meistens die Mächtigeren seien. Die Situation des alleinigen "homestayer" verlange dagegen erwachsenes Handeln. Die Tatsache, dass erwerbstätige Eltern nicht ständig zu Hause sein können, führe somit zu einem Wandel im Entwurf der Kindheit. In den USA, wo früher als in Europa deregulierte Arbeitszeiten sich ausgebreitet haben, hat die Sorge um das Wohl unversorgter "Schlüsselkinder" schon seit Ende der 80er Jahre Debatten und Forschungen hervorgerufen (Bianchi und Casper 2000; Presser 1989). Die Ergebnisse zeigen ein breites Spektrum an Lage und Menge von Zeiten des Alleinseins, aber sie zeigen keine negativen Auswirkungen auf die Kinder, wohl auch deswegen nicht, weil die Eltern die Kinder in der Regel erst dann sich selbst überließen, wenn sie ihnen die Selbständigkeit zutrauten. Eltern ließen Kinder lieber zu Hause als draußen allein. Die Möglichkeit zum ständigen telefonischen Kontakt gibt beiden Seiten, den Eltern und dem Kind, Sicherheit, wenn das Kind allein zu Hause ist, und auch, wenn es außer Haus ist.

Das besondere Interesse an der Selbständigkeit des Kindes hat zu einer gewissen Einseitigkeit der Aufmerksamkeit und der positiven Bewertung dieser Entwicklungen geführt. Es darf nicht übersehen werden, dass es auch Kinder gibt, die in Phasen des Alleinseins nichts zu tun wissen, die die Selbständigkeit nicht initiativ zu nutzen wissen, die aus Situationen der Langeweile nicht aktiv herausfinden. Früher wären solche Kinder dann einfach nach draußen gegangen und hätten Spielkameraden gefunden. Das ist in den Wohnumgebungen vieler Kinder heute nicht möglich. Die Eltern mögen unter Zeitknappheit und Zeitstress leiden, viele Kinder leiden wohl mehr an der Leere der Zeit. In institutioneller Betreuung, wo Spielkameraden und Anregungen für Beschäftigungen immer zugreifbar sind und Kindern aufgedrängt werden, ist wenig Gelegenheit für Erfahrungen, wie das eigene Alltagsleben allein zu steuern ist. Es gibt vermutlich nicht wenige Kinder, denen es schwer fällt, ein Leben selbst herzustellen, das reich an sozialen Beziehungen und an Aktivitäten ist, wenn sie nach langen Jahren der Betreuung in ein Alter kommen, in denen sie zu Hause, bei Abwesenheit der Eltern, zur Selbstbestimmung herausgefordert sind.

Den genannten teils positiven, teils pessimistischen Einschätzungen läßt sich eine weitere hoffnungsvolle hinzufügen. Aus den neuen Modi des Zeitgebrauchs könnten neue Potentiale selbständiger Zeitdisposition entstehen. Die Alltagzeiten in vielen Familien haben zwar sehr komplexe Terminstrukturen, sie sind aber im übrigen zeitlich beweglicher geworden. Vielerlei Notwendigkeiten, Möglichkeiten und Wünsche sind immer wieder neu zu koordinieren. Nur wo es sein muß, wird mit Zeit nach Plan umgegangen, im übrigen entsteht Handeln zeitlich aus der Situation heraus, nach Bedarf und Neigung. Hausarbeit wird zunehmend zeitlich improvisiert, möglichst nebenher und rund um die Uhr verteilt getan. Das einst strenge Zeitregime der Familienmahlzeiten hat sich aufgelöst. Flexibilisierungstendenzen werden zweifellos auch durch das Mobiltelefon erleichtert und gefördert, weil sich damit Terminabsprachen kurzfristig treffen und ändern lassen. Rationale Zeitbewirtschaftung, Fragmentierung, Ökonomisierung und Planung der Zeit – ein Zeitregime, wie es in der industriegesellschaftlichen Arbeitswelt herrschte –, mischt sich im Alltagsleben von Familien mit zeitlich spontanem Tun, Vermeidung frühzeitiger Festlegungen, Leben "just in time", also mit Zeitmodi, wie sie sich heute in der Arbeitswelt ausbreiten. Kinder wachsen mit einer Vielfalt an Modi des Zeitgebrauchs auf. Wenn mehrere Instanzen und Personen abwechselnd an der Betreuung des Kindes beteiligt sind, wechseln Situationen, Personen, Orte und Aktivitäten im Zeitablauf. Bereits das Wechseln ist eine spezifische Zeit- erfahrung. Kinder erfahren die Unterschiedlichkeit der Modi des Zeitgebrauchs in formaler und in privater Organisation. Sie machen die Erfahrung, dass Zeitmodi situationsspezifisch anzuwenden sind, dass manche Zeitstrukturen nur begrenzte Macht haben, andere dagegen zwingend sind. Solche Erfahrungen könnten über die Selbstbestimmung der eigenen Zeit hinaus zum flexiblen, eigenständigen Einsatz von Modi der Zeitverwendung befähigen.

Bei Versuchen, die Folgen elterlicher Erwerbsarbeit für Kinder zu bewerten, ist immer die Historizität der Wertmaßstäbe zu bedenken. Wieviel elterliche Sorgezeit Kinder brauchen, ist nicht nur individuell und je nach Lebensalter unterschiedlich, sondern wird kulturell und historisch unterschiedlich gesehen. Vorstellungen, was für Kinder gut sei, basieren nicht nur auf der "Natur des Kindes", wie gern angenommen wird, sondern sind historisch veränderlich. Die jeweiligen Zeitregimes der Arbeitswelt wirken in diese Vorstellungen hinein. Mit der bürgerlichen Ernährer-Hausfrau-Familie war der Entwurf des höchst sensiblen, lange Zeit der mütterlichen Sorge bedürftigen Kindes entstanden; das entsprach der Hausfrau, deren gesamte Zeit für die Familie bestimmt war. In den 70er Jahren, als Frauen Teilzeiterwerbstätigkeit anstrebten und zugleich die Erwartungen an die elterliche Sorgearbeit stiegen, sollte "Qualitätszeit" Müttern die "Doppelbelastung" erleichtern, eine Reduktion mütterlicher Zeit auf verdichtete Zeitstücke galt als ausreichend für Kinder. Gegenwärtig wird ein erneuter Einstellungswandel erkennbar, der dem egalitären Familienmodell entspricht: In der aktuellen Eltern-Ratgeberliteratur und in Medien wird das "überhöhte Sorgeverständnis" und eine zu große Dienstbereitschaft der Eltern für Kinder kritisiert und das Bild vom "robusten" Kind gezeichnet, das weniger Aufmerksamkeit und nahezu jedes Betreuungsarrangement verkraften könne (Hungerland 2003). Arlie R. Hochschild (2002) beschreibt unbewußte Strategien von Müttern, dem häuslichen Zeitdruck auszuweichen. Darunter war eine Strategie "emotionaler Askese": Mütter leugneten eigene Bedürfnisse und die ihrer Kinder und Partner, erklärten die Kinder früh für selbständig und brachten es so leichter fertig, die Kinder sich selbst zu überlassen. Eltern passen also nicht nur den eigenen Alltag an Bedürfnisse von Kindern an, sie definieren zugleich Kinder-

Lernzeit der Kinder

Gewichtsverschiebungen zur Lern-Kindheit

Makroökonomischer Bedarf, der auf Kinder als künftige Arbeitskräfte bezogen ist, hat die Ansprüche des Bildungswesens an die Zeit der Kinder von jeher bestimmt. Der erste entscheidende Schub in der modernen Geschichte dieser Entwicklung war die Durchsetzung der allgemeinen Schulpflicht. Als besondere Arbeitswelt der Kinder wurde die Schule von der Arbeitswelt der Erwachsenen abgetrennt. Zwei Welten der Kindheit wurden strikt voneinander getrennt, die Schule als Welt des formal organisierten Lernens und die Familie und ihr Umfeld als Welt des freien Spielens.

Einen zweiten massiven Schub hat die Konzeptualisierung und Institutionalisierung der Kindheit als Lernkindheit Ende der 60er Jahre erhalten. Im Zuge der Verschiebungen vom industriellen zum Dienstleistungssektor erwies sich das Bildungswesen als unzureichend und wurde ausgebaut. Die Pflichtschulzeit wurde verlängert, mehr Kinder besuchten weiterführende Schulen. Das Betreuungswesen wurde jetzt als "Elementarbereich" des Lernens verstanden. Vielfältige Freizeiteinrichtungen für Kinder entstanden, die dem Wunsch von Mittelschichteltern nach zusätzlicher Bildungsförderung entgegenkamen, und die zugleich nötig wurden, weil Urbanisierung und vermehrter motorisierter Straßenverkehr Kindern Orte des freien Spielens draußen nahmen. Beide Veränderungen zusammen, die pädagogische und die räumliche, haben dazu geführt, dass nicht nur die Betreuung, sondern auch Spielen zu besonders dafür geschaffenen Orten und Institutionen verlagert worden ist, zu Spielplätzen, Sporteinrichtungen, Freizeitheimen, Kursarrangements. In jener Phase haben kindbezogene Wissenschaften die Expansion des Lernens theoretisch unterfüttert und auch nicht formal organisiertes Lernen einbezogen. Entwicklungspsychologie und Sozialisationsforschung haben das Konzept des Lernens auf alles, was Kinder von Geburt an tun und erfahren, ausgedehnt. Spielen, soziale Interaktionen, Mitarbeit im Haushalt, Jobben, alles wird seither als relevant für Entwicklung, Sozialisation und informelles Lernen verstanden und gesteuert. Entsprechend wuchsen die Erwartungen an elterliche Sorgearbeit und -zeit für Kinder (s. o-

Der Machtgewinn der Arbeitswelt über die Zeit der Kinder 215

ben). Die Spielwelt der Kinder wurde, befördert durch Ansprüche an den Qualifikationserwerb der Kinder, zur informellen Lernwelt, die Erzieher und Eltern inszenieren und kontrollieren, und die Spielzeugindustrie und Unterhaltungsmedien lernbezogen ausstatten. (Vgl. Rabe-Kleberg und Zeiher 1984)

Zu Beginn des 21. Jahrhunderts zeichnet sich nun ein dritter Schub in der Entwicklung institutionalisierter Lernkindheit ab. Der gestiegene Bedarf der Eltern an Auslagerung von Kinderzeit aus der Familie (s. oben) trifft mit einer neuen Krise des Bildungswesens zusammen. Wieder erweist sich das Bildungssystem als unzureichend angesichts makroökonomischer Veränderungen; die Qualifikationen der künftigen Arbeitskräfte drohen, nicht international wettbewerbsfähig zu sein [7]. Unter ökonomischem Druck passen sich nun alle politischen Parteien in ihren Programmen der faktischen Abkehr vom Ernährer-Hausfrau-Familienmodell an. Deshalb wird die familienexterne Kleinkindbetreuung nicht nur in der Menge der Zeitangebote erweitert, sondern als Instanz der Bildungsvermittlung ausgebaut, und die Verlagerung von nachmittäglicher Zeit in Ganztagsbetreuung und –schu-len wird forciert. Formal organisiertes Lernen wird, neben der Kleinkindbetreuung auch durch einen früheren Einschulungstermin in die frühe Kindheit hinein aus-gedehnt. Am Ende der Schulzeit wird es für die Gruppe, die sich am längsten im Bildungswesen aufhält, die Abiturienten, dagegen um ein Jahr reduziert. Während bislang der kontinuierliche Zuwachs an Bildungszeit der Bevölkerung als Fortschritt gewertet wurde, wird der lange Verbleib im Bildungswesen jetzt aus demographisch bedingten Kostengründen in Frage gestellt. Denn die Überalterung der Bevölkerung verlangt eine Verlängerung der Lebensphase, die in der Arbeitswelt verbracht wird. Die in der Vergangenheit immer länger gewordene Lebenszeit im Kindheitsstatus wird jetzt verkürzt[8]. Wegen des steigenden Qualifikationsbedarfs geht die Verkürzung freilich mit zeitlicher Verdichtung des Schullernens einher – parallel zur zeitökonomischen Verdichtung von Prozessen in der Arbeitswelt Erwachsener.

---

[7] Der "PISA-Schock" über die relativ schlechten Schulleistungen deutscher Kinder und das hohe Maß sozialer Ungleichheit wirkt gegenwärtig ähnlich aufrüttelnd wie der "Sputnik-Schock" in den 60er Jahren.

[8] Ältere Kinder drängen auch selbst aus dem aufgezwungenen Kindheitsstatus heraus, der sie von den Regulierungen ihres Lebens durch die Schule sowie ökonomisch von den Eltern abhängig macht, während ihnen Wirtschaft und Medien einen erwachsenengleichen Lebensstil anbieten und aufnötigen. Immer mehr ältere Schüler durchbrechen die Abtrennung von der Arbeitswelt, indem sie neben dem Schulbesuch jobben (Hengst und Zeiher 2000).

Zeitregimes formal organisierter Aktivitäten

Professionell ausgeführte Sorge, Versorgung, Erziehung und Bildung der Kinder sind zeitlich anders strukturiert als private. Wenn diese Arbeiten Erwachsener aus der Familie in Schulen und Betreuungsinstitutionen verlagert werden, werden sie zu Erwerbsarbeit und als solche rational geformt. In der industriellen Gesellschaft war es ausdrückliches Ziel der Schule, die Kinder in die Anpassung ihrer Aktivitäten an vorgegebene, vorstrukturierte Zeiten einzuüben. Aus historischen Studien ist bekannt, welcher großen Anstrengungen es im 19. Jahrhundert bedurft hatte, den Umgang mit verselbständigter, rationaler Zeit, den Industrialisierung und Staatsbürokratie notwendig machten, bei den Menschen durchzusetzen. Rastloses Nutzen der Zeit war als Tugend in den Kirchen gepredigt worden; Verstetigung, Fragmentierung und zeitliche Präzisierung der Produktionsabläufe waren in den Fabriken mit strenger Disziplin erzwungen worden. Die nachwachsenden Generationen mussten diesen Lernprozeß in der Kindheit vollziehen, und die wichtigste Instanz dafür war die Pflichtschule. Der Kindheitsverlauf hat durch Jahrgangsstufen und Stundentafeln, durch die Wechsel von Schul- und Ferienzeiten im Jahr und von Unterrichtszeit und freier Zeit an den Schultagen ein standardisiertes Zeitkorsett erhalten. Die lineare Aufbereitung des Lernstoffs in aufeinander aufbauenden Schritten verlangt vom Einzelnen regelmäßige und jeweils pünktliche Teilnahme, um im Zeitablauf des Curriculums mitzukommen. Kinder wurden nicht nur in Schulhäusern und Klassenzimmern eingesperrt, überdies wurden ihre Bewegungen dort im Detail in einer dem militärischen Drill ähnlichen Weise (Foucault 1976) standardisiert. Verlängerung der Zeiten der Einsperrung, "Nachsitzen", war ein verbreitetes Strafmittel.

Kritik an diesem schulischen Zeitregime findet sich bereits in der Reformpädagogik zu Beginn des 20. Jahrhunderts. Die Spannung zwischen gesellschaftlicher Anpassung und individueller Autonomie wurde neu reflektiert und es wurden Unterrichtsformen gesucht, die Kindern mehr Raum für Selbstentfaltung lassen könnten. Aber erst im ökonomischen und politischen Wandel der 60er Jahre wurden Subjektentfaltung und Selbstbestimmung als pädagogische und entwicklungspsychologische Konzepte verstärkt ausgearbeitet und im Zusammenhang der damaligen Bildungsreform zu realisieren versucht. Selbststeuerung gilt seither in den Kinderinstitutionen und in den Familien als dominantes Erziehungsziel. Wie für Erwachsene Zeitsouveränität am Arbeitsplatz gefordert wurde, so für Kinder Selbstregulation ihrer Essens-, Schlafens- und Lernzeiten. Doch wie in der Arbeitswelt hat auch im Alltag der Kinder die Kritik an Fremdbestimmung nicht die strukturelle Macht brechen können, die vom damals stark

Der Machtgewinn der Arbeitswelt über die Zeit der Kinder 217

anwachsenden Leistungsdruck ausging. Dem beginnenden Wandel der Arbeitsformen in der Wirtschaft in den 70er Jahren entsprachen zwar damals schon Ansätze zu "inneren Reformen" der Schule mit Gruppenarbeit und Projektunterricht, diese haben aber bis heute nur periphere Bedeutung erlangt (Avenarius et al. 2003:150). Im persönlichen Umgang zwischen Erwachsenen und Kindern wurden zwar tradierte Hierarchien abgebaut, die wachsende Macht struktureller Kontrolle konnte aber nicht gebrochen werden. Der Leistungsdruck blieb entscheidend. In den Schulen wurde Leistungssteigerung durch mehr Rationalisierung der Curricula und detailliertere Effizienzkontrollen angestrebt. Das entsprach dem Wandel der Kontrollverhältnisse, der in der Arbeitswelt begann. Strukturelle Kontrollen nahmen zu und direkte persönliche Zwänge nahmen ab.

Ein erster Ansatz zur Individualisierung des Lernens innerhalb der Schule war in den höheren Klassenstufen die Differenzierung von Kern- und Kursfächern und somit die Eröffnung von Wahlmöglichkeiten innerhalb einer neuen Vielfalt an vorstrukturierten innerschulischen Bildungswegen. Außerhalb der Schulen finden Kinder seit den 70er Jahren eine Vielzahl an Angeboten zu vorstrukturierten Aktivitäten, aus denen sie ihre je eigenen außerschulischen Freizeitprogramme zusammenstellen können. Die vorgegeben Zeitmuster für den Kindheitsverlauf wurden komplexer, die Strukturen in höherem Maße optional. Optionalität verlangt, sich über Angebote zu informieren, Zeit zu koordinieren und längerfristig bindende Entscheidungen zu treffen, also Selbstbestimmung über das eigene Alltagsprogramm. Im Alltagsleben der Kinder zeichnet sich hiermit eine Entwicklung ab, die der Tendenz zur Entstandardisierung von Lebensläufen entspricht, die in den 80er Jahren in der Soziologie thematisiert wurde (u.a. Kohli 1985; Beck 1986).

Erst am Anfang des 21. Jahrhunderts beginnt das schulische Zeitregime sich radikaler von den industriegesellschaftlichen Formen zu lösen, ein Prozeß, der in Deutschland gegenwärtig in den Grundschulen beginnt. Destandardisierungen, Flexibilisierungen und Individualisierungen des Zeitgebrauchs sind in der Wirtschaft jetzt so weit fortgeschritten, dass auch die Arbeitsprozesse in der Schule nicht mehr davon ausgenommen bleiben können. In der aktuellen Unterrichtsreformdebatte geht es vor allem um mehr Individualisierung des Lernens und der Lernzeiten. Durch individuelle Zuwendung und Lernsteuerung soll die wachsende Zahl derjenigen Schulkinder erreicht werden, denen die Voraussetzungen für das Lernen im bisherigen Gruppenunterricht fehlen, oder die sich durch tradierte Kontrollformen nicht zur Mitarbeit zwingen lassen. Es geht weiterhin darum, die Zeitformen der Schularbeit denen der Erwerbsarbeit anzunähern, um die künftigen Arbeitskräfte für selbstbestimmte Arbeit zu qualifizieren. Gesellschaftskritische pädagogische Ziele sind in der aktuellen Reformphase

218

weitaus weniger eine treibende Kraft als vor vierzig Jahren; der erneute Boom von Konzepten selbstbestimmten Handelns – "Selbstsozialisation", "Selbstlernen" – begleitet die Entwicklung nur.

Freie Zeitbestimmung

Die Verlagerung von Spielaktivitäten aus dem lokalen Wohnumfeld zu zentralen Spezialorten hat nicht nur deshalb Folgen für die Zeit der Kinder, weil die jeweiligen Handlungsabläufe zeitlich strukturiert werden (bei einigen Freizeitveranstaltungen, insbesondere beim Sporttraining, geschehen Fragmentierung und Standardisierung der Zeit in nicht geringerem Maß als in der traditionellen Schule). Weitere Folgen zeigen sich in der Art und Weise, wie Aktivitäten in den individuellen Tagesabläufen zeitlich platziert werden [9]. Jede Entscheidung, an einem Kurs teilzunehmen oder in einen Sportverein einzutreten, führt zu einem Termin im Wochenkalender. Auch gemeinsames Spielen unter Kindern braucht Termine. Denn zum einen führen auch die Partner Terminkalender, und zum anderen sind für Freunde, die sich nicht als Wohnnachbarn, sondern in Kindertagestätte oder Schule finden, die Wege zueinander oft weit. Verabreden ersetzt das einst übliche zeitlich spontane Hingehen. Die Entfernungen zu überwinden, braucht Wegezeit und braucht häufig Transport, der zeitlich zu planen ist. Seit der vermehrten Verlagerung von Nachmittagsaktivitäten in vorstrukturierte Arrangements in den 70er Jahren muß die Freizeit der Kinder zeitlich geplant und verwaltet werden. Solches Zeitmanagement, bei jüngeren Kindern verbunden mit dem Zeitmanagement der Betreuung, ist Teil der elterlichen Sorgearbeit geworden (s. oben), wird aber schon im Vorschulalter auch von den Kindern selbst geleistet.

Die beschriebene Situation macht Kinder abhängig von Terminen, gibt ihnen aber auch neuen Freiheitsspielraum. Denn jetzt gibt es nicht mehr einen schicksalhaft im lokalen Umfeld vorgefundenen Zusammenhang von Aktivitätsmöglichkeiten, sondern einzelne Optionen, aus denen nach eigenen Interessen und Bedürfnissen gewählt werden kann. Persönliche Interessen können entfaltet und gegeneinander abgewogen werden, institutionelle Angebote wie auch Freunde können gewählt und abgewählt werden, die verschiedenen Engagements sind in täglichem Zeit- und Wege-Management zeitlich zu koordinieren. Räumliche und zeitliche Entfernungen zu überbrücken, verlangt Antizipation, oft auch Vorbereitung, Planung und Verabredung. Vor einer Aktivität im Raum ge-

---

[9] Hier handelt es sich um Folgen raum-zeitlich-sozialer Verinselung individueller Lebensräume in der alltäglichen Lebensführung von Kindern (s. Zeiher 1983; Zeiher und Zeiher 1994).

Der Machtgewinn der Arbeitswelt über die Zeit der Kinder 219

schieht somit Aktivität in der Zeit und ist Reflexion nötig. Die zunehmende Auslagerung von Freizeitaktivitäten aus dem lokalen und sozialen Raum der Nachbarschaft ebenso wie die oben dargestellte zunehmende Auslagerung von Betreuung aus der Familie bedeuten, dass auch für Kinder – wie für Erwachsene – das Leben weniger in traditionell vorgeformten Bahnen verläuft, sondern von den Individuen entworfen, gestaltet, immer wieder reflektiert und nicht selten neu konzipiert werden muß.

Die Verlagerung nachmittäglicher Aktivitäten aus dem freien Nachbarschaftsleben zu vorstrukturierten Aktivitäten hat zunächst, von den 70er bis in die 90er Jahre, rationales längerfristiges Zeitmanagement herausgefordert. Heute wird dies ergänzt und vielleicht sogar teilweise ersetzt durch "just in time" Produktion des sozialen Lebens unter Kindern – analog zu Veränderungen in der Wirtschaft. Denn das von Kindern viel benutzte Instrument des Freizeitmanagements, das Telefon, ist nur noch an die Person gebunden, nicht aber mehr an feste Orte. Als Mobiltelefon reduziert es den Zeithorizont von Verabredungen, macht es Verabredungen zeitlich flexibel und ermöglicht kurzfristig situationsangemessene Handlungsentscheidungen.

Im Unterschied zum Schulbesuch ist die Beteiligung der Kinder an vorstrukturierten Freizeitaktivitäten freiwillig – Druck geht höchstens von Eltern aus, die Teilnahme wünschen, sei es der schulergänzenden Bildungsförderung wegen oder weil die Teilnahme einen festen Zeitplatz im elterlichen Betreuungsarrangement für das Kind hat. Die Freiwilligkeit ermöglicht es Kindern, Einfluß zu nehmen, indem sie kommen oder nicht kommen. Untersuchungen haben schon in den 80er Jahren bei Zehnjährigen ein ausdrückliches Verlangen nach Offenheit der nachmittäglichen Zeitbestimmung gezeigt. Einrichtungen mußten diesen Zeitwünschen der Kinder entgegenkommen, wenn sie ihre Klientel nicht verlieren wollten (Zeiher und Zeiher 1994). Zum Beispiel, indem die Gebührenzahlungen für Kurse von Jahreskarten auf Tickethefte für einzelne Teilnahmen umgestellt wurden, weil Kinder selbst entscheiden wollten, an welchen Tagen sie kommen oder nicht kommen.

Kinder haben sich auch den räumlichen Einschränkungen ihrer Bewegungen nie ganz gefügt, sie haben ihre Spiele draußen nie ganz auf Spielplätze und verhäuslichten Sport reduzieren lassen. Die Sportgeräteindustrie nutzt das erfolgreich, indem sie Ausstattungen dazu anbietet. Kinder können zwar keine Motorkraft nutzen, wohl aber Fahrräder, Skateboards, Inlineskates, Roller. Die Angebote zielen heute direkt auf Kinder, und diese setzen die jeweils modischen Geräte und Skripte auf ihre Weise in ihren Aktivitäten ein (Hengst 1996). Solche Aktivitäten folgen nicht vorstrukturierten und standardisierten Zeitplänen. Gebauer und Alkemeyer (2001) sprechen von "altem Sport" und "neuen Spielen". Traditioneller Sport sei in Sonderräumen institutionalisiert, normiere vom Alltag abgetrennte Bewegungen, forme und diszipliniere diese methodisch und entspreche somit Rationalisierungsprinzipien der industriellen Arbeit. "Neue Spiele" – von den Autoren am Beispiel von Inline-Hockey auf einem Berliner Platz untersucht – seien dagegen "Aufführungen" von Körperkünsten mit Hilfe technischen Geräts an zentralen Stellen städtischer Öffentlichkeit. Die Akteure fügten sich in das ortspezifische soziale Geschehen ein, wobei "Atmosphäre des Orts" und "Fluidum des Spiels" ohne scharfe Abgrenzungen "ineinander fließen". Die Abkehr von dauerhaft fixierten Rahmungen zu spielerisch gehandhabten "performativen Weisen der Vergesellschaftung" weise Homologien zu aktuellen Informalisierungen in der Arbeitswelt auf. Die Gewichte verschieben sich von Bewegungszeit-Formung durch raumfixierte Vorgaben zu Bewegungen, die individuell im Austausch mit Identitätsvorlagen, die Medien liefern, bestimmt werden.

Läßt sich die zunehmende Dominanz der Ökonomie aufhalten?

An den Zeitstrukturen und den Umgehensweisen mit Zeit wird die Bedeutung erkennbar, die arbeitsgesellschaftliche Organisationsformen und ökonomische Zwänge für die Konstruktion der Kindheit und für das Alltagsleben der Kinder haben. Die in diesem Kapitel zusammengetragenen Phänomene verweisen darauf, dass diese Bedeutung in jüngster Zeit zunimmt.

Bis vor kurzem war vor allem die Schule der Ort, an dem Kindheit von Entwicklungen der Produktionsweisen geprägt worden ist. Das erschien nie problematisch, obwohl es Ziel war, Kinder in den Schon- und Vorbereitungsräumen vor den Härten der Gesellschaft zu schützen. Denn die Tatsache, dass die Zeitorganisation der Schule jener der jeweiligen Arbeitswelt entspricht, stimmt mit dem Ziel überein, Kinder nicht nur wissensmäßig, sondern auch in den Verhaltensweisen für das spätere Arbeitsleben zu qualifizieren. Der Bezug zwischen schulischem und arbeitsweltlichem Zeitregime ist im Sinne des Kindheitsprojekts der Moderne. Die Institution Schule (unterstützt durch die Familie) realisiert diesen Bezug nicht zuletzt, indem sie die Aktivitäten der Kinder zeitlich reguliert. Der arbeitsweltliche Einfluss, der über die Schule auf Kinder ausgeht, wird durch Bildungspolitik und Pädagogik "im wohlverstandenen Interesse der Kinder" für Kinder bearbeitet, ist also indirekt.

In der jüngsten Zeit verstärkt sich nun ein weiterer Einfluß arbeitsweltlicher Zeitorganisation, der Kinder auf einem anderen Weg, und dort ungefiltert, erreicht, nämlich über die Eltern. Zum einen greift die Arbeitswelt über die Einbeziehung beider Eltern in Erwerbsarbeit auf Strukturen der Kindheit zu, indem sie eine Neuverteilung von Erwachsenenzeit für Kinder zwischen privaten und öffentlichen Instanzen notwendig macht. Diese Reorganisation der gesellschaftlichen Ordnung des Generationenverhältnisses wird ohne Reflexion auf Interessen und Bedürfnisse der betroffenen Bevölkerungsgruppe der Kinder bewirkt; Kinder erscheinen in diesem Prozess nur als Auslöser von Zeitproblemen ihrer Eltern und somit als betriebswirtschaftliche Störfaktoren. Das ist eine Sicht auf Kinder, die früheren Verhältnissen entspricht, in denen Kindern keine eigenständige Position in der Gesellschaft zugebilligt wurde, sie vielmehr rechtlich und ökonomisch vollständig in die Familie eingeschlossen waren. Inzwischen haben die Demokratisierungsprozesse des 20. Jahrhunderts jedoch auch die Kinder erreicht. Heute haben Kinder wie Erwachsene Anspruch auf die Erfüllung der Grundrechte. Thomas Olk (2004) argumentiert zu Recht, dass ihr Anspruch auf Wohlfahrt als Bürgerrecht zu begründen sei, nämlich als individuelles Recht und nicht mehr nur als Recht, das aus Interessen Erwachsener abgeleitet ist, die zunehmend von ökonomischen Erfordernissen beherrscht werden.

Zum anderen wird Alltagszeit der Kinder von den Arbeitszeitregimes geformt, denen ihre Eltern unterworfen sind, und zwar auch gegen Kindeswohl-Vorstellungen der Eltern und ohne Einbettung in pädagogische Ziele. Die oben beschriebene Tendenz zur Flucht aus den häuslichen Zeitnöten an den Arbeitsplatz, die Hochschild (2002) bei einigen untersuchten Eltern beobachtet hat, zeigt, wie Zeitbewirtschaftung und Zeitverknappung eine Eigendynamik in Gang setzen können, in der die Dominanz der Erwerbsarbeit als Zeitgeber des Familienlebens sich immer weiter verstärkt.

Hochschild zieht aus ihren Ergebnissen den Schluß, dass das zunehmende Eindringen von Zeitbedingungen und Zeitmodi der Wirtschaft in den privaten Alltag der Menschen nur gebrochen werden kann, wenn die Folgen für die Lebensqualität der Menschen bewußt gemacht werden. Ich stimme ihr darin zu. Wo hätte solches Bewußtsein anzusetzen?

Die erforderliche Reflexion betrifft erstens die *Entwicklung der gesellschaftlichen Zeitregimes und deren Folgen für die Lebensqualität der Kinder.* Soziologische Kindheitsforschung hat bis vor kurzem vor allem das Verhältnis von Kontrolle und Selbstbestimmung reflektiert, das vor mehr als dreißig Jahren im Übergang zur Dienstleistungsgesellschaft prekär geworden war. Der Wandel der Machtverhältnisse zwischen den Generationen hat im Vordergrund gestanden; Möglichkeiten und Einschränkungen von Selbstbestimmung der Kinder haben die Fragestellungen der Studien und die Bewertung der Ergebnisse bestimmt. Auch die Kinder selbst pflegen nach Selbstregulierung zu streben sich gegen Zeitbeschränkungen ihres Handelns zu wehren, wie die in diesem Kapitel zitierten empirischen Untersuchungen zeigen.

Gegenwärtig ändern die gesellschaftlichen Zeitregimes ihren Charakter. Fremdbestimmung der Zeit, starre Zeitvorgaben, Zwänge zu langfristiger Planung treten in den Hintergrund. Die aktuelle Tendenz zu Entstandardisierung und Individualisierung wird von den Menschen zunächst begrüßt, weil Selbstbestimmung versprochen wird. Doch breitet sich seit den späten 90er Jahren zunehmend das Bewußtsein aus, dass der Fortschritt in den Weisen des Zeitgebrauchs, und zwar auch der Fortschritt in der zeitlichen Selbstbestimmung, Lebensqualität der Menschen zerstören kann; Beschleunigung, Verdichtung und Zeitstress, die sich die Menschen selbst antun müssen, Leiden an Zeit werden stärker. So wie in den 70er Jahren die kritische Reflexion über Ökologie begann, als klar wurde, dass von ökonomischen Interessen gesteuerter Fortschritt der Naturbeherrschung die Natur zerstört, so wird jetzt deutlich, dass die Moderne auch in zeitlicher Hinsicht in einer Krise ist. Wie damals Umweltpolitik entstand, so entsteht gegenwärtig Zeitpolitik, die auf die Verbesserung von Lebensqualität der Menschen bezogen ist.

In den Debatten um "Zeitwohlstand" (Deutsche Gesellschaft für Zeitpolitik 2003; Rinderspacher 2002) ist nach wie vor individuelle *Selbstbestimmung der Zeit* ein wichtiger Aspekt von Lebensqualität, freilich wird Zeitsouveränität nicht zuletzt in der Beherrschung selbst angetaner Zeitnot gesehen. Zugleich werden *Möglichkeiten zu sozialer Zeit* betont. Denn Individualisierung bedeutet nicht nur Verlagerung von Entscheidungsmacht zu den Individuen, sondern auch Frei-setzung der Individuen aus sozialen Bindungen; mit der Freiheit zu je eigener Zeitbestimmung schwindet die Verläßlichkeit und Sicherheit von sozialen Zeiten in Lebenslauf und Alltagsleben. Mit zunehmender Individualisierung der alltäglichen Lebensführung ist die soziale Einbindung zum Problem geworden. Je mehr die Strukturen für das Alltagshandeln in der Außenwelt brüchig werden und Handlungsdisposition in die individuelle Entscheidung verlagert wird, umso mehr sind die Menschen herausgefordert, das eigene Leben und die eigene Identität in der Ambivalenz zwischen Unabhängigkeit und Zugehörigkeit zu bestimmen (Hondrich und Koch-Arzberger 1992).

Kinder sind in diesen Entwicklungen uneingeschränkt "Zeitgenossen" der Erwachsenen (s. Hengst in diesem Band); sie sind nicht weniger betroffen. In diesem Kapitel sind eine Reihe von Anhaltspunkten für die These genannt, dass Kinder auf Grund ihrer Erfahrungen der Vielfalt an Zeitmustern und Zeitmodi, die in ihrem Alltagsleben aufeinander stoßen – von strengen Zeitrestriktionen bis zu individueller flexibler Handhabbarkeit von Zeit – eine distanzierte, reflektierte Haltung gegenüber externen Zeitvorgaben ausbilden könnten. In den zi-

Der Machtgewinn der Arbeitswelt über die Zeit der Kinder   223

tierten Kinderbefragungen wird erkennbar, dass Kindern der Mangel an und der erschwerte Zugang zu gemeinsamer Zeit in der Familie und untereinander oft zum Problem wird. Wie bei Erwachsenen sind auch in ihrem Alltag die Balancen zwischen Unabhängigkeit und sozialer Bindung, individualisierter Identität und sozialer Zugehörigkeit prekär.

Die Knappheit gemeinsamer Zeiten und die Schwierigkeit, solche zeitlich zu koordinieren, machen, zweitens, *Reflexion über die Verteilung der Gewichte zwischen Erwerbsarbeit und Sorgearbeit,* zwischen arbeitsweltlich und privat bestimmter Zeit im Leben der Menschen notwendig. Nicht nur im Zusammenhang von Individualisierungstendenzen, sondern auch – wie in diesem Kapitel dargestellt – infolge zunehmender Anforderungen aus der Arbeitswelt droht Zeit für das Sorgen füreinander, Zeit für persönliche Zuwendung, Beziehungen, Bindungen zur Restgröße nach der Erwerbsarbeitszeit zu werden. Die Meinungen, wieviel gemeinsame Zeit mit Eltern Kindern brauchen, haben sich, wie oben ausgeführt, mit den ökonomischen Erfordernissen der Produktion historisch gewandelt; sie haben zu jeder Zeit den arbeitsweltlich geforderten Zeitbedingungen der Eltern entsprochen. Heute läßt sich auch diese Frage nach der Lebensqualität nicht mehr innerhalb der Schon- und Vorbereitungsräume der Kindheit, weder pädagogisch-entwicklungspsychologisch noch durch Weiterentwicklungen der Kinderinstitutionen, klären und lösen. Notwendig ist soziologische Reflexion der Art und Weise, wie Kindheit in gesamtgesellschaftliche Entwicklungsprozesse integriert ist, und über die Richtung, die der soziale Wandel der Kindheit gegenwärtig nimmt, nehmen könnte und nehmen sollte.

Sorgezeit, Beziehungszeit braucht ein neues eigenständiges Gewicht. Privates Sorgen für Sorgebedürftige jeden Alters muß als ebenso wichtige Arbeit angesehen werden wie Erwerbsarbeit [10]. Das gilt im individuellen Alltagsleben und für individuelle Lebensentwürfe. Und es gilt für die wohlfahrtstaatliche Ressourcenverteilung. Hier sollten Bedingungen geschaffen werden, die Eltern individuelle Zeitbalancen zwischen Erwerbsarbeit und privater Sorgearbeit leichter möglich machen als bisher. Der Eigendynamik ökonomischer Prozesse muß zeitliche Lebensqualität für alle Beteiligten, für Sorgende und Betreute, für Eltern und Kinder, bewußt entgegengesetzt werden, und zwar auf politischer wie auf privater Ebene.

---

[10]   Zwei nicht-ökonomische Gründe dafür hat Christel Eckart (2003) kürzlich dargelegt. Sie betreffen die individuelle Lebensqualität derer, die gemeinsame Zeit in solcher wechselseitigen Beziehung verbringen: "Fürsorge ist ein unerläßlicher Teil unserer Persönlichkeit, Grundlage bedeutungsvollen Handelns und der Intersubjektivität". Und sie betreffen die gesellschaftliche Lebensqualität, die im "Sorgen für die gemeinsame Welt" (wie Hannah Arendt es nannte) bestehe, auch auf zivilgesellschaftlicher Ebene, denn öffentliche demokratische Praxis wurzele in der Erfahrung privater Bindungen.

Literatur

Avenarius, Hermann et al. (2003): *Bildungsbericht für Deutschland*. Opladen: Leske + Budrich.

Bauer, Frank (2000): *Zeitbewirtschaftung in Familien*. Opladen: Leske + Budrich.

Bauer, Frank, Gross, Hermann, Munz, Eva und Sayin, Suna (2002): *Arbeits- und Betriebszeiten 2001*. Berichte des ISO, Band 76. Köln: ISO.

Beck, Ulrich (1986): *Risikogesellschaft. Auf dem Weg in eine andere Moderne*. Frankfurt am Main: Suhrkamp.

Bianchi, Suzanne M. (2000): "Maternal employment and time with children: dramatic change or surprising continuity?" *Demography*, Vol. 37: 401-414.

Bianchi, Suzanne M. und Casper, Lynne M. (2000): "American families". *Population Bulletin*, Vol. 55, No. 4: 1-43.

Bundesministerium für Familie, Senioren, Frauen und Jugend (2003): *Wo bleibt die Zeit? Die Zeitverwendung der Bevölkerung in Deutschland 2001/02*. Wiesbaden: Statistisches Bundesamt.

Christensen, Pia, James, Allison und Jenks, Chris (2000): "Home and movement: children constructing 'family time'. Holloway, Sarah L. und Valentine, Gil (eds.): *Children's geographies. Playing, living, learning*. London, New York: Routledge: 139-155.

Deutsche Gesellschaft für Zeitpolitik (ed.) (2003): *Zeit für Zeitpolitik*. Bremen: Atlantik.

Eberling, Matthias und Henckel, Dietrich (1998): *Kommunale Zeitpolitik. Veränderungen von Zeitstrukturen – Handlungsoptionen der Kommunen*. Berlin: edition sigma.

Eckart, Christel (2003): "Zeitpolitik für eine Kultur der Beziehungen". Deutsche Gesellschaft für Zeitpolitik (ed.): *Zeit für Zeitpolitik*. Bremen: Atlantik: 77-82.

Foucault, Michel (1976): *Überwachen und Strafen*. Frankfurt a. M.: Suhrkamp.

Fürstenberg, Friedrich, Herrmann-Stojanov, Irmgard und Rinderspacher, Jürgen P. (eds.) (1999): *Der Samstag. Über Wandel und Entstehung einer modernen Zeitinstitution*. Berlin: edition sigma.

Gebauer, Gunter und Alkemeyer, Thomas (2001): "Das Performative in Sport und neuen Spielen". *Paragrana*, Vol. 10: 117-136.

Grünheid, Evelyn (2003): "Junge Frauen in Deutschland – Hohe Ausbildung contra Kinder?" *Bundesinstitut für Bevölkerungsforschung (BIB)* (ed.), 1/2003: 9-15.

Hengst, Heinz (1996): "Kinder an die Macht! Der Rückzug des Marktes aus dem Kindheitsprojekt der Moderne". Zeiher, Helga, Büchner, Peter und Zinnecker, Jürgen (eds.): *Kinder als Außenseiter? Umbrüche in der gesellschaftlichen Wahrnehmung von Kindern und Kindheit*. Weinheim, München: Juventa: 117-133.

Hengst, Heinz et al. (1981): *Kindheit als Fiktion*. Frankfurt am Main: Suhrkamp.

Hengst, Heinz und Zeiher, Helga (eds.) (2000): *Die Arbeit der Kinder. Kindheitskonzept und Arbeitsteilung zwischen den Generationen*. Weinheim, München: Juventa.

Hochschild, Arlie R. (2002): *Keine Zeit. Wenn die Firma zum Zuhause wird und zu Hause nur Arbeit wartet*. Opladen: Leske und Budrich. (Original 1997)

Hondrich, Karl Otto und Koch-Arzberger, Claudia (1992): *Solidarität in der modernen Gesellschaft*. Fischer: Frankfurt am Main.

Hungerland, Beatrice (2003): " 'Und so gedeiht das Baby!' – Altersgerechte Entwicklung und Gesundheit als gesellschaftliche Norm und Leistung". Hengst, Heinz und Kelle, Helga (eds.): *Kinder, Körper, Identitäten*. Weinheim, München: Juventa: 139-160.

Der Machtgewinn der Arbeitswelt über die Zeit der Kinder 225

Jürgens, Kerstin (2003): "Die Schimäre der Vereinbarkeit. Familienleben und flexibilisierte Arbeitszeiten". *Zeitschrift für Soziologie der Erziehung und Sozialisation*: Vol. 23: 251-267.

Jurczyk, Karin und Rerrich, Maria S. (eds.) (1993): *Die Arbeit des Alltags. Beiträge zu einer Soziologie der alltäglichen Lebensführung*. Freiburg: Lambertus.

Kaufmann, Franz-Xaver (1980): "Kinder als Außenseiter der Gesellschaft". *Merkur*, Vol. 34: 761-771.

Klenner, Christina, Pfahl, Svenja und Reuyß, Stefan (2003)"Flexible Arbeitszeiten aus Sicht von Eltern und Kindern". *Zeitschrift für Soziologie der Erziehung und Sozialisation*, Vol. 23: 268-285.

Kohli, Martin (1985): "Die Institutionalisierung des Lebenslaufs". *Kölner Zeitschrift für Soziologie und Sozialpsychologie*, Vol. 37: 1-29.

Kränzl-Nagl, Renate, Mierendorff, Johanna und Olk, Thomas (eds.) (2003): *Kindheit im Wohlfahrtsstaat*. Frankfurt am Main, New York: Campus: 419-464.

Olk, Thomas: "Kinder und Kindheit im Wohlfahrtsstaat – eine vernachlässigte Kategorie?" *Zeitschrift für Sozialreform*, Vol. 50: 81-101.

Olk, Thomas, Jurczyk, Karin und Zeiher, Helga (2004): "German children's welfare between economy and ideology". Jensen, An-Magritt et al.: *Children's Welfare in Ageing Europa*. Trondheim: Norwegian Centre for Child Research: 703-770.

Presser, Harriet B. (1989): "Can we make time for children? The economy, work schedules, and child care". Demography, Vol. 26: 523-543.

Qvortrup, Jens (2000): "Kolonisiert und verkannt: Schularbeit". Hengst, Heinz und Zeiher, Helga (eds.) (2000): *Die Arbeit der Kinder. Kindheitskonzept und Arbeitsteilung zwischen den Generationen*. Weinheim, München: Juventa: 23-43.

Qvortrup, Jens, Bardy, Marjatta, Sgritta, Giovanni und Wintersberger, Helmut (eds.) (1994): *Childhood Matters. Social Theory, Practice and Politics*. Aldershot et al.: Avebury.

Rabe-Kleberg, Ursula und Zeiher, Helga (1984): "Kindheit und Zeit. Über das Eindringen moderner Zeitorganisation in die Lebensbedingungen von Kindern". *Zeitschrift für Sozialisationsforschung und Erziehungssoziologie*, Vol. 4: 29-43.

Rinderspacher, Jürgen P. (2003): "Arbeits- und Lebenszeiten im Wandel. Ansätze zu einer Politik der zeitstrukturellen Balance". *Zeitschrift für Soziologie der Erziehung und Sozialisation*, Vol. 23: 236-250.

Rinderspacher, Jürgen (ed.) (2002): *Zeitwohlstand. Ein Konzept für einen anderen Wohlstand der Nation*. Berlin: edition sigma.

Roppelt, Ulrike (2003): *Kinder – Experten ihres Alltags?* Frankfurt am Main: Peter Lang.

Sandberg, John F. und Hofferth, Sandra (2001): "Changes in children's time with parents: United States, 1981-1997". *Demography*, Vol. 38: 423-436.

Solberg, Anne (1990): "Negotiating Childhood: Changing Constructions of Age for Norwegian Children". James, Allison und Prout, Alan (eds.): *Constructing and Reconstructing Childhood. Contemporary Issues in the Sociological Study of Childhood*. Basingstoke UK: Falmer Press: 118-137.

Voß, G. Günter (1998): "Die Entgrenzung von Arbeit und Arbeitskraft. Eine subjektorientierte Interpretation des Wandels der Arbeit". *Mitteilungen aus der Arbeitsmarkt- und Berufsforschung*. Vol. 31: 473-487.

Voß, G. Günter (1991): Lebensführung als Arbeit. Über die Autonomie der Person im Alltag der Gesellschaft. Stuttgart: Verlag

Zeiher, Hartmut J. und Zeiher, Helga (1994): *Orte und Zeiten der Kinder. Soziales Leben im Alltag von Großstadtkindern*. Weinheim, München: Juventa.

Zeiher, Helga (1996): "Von Natur aus Außenseiter oder gesellschaftlich marginalisiert?" Zeiher, Helga, Büchner, Peter und Zinnecker, Jürgen (eds.): *Kinder als Außenseiter? Umbrüche in der gesellschaftlichen Wahrnehmung von Kindern und Kindheit.* Weinheim, München: Juventa: 7-27.

Zeiher, Helga (1983): "Die vielen Räume der Kinder. Zum Wandel räumlicher Lebensbedingungen seit 1945". Preuss-Lausitz, Ulf et al.: *Kriegskinder, Konsumkinder, Krisenkinder. Zur Sozialisationsgeschichte seit dem Zweiten Weltkrieg.* Weinheim, Basel: Beltz: 176-194.

Manuela du Bois-Reymond

Neue Lernformen – neues Generationenverhältnis?

Im Modell des Verhandlungshaushaltes wird ein breites Spektrum des gesellschaftlichen Wandels eingefangen, den westeuropäische Gesellschaften im letzten Jahrhundert durchlaufen haben, und der zu einer neuen Balance zwischen den Geschlechtern und Generationen geführt hat. Dieses Spektrum umfasst Teilprozesse, die sich gleichermaßen auf zwischenmenschliche Verhältnisse wie auf makrosoziale Großtrends beziehen. Aus welcher Perspektive man auch mit der Analyse des Wandels beginnt, immer wird man auf die enorme Bedeutung neuer Lernchancen und Lernbedingungen stoßen, die das gesellschaftliche Leben seit der Bildungsoffensive der sechziger und siebziger Jahre des letzten Jahrhunderts tiefgreifend beeinflusst haben. Die Emanzipation der Frauen und damit eine neue Geschlechterbalance hängen hiermit ebenso zusammen wie große Umschwünge im Produktionssektor, die aus der industriellen in die Dienstleistungs- und Informationsgesellschaft führten, in der sich die junge Generation einrichten und zurechtfinden muss.

Das Modell des Verhandlungshaushaltes unterstellt einen Wandel im Verhältnis zwischen Männern und Frauen und zwischen Jüngeren und Älteren, kurz zwischen Menschen mit mehr und weniger Macht. In der Familie wandelt sich dementsprechend das Verhältnis zwischen den Ehepartnern und zwischen Eltern und Kindern. Eine Neubestimmung von Macht und Einfluss hat Konsequenzen für den menschlichen Lebenslauf: Frauen gestalten ihre Biographie weniger nach geschlechtsspezifischen Vorgaben und eröffnen sich mehr Handlungsspielräume, sie nehmen die Familiengründung in eigene Regie. Männer beginnen, das Arbeits- und soziale Leben mit Frauen zu teilen und sich eine aktive Rolle in der Familie zuzuschreiben. Ehepartner verhandeln über ihre emotionalen und materiellen Bedürfnisse, ohne sich des Ergebnisses im vorhinein sicher sein zu können, wie dies in einem festgelegten komplementären Geschlechterverhältnis noch der Fall war oder zumindest zu sein schien. Männer und Frauen werden heute später Eltern als früher, sie wünschen sich weniger Kinder, und sie erziehen sie ohne die Sicherheit unbestrittener gesellschaftlicher Werte. Kinder erleben ihre Eltern nicht mehr als unnahbare Autoritätspersonen, sondern als Ratgeber und Gesprächspartner. Beide, Eltern und Kinder leben in einer Gesellschaft, die Offenheit für neue Situationen und Erfahrungen belohnt. Menschen, Erwachsene ebenso wie Kinder und Jugendliche, die diesen Verhaltensentwürfen nicht entsprechen, zum Beispiel weil sie zu wenig Bildung erworben haben, oder weil sie einen kulturell-ethnischen Minoritätenstatus haben oder in anderer Hinsicht vom mainstream abweichen, erleiden starke Verluste in Entwicklungschancen, Ansehen und Einkommen (Zokaei und Phillips 2000).

Das Modell des Verhandlungshaushaltes, wie es sich im familiären Bereich herstellt, ist in den letzten etwa zwanzig Jahren in vielen familiensoziologischen Studien und in der Kinder- und Jugendforschung beschrieben und seine Verbreitung belegt worden (Matthijs 1998; Carnoy 2000; du Bois-Reymond 2001a). Relativ unabhängig hiervon hat sich eine arbeitsmarktorientierte und schulpädagogische Diskussion über neue Qualifikationsanforderungen, Lernbedingungen und Curriculumreformen entwickelt, die auf die gewandelten ökonomischen und technologischen Verhältnisse reagiert. Konzepte in dieser Diskussion sind lebenslanges Lernen, Medienpädagogik, Erweiterung der Autonomiespielräume der Kinder in der Schule, offene Lernumgebungen (Krüger und Wenzel 2000; Keuffer et al. 1998).

Ich möchte nun in meinem Beitrag diese beiden Diskussionen zusammenführen, indem ich Lernen und Verhandeln in einen Zusammenhang miteinander bringe. Lernen und Verhandeln werden in den jeweiligen Diskursen zumeist aus der Sicht der erwachsenen Pädagogen (Lehrer und Eltern) und Politiker aus dem Jugend- und Bildungsbereich behandelt. Das entspricht einer Forschungstradition, die wie selbstverständlich davon ausgeht, dass die Definitionsmacht bei den Erwachsenen liegt. Neuerdings kommen allerdings aus verschiedenen Ecken Bestrebungen auf, den Kindern und Jugendlichen selbst eine Stimme im Forschungsdesign und -verlauf einzuräumen (s. Christensen und James 2000). Auch die Beiträge dieses Buches zeugen davon.

In meinen Ausführungen gehe ich von zwei Grundbewegungen in zentraleuropäischen Gesellschaften aus:

- Das Generationenverhältnis verschiebt sich vom Befehlshaushalt hin zum Verhandlungshaushalt.
- Die Definition von Lehr-Lernbedingungen verschiebt sich von den erwachsenen Pädagogen und Bildungspolitikern hin zur jüngeren Generation.

Der Verhandlungshaushalt als erzieherische Leitidee hat sich in diesen Gesellschaften weitgehend durchgesetzt, wenn er auch sicher nicht in gleicher

Weise Wirklichkeit in allen Familien ist. Demgegenüber sind die Diskussionen über Lernen in Wissensgesellschaften offener und widersprüchlicher.

Im Folgenden gehe ich erst auf Lernformen in verschiedenen Lerntraditionen ein (Abschnitt 2), danach auf zwei Schlüsselkonzepte in der aktuellen Diskussion, nämlich lebenslanges Lernen und Partizipation (Abschnitt 3), um mich dann in einem weiteren Schritt auf noch recht unsicheres, jedenfalls empirisch nicht abgesichertes Terrain zu begeben: wie nämlich die jüngere Generation sich in ihren Lernprozessen tendenziell von der älteren unabhängig macht (Abschnitt 4). Ich schließe mit einigen konzeptionellen Überlegungen zur Forschungslage (Abschnitt 5).

Formales Lernen, non-formales Lernen, informelles Lernen

In der neueren europäischen Diskussion werden drei grundlegende Formen von Lernen unterschieden (vgl. Memorandum on lifelong learning 2000). Formales Lernen bezieht sich auf organisierte Lernvorgänge in Institutionen, hauptsächlich in der Schule; non-formales Lernen umfasst organisierte Lernaktivitäten außerhalb der Schule; während informelles Lernen alle nicht geplanten Lernvorgänge betrifft, Lernvorgänge, die sich überall ergeben können, sowohl innerhalb wie außerhalb von Institutionen. In allen drei Lernformen wird das Generationenverhältnis auf jeweils spezifische Art und mit verschiedenen Implikationen für Lernen thematisiert. In formalen Lernkontexten handelt es sich um ein klares hierarchisches Verhältnis, in dem professionelle Vertreter der Erwachsenengeneration ausgewählte und in Curricula festgelegte Wissensbestände an die jüngere Generation weitergeben. In außerschulischen Lernkontexten, wie Jugend- und Jugendsozialarbeit, treffen ebenfalls professionelle Pädagogen und Jugendliche aufeinander, aber die Curricula sind vergleichsweise locker und die Beziehung zwischen Jüngeren und Älteren ist weniger hierarchisch: Sozialpädagogen waren seit je dichter an "ihren" Jugendlichen als die Lehrer an den Schülern, was mit dem Pflichtcharakter der Schule gegenüber der freiwilligen Teilnahme an Jugendarbeit zu tun hat. Es handelt sich hier eher um ein "Sorgeverhältnis". Aber in beiden Fällen ist es ein pädagogisches Verhältnis mit klar definierten Generationsrollen. In informellen Lernkontexten schließlich ist das Generationenverhältnis nicht vordefiniert: Es kann sich um Beziehungen zwischen Erwachsenen und Kindern handeln, wie z. B. bei einem Tischgespräch, wo "nebenbei" gelernt wird (von Eltern wie Kindern), oder einem Pausengespräch zwischen Schülern und Lehrern. Es kann sich aber auch um informelle Lernsituationen in der Kommunikation zwischen Gleichaltrigen handeln.

Auf diese letzte Konstellation gehe ich weiter unten noch ausführlich mit dem Konzept peer learning ein. Neuere (und zum Teil auch ältere) Diskurse, die sich mit dem Verhältnis von Lernen und Gesellschaft beschäftigen, richten sich auf das gestörte Verhältnis zwischen schulischen und außerschulischen Lern- und Lebensbedingungen und suchen nach einer Lerntheorie, die den gewandelten gesellschaftlichen Verhältnissen Rechnung trägt, in denen heute Kinder und Jugendliche leben. Allerorten wird zugegeben, dass sich die herkömmliche Schule in einer tiefen Krise befindet. Das – so meine These – hat damit zu tun, dass die oben benannten verschiedenen Lernformen unverbunden nebeneinander bestehen.

Sieht man einmal von der Schulreformbewegung zu Beginn des 20. Jahrhunderts ab, so beginnt die Theoriearbeit in den endsechziger und siebziger Jahren des letzten Jahrhunderts mit der Entschulungsdebatte (Illich 1971; Freire 1972) und der bis heute anhaltenden Produktion einer critical bzw. radical education Theorie und Praxis, die im angelsächsischen Raum Amerika und England (vgl. hierzu Green 1998) beheimatet und Pädagogik und Neomarxismus zusammenzubringen bemüht ist (vgl. Buckingham 1998). Ziel dieser Anstrengungen ist es, makrosozialen Wandel und eine Mikrosoziologie des Lernens miteinander zu verbinden. Dabei wird dem Lehrer die Aufgabe zugeschrieben, zusammen mit seinen Schülern – aber aufgrund seines Erwachsenen- und professionellen Status hat er Vorsprungwissen – Lernprozesse so zu organisieren, dass Strategien für individuelle und kollektive Emanzipation und damit die Veränderung schlechter gesellschaftlicher Zustände das Ergebnis sind. Aus ihrem gesellschaftspolitischen Engagement heraus haben die radikalen Pädagogen eher die bildungsbenachteiligten Schüler im Visier als die Kinder der kulturellen Eliten. Die Debatte um freiere Lernformen und Schulreformen wird im übrigen nicht nur im angelsächsischen Raum geführt, sondern auch in westeuropäischen Kernländern (vgl. für Deutschland Fölling-Albers 2000), hat dort aber im Gegensatz zu der Stoßrichtung der radical educationalists ihren ideologiekritischen Impetus verloren.

Die Arbeiten der kritischen Pädagogen, insbesondere der angelsächsischen, haben sehr viel zu einer neuen Lerntheorie beigetragen, in der Sprache, Wissen und Informationstechnologien neue Beziehungen miteinander eingehen und Lernen dadurch eine neue Bedeutung erlangt. 'Mixed-mode learning' soll die verschiedenen Formen der Bedeutungsproduktion in (post-)modernen Gesellschaften in sich aufnehmen.

Auffällig an den Theorien kritischer Pädagogik ist, dass das Generationenverhältnis nicht grundsätzlich in Frage gestellt wird, ebensowenig wie die Institution Schule. Der Lehrer soll als Agent gesellschaftlichen Wandels Lehrer bleiben, und die Schüler bleiben Schüler, die mit Hilfe ihrer Lehrer Wissen über die komplexen gesellschaftlichen Verhältnisse erwerben. Beide, Lehrer und Schüler, bleiben in der Schule. Neu an dem Generationenverhältnis, so wie es sich aus den Diskursen der kritischen Pädagogen herausfilternläßt, ist aber, dass Lehrer und Schüler pädagogisch-politische Koalitionen eingehen, die für Veränderungen in und außerhalb der Schule eintreten. Trotzdem bleiben die Schüler – also die jüngere Generation – eigenartig leblos. Der Blick ist auf den Lehrer gerichtet, er ist der Organisator von Lernprozessen, die die Emanzipation der Schüler und der Schule befördern sollen.

Die Konstruktion einer zeitangemessenen Lerntheorie wird aber nicht nur von den "kritischen Pädagogen" betrieben. Auch die etablierte Schulpädagogik reagiert auf die Schulkrise mit neuen Konzepten. Sie entwickelt Lernformen, die den verkrusteten Frontalunterricht aufweichen und die Motivation der Schüler stärken sollen, indem diesen mehr Eigentätigkeit bei der Wissensaneignung zugestanden wird. Ein Beispiel hierfür ist das in den Niederlanden eingeführte "studiehuis" (wörtlich: Studienhaus), das den Schülern der Oberstufe täglich zwei Schulstunden "überlässt", in denen sie selbsttätig arbeiten dürfen, aber auch sollen (statt zur nächsten Pommesbude oder nach Hause zu gehen). Die Schüler sollen auf diese Weise lernen, ohne direkte Lehrerhilfe Strategien der Informationssuche und Informationsverarbeitung zu entwickeln und ihre Lernprozesse selbst zu steuern. Der Lehrer soll im Hintergrund als Ratgeber für die Schüler zur Verfügung stehen (statt im Lehrerzimmer zu verschwinden), er soll seine Berufsrolle also je nach Lernsituation modifizieren. Ähnliche Experimente laufen auch in anderen europäischen Ländern (du Bois-Reymond 2000; Dalin 1997). Selbstreguliertes Lernen gibt Definitionsmacht über das, was Lernen beinhaltet, tendenziell an die Schüler, also die jüngere Generation, ab. Aber da es im Rahmen des offiziellen Schulcurriculums stattfindet, erfahren die Schüler diese Übergabe nicht als grundsätzlichen Autonomiezuwachs und schon gar nicht als grundsätzliche Neugestaltung der alten Schule.

Auch im Bereich der Medienpädagogik ist man bestrebt, die neuen Medien für eine Erweiterung des traditionellen Schulcurriculums zu nutzen, ohne dass sie allerdings bis jetzt eine Schulpraxis zur Verfügung hätte, die breite empiriegestützte Aussagen zuließe. Die europäischen Schulen hinken der Entwicklung der neuen Medien hinterher. Benutzt werden sie viel häufiger außerhalb als innerhalb der Schulen (Weinreich und Schulz-Zander 2000). Die neuen Medien haben daher auch das Generationenverhältnis in Bezug auf schulisches Lernen noch nicht grundlegend verändert, wohl aber wesentliche Lernpotentiale der Jüngeren – *e-learning* – freigesetzt und umgelenkt (Marotzki et al. 2000; Vogelgesang 2000).

Außerschulische Jugend- und Jugendsozialarbeit richtet sich auf sozial und ökonomisch benachteiligte Jugendliche. Projekte in der Jugendarbeit sollen dazu beitragen, dass diese Jugendlichen Lernerfahrungen machen, die ihnen in den formalen Bildungseinrichtungen versagt werden. Der Raum für Experimente mit kulturellen Aneignungsformen, Inhalten und die Initiierung von Lernprozessen, zum Beispiel bei freien Theater- und Musikproduktionen oder Reiseerfahrungen im Rahmen europäischer Austauschprogramme, ist in der Jugendarbeit, wo es keine obligatorischen Leistungsmessungen und –nachweise gibt, viel größer als in der Schule, die Nähe zwischen Jugendarbeitern und ihrer Klientel ist es schon deswegen ebenfalls. In den letzten etwa zwei Jahrzehnten hat die Jugendarbeit in den meisten westeuropäischen Ländern (in den süd- und osteuropäischen Ländern ist sie vergleichsweise wenig verbreitet– vgl. Helve und Wallace 2001) einen Abwehrkampf gegen staatlich verordnete Qualifikationspolitik führen müssen, die Jugendliche ohne genügende Bildung mit Zusatzmaßnahmen für den Arbeitsmarkt fit machen soll, ohne auf ihre individuelle Lebenslage und Lernbedürfnisse einzugehen. Aber als Reaktion auf den Frust der Jugendlichen und ihrer Begleiter durch diese ihnen aufgeherrschten Qualifikationsprogramme, die der sozialpädagogischen Tradition der Jugendarbeit widersprechen, haben sich auch neue Initiativen entwickelt, in denen ein erweiterter Lernbegriff seine Potenzen entfalten kann (Walther 2000; EGRIS 2001). Die Erschließung ästhetischer und lokaler Ressourcen führt zu ganz neuen Projekten, in denen formale und rigide Lernbedingungen durch informelle Kontexte ersetzt werden. Der Jugend- oder Projektleiter hält sich, ähnlich wie der "neue Lehrer", im Hintergrund des Lerngeschehens auf, er muss dabei aber nicht wie jener zwischen einem formellen und informellen Curriculum hin und her pendeln. In beiden Fällen erhält das tradierte Generationenverhältnis einen Stoß in die Richtung auf mehr Teilhabe der Jüngeren an der Ausgestaltung ihrer Lernwelten.

Der Beitrag experimenteller Jugendarbeit zu einer neuen Lerntheorie ist erheblich, da sie explizit auf die individuellen Bedürfnisse der Jugendlichen eingeht, kontextabhängig operiert und Lernen von formalisierten und quantifizierten Leistungsmessungen abkoppelt. Shirley Brice Heath spricht in diesem Zusammenhang von einem neuen Sozialisationsmodell, welches das eines "transmission passing on the wisdom of the elder to the younger and demanding respect, obediency and compliance to established rules and values' ersetzt" (Heath 2000: 63).

Ressourcen-pooling, eine neue Sozialstrategie, um human capital zu erschließen und optimal zu nutzen, lässt hierarchische Verhältnisse erodieren und befördert partizipatorisches Lernen, im Betrieb ebenso wie in Schule und Jugendarbeit (Weber 2000; Prüß 2000). Neuauflagen von community work und community school feiern gegenwärtig Hochzeit. In den Niederlanden zum Beispiel gibt es inzwischen etwa 500 sogenannte "brede scholen", in denen Lehrer, Sozialarbeiter, Polizei, Jugendhilfe und andere lokale Sozialagenten zusammenarbeiten. Dabei ist die kompensatorische Funktion derartiger Konzepte wichtig: während sich am oberen Ende der Sozialstruktur eine selbstbewusste Eltern- und Kinderelite etabliert, die neue Lernchancen aktiv ergreift, öffnet sich die Schere zwischen Chancenvielfalt und Chancenverlust in praktisch allen europäischen Ländern immer weiter. Die community school und eine experimentelle Jugendarbeit sind nicht so sehr für die Elitekinder als für Stadtteilbewohner in Brennpunktvierteln zuständig. In den Programmen geht es nicht nur um die Eröffnung und Erweiterung von Lernchancen, sondern auch um soziale Kontrolle (vgl. Body-Gendrot 2000).

Ein Theorie-Praxis Diskurs über informelles Lernen ist erst im Entstehen, dabei liegt eine Schwierigkeit darin, dass die Differenz zu non-formalem und auch zu formalem Lernen undeutlich ist. Genau genommen gibt es keine Lernprozesse, in denen nicht auch informelles Lernen stattfindet. Das macht das Konzept von informellem Lernen so diffus. Im Fortgang dieses Beitrags werde ich mit diesen verschiedenen Lernbegriffen operieren. Die Unterscheidung in formales, non-formales und informelles Lernen hat zwar analytischen Wert, klärt aber in der Praxis nicht, in welchen Mischungsverhältnissen und mit welchen individuellen und gesellschaftlichen Konsequenzen sich diese verschiedenen Lernmodi manifestieren. In meiner Argumentation verwende ich die Lernbegriffe kontextabhängig: einerseits aus der Sicht der betreffenden Institutionen; andererseits aus der Sicht der Lernsubjekte; schließlich im Kontext der bildungspolitischen Diskussionen in Europa, auf die ich im nächsten Abschnitt eingehe.

Lebenslanges Lernen und Partizipation

Eine Frage, die sich angesichts gewandelter Lernumgebungen und Lernanforderungen stellt, ist die, ob die junge Generation inzwischen nicht mehr und sinnvoller in non-formalen und informellen als in formal-institutionalisierten Kontexten lernt. Pädagogen und Theoretiker, die sich mit dieser Frage beschäftigen, nennen mehr oder weniger dieselben Bedingungen für produktives Lernen, in denen eine Kritik an formalem Lernen enthalten ist:
- Produktives Lernen ist eine kommunikative menschliche Tätigkeit und sollte deswegen in sozialen Bezügen stattfinden, die für die Lerner relevant sind;

- Produktives Lernen ist eine offene, prinzipiell nie abgeschlossene menschliche Tätigkeit; geschlossene Curricula mit vorab festgelegten Lernzielen gehen an dieser fundamentalen Einsicht vorbei;
- Lernen sollte nicht so sehr als Tätigkeit eines einzelnen geschehen, sondern in kleinen oder größeren, und in wechselnden Kollektiven, nicht im Einzelwettbewerb sondern in Kollaboration;
- Lernen sollte reflexiv mit Risiken umgehen, statt diese repressiv zu meiden (du Bois-Reymond et al. 2001);
- Lernen ist nicht nur eine kognitive, sondern auch eine emotionale Tätigkeit. (In der Intelligenzforschung kommt dies im Konzept der emotionalen Intelligenz zum Ausdruck, die den traditionellen Intelligenzbegriff wesentlich erweitert);
- Intrinsisch motiviertes Lernen ist in Wissensgesellschaften kein Luxus mehr, sondern notwendig;
- Generatives Lernen ist Lernen, das sich selbst aktiviert, indem die Lernenden erfahren, wie neues Wissen mit erworbenem Wissen und aktuellen Bedürfnissen und Lebenszielen zusammenhängt.

Lernen wird hier als eine offene, eine verhandlungsfähige Form intergenerativen Zusammenlebens definiert, vor allem aber als eine Dauertätigkeit im Lebenslauf moderner Menschen. Mehr als alle anderen pädagogischen Diskurse überschreitet der Diskurs über lebenslanges Lernen die nationalen Grenzen und wird europaweit geführt (Alheit et. al. 2000; Memorandum on Lifelong Learning 2000). Er speist sich aus zwei gesellschaftlichen Problemen: Zum einen bezieht er sich auf neue Qualifikationsanforderungen globalisierter Arbeitsmärkte, zum andern auf die sozialen Folgen einer rabiaten freien Marktwirtschaft. Durch die Propagierung von Werten, die in den Konzepten citizenship und Partizipation beschlossen liegen, soll sozialem Ausschluss entgegengearbeitet werden.[1] Zeitangemessene Lernformen in einem lebensrelevanten Kontext für die Jüngeren so zu organisieren, dass die nötigen Qualifikationen, sozialen Kompetenzen und ein Bewusstsein und Engagement für demokratische Werte erworben werden, überfordert derzeit noch alle bildungspolitischen und pädago-

---

[1] Die Europäische Kommission macht sich zum Anwärter der nachwachsenden Generationen, indem sie eine Politik des lebenslangen Lernens fördert, die die beiden benannten Probleme – neue Qualifikationsanforderungen und drohender sozialer Ausschluss derer, die diesen Anforderungen nicht genügen – lösen soll (vgl. EC 1995; 2001). Die Spannungen, die es hierbei zu lösen gilt, sind allerdings gewaltig. Denn eine schlüssige Politik lebenslangen Lernens für europäische Kinder und Jugendliche zu entwickeln, bedeutete nicht nur, das Schulwesen in allen Mitgliedstaaten grundsätzlich zu erneuern, sondern auch, die Teilhabe der Jüngeren an gesellschaftlichen Veranstaltungen, die sie betreffen, zu erweitern, ja zu garantieren (du Bois-Reymond, 2001b). Bis jetzt ist die Verwirklichung eines solchen europäischen Programms nur in allerersten Ansätzen vorhanden.

gischen Handlungsträger der erwachsenen Generation. Seit Einführung der Pflichtschule bis zum Ende des gerade ausgegangenen Jahrhunderts wurde Lernen von der offiziellen Pädagogik gleichgesetzt mit formalem Lernen, das vorwiegend in der Kind- und Jugendphase stattzufinden habe. Inzwischen ist unabweisbar geworden, dass eine solche Beschränkung den Produktions- und Reproduktionsanforderungen (post-)moderner Wissensgesellschaften nicht mehr genügt. Wenn formales Lernen offiziell immer noch höher bewertet und belohnt wird als non-formale und informelle Lernformen, dann werden Lernpotentiale nicht genutzt, die in Zukunft für die Arbeitswelt und für das gesellschaftliche Zusammenleben immer wichtiger werden. Hinzu kommt, dass die Diskrepanzen innerhalb und zwischen europäischen Ländern bezüglich Lernbereiter und Lernverhinderter zunehmen und zu einem sozialen Ausschluss von vielen Kindern und Jugendlichen führen werden (Walther und Stauber 2002).

Im Konzept des lebenslangen Lernens ist ein Verschwimmen der Alters- und Generationsgrenzen angelegt, denn wenn alle zu Dauerlernern werden, erfährt auch das Generationenverhältnis eine Entgrenzung. Dies zeigt sich in der Familie bereits klarer als in formalen Lerninstitutionen. In der Familie hat sich der Verhandlungshaushalt weitgehend durchgesetzt. Im Schulwesen ist hingegen – bei großen nationalen Unterschieden – das Generationenverhältnis vergleichsweise hierarchischer. In Verhandlungsfamilien sind Eltern und Kinder nicht so sehr durch die sanktionierende Macht der Älteren und die abhängige und aufschauende Position der Jüngeren miteinander verbunden, als vielmehr durch gemeinsam erarbeitete Verhaltensweisen und Strategien, um den komplexen und stressigen Alltag zu meistern. Hier entformalisiert sich das Generationenverhältnis, indem ein breiteres Spektrum von Verhaltensalternativen akzeptiert wird, die tendenziell altersunabhängig sind (Wouters 1999). Zwar hat sich auch in der Schule das Verhältnis zwischen Lehrern und Schülern informalisiert, dies hat aber nicht, wie in der Familie, zu einer gleichberechtigten Teilhabe an Entscheidungsprozessen geführt, sondern vielmehr zu einer Versachlichung und Vergleichgültigung zwischen den betroffenen Parteien: statt des alten pädagogischen Eros (oder seines dunklen Zwillingsbruders, pädagogischen Sadismus) bei Lehrern und Liebe oder Angst bei Schülern, herrscht heute bei Eltern und Schülern Konsumentenmentalität: Lernen wird Qualifikationsware für Geld bzw. Leistung (du Bois-Reymond 1998).

Im Konzept des lebenslangen Lernens verschwimmen nicht nur Generationsgrenzen, sondern auch Grenzen zwischen Lernen, Freizeit und Arbeiten. Hier haben wir es mit einem wichtiger Trend in der Dynamik (post-)moderner Gesellschaften zu tun. Verwischungen zwischen voneinander abgeschotteten Lebensbereichen sind gegenwärtig an vielen Stellen zu beobachten, zum Beispiel auch bei der Nutzung von Gebäuden, wenn Schulen und Kirchen morgens dem Lernen oder Beten dienen und abends Orte für Musikbands oder Basare sind. Es sind insbesondere die Berufsgruppen in den neuen ICT Industrien und im e-commerce, deren Arbeits- und Lebensverhältnisse den neuen Trend repräsentieren. Die (jungen) Vertreter dieser Berufsgruppen halten mit Mobiltelefonen Kontakt zu ihren Partnern und Kindern, während sie auf dem Flugplatz auf ihre Maschine in benachbarte Länder warten, um dort Geschäftspartner zu treffen; sie verbinden Geschäftsreisen mit einem kleinen Privaturlaub, und sie haben keine 9-17 Uhr Jobs. Für die heutige Schüler- und Studentengeneration ist der Job neben Schule und Uni bereits selbstverständlich. Die Trendsetter unter ihnen beginnen bereits in der Schule, sich ihren späteren Job und die entsprechenden Netzwerke aufzubauen.

"A generation is on the move. In burgeoning numbers and with astounding ease, young adults in Europe are hurdling national barriers, dumping old routines and abandoning traditional career choices in search of their own, highly personalized, custom-made paths to happiness. And for many, that means leading peripatetic, borderless lives that would have been unimaginable a generation ago" (*Ratnesar 2001: 32*).

Unter dem Deckmantel des Konzepts lebenslangen Lernens entwickelt sich keineswegs eine befreite Lernwirklichkeit, sondern lebenslanges Lernen wird bis jetzt noch viel mehr zitiert, wenn es darum geht, Jugendlichen Qualifikationsmaßnahmen aufzuerlegen, die sie für den Arbeitsmarkt fit machen sollen – ich deutete es bereits an. Darauf hat insbesondere Frank Coffield (2000) hingewiesen. Wenn "lebenslanges Lernen" zur Berufsqualifizierung gefordert wird, bleibt das alte hierarchische Generationenverhältnis zwischen Lernern und Qualifizierern intakt. Dann gehen Lebensfunktionen – Arbeit, Lernen, Freizeit – nicht ineinander über.

Lebenslanges Lernen sollte zur Voraussetzung haben, dass freiwillig gelernt wird. Aus vielen Untersuchungen und Erfahrungen von Lehrern und Schülern ist bekannt, dass Kinder in formalen Lernkontexten wie Schule im wesentlichen extrinsisch und nicht intrinsisch motiviert lernen. Sie gehen, wie bekannt, zwar gern in die Schule, aber nicht so sehr wegen des offiziellen als vielmehr wegen des informellen Curriculums, das dort abläuft. Intrinsische Lernprozesse erfordern eine ganz andere Unterrichtsorganisation als sie die heutige Pflichtschule bietet. Intrinsisches Lernen ist per definitionem freiwilliges und kein Zwangslernen. Aber nicht nur Schüler, auch Lehrer sind häufig extrinsisch motiviert, ein Tatbestand, der in den einschlägigen Diskussionen viel zu wenig thematisiert wird. Schule und Leben sind in europäischen Schulen immer noch getrennte Welten. Während diese Trennung in zurückliegenden Jahrzehnten gesellschaftlich akzeptiert wurde (sogar und gerade auch von den Schülern), scheinen wir uns gegenwärtig in einer historischen Wende zu befinden, in der dieser Zustand sich überlebt.

Davon zeugt auch der Diskurs über Partizipation. Dieser ist ähnlich wie der Diskurs über lebenslanges Lernen ambivalent: Auf einer manifesten Ebene bezeichnet Partizipation gesellschaftliche Teilhabe. Die (jungen) Subjekte sollen imstande sein – und wenn sie es nicht sind, durch Lernen dazu befähigt werden – sich aktiv an gesellschaftlichen Entscheidungen, die sie betreffen, zu beteiligen; das trifft im Prinzip auch auf schulische Verhältnisse zu, bleibt dort aber im wesentlichen Rhetorik. Auf Kinder und Jugendliche bezogen enthält auch der Partizipationsdiskurs einen Machtanspruch: wenn die Fürsorge des Wohlfahrtsstaates weniger selbstverständlich wird, werden die Individuen für ihr eigenes Wohlergehen verantwortlich gemacht – und dazu wird von ihnen verlangt, sich (später) gesellschaftlich mündig betragen zu können. Deshalb sei es ihre Pflicht, dies zu lernen. Implizit findet also eine Verschiebung vom Recht auf Teilhabe zur Pflicht an Teilnahme statt.

Peer-learning und jugendliche Trendsetter-Lerner

In den Zusammenhang der laufenden Auseinandersetzung über altes und neues Lernen gehört ein wichtiger Diskussionsstrang, der 'vom Kinde aus' nach Lernvoraussetzungen und – möglichkeiten fragt. In dieser Diskussion spielen zwei Konzepte eine führende Rolle: der Begriff der Ko-Konstruktion und der Begriff der Selbstsozialisation; sie hängen miteinander zusammen, überlappen sich auch teilweise, gehen aber mit dem Generationenverhältnis unterschiedlich um.

Ko-Konstruktion, so wie Corsaro (1997), Krappmann und Oswald (1995) und Youniss (1994) diesen Begriff auffassen, bezeichnet das Zusammenspiel von kindlicher Eigenaktivität, wie sie sich unter Kindern insbesondere im Spiel entwickelt, und der Anwendung und Interpretation der vorfindlichen kulturellen Güter durch Kindergruppen. Die Kindergruppe rezipiert und erschafft gleichzeitig Umwelt und Symbolwelt. Damit wird die Auffassung verlassen, dass Kinder nur rezipierend an der Welt um sie herum teilnehmen. Kinder werden im Gegenteil als kulturelle Produzenten ernst genommen. Forschung über Ko-Konstruktion ist meines Wissens bisher noch nicht explizit auf die aktuelle Lerndebatte bezogen worden. Zwar spielt in Theorien kindlichen Spiels und kindlicher Eigenaktivität Lernen eine hervorragende Rolle, aber welche Bedeutung das im Hinblick auf die Umwälzung des Generationenverhältnisses und neue Lernanforderungen haben könnte, bleibt offen, weil nur die Beziehungen unter Kindern im Blick sind. In den vorliegenden Konzepten der Ko-Konstruktion wird das Verhältnis zwischen Lehrer und Schüler nicht in Frage gestellt, ebenso wenig wie das Generationenverhältnis insgesamt.

Einen direkteren Bezug zum Wandel des Generationenverhältnisses stellt das Konzept der Selbstsozialisation dar. Einen starken Anstoß erfuhr die Debatte durch einen großen Übersichtsartikel von Judith Harris, in dem sie aufgrund einer ausführlichen Analyse vorliegender Forschung den sozialisierenden Einfluss der älteren Generation zugunsten von erwachsenen-unabhängigem Lernen unter Gleichaltrigen relativierte (Harris 1995). Die Tatsache, dass die Jüngeren aus eigener Kraft, ohne Eingriffe der erwachsenen Pädagogen, viel lernen, bedroht hergebrachte pädagogische Auffassungen, in denen die Jungen von den Alten das Singen lernen müssen. In einem Essay zu diesem Thema erinnert Zinnecker an die Theorie von Margaret Mead, der zufolge in posttraditionalen Gesellschaften die Jüngeren den Älteren den kulturellen Transfer aus den Händen nehmen (Zinnecker 2000).

Nimmt man die Theorien über die Eigentätigkeit der jungen Generation ernst, so bedeutet dies, dass sich die Jüngeren in ihren Altersverbänden – Peergruppen – fit machen, um in der gegenwärtigen Gesellschaft zu (über)leben (Young et al. 1999). Bisher richtet sich die Peergruppenforschung insbesondere amerikanischer Provenienz auf die proaktiven bzw. antisozialen Funktionen der Peergruppe für die Eingliederung der jungen Generation in die anerkannten Institutionen. Gefragt wird, welche Rolle die Peergruppe für das angepasste bzw. abweichende Verhalten von Adoleszenten spielt. Wenn nun aber die beiden für Kinder und Jugendliche wichtigsten sozialisierenden Institutionen, die Familie und die Schule, ihre Aufgaben nicht mehr im tradierten Modus erfüllen – die Familie nicht, weil aus leitenden begleitende Eltern geworden sind; die Schule nicht, weil sie an unproduktiven Lernverhältnissen festhält -, dann kommen der Peergruppe innovative Funktionen zu.

Erschafft die Peergruppe ein besonderes kulturelles und soziales Kapital, das ihre Mitglieder nicht nur für ihr gegenwärtiges Leben als Jüngere befähigt, sondern sie auch auf die Zukunft in einer Wissensgesellschaft vorbereitet? Meine These ist, dass die Peergruppe ein wichtiger sozialer Ort ist, an dem informelles Lernen stattfindet, und wo ein Lernhabitus eingeübt wird, der für die Zukunft unerlässlich ist. Es geht also heute nicht mehr darum, dass sich männliche Adoleszenten in ihren Peergruppen ihre Hörner abstoßen, um am Ende ihre ökonomischen, sozialen und familialen Aufgaben in Übereinstimmung mit den herrschenden Verhaltensnormen und Wertevorstellungen der erwachsenen Gesellschaftsvertreter zu erfüllen, und dass sich die weiblichen Adoleszenten in ihren Peergruppen entsprechend auf ihre weibliche Rolle vorbereiten. Diese Funktio-

Neue Lernformen – neues Generationenverhältnis? 239

nen der Peergruppe sind gewiss nicht gänzlich erloschen, aber sie sind im fortschreitenden Prozess gesellschaftlichen Wandels nicht mehr dominant. Worin besteht die neue Funktion von Peergruppen? In Jugendkulturen, so spekuliere ich, wird ein soziales und kulturelles Kapital (im Sinne von Coleman 1994 und Bourdieu 1983) erworben, das aus einer Lernpotenz hervorgebracht wird, die innovativen Charakter hat und für Wissensgesellschaften funktional ist, weil hier Lernen unter Voraussetzungen stattfindet, die genau den Kriterien entsprechen, die ich weiter oben für produktives Lernen benannt habe. Indem informelles Lernen wichtig wird, das Kinder und Jugendliche in Peergruppen betreiben, erwerben sie dort eine Währung für die Zukunft.

Gegenüber Erwachsenen haben Jugendliche ferner den Vorteil, dass sie das Verhandlungsmodell bereits als Kinder in der Familie gelernt haben. Verhandeln zu können, situativ statt prinzipiell zu agieren und zu reagieren, kontextgebunden zu argumentieren und zu denken, sind heute Grundvoraussetzungen im gesellschaftlichen Leben; es sind typische Fähigkeiten, die in ko-konstruktiven Prozessen erworben werden.

In früheren Arbeiten haben wir zwischen extrinsisch und intrinsisch motivierten Lernertypen unterschieden, und den Typus des intrinsisch motivierten Lerners als jugendkulturellen Trendsetter ausgemacht (du Bois-Reymond und Walther 1999; du Bois-Reymond 2000). Intrinsisch motiviertes Lernen kann, muss aber nicht in Peergruppen betrieben werden, und nicht alles intrinsische Lernen ist an Tätigkeiten gebunden, die unter Jugendlichen als trendy gelten. Wir haben es mit verschiedenen Typen von Lernern zu tun: es kann sich um intrinsisch motivierte junge Lerner handeln, die sich am tradierten Wissens- und Kulturkanon orientieren, also etwa einem 13jährigen, der sich, sei es im Konnex seiner Peergruppe, sei es individuell, für ein bestimmtes Schulfach (Deutsch; Physik) stark interessiert und/oder seine Freizeit vielfältigen kulturellen Aktivitäten widmet (Zeijl 2001). Es kann sich auch um jugendliche Trendsetter handeln, die sich individuell oder in Peergruppen die neuen Medien und den Medienmarkt zu eigen machen und gänzlich neue Lernformen entwickeln.

Ein Beispiel für den individuellen jugendlichen Trendsetter-Lerner ist Ben.

Ben ist ein holländischer 15jähriger, der mit 13 Jahren eine website entwarf, die für jeden Telefonkunden ermittelte, welcher Tarif im privatisierten Telekomgeschäft für ihn der vorteilhafteste sei. Innerhalb von zwei Jahren wurde Ben einer der erfolgreichsten Internet-Unternehmer in den Niederlanden. Der Wert seines Unternehmens wird auf zehn Millionen (damals noch) Gulden geschätzt. Auf Kongressen im In- und Ausland kommuniziert Ben mit erwachsenen Managern über sein Netzwissen und seine Geschäftspraktiken. Telekom-Manager behandeln Ben als gleichwertigen Partner, obgleich er noch zur Schule geht und jeden Tag seine Schularbeiten macht. Seine Eltern sind die Angestellten in seiner Firma: der Vater (57 Jahre, früher Lehrer) ist zuständig für die public relations, die Mutter hat ihren Beruf als Grundschullehrerin an den Nagel gehängt und ist für die Finanzen verantwortlich. Ihr Sohn bestimmt, welche Entscheidungen getroffen werden: "Ich versteh davon schließlich am meisten." Ben ist froh, dass seine Eltern ihn unterstützen, und er ist ansonsten ein ganz normaler Jugendlicher, der regelmäßig in die Schule geht und für sein Examen arbeitet (*NRC Handelsblad, 20.1.2001*).

Derartige Fälle, in denen sich die Richtung des Wissenstransfers zwischen den Generationen umkehrt, und es die Jungen sind, die Wissen an die Älteren weiterreichen, sind heute zwar Ausnahmen, aber nicht mehr exotisch. In Ben personalisiert sich eine historische Konstellation, in der das Jugendleben aus einer traditionalen und einer posttraditionalen Hälfte besteht: Er wohnt, wie die meisten Jugendlichen, zuhause, ist Kind seiner Eltern und geht in die Schule – gleichzeitig lebt er wie ein erwachsener Manager. Er ist nicht so sehr mit gleichaltrigen Jugendlichen vernetzt, sondern mit erwachsenen Berufspeers. Sie sind es, mit denen er unterhandelt, nicht seine Lehrer und Eltern, die sich ihm gegenüber eher defensiv-bewundernd verhalten. So wie im traditionalen Generationsverhältnis die Jüngeren zu den Älteren aufblickten, so blicken in solcherart neuen Generationenverhältnissen die Älteren zu den Jüngeren auf – zumindest nicht mehr auf sie hinunter.

Auch bei Ben handelt es sich im weiteren Sinn um peer learning. Ben kann im Umfeld seiner Generation und deren neuer Möglichkeiten Wissen erwerben, mit dessen Hilfe sich ein jugendlicher Lebenslauf wie der seine entwickeln kann. Und was möglicherweise in europäischen Gesellschaften noch die Ausnahmen ist, ist in einer medien-avancierten Gesellschaft wie den USA bereits viel weniger ungewöhnlich. Es erstaunt daher nicht, wenn dort das Phänomen jugendlicher Trendsetter-Lerner bereits in die sozialwissenschaftlichen Diskurse eindringt. Ein Beispiel ist der Bestseller "Growing up digital" von Don Tapscott (1998), der über Internet mit mehreren hundert *netkids* und ihren Eltern aus sechs Kontinenten kommunizierte, um genau dies zu ermitteln: dass heutige Kinder und Jugendliche ein von Erwachsenen unabhängiges, eigenes Wissen haben, das weit über manuell-technische Fähigkeiten im Umgang mit den neuen Medien hinausreicht, und sich durch einen prinzipiell neuen Lernhabitus auszeichnet. Dabei definiert Tapscott die Altersgruppe der 4-20jährigen als *eine* Generation (vgl. auch Howe und Strauss 2000).

Abschließende Überlegungen zur Forschungslage

Meine Absicht war, neuere Diskussionen über Lernen mit der Sozialtechnik des Aushandelns, wie diese insbesondere in Familien praktiziert wird, in Zusammenhang zu bringen. In beiden Diskussionen steht das Generationenverhältnis im Mittelpunkt: beim formalen und in minderem Maße beim non-formalen Lernen geht es um die Beziehung zwischen erwachsenen Pädagogen und ihrer jungen Klientel; in der Familie handeln Eltern und Kinder auf informelle Weise

Lösungen für Alltagskonflikte aus. Ich habe versucht, aus verschiedenen Theorien und Politiken – Kindheits-, Familien- und Jugendsoziologie, Lerntheorien und pädagogische Reformdiskurse, europäische Bildungs-, Jugend- und Partizipationspolitik – die Evidenz der These zu belegen, dass sich das Generationenverhältnis nicht nur in der Familie, sondern auch in außerfamilialen Lernumgebungen, was Definitionsmacht und Handlungskompetenz anbelangt, von der älteren zur jüngeren Generation hin verschiebt. Zu dem Zweck habe ich zwischen formalem, non-formalem und informellem Lernen unterschieden und gezeigt, dass non-formale und informelle Lernkontexte mit formalen konkurrieren und letzteren möglicherweise sogar den Rang ablaufen; in weniger formalen Lernkontexten hat der Lerner mehr Einspruchs- und Gestaltungsmöglichkeiten – bis hin zu den Potenzen von peer learning als eigenständigem Beitrag der jüngeren Generation zur gesellschaftlichen Wissensproduktion.

All diese heterogenen Diskurse stehen bisher noch unverbunden nebeneinander, und ich möchte noch einmal betonen, wie wichtig es meiner Meinung nach ist, sie miteinander zu verbinden. Dies ist eine große Herausforderung für die involvierten Teildisziplinen. Was in der unübersichtlichen (post-) Moderne an hybriden Formen und Praxen hochquillt, theoretisch zu erfassen und empirisch zu erforschen, erfordert vermutlich ebenso neue Denk- und Lernanstrengungen wie heutige Kinder und Jugendliche sie leisten müssen. Bourdieu weiß und sagt es:

"So sehr mir die prätentiösen Glaubensbekenntnisse jener Prätendenten missfallen, die es eilig haben, an der Tafel der 'Gründergestalten' Platz zu nehmen, so sehr erfreuen mich Werke, in denen die Theorie wie die Luft, die man atmet, überall und nirgends ist: in einer abschweifenden Anmerkung, im Kommentar eines alten Textes, in der Struktur des interpretierenden Diskurses selbst. Ich erkenne mich völlig in Autoren wieder, die die entscheidenden theoretischen Fragen in eine minutiös durchgeführte empirische Studie einzubringen wissen und die Begriffe in sowohl bescheidenerer als auch aristokratischerer Weise einsetzen, ja soweit gehen, ihren eigenen Beitrag in einer schöpferischen Neuinterpretation der ihrem Gegenstand immanenten Theorie zu verstecken" (*Bourdieu 1999 [1992]: 284*).

Und Simmel formuliert:

"Die ungeheure Ausdehnung des objektiv vorliegenden Wissensstoffes gestattet, ja erzwingt den Gebrauch von Ausdrücken, die eigentlich wie verschlossene Gefäße von Hand zu Hand gehen, ohne dass der tatsächlich darin verdichtete Gedankengehalt sich für den einzelnen Gebraucher entfaltete" (*Simmel 2000 [1907]: 621*).

Lernen als Herzstück von Pädagogik hatte stets auch bildungspolitische und jugendrechtliche Implikationen, auch wenn die traditionelle Pädagogik dies nicht immer wahrhaben wollte und sich hier von den stärker gesellschaftsbezogenen Sozialwissenschaften belehren lassen musste. Es gibt – jedenfalls in den zentraleuropäischen Ländern – zahlreiche Studien über bildungsbenachteiligte Kinder und Jugendliche, aber kaum welche über 'neue Lerner', die ich hier Trendsetter-Lerner genannt habe. Ich wollte damit anzeigen, dass es sich bei ihnen nicht einfach um hochbegabte junge Menschen handelt, die es immer, auch innerhalb traditioneller Lernmilieus, gegeben hat, sondern um eine Avantgarde, die mit ihrem Lernhabitus demonstriert, wohin die Reise allen Lernens gehen wird. Über diese neuen Lerner fehlen empirisch gesicherte Kenntnisse. Die Trendsetter-Lerner bilden bereits heute eine globalisierte Gemeinde. Als Einzelne haben sie sich von ihren Pädagogen abgeseilt. Das bedeutet aber nicht, dass die ältere Generation aus der Verantwortung für eine Neuorganisation von Lernprozessen entlassen wäre. Sowohl praktische Pädagogen als auch Theorieproduzenten müssen sich der Beziehungen zwischen "neuen" und "alten" Lernformen und Lernern bewusst werden.

Literatur

Alheit, Peter, Beck, Johannes, Kammler, Eva, Taylor, Richard und Salling Olesen, Henning (eds.) 2000): *Lifelong learning inside and outside schools.* Vol. 1, 2: Roskilde University, Universität Bremen and Leeds University.

Bjørnåvold, Jens (2000): *Making learning visible. Identification assessment and recognition of non-formal learning in Europe. Luxembourg:* CEDEFON/ European Commission.

Body-Gendrot, Sophie (2000): *The social control of cities?* Oxford: Blackwell.

du Bois-Reymond, Manuela (2001a): "Negotiating Families".du Bois-Reymond, Manuela, Sünker, Heinz und Krüger, Heinz-Hermann (eds.) Childhood in Europe, Approaches, Trends, Findings. New York: Peter Lang: 63-90.

Manuela du Bois-Reymond, Manuela (2001b): "Lernfeld Europa, Chancen für Schule und Lehrer des 21. Jahrhundert". Bracht, Ulla und Keimer, Dieter (Red.): *Jahrbuch für Pädagogik 2001. Zukunft.* Frankfurt: Peter Lang: 293-314.

du Bois-Reymond, Manuela, Ravesloot, Janita, te Poel, Yolanda und Zeijl, Elke (2001): "New skills to learn in peer groups". David A. Kinney, David A. (ed.): *Sociological Studies of Children and Youth.* Vol. 8 JAI. Amsterdam et al.: 143-171.

Manuela du Bois-Reymond, Manuela (2000): "Jugendkulturelles Kapital in Wissensgesellschaften". Krüger, Heinz-Hermann Krüger und Wenzel, Hartmut (eds.): *Schule zwischen Effectivität und sozialer Verantwortung. Studien zur Schul- und Bildungsforschung.* Band 9. Opladen: Leske + Budrich: 235-253.

du Bois-Reymond, Manuela und Walther, Andreas (1999): "Learning between Want and Must: Contradictions of the Learning Society". Walther, Andreas und Stauber, Barbara (eds.): Lifelong Learning in Europe. Vol. 2: Differences and Divisions. Strategies of Social Integration and Individual Learning Biographies. Tübingen: Neuling Verlag: 21-45.

du Bois-Reymond, Manuela (1998): "Aura und Modernisierung der Schule". Keuffer, Josef, Krüger, Heinz-Hermann, Reinhardt, Sibylle, Weise, Elke und Wenzel, Hartmut (eds.): *Schulkultur als Gestaltungsaufgabe.* Weinheim: Deutscher Studienverlag: 326-337.

Bourdieu, Pierre (2000/1992): Die Regeln der Kunst. Genese und Struktur des literarischen Feldes. Frankfurt: Suhrkamp.

Bourdieu, Pierre (1983): "Ökonomisches Kapital, kulturelles Kapital, soziales Kapital". Kreckel, Reinhard (ed.): *Soziale Ungleichheit.* Sonderband Soziale Welt: Göttingen: 183-198.

Neue Lernformen – neues Generationenverhältnis? 243

Buckingham, David (ed.) (1998): *"Teaching popular culture: beyond radical pedagogy"*. London: UCL Press.

Martin Carnoy, Martin (2000): "The new family and flexible work". Carnoy, Martin (ed.): *Sustaining the new economy*. New York: Harvard University Press.

Christensen, Pia Haudrup und James, Allison (eds.) (2000): *Research with children*. Falmer Press, London und New York: Falmer Press.

Coffield, Frank (2000) *"Breaking the consensus: lifelong learning as social control"*. Alheit, Peter et al. (eds.): *Lifelong learning inside and outside schools*. Roskilde University, Universität Bremen and Leeds University: Vol. 1: 64-78.

Coleman, James (1994): "Social capital, human capital, and investment in youth". Anne C. Petersen, Anne C. und Mortimer, Jeylan T. (eds.): *Youth unemployment and society*. New York: Cambridge University Press: 34-50.

William A. Corsaro, William A. (1997): *The sociology of childhood*. Pine Forge Press, Thousand Oaks et al.: Pine Forge Press.

Dalin, Per (1997): *Schule auf dem Weg in das 21. Jahrhundert*. Neuwied: Luchterhand.

EGRIS (European Group for Integrated Social Research) (2001): "Misleading Trajectories: Transitions Dilemmas of Young Adult in Europe". *Journal of Youth Studies*. Vol. 4: 101-119.

European Commission (2001): A new impetus for European Youth/Neuer Schwung für die Jugend. Luxemburg.

European Commission (1995): *Teaching and learning – Towards the learning society*. Luxemburg.

Fölling-Albers, Maria (2000): "Entscholarisierung von Schule und Scholarisierung von Freizeit?" *Zeitschrift für Soziologie der Erziehung und Sozialisation*. Vol. 20: 118-131.

Freire, Paulo (1972): *The pedagogy of the oppressed*. London: Penguin [deutsch (1973), Reinbek, Rowohlt].

Green, B. (1998): "Teaching for difference: learning theory and post-critical pedagogy". Buckingham, David (ed.): *Teaching popular culture: beyond radical pedagogy*, London: UCL Press: 77-197.

Harris, Judith Rich (1995): "Where is the child's environment? A group socialisation theory of development". *Psychological Review*. Vol. 102: 458-489.

Heath, Shirley Brice (2000): "Risks, rules, and roles". *Zeitschrift für Erziehungswissenschaft*. Vol. 3: 61-80.

Helve, Helena und Wallace, Claire (eds.) (2001): *Youth, citizenship and empowerment*. Ashgate, Aldershot et al.

Howe, Neil und Strauss, William (2000): *Millennials rising. The next great generation*. New York: Vinage Books.

Illich, Ivan (1971): *Deschooling society*. New York: Harper and Row [deutsch (1973), Reinbek: Rowohlt].

Keuffer, Josef, Krüger, Heinz-Hermann, Reinhardt, Sibylle, Weiss, Elke und Wenzel, Hartmut (eds.) (1998): *Schule als Gestaltungsaufgabe*. Weinheim: Deutscher Studienverlag.

Krappmann, Lothar und Oswald, Hans (1995): *Alltag der Schulkinder*. Weinheim und München: Juventa.

Krüger, Heinz-Hermann und Wenzel, Hartmut (eds.) (2000): *Schule zwischen Effektivität und sozialer Verantwortung*. Opladen: Leske + Budrich.

Marotzki, Winfried, Meister, Dorothee M. und Sander, Uwe (eds.) (2000): *Zum Bildungswert des Internet*. Opladen: Leske + Budrich.

Matthijs, Koen (ed.) (1998): *The family: contemporary perspectives and challenges*. Leuven: Leuven University Press.

244   Manuela du Bois-Reymond

Europäische Commission (2000): *Memorandum on lifelong learning*. Brüssel.

Prüß, Franz (2000): "Kooperation von Jugendhilfe und Schule – ein leidiges Thema oder ein Vorhaben mit Zukunft?" Krüger, Heinz-Hermann und Wenzel, Hartmut (eds.): *Schule zwischen Effektivität und sozialer Verantwortung*. Opladen: Leske + Budrich: 166-188.

Ratnesar, Romesh (2001): *Generation Europe*, TIME April 2.

Simmel, Georg (2000/1907): *Philosophie des Geldes*. Frankfurt: Suhrkamp.

Stroß, Annette M. (2001): "Die 'Wissensgesellschaft' als bildungspolitische Norm?" *Sozialwissenschaftliche Literatur Rundschau*. Vol. 42: 84-100.

Tapscott, Don (1998): *Growing up digital. The rise of the net generation*. McGraw-Hill, New York et al.: McGraw-Hill [deutsch (1998): Net Kids. Die digitale Generation erobert Wirtschaft und Gesellschaft, Wiesbaden: Gabler].

Vogelgesang, Waldemar (2000): "Asymmetrische Wahrnehmungsstile. Wie Jugendliche mit neuen Medien umgehen und warum Erwachsene sie so schwer verstehen". *Zeitschrift für Erziehungswissenschaft*. Vol. 3:181-202.

Walther, Andreas (2000): *Spielräume im Übergang in die Arbeit. Junge Erwachsene im Wandel der Arbeitsgesellschaft in Deutschland, Italien und Grossbritannien*. Weinheim und München: Juventa.

Walther, Andreas, Stanker, Barbara et al. (eds.) (2002): *Misleading trajectories. Integration policies for young adults in Europe?* Opladen: Leske + Budrich.

Weber, Susanne (2000): "Power to the people!? Selbstorganisation, Systemlernen und Strategiebildung mit großen Gruppen". *Sozialwissenschaftliche Literatur Rundschau*. Vol. : 63-88.

Weinrich, Frank und Schulz-Zander, Renate (2000): "Schulen am Netz". *Zeitschrift für Erziehungswissenschaft*. Vol. 3: 577-593.

Wouters, Cas (1999): *Informalisierung*. Opladen: Westdeutscher Verlag.

Young, Richard A., Antal, Surinder, Basset, Margaret E., Post, Angela, Devries, Nancy und Valach, Ladislav (1999): "The joint actions of adolescents in peer conversations about career". *Journal of Adolescence*. Vol. 22: 527-538.

Youniss, James (1994): *Soziale Konstruktion und psychische Entwicklung*. Frankfurt: Suhrkamp.

Zeijl, Elke (2001): *Young adolescents' leisure. A cross-cultural study of Dutch and German 10-15 year-olds*. Opladen: Leske + Budrich.

Jürgen Zinnecker, Jürgen (2000): "Selbstsozialisation – Essay über ein aktuelles Konzept". *Zeitschrift für Soziologie der Erziehung und Sozialisation*. Vol. 20: 272-290.

Zokaei Saeed und Phillips, David (2000): "Altruism and intergenerational relations among Muslims in Britain". *Current Sociology*. Vol. 48: 45-58.

Heinz Hengst

Kindheitsforschung, sozialer Wandel, Zeitgenossenschaft

Die folgenden Überlegungen sind als Ausblick zu verstehen. Sie greifen interne und externe Kritiken auf, mit denen die in diesem Band vorgestellten neuen Richtungen seit ein paar Jahren konfrontiert werden. In diesen Kritiken geht es um einseitige Akzentsetzungen, Auslassungen und blinde Flecken. Dass sie nicht selten als Selbstkritik vorgetragen werden, indiziert zum einen Konsolidierung, zum andern, dass das, was unter der Flagge new social childhood studies segelt, als work in progress verstanden wird und verstanden werden sollte. Im Zentrum meines Beitrags steht keine detaillierte Auseinandersetzung mit diesen Kritiken, sondern ein Plädoyer für eine Dezentrierung der Perspektive auf Kinder und Kindheit. Mit dieser Dezentrierung soll keinem neuen Ansatz das Wort geredet werden, sondern einer zeitdiagnostisch sensiblen Handhabung zentraler Kategorien und Variablen in Zeiten rapiden und umfassenden sozialen Wandels. Propagiert wird eine verstärkte Konturierung der Kindheitsforschung als einer zukunftsorientierten Gegenwartsforschung. Eine solche Forschung fragt nicht nur, wie Kinder zu Kindern gemacht werden, sondern sieht in ihnen vor allem Zeitgenossen.

Blinde Flecken auf der Agenda der new social childhood studies

Eines der Hauptanliegen derer, die sich den neuen Forschungsrichtungen verschrieben haben, besteht darin, für Kinder die Gleichbehandlung in der Soziologie, in den Sozialwissenschaften, durchzusetzen. Man will sie hör- und sichtbar machen. Ersteres war die erklärte Absicht der (zumeist) ethnographischen Kinderforschung. Letzteres (das Bemühen, sie aus den Verstecken Familie und Schule herauszuholen) gilt im Prinzip für alle Forschungsansätze. Programmatisch war die Rede von "konzeptueller Autonomie" (Thorne 1987) und "konzeptueller Befreiung" (Qvortrup 1994) der Kindheit.

Schaut man sich die Entwicklung der new social childhood studies in den letzten Jahren an, so fällt ein verstärktes Bemühen um differenzierende Analysen des Forschungsgegenstandes auf. Explizite und implizite Kritik an einer mangelnden Differenziertheit kommt aus verschiedenen Lagern und verweist nicht zuletzt auf eine Reihe blinder Flecken der new social childhood studies.

Ein Charakteristikum der neuen Richtungen der sozialwissenschaftlichen Kindheitsforschung liegt darin, dass sie die Identität von Kindheit untersuchen, indem sie Kinder als (bisher nicht anerkannte) kompetente Akteure ins Spiel bringen, ein anderes darin, dass sie sie als einheitliches Kollektiv einem (nicht näher bestimmten) Erwachsenenkollektiv gegenüberstellen bzw. Kindheit als soziale Konstruktion mit den Rahmenbedingungen des Erwachsenenlebens konfrontieren. Ganz offensichtlich geht es den Kindheitssoziologen um eine Aufwertung des sozialen Faktors Generation. Die Konzentration auf – gerade auch im Zusammenhang mit sozialer Ungleichheit – eine Identitätsachse wollen die Forscher nicht als Unterschätzung oder (gar) Verabschiedung anderer sozialer Variablen verstanden wissen, sondern eher als unumgänglich beim Versuch, Kinder und Kindheit als eigenständigen Forschungsgegenstand auf der sozialwissenschaftlichen Bühne zu etablieren, und die sozialpolitische Stoßkraft ihrer Analysen zu erhöhen (vgl. dazu vor allem die Beiträge von Alanen, Qvortrup und Sgritta in diesem Band).

Man findet in neueren Aufsätzen auch die Argumentation, die Reduzierung auf eine Identitätsachse sei eine (gewissermaßen) kompensatorische Maßnahme oder eine vorübergehende Notwendigkeit bzw. ein erster Schritt. So erklären die englischen Sozialgeographinnen Sarah L. Holloway und Gill Valentine in der Einleitung zu dem von ihnen herausgegebenen Sammelband über "Children's geographies ..." (2000), ihnen sei sehr wohl bewusst, dass sich in der sozialen Realität immer verschiedene Identitäten wechselseitig durchdringen. Ihre Entscheidung, der Kategorie "Kind" und der Achse Kinder-Erwachsene den Vorzug gegenüber anderen (kollektiven) Identitäten und sozialen Beziehungen zu geben, rechtfertigen sie – im Sinne der Forderung nach "konzeptueller Autonomie" und "konzeptueller Befreiung" – mit der Absicht, eine Bevölkerungsgruppe ins Licht zu rücken, die von der akademischen Forschung lange Zeit vernachlässigt wurde (Holloway und Valentine 2000: 7).

Sara McNamee (2000) kritisiert die Gender-Blindheit der neuen sozialwissenschaftlichen Kindheitsforschung. Sie ist der Auffassung, Kindern zuzuhören und in ihnen kompetente soziale Akteure zu sehen, sei zwar ein erster, wichtiger Schritt auf dem Weg, einen konzeptuellen Raum für Kinder zu beanspruchen.

Den bisher vorgelegten Arbeiten wirft sie aber vor, Kinder zu oft als homogene Gruppe zu behandeln. Dass die Forscher das abstreiten, ändere daran nichts. Doris Bühler-Niederberger und Heinz Sünker (2003) haben der neuen Kindheitsforschung eine Gewinn- und Verlustrechnung präsentiert, die besagt, sie sei zwar für gesellschaftlich konstruierte generationale Ungleichheit sensibel, lege aber "eine partielle Blindheit gegenüber Fragen der sozialen Schichtung bzw. der Klassenlage" an den Tag, während die Sozialisationsforschung umgekehrt erstere vernachlässigt, und letztere betont habe (ibid.: 208).

Ein weiterer Kritikpunkt in selbstkritischen Beiträgen gilt bestimmten Konnotationen der Vorstellung von den Kindern als kompetenten Akteuren (vgl. Prout 2000; Hengst 2000). Alan Prout (2000; deutsch 2003) rechtfertigt und bekräftigt die Notwendigkeit des Abrückens der neuen Forschungsrichtungen vom traditionellen Sozialisationskonzept, das in Kindern nur passive Wesen gesehen habe, plädiert aber gleichzeitig für eine Revision der Art und Weise, in der Vertreter der neuen Richtungen die *agency* der Kinder handhaben. Er schlägt eine Dezentrierung von *agency* vor (Prout 2000: 16).

Mit ähnlicher Stoßrichtung ist in Deutschland (jüngst) Kritik an einer einseitigen Subjektorientierung der Sozialisationsforschung vorgetragen worden. Sie hat sich vor allem am Begriff der "Selbstsozialisation" entzündet (Bauer 2002 u. 2004; Preuss-Lausitz 2003). Diese – nicht ausdrücklich an die Adresse der in Rede stehenden Kindheitsforschung, sondern – hauptsächlich an die deutsche Sozialisationsforschung gerichtete Kritik einer zu starken Subjektorientierung mündet bei Ullrich Bauer in den Vorwurf der Verabschiedung einer "originär soziologischen Perspektive" (Bauer 2004: 67).

Eine solche Adressierung ist in der anglophonen sozialwissenschaftlichen Kindheitsforschung gegenwärtig kaum denkbar, weil sie das Sozialisationskonzept verabschiedet hat, nicht zwischen der älteren struktur-funktionalen und einer revidierten Sozialisationsforschung unterscheidet, sondern sich als Alternative zur Sozialisationsforschung insgesamt begreift. In Deutschland ist das Verhältnis von Sozialisationstheorie und Kindheitsforschung komplizierter. (Auch die Auseinandersetzung mit der neueren Entwicklungspsychologie und Lebenslaufforschung ist differenzierter.) Dass die soziologische Kindheitsforschung die Dekonstruktion der Sozialisationsforschung leiste, wie die englischsprachigen Vertreter der neuen Richtungen in aller Regel unterstellen, dürften hierzulande nur wenige Kindheitsforscher unterschreiben. Bei einigen deutschen Forscherinnen und Forschern lässt sich gar nicht feststellen, ob sie sich primär oder ausschließlich dem einen oder dem anderen Paradigma zuordnen. Und diejenigen, die am Sozialisationsbegriff festhalten, begreifen sich nicht selten als die Differenzierungsfähigeren. Einige neuere deutschsprachige Publikationen deuten darauf hin, dass das Sozialisationsparadigma nicht nur als nicht erledigt gilt, sondern soziologische Kindheitsforschung ihm relativ problemlos als eine Variante subsumiert werden kann (vgl. zuletzt Geulen und Veith 2004).

Ob die knapp skizzierten Vorwürfe mangelnder Differenzierung an die aktuelle deutsche Sozialisationsforschung, an die new social childhood studies gehen, oder ob sie als Selbstkritik letzterer vorgebracht werden, ist hier nicht das Entscheidende. Der Sache nach bringen sie weitgehend Identisches zum Ausdruck: sie monieren eine Verengung der Perspektive auf Kinder und Kindheit, auf soziale Ungleichheiten zwischen Kindern und Erwachsenen sowie eine starke Subjektorientierung, verbunden mit einer Tendenz der Entsoziologisierung.

Die strukturelle Kindheitsforschung trifft der Vorwurf der Entsoziologisierung ebenso wenig wie der einer zu starken Subjektorientierung. Das dürften nicht zuletzt die einschlägigen Beiträge in diesem Band deutlich gezeigt haben. Was den Umgang mit der Ungleichheitsproblematik betrifft, so gibt es allerdings – vorsichtig formuliert – einigen Nachholbedarf, und zwar im Sinne einer Dezentrierung der Alters- bzw. Generationsdimension, analog derer, die Alan Prout für *agency* gefordert hat.

Dezentrierung meint dann, die Annahme, die Generationsachse stelle die zentrale Ungleichheitsdimension dar, müsse immer wieder empirisch überprüft werden, sei also ein zentraler Gegenstand soziologischen Nachdenkens über Kindheit und Gesellschaft in Zeiten rapiden und umfassenden sozialen Wandels.

Wahrscheinlich ist es kein Zufall, dass die skizzierte Kritik zum jetzigen Zeitpunkt formuliert, und wohl auch nicht, dass die veränderte Perspektive auf soziale Ungleichheit(en) von deutschen Forschern besonders vehement vertreten wird. Was Letzteres betrifft: wie sich u.a. an den Ergebnissen der PISA-Studien deutlich gezeigt hat, sind alte und neue Mechanismen der Klassengesellschaft gerade in Deutschland in hohem Maße wirksam. Die Vorwürfe Ullrich Bauers passen zu einer Kritik, die eine generelle Vernachlässigung der Analyse der Lebens-, Bildungsverhältnisse und Habitusformationen der unteren sozialen Schichten moniert. Worum es geht, das hat vielleicht am deutlichsten (und mit großer öffentlicher Resonanz) der Historiker Paul Nolte (2004) ausgesprochen. Nolte hat auch explizit eine Revision des Nachdenkens über die Beziehung von Generation und Klasse/Schicht gefordert. Auf der einen Seite konzediert er die Berechtigung einer gestiegenen Aufmerksamkeit für Generationales, dass Alter ein soziales Merkmal ist, das, wie der Unterschied zwischen den Geschlechtern "eine von den ökonomischen Klassenlinien durchaus unabhängige, eigenständige Prägekraft besitzt". Andererseits verweist er auf die Problematik einer pauschalen Reduzierung der Ungleichheitsdiskussion auf die Dimension Alter/Generation. Konkret moniert er eine Tendenz in der politischen und öffentlichen Diskussion, in der Senioren zur "Avantgarde der klassenlosen Gesellschaft" avancieren, "als seien Menschen über 60 nur noch alt und nicht mehr Bürger oder Arbeiter, (Ex-) Unternehmer oder (Ex-)Verkäuferinnen". Seine Anregung: "Ein wenig mehr 'Klassen-Bewußtsein' würde hier zu wesentlich größerer Klarheit führen" (Nolte 2004: 42).

Um Differenzierung bemühte Überlegungen mit ganz anderer Stoßrichtung, in diesem Fall aber ausdrücklich an die Adresse der sozialwissenschaftlichen Kindheitsforschung gerichtet, hat Jürgen Zinnecker (2004 u. 2001) vorgelegt. Zinnecker wehrt sich gegen die Vorstellung, Modernisierungsprozesse hätten flächendeckend die Lebensbedingungen aller Menschen verändert. Es sei angemessener, auch gegenläufige Entwicklungstendenzen in Rechnung zu stellen. Für die Kindheitsforschung zieht er daraus die Konsequenz, die Koexistenz konkurrierender, auch ungleichzeitiger, Kindheitsmodelle zu betonen und herauszuarbeiten. Zinnecker unterstreicht ausdrücklich die Fixierung der Forschung auf generationale Ordnung, problematisiert aber die Idee einer einzigen generationalen Ordnung. Er unterscheidet im Westen der Welt gegenwärtig idealtypisch vier Kindheitsmodelle: "postmoderne", "avanciert-moderne", "traditional-moderne" und "fundamentalistische" Kindheit(en). Alle vier Typen versteht er als Antworten auf Hauptrichtungen der Entwicklung zeitgenössischer Gesellschaften, die in Einstellungen, Lebensorientierungen und -stilen ihren Ausdruck finden. Postmoderne und avanciert-moderne Kindheit unterscheiden sich, insofern erstere eher experimentelle Medien- und Konsumkindheit, letztere eher Bildungsmoratorium ist. Postmodernes und avanciert-modernes Kindheitsmodell sind im Gegensatz zum traditional-modernen und fundamentalistischen Typus im Einklang mit den gegenwärtigen gesellschaftlichen Transformationen. Kinder sind in diese Transformationen fest integriert, fungieren gar als eine Art Avantgarde. Traditional-modernes wie fundamentalistisches Kindheitsmodell unterscheiden sich insofern, als ersteres für eine "defensive Modernisierung" steht, während fundamentalistische Kindheit eine antimodernistisch-gegengesellschaftliche Konstruktion darstellt (Zinnecker 2001: 30 f.). Zinnecker sieht in diesen Modellen Scripts generationaler Ordnung, die in den historischen Kampf involviert sind, Bedeutung und Kurs der Moderne zu bestimmen. Die Wende zur neuen soziologischen Kindheitsforschung deutet er als Reflexion des Aufkommens postmoderner Kindheitsmodelle in Gesellschaften, die durch die wachsende Bedeutung des Dienstleistungssektors und der modernen Medien charakterisiert sind (ibid.: 38).

In Abgrenzung von den new social childhood studies, deren Vertreter das in den fünfziger und sechziger Jahren dominierende Sozialisationskonzept mit dem aktuellen Paradigma der neuen Kindheitsforschung vergleichen, fordert Zinnecker, das Modell individualisierter moderner Kindheit mit den jüngsten Innovationen der Sozialisationsforschung zu konfrontieren. Außerdem plädiert er für eine analytische Perspektive, welche die jeweils dominanten Kindheitsparadigmata der Forschung zur Sozial- und Kulturgeschichte in Beziehung setzt. Das sind Forderungen, denen sich jede sozialwissenschaftliche Kindheitsforschung heute stellen muß. Es sind auch Forderungen, die das bereits illustrierte Spannungsverhältnis von deutscher Sozialisations-/Kindheitsforschung und internationaler (anglophoner) sozialwissenschaftlicher Kindheitsforschung deutlich zum Ausdruck bringen.

Differenzielle Zeitgenossenschaft

Trotz der Betonung konkurrierender Kindheitsmuster lassen sich Zinneckers Überlegungen als Beiträge zu einer zentrierten Kindheitsforschung lesen. Für deren Beibehaltung spricht, dass in Gegenwartsgesellschaften weiterhin an der Konstituierung von Kindheit als einer sozialen Struktur, an der Konstruktion generationaler Ordnung und am *othering* von Kindern gearbeitet wird. Aber in welchem Maße die Erfahrungen von Kindern durch ihre Positionierung in der einen oder anderen Variante generationaler Ordnung bestimmt werden, ist keineswegs klar. Es gibt bemerkenswerte Entwicklungen, die diese Prozesse unterlaufen bzw. relativieren, die auf die eine oder andere Weise an der oppositionellen Codierung rütteln, die bis vor ein paar Jahrzehnten ein (wenn nicht der) Schlüssel zum Verständnis von Kindheit und Kinderkultur war. Kindheitsforschung muß es (und kann es als kritische Gegenwartsforschung) nicht bei der Auseinandersetzung mit der Frage belassen, wie Kinder zu Kindern (gemacht) werden, sondern muß diese in die umfassendere Analyse des Problems integrieren, wie sich die, die wir Kinder nennen, mit der zeitgenössischen Gesellschaft arrangieren, welche Antworten sie in ihrem Denken, Fühlen und Tun auf deren zentrale Herausforderungen geben. In diesem umfassenderen, offenen Rahmen kann (dann) die Differenz zwischen Kindern und Erwachsenen und die Bedeutung generationaler Ordnung(en) zeitadäquater (zeitdiagnostisch sensibler) bestimmt werden als das im Kontext der new social childhood studies meistens geschieht. Aktuelle Befunde zum Wandel von ökologischen Gefährdungen und Krankheitsbildern zeigen, dass die gemeinsame Zeitgenossenschaft heute bis in die Physis reicht. "Die Kinder", schreibt der Kindheits- und Jugendforscher Klaus Hurrelmann, "haben heute Erwachsenenkrankheiten" (Hurrelmann 2002: 50).

Die Forderung der Dezentrierung basiert (also) auf der Vorstellung, dass Kinder heute und in der absehbaren Zukunft zunehmend auch Erfahrungen machen – und damit sind habitusprägende (kollektive) Erfahrungen gemeint –, die nicht ausschließlich oder primär durch ihre Positionierung in der generationalen Ordnung vermittelt sind. Grundsätzlich lassen sich solche Erfahrungen mit einer flexiblen und offenen Handhabung des Konzepts der generationalen Ordnung analysieren. Es erscheint mir aber sinnvoll, der gebotenen Offenheit auch konzeptuell, mit einer Art Metakonzept, Rechnung zu tragen. Die soziologische Kindheitsforschung dürfte (durch größere Unvoreingenommenheit) an Überzeugungskraft gewinnen, wenn sie die *gemeinsame Zeitgenossenschaft* (und nicht die Position in der generationalen Ordnung) zum Ausgangs- und zentralen Bezugspunkt ihrer Analysen macht. Wo beides – Kindheit und Zeitgenossenschaft – nicht auseinander gehalten wird, läuft die Forschung immer Gefahr, Tautologien zu produzieren oder Fiktionen von generationaler Ordnung zu erliegen.

Die Erarbeitung einer entsprechenden Perspektive verstehe ich, wie bereits angemerkt, (auch) als Weiterentwicklung dessen, was im strukturellen Ansatz angelegt ist, und von dessen Vertretern bzw. Interpreten bereits als Dezentrierung verstanden wird (s. die Beiträge von Alanen, Qvortrup und Sgritta sowie die Einleitung in diesem Band). *Meine Überlegungen sind also nicht als Plädoyer für einen weiteren Ansatz der soziologischen Kindheitsforschung zu verstehen. Ich will auch keinen Versuch einer Integration der drei Ansätze starten, die in der Einleitung zu diesem Band und in Leena Alanens Beitrag vorgestellt worden sind.* Was den ersten Aspekt betrifft, so sind "Kindheitsverhältnisse" heute zu komplex, als dass man sie im Rahmen eines einzigen Ansatzes soziologisch angemessen analysieren könnte. Was eine Integration der drei vorhandenen Ansätze angeht, so halte ich entsprechende Bemühungen zwar grundsätzlich für wichtig, denke aber, dass auch eine Integration dieser drei Ansätze angesichts des Tempos und Umfangs gegenwärtigen sozialen Wandels noch zu sehr einengt und festlegt. Sinnvoll erscheint mir ein Konzept, mit dem sich Differenzen, Übereinstimmungen und soziale Ungleichheiten zwischen gesellschaftlichen Gruppierungen komplexer erfassen und untersuchen lassen. Ein solches Konzept kann als Bezugspunkt und Referenzmodell für die (empirische) Untersuchung einzelner Phänomene und Prozesse, für die theoretische wie für die konzeptionelle Organisation von Entwicklungen und Veränderungen, von Teiltheorien und Ansätzen dienen. Als Etikett schlage ich "differenzielle Zeitgenossenschaft" (Hengst 2004) vor. Für diesen Begriff spricht, dass mit ihm sowohl das Gemeinsame als auch das Trennende aller gleichzeitig lebenden gesellschaftlichen Großgruppen offen erfasst werden kann.

Weil auf der Objektseite die zeitgenössische Gesellschaft (ganz im Sinne der Ausführungen Giovanni Sgrittas in diesem Band) in ihrer Gesamtheit (bzw. die

Gesamtheit der Erfahrungsräume der heute Lebenden) avisiert wird, kann die Arbeit mit dem Konzept "differenzielle Zeitgenossenschaft" in einem bestimmten Sinn der Soziologisierung der Forschung Vorschub leisten. Und weil die kollektiven Subjekte im Rahmen dieses Konzeptes (vor allen anderen Zuordnungen) als "Zeitgenossen" definiert sind, wird der Forderung der Gleichbehandlung von Kindern durch die Forschung – einem zentralen Anliegen der new social childhood studies – auch soziologischer, d.h. zeitdiagnostisch ambitionierter als bisher Genüge getan.

Wichtige Intentionen der neuen Kindheitsforschung können mit dem Konzept "differenzielle Zeitgenossenschaft" weiter verfolgt werden, wenn das Hauptaugenmerk den jüngeren Zeitgenossen gilt, also denen, die wir Kinder nennen. Das ist eine nicht aufkündbare Bedingung, sofern – wenn auch dezentriert – am Anspruch festgehalten wird, primär *Kindheits*forschung betreiben zu wollen. Allerdings ist "differenzielle Zeitgenossenschaft" ein genuin komparatives Konzept, ein Konzept, das – darin *komplementär* zu den vorhandenen Ansätzen der neuen soziologischen Kindheitsforschung – (generationsübergreifende) Ähnlichkeiten bzw. Gemeinsamkeiten in den Erfahrungen von Zeitgenossenschaft als forschungsrelevantes Thema stärker in den Blick rückt. Grundsätzlich wird mit der Entscheidung für sozialwissenschaftliche Kindheitsstudien im Rahmen des Konzepts "differenzielle Zeitgenossenschaft" eine größere Durchlässigkeit des Kindheitskontextes zum gesamtgesellschaftlichen Kontext unterstellt.

Der Gegenwart einen Namen geben

Es gehört zum Geschäft der Soziologie, der Zeit, die sie erforscht, einen "Namen" zu geben. Damit ist ein entscheidender Aspekt der Soziologisierung benannt, die eine dezentrierte Kindheitsforschung unter dem Dach differenzielle Zeitgenossenschaft zu leisten hat. Auch wenn in einschlägigen Studien auf eine Vielzahl der Etiketten Bezug genommen wird, mit denen Sozialtheoretiker zur Bestimmung von Gegenwartsgesellschaften arbeiten, dürfte feststehen, dass in dieser Frage von einigem Nachholbedarf der Kindheitsforschung gesprochen werden kann. Ich möchte meine Vorstellungen nur kurz, mit Blick auf den sozialstrukturellen Ansatz, verdeutlichen. Dessen Vertreter siedeln soziales Leben und Generationsverhältnisse zumeist in entwickelten industriekapitalistischen Arbeitsgesellschaften an (Daß das kein Muß bzw. nicht das letzte Wort der sozialstrukturellen Kindheitsforschung ist, zeigen z.B. die Beiträge von Wintersberger und Zeiher in diesem Band). Zeitdiagnostisch sensibel sind Studien im Rahmen dieses Ansatzes vor allem bezüglich der veränderten Rolle des (Wohlfahrts-)Staates und der Sozialpolitik (vgl. zuletzt Kränzl-Nagl et al. 2004). Hilfreich erscheint mir als Bezugspunkt für Analysen differenzieller Zeitgenossenschaft ein gesellschaftliches Rahmenkonzept, mit dem man die Gesamtheit der Erfahrungsverhältnisse der gleichzeitig lebenden Generationen denken kann, nicht zuletzt Ähnlichkeiten und Unterschiede, neue und alte Formen sozialer Ungleichheit, wie sie zu Beginn dieses Beitrags angesprochen worden sind. Eine zentrale Forderung an ein solches Rahmenkonzept ist Offenheit und Aufgeschlossenheit für die wichtigsten Implikationen des gegenwärtigen soziokulurellen Wandels.

Schaut man sich die aktuelle sozialtheoretische Diskussion gesamtgesellschaftlicher Transformationen in den westlichen Ländern an, so fällt zunächst einmal auf, dass in einer Vielzahl von Arbeiten weitreichende bzw. vielfältige Prozesse und Phänomene der Detraditionalisierung mit Begriffen wie "Entbettung" (Giddens 1990/1996), "Freisetzung" (Ziehe und Stubenrauch 1982; Lash und Urry 1994), "Deregulierung", "De-Institutionalisierung" etc. (vgl. Alkemeyer 2003) diagnostiziert werden. Eine weitere Übereinstimmung in den einschlägigen Arbeiten betrifft den Zeitraum, in dem relevante ökonomische, politische, soziale und kulturelle Transformationen verortet werden: Was immer die diagnostizierten Entwicklungen und ihre Bewertungen sonst unterscheidet – als Entstehungszeit nennen die Sozialtheoretiker übereinstimmend die späten sechziger und die siebziger Jahre des vergangenen Jahrhunderts.

Die umfassendste und materialreichste Analyse der relevanten Transformationen und einer neu entstehenden gesellschaftlichen Formation, die er "network society" nennt, hat der Sozialgeograph Manuel Castells (deutsch 2001, 2002 und 2003) vorgelegt. Er hat Voraussetzungen genannt, die erfüllt sein müssen, wenn die Rede von der Genese einer neuen Gesellschaft Sinn ergeben soll. Folgt man seiner Argumentation, so entsteht eine neue Gesellschaft, wenn sich eine strukturelle Transformation in den Bereichen Produktion, Macht und Erfahrung zweifelsfrei feststellen lässt. Seine Standortbestimmung lautet: "Zu dieser Jahrtausendwende ist eine neue Welt dabei, Form anzunehmen. Ihr Ursprung lag Ende der 1960er, Mitte der 1970er Jahre im historischen Zusammenfallen von drei *voneinander unabhängigen* Prozessen" (Castells 2003: 386). Es handelt sich bei diesen Prozessen um (1) die informationstechnologische Revolution, die in der weltweiten Verbreitung des Computers, der Telekommunikation und des Internet besteht; (2) die Krise des industriellen Kapitalismus und die Auflösung des nationalstaatlichen Etatismus, die zu dezentralen Formen der Wirtschaft und Politik geführt haben; (3) und schließlich das Aufblühen sozialer

254   Heinz Hengst

Bewegungen, die sich gegen die Herrschaft der globalen Systeme zur Wehr setzen (ibid.).

Ergebnis dieser Prozesse ist ein weltweiter beschleunigter Wandel von Gesellschaften, Ökonomien und Kulturen. Sie bedingen neue Formen sozialer Strukturen in der Netzwerkgesellschaft, neue Formen wirtschaftlicher Beziehungen in der globalen Informationsökonomie und eine neue kulturelle Formation, die Castells als "Kultur der realen Virtualität" bezeichnet.

Was Castells' globale Gegenwartsanalyse auszeichnet, ist ihre polyphone Struktur. Auf der einen Seite wird die dreibändige Studie durch die Überzeugung zusammengehalten, die Gesellschaft könne und müsse in ihrer ganzen Komplexität erfasst werden, und alle wichtigen Tendenzen des Wandels seien aufeinander bezogen, ihre Wechselwirkungen entschlüsselbar. Aber diese Überzeugung korrespondiert mit einer ausgeprägten Sensibilität für Multidimensionalität, für heterogenes Nebeneinander, für Kopräsenzen und Koexistenzen, für das Zusammenspiel von Kontinuitäten und Diskontinuitäten, für ganz unterschiedliche Prozesse und Erscheinungsformen von De- und Retraditionalisierung im Mikro- wie im Makrobereich. Nicht zuletzt wegen dieser materialgesättigt präsentierten polyphonen Struktur eignet sich Castells' opus magnum als Referenzmodell für das Nachdenken über den gegenwärtigen sozialen und kulturellen Wandel.

Profitieren können nicht zuletzt Kindheitsforscher insbesondere von Castells' Auseinandersetzung mit den gegenwärtigen Entwicklungen in den Bereichen Medien, Technologien und Kultur. Die Behauptung eines Nachholbedarfs des sozialstrukturellen Ansatzes – und im Prinzip der new social childhood studies ganz allgemein – betrifft nicht zuletzt deren Vernachlässigung wichtiger Aspekte gegenwärtigen kulturellen Wandels für die zeitgenössische Erfahrungskonstitution. Niklas Luhmann (1995/2004[3]) hat seine Studie über "Die Realität der Massenmedien" mit dem berühmten Satz eingeleitet: "Was wir über unsere Gesellschaft, ja über die Welt, in der wir leben, wissen, wissen wir durch die Massenmedien" (Luhmann 2004[3]: 9). Für Castells sind "Medien und besonders die audiovisuellen Medien in unserer Kultur (...) die Grundsubstanz von Kommunikationsprozessen" (Castells 2001: 385). Seine "Kultur der realen Virtualität" ist ein kulturelles System, in dem die Realität vollständig in eine virtuelle Bilderwelt eingetaucht ist, in der die medialen Als-ob-Welten den symbolischen und diskursiven Rahmen für soziale Interakton liefern und (selbst) Erfahrung werden. Castells ist kein Verfechter von Mediendeterminismus. Die Netzwerkgesellschaft ist – wie bereits angemerkt – das Resultat mehrdimensionaler Prozesse. Zwar vertritt er die Auffassung, dass das entstehende neue elektronische Kommunikationssystem von globaler Reichweite "durch seine Integration aller

Kommunikationsmedien und durch seine potenzielle Interaktivität" unsere Kultur für immer verändern wird. Auf der andern Seite betont er, dass es "trotz der technologischen Diskontinuität in der Geschichte eine Menge gesellschaftlicher Kontinuität" gibt. In dieser Konstellation sieht er die Möglichkeit einer fundierten Analyse von Tendenzen begründet, "welche die Herausbildung des neuen Systems während der letzten Jahrzehnte vorbereitet haben" (ibid.). Der Prozeß der Mediatisierung hat eine lange Geschichte, mit der Industrialisierung begonnen, und der Status quo ist nur zu begreifen, wenn man ein komplexes und heterogenes Nebeneinander im Blick hat.

Ich belasse es bei diesen wenigen Informationen über Castells' Gegenwartsanalyse. Sie sollen vor allem verdeutlichen helfen, dass die relevanten Veränderungen auf der Makro-Ebene die zeitgenössischen sozialen Akteure mit (epochalen) Herausforderungen konfrontieren und dafür sensibilisieren, dass zur Meisterung dieser Herausforderungen keine "route-map", kein verbindliches "Drehbuch" oder "Script" zur Verfügung steht, weil die Konturen der neuen sozialen, ökonomischen und kulturellen Bedingungen noch nicht miteinander verbunden sind. Man könnte bei diesem Stand der Dinge auch (anstatt von Detraditionalisierung), offener und zukunftsorientierter, von einer ambivalenten, mit vielen Risiken verbundenen Potenzierung offener Erfahrungsräume sprechen.

Generationenansatz und differenzielle Zeitgenossenschaft

Strukturelle gesellschaftliche Veränderungen, wie sie Castells für die Gegenwart analysiert, hinterlassen immer deutliche Spuren in den Generationsbeziehungen und –verhältnissen. Auch hier ist deshalb konzeptuelle Offenheit geboten. Das gilt für beide Varianten des Generationenkonzepts, die man (vereinfachend) in der aktuellen Kindheitsforschung unterscheiden kann, also für den sozialstrukturellen ebenso wie für den (sozio)kulturellen Ansatz. Der erste begreift Generationen als zwei Großgruppen, die in unterschiedlichen Sozialräumen agieren und unterschiedlich mit Ressourcen und Macht ausgestattet sind. Die oppositionelle Positionierung in Kinder und Erwachsene sowie die "Ausstattung" des Sozialraums Kindheit werden als relativ dauerhafte Struktur in allen uns bekannten Gesellschaften verstanden. Dass die "Bewohner" des Sozialraums Kindheit im Verlauf ihres Lebens die Position wechseln und durch andere ersetzt werden, ist demgegenüber von sekundärer Bedeutung. Der zweite, (sozio-)kulturelle Ansatz sieht in Generationen Gruppen von Menschen, die etwa zur gleichen Zeit in einen bestimmten Ausschnitt der Welt hineingeboren werden, gemeinsam durch die Zeit gehen und zusammen älter werden. Generationen sind in diesem Verständnis durch soziokulturelle Merkmale, durch spezifische (Lebens-)Orientierungen, Einstellungen und Stile charakterisierte Geburtskohorten (vgl. zum Thema Generationenkonzept und Kindheitsforschung die Zusammenfassung von Berry Mayall und Helga Zeiher 2003 sowie den Aufsatz von Andreas Lange 2004 und den Beitrag Helga Kelles in diesem Band). Den sozialstrukturellen Ansatz hat Leena Alanen (siehe u.a. ihren Beitrag in diesem Band) in Richtung "generationale Ordnung" ausgebaut. Sie unterstellt ein "generationales System", welches – wie das System Gender die Differenz zwischen den Geschlechtern – die Differenz zwischen Kindern und Erwachsenen organisiert. Mit dem von Alanen entworfenen Generationenkonzept lässt sich der Wandel von Kindheit als Analyse von Prozessen des *generationing*, der Konstruktion von aufeinander bezogenen Kinder- und Erwachsenenidentitäten, (re)konstruieren.

Im Zusammenhang mit differenzieller Zeitgenossenschaft erscheint es mir sinnvoll, an das zweite, von Mannheim kreierte soziokulturelle Generationenkonzept anzuknüpfen. Mannheim (1928/1965) hat das (alte) Thema der Generationsbeziehungen um eine neue Dimension erweitert, es zu einem makrosoziologischen Konzept gemacht – und zwar in Reaktion auf den raschen und umfassenden Wandel moderner Gesellschaften. Er konstatiert die "praktische" Bedeutung des Generationenkonzepts, "sobald es sich um das genauere Verständnis der beschleunigten Umwälzungserscheinungen der unmittelbaren Gegenwart handelt" (Mannheim 1965: 31f.). Die rasche und umfassende Modernisierung bedingt eine wachsende Distanz zwischen Vergangenheit und Zukunft. Damit korrespondiert eine Schrumpfung des Wissensvorsprungs und der 'Ratgeberkompetenz' der Alten. Die Zukunft ist Sache der Jungen, derer, die sich mit den zukunftsrelevanten Strukturen und Elementen sozialen Wandels auseinandersetzen können, ohne dabei vom Ballast der Vergangenheit behindert zu werden (ibid. 39). Eine solche Lesart rückt Mannheims Generationenkonzept in die Nähe dessen, was Margaret Mead (1974) als Übergang in eine "präfigurative Kultur" beschrieben hat. Wenn es seit Beginn der siebziger Jahre zu einer Renaissance des Generationenkonzeptes in den Sozialwissenschaften gekommen ist, so steckt dahinter, wie bei Mannheim, das Bemühen um ein genaueres Verständnis der Konsequenzen erneut "beschleunigter Umwälzungserscheinungen" auf die Regelung der Zeitlichkeit, auf generationspezifische Habitus, Wechselbeziehungen, Differenzen und den Kulturtransfer zwischen den Generationen.

Zur Verdeutlichung der Beziehung von Generation und differenzieller Zeitgenossenschaft möchte ich, ihn modifizierend, einen Gedanken Mannheims aufgreifen. Mannheim war bei der Formulierung seines Generationenansatzes von Wilhelm Pinders Idee der "Ungleichzeitigkeit des Gleichzeitigen" sehr beeindruckt, fand sie "geradezu genial". Gemeint ist mit dieser Metapher die Vorstellung, dass jeder "mit Gleichaltrigen und Verschiedenartigen in einer Fülle gleichzeitiger Möglichkeiten" lebt, dass aber für jeden "die gleiche Zeit eine andere Zeit, nämlich *ein anderes Zeitalter seiner selbst*" (Hervorhebung im Original, H.H.) ist, "das er nur mit Gleichaltrigen teilt" (Mannheim 1965: 28f.). "Zeitdenken" muß, laut Mannheim (in der Begrifflichkeit des Kunsthistorikers Pinder) unter solchen Vorzeichen, *"polyphon organisiert"* sein, "in jedem 'Zeitpunkt' muß man die einzelnen Stimmen der einzelnen Generationen heraushören, die stets von sich aus jenen Punkt erreichen" (ibid.: 29).

Die Vorstellung einer polyphonen Organisierung von Zeitgenossenschaft lässt sich in eine Perspektive überführen, mit der sich die gegenwärtigen Tendenzen der Veränderung kollektiver Zugehörigkeiten und Erfahrungen adäquater bestimmen lassen als mit dem Generationenansatz. Setzt man – mit Pinder und Mannheim – Generation in Analogie zur Stimme (im musikalischen Satz), dann bedeutet die Betonung von Zeitgenossenschaft, dass bei der zu analysierenden Mehrstimmigkeit bzw. Vielstimmigkeit nicht (ohne weiteres) von selbständigen, eindeutig identifizierbaren (Generations)Stimmen durch den gesamten Satz (die Lebensgeschichte) ausgegangen werden kann. Das Konzept "differenzielle Zeitgenossenschaft" unterstellt gemeinsame zeitgeschichtliche Herausforderungen, (musikologisch formuliert) einen *cantus firmus bzw. einen basso ostinato*, auf den sich alle Zeitgenossen einlassen müssen. Er wird zwar mehrstimmig, von unterschiedlichen sozialen Gruppierungen bearbeitet. Aber die einzelnen Stimmen lassen sich nicht immer deutlich als Generationsstimmen voneinander unterscheiden. Das heißt: mit polyphoner Re- bzw. De-Organisierung muß gerechnet werden.

Differenzielle Zeitgenossenschaft unterstellt eine Interaktion von Zeitgeschichte und Lebensgeschichte, die offen dafür ist, dass relevante Ungleichzeitigkeiten des Erlebens von Zeitgenossenschaft Generationsgrenzen transzendieren bzw. nivellieren. Anstatt von *stabilen* Generationen ist (heuristisch) von Kollektiven auszugehen, die keine distinkten, sich lebenslang behauptenden generationalen Identitäten ausbilden, deren erlebte, qualitative, Gleichzeitigkeit vielmehr auch durch andere (in ihrer Bedeutung wechselnde) Zugehörigkeiten – zumindest zeitweise – geprägt wird, deren Habitus und Handeln sie aber immer als "Kinder ihrer Zeit", als Zeitgenossen, identifizierbar machen. Mit der veränderten Perspektive wird nicht nur die Bedeutung des Kollektivs Generation für gemeinsame Erfahrungen, Mentalitäten bzw. structures of feeling problematisiert, sondern auch die anderer Kollektiva.

Die mit dem Konzept "differenzielle Zeitgenossenschaft" beabsichtigte neue Akzentsetzung beinhaltet eine Verschiebung der Aufmerksamkeit: von der Ungleichzeitigkeit (der und) des Gleichzeitigen zur Gleichzeitigkeit (der und) des Gleichzeitigen.

In den letzten Jahren sind einige signifikante Beispiele für die Relativierung der Bedeutung von Generationenzugehörigkeit im Sinne des Mannheim'schen Ansatzes geliefert worden (von Kondratowitz 2002; Wohlrab-Sahr 2002;). In vielen Beiträgen ist Kritik vorgetragen worden, die mit dem hier Ausgeführten kompatibel ist. Votiert wird, ex- und implizit, für Differenzierung, für eine zeitadäquate Dynamisierung des Umgangs mit dem Generationenkonzept (vgl. auch Struck 2004; Bohnsack und Schäffer 2002; Wimmer 1998).

Poröse Generationen

Besonders verbreitet ist seit ein paar Jahrzehnten – im Alltag wie in der öffentlichen und (popular-)wissenschaftlichen Diskussion – der Rückgriff auf den Generationsbegriff im Zusammenhang mit Technik, Medien und Konsum. Während in einer Vielzahl der einschlägigen neueren Beiträge einseitig Unterschiede zwischen den Generationen, in jüngster Zeit nicht selten die größeren Kompetenzen von Kindern und Jugendlichen, betont werden (vgl. dazu Olesen in diesem Band), wird in differenzierter angelegten Untersuchungen deutlich, wie schwierig es ist, neue Selektions-, Wahrnehmungs- und Verarbeitungsmuster (zeitlich) zu identifizieren und Kollektiven im Sinne des Generationsansatzes zuzuordnen. Gerhard Schulze (1992) geht beispielsweise davon aus, dass die relevanten Veränderungen in der Medienlandschaft bereits in den fünfziger bzw. sechziger Jahren beginnen (und eine schleichende Revolution einleiten). Andere Autoren heben hervor, dass die Veränderungen, die Medien und kommerzielle Kultur in den letzten Jahrzehnten forciert und getragen haben, nicht zu unterscheidbaren Generationen geführt haben, sondern zur diffusen Identität einer neuen Jugendlichkeit. Gleichzeitig wird in jüngster Zeit zunehmend Zersplitterung konstatiert: dass Differenzierungs-, Pluralisierungs- und Individualisierungsprozesse zunehmen und übergreifende kulturelle Orientierungslinien sich in einer Vielzahl von Hinwendungen (zu medien- und kommerzkulturellen Phänomenen) verlieren, deren Dauer und Stabilität offensichtlich spürbar abnimmt (vgl. Baacke 1999: 139).

Wenn es wahr ist, dass entscheidende Veränderungen der Medienlandschaft bereits in den fünfziger und sechziger Jahren des vergangenen Jahrhunderts beginnen, dann muß das relativierende Konsequenzen für Generationsspezifika in den Medienvorlieben und -gewohnheiten heutiger Kinder und Eltern haben. Man kann nicht mehr einfach davon ausgehen, die Medienerfahrungen von

Kindern würden dann am besten erfasst, wenn man sie unter Bezugnahme auf die traditionelle Kind-Erwachsenen-Differenz analysiert – oder den tatsächlichen elterlichen Einfluß auf die Mediengepflogenheiten von Kindern auf die Ausübung der Elternrolle reduziert. Die Eltern (ja die Großeltern) heutiger Kinder sind bereits selbst mit Medien in einer expandierten, mediendurchtränkten Konsumwelt aufgewachsen. Das kommt sowohl in ihren alltäglichen kulturellen Praktiken wie in ihren Interventionen in die Kinderkultur und in Bildungsprozesse zum Ausdruck. "Parenting" findet selbstverständlich weiterhin – und in den Mittelschichten möglicherweise verstärkt – statt, aber auf einer neuen Basis. Der soziokulturelle Wandel hat, nicht zuletzt in der Form umfassender Mediatisierung, die Generationenbeziehungen und -verhältnisse verändert. Es sind sehr oft Fünfunddreißig- bis Vierzigjährige, die die vielbeschworenen neuen Aneignungsformen und Lernstile der Heranwachsenden (Autodidaktik, Basteln, Bricolage, Surfen etc.) habitualisiert haben. Smith und Curtin (1998) gehen mit einigem Recht davon aus, dass das techno-kulturelle Verständnis und die Praktiken, die sie in den neunziger Jahren bei Kindern beobachtet haben, bald fester Bestandteil des gesamten soziokulturellen Raums sein werden, den wir mit dem Prädikat Erwachsenheit belegen. Differenzen in den dominierenden Aneignungsformen sind nicht mehr nur generational definiert. Die Kinder von heute – so lassen sich diese Überlegungen zusammenfassen – gehören zu den ersten Generationen, die in einem alles erfassenden elektronischen Habitat leben. Ihre Erfahrungen mit, ihre Konstruktionen von Familien, Freunden, Gleichaltrigen und Schule finden immer auch in einer kommerzialisierten elektronischen Welt statt. Im Umgang mit diesem komplexen Habitat entwickeln sie kognitive und habituelle Organisationsformen, die es ihnen ermöglichen, die Welt zu interpretieren und sich in ihr zu bewegen. Dieser Übergang dauert zwei oder mehr Generationen lang und erfasst jede nachfolgende Generation stärker als die vorherige. Die Generationengrenzen sind jedoch fließend, werden von Klassen- und Schichtspezifika überlagert. Außerdem verdienen gerade im Umgang mit neuen Technologien Veränderungen in den geschlechtsspezifischen Aneignungsformen Aufmerksamkeit, die sowohl mit Veränderungen der Hard- und Software, als auch mit signifikanten Transformationen der Arbeitswelt und neuen Anforderungen an die Arbeitskräfte zusammenhängen (vgl. Hengst 2002).

Eine Forschung, die zeitdiagnostische Sensibilität für sich beansprucht, hat grundsätzlich der Tatsache Rechnung zu tragen, dass "die Mechanismen des Marktes erstmals eine *gesamtgesellschaftliche Kultur*" (Steenblock 2004: 98) geschaffen haben. Das heißt: Die Popularkultur bietet, über Einkommens-, Gesellschafts-, Bildungs- und Altersschranken hinweg "eine Plattform allgemeiner Zivilisationsteilhabe" an (ibid.). Damit ist nicht gesagt, dass diese gesamtgesellschaftliche Kultur Einkommens-, Gesellschafts- und Bildungsschranken abbaut. Allerdings wird behauptet, dass Schranken, Ungleichheiten und Marginalisierungstendenzen nur unter Berücksichtigung dieser neuen Basis bestimmt werden können.

Doing contemporariness

Kindheitsforschung ist in aller Regel dualistisch konzipierte Differenzforschung. Das gilt – trotz aller Bemühungen, sozial und kulturell konstruierte Unterschiede zu dekonstruieren – auch für die neuen Forschungrichtungen. Die Vernachlässigung von Ähnlichkeiten bzw. Gemeinsamkeiten in den Habitus der Angehörigen der verschiedenen gleichzeitig lebenden Generationen begegnet in den new social childhood studies in zwei Varianten. Zum einen werden nur die Differenzen bearbeitet. Zum andern wird nur untersucht, was Kinder denken, fühlen und tun. Beim ersten Ansatz besteht die Gefahr, nur herauszufinden, was Kinder zu Kindern macht, und beim zweiten die, das, was bei Kindern (an Denken, Tun und Fühlen) beobachtet wird, als (exklusiv) Kindertypisches zu betrachten. Das wirft die Frage auf, wie es um all die Erhebungen und Beschreibungen steht, die auf Fakten und tatsächlichen Beobachtungen von Kindern (und Jugendlichen) beruhen. Welche Welt wird da beschrieben? Sind es Kinder- und Jugendwelten? Was würden Erwachsene antworten, wenn man ihnen dieselben Fragen stellte? Es gibt so vieles, was ohne Zweifel auf Kinder zutrifft, aber auch für Erwachsene gilt. Was fehlt, sind Vorstellungen, Begriffe, Konzepte, Kriterien, in und mit denen wir Ähnlichkeiten und Gemeinsamkeiten zeitadäquat (mit soziologischer Phantasie) denken können.

Dass in der Frage von Ähnlichkeiten einiges aufzuarbeiten ist, zeigt nicht zuletzt die neuere kognitive Entwicklungspsychologie, die ja betont, dass zwischen Kindern und Erwachsenen keine Unterschiede in der Art des Denkens bestehen – wie in der Tradition Piagets angenommen wurde -, sie vielmehr nur unterschiedliche Schwerpunkte bei der Organisation von Wissen setzen (vgl. zusammenfassend Stern 2004). Im Zusammenhang mit differenzieller Zeitgenossenschaft interessieren vor allem Ähnlichkeiten, die durch den gegenwärtigen sozialen Wandel bedingt sind. In Analogie zu konstruktivistischen Slogans wie *doing gender* und *doing childhood* könnte man entsprechende Aktivitäten auf die Formel *doing contemporariness* bringen. Es handelt sich dabei um vielfältige, mentale und tätige, Auseinandersetzungen mit makrosozialem Wandel in den Mikrowelten des Alltags. Sie beginnen in frühen Lebensjahren und reichen von Netzwerkkonstruktionen als Antworten auf familialen Wandel und die Zerbrechlichkeit von Ehebeziehungen (Brannen et al. 2002; Ulich und Oberhuemer 1993), über Neudefinitionen kollektiver Identitäten unter dem Einfluß von Fernsehen, Unterhaltungsmedien und globalen Konsumkreisläufen (Holloway und Valentine 2000a; Hengst 1997) bis zur Bearbeitung neuer gesellschaftlicher Strukturvorgaben in informalisierten Sportaktivitäten (Alkemeyer 2003). Es handelt sich beim *doing contemporariness* um Prozesse informellen Lernens. Ihre Analyse kann dafür sensibilisieren, dass der soziokulturelle Wandel vielfach direkt – also ohne die Filter des "generationing" zu passieren – in die Erfahrungen und Bedeutungskonstruktionen der Kinder der Gegenwart eingeht. Was daran kindertypisch ist, und in welchem Verhältnis diese Formen des *doing contemporariness* zu denen anderer Bevölkerungsgruppen stehen, ist eine für den Nachweis der Tauglichkeit des Konzepts differenzielle Zeitgenossenschaft zentrale Frage. Damit ist einer der blinden Flecken auf der Agenda einer zeitdiagnostisch ambitionierten Kindheitsforschung angesprochen: die Interaktion von Zeitgeschichte und Lebensgeschichte. Für entsprechende Untersuchungen im Rahmen des Konzepts differenzielle Zeitgenossenschaft könnte es beispielsweise interessant sein, nach strukturellen Homologien in identitätsrelevanten Aktivitäten und Mustern der Lebensführung bei Kindern und Angehörigen anderer Altersgruppen zu fragen. Jutta Ecarius (1996) hat die Möglichkeit homologer Lebensformen in verschiedenen Lebensaltern angedeutet. Andreas Lange (2001) hat unter Bezugnahme auf zentrale Herausforderungen zeitgenössischer Gesellschaften von "Meta-Entwicklungsaufgaben" gesprochen.

Eine wichtige Frage ist die, ob nicht die These von der (Aus-)Dehnung der Jugendphase in die Kindheit und ins Erwachsensein angemessener untersucht werden könnte, wenn man die Vorstellung homogener Lebensphasen und ihnen entsprechender Formen der Lebensführung grundsätzlicher problematisierte – und nicht nur die Verlängerung bzw. die Verallgemeinerung von Jugend und Jugendlichkeit diskutierte. Diese Vorstellung wäre zum Beispiel durch die von "Erfahrungsmodi" zu ergänzen, auf die Menschen - bedingt durch bestimmte Aspekte soziokulturellen Wandels – während ihres gesamten Lebens immer wieder zurückgreifen (müssen), um sich Anpassungsfähigkeit und Kreativität zu bewahren. Sherry Turkle (1998) hat mit dieser Stoßrichtung das Adoleszenz-Moratorium zu einem Erfahrungsmodus umgedeutet, der zwar weiterhin identitätsrelevant ist, aber nicht nur im Sinne Erik H. Eriksons als Jugendspezifikum betrachtet werden sollte. Man kann heute weder Generationszugehörigkeit noch Alterszugehörigkeit bzw. ein Altersselbst, das Kindheit im traditionellen Sinne signalisiert, ohne Zusatzannahmen als gegeben voraussetzen. Soziale Identitäten werden neu definiert. Einige verlieren an Bedeutung, andere sind nur zeitweise

262   Heinz Hengst

oder nur in bestimmten Kontexten relevant, und wieder andere werden an neuen Kriterien festgemacht.

Schlußbemerkung

Seit es die "new social childhood studies" gibt, deren Hauptrichtungen in diesem Band vorgestellt worden sind, ist immer wieder gefragt worden, ob es für die Forschung sinnvoll ist, von einer Kindheit oder von vielen Kindheiten auszugehen. Jüngst haben Jenny Hockey und Allison James (2003: 95f.) noch einmal darauf hingewiesen, dass wir es bei dieser Frage mit einem Dilemma zu tun haben. Es besteht darin, dass, wer den vielen Varianten und Spielarten von Kindheit Rechnung trägt, Gefahr läuft, sich in Differenzierungen zu verlieren, dass andererseits, wer generalisiert, den Besonderheiten nicht gerecht wird. Die Forschung zeigt, dass den Repräsentanten der neuen Richtungen dieses Dilemma bewusst ist, und dass sie – grundsätzlich – die Betonung beider Kindheitskonzepte für vertretbar halten. Die größere politische Stoßkraft wird allerdings im allgemeinen (auch von den Forscherinnen und Forschern, die selbst anders verfahren) einer Kindheitsforschung zugeschrieben, die die Gemeinsamkeiten von Kindheit und Kindern betont (vgl. James et al. 1998: 209), einer Forschung also, die Kindheit als gemeinsame Lagerung in der Sozialstruktur bzw. in der generationalen Ordnung einer Gesellschaft, und Kinder als Akteure identifiziert, deren Handlungsspielräume durch diesen Kontext abgesteckt sind.

Es steht außer Frage, dass es leichter ist, für eine eindeutig lokalisierte und identifizierte gesellschaftliche Großgruppe (sozial- und kultur-)politische Forderungen zu erheben als für eine Vielzahl von Teilgruppen, die in unterschiedlichen sozialen Settings leben. Und es wäre sehr unbefriedigend, wenn die Forschung die Suche nach Gemeinsamkeiten nicht ernst nähme. Allerdings wird, nicht zuletzt im Zusammenhang mit sozialer Ungleichheit, Exklusion und Marginalisierung deutlich, dass erst eine zeitdiagnostisch sensible Verschränkung der Variablen Kindheit/Generation, soziale Schicht und – nicht selten – Gender, die Verlierer(Kollektive) sozialen Wandels identifizierbar macht. Das spricht gegen eine Vorab-Entscheidung für *eine* Kindheit oder für *viele* Kindheiten. Das Konzept differenzielle Zeitgenossenschaft basiert auf der Annahme, dass es – bedingt durch Prozesse makrosozialen Wandels – soziale Herausforderungen gibt, mit denen sich alle Gesellschaftsmitglieder auseinandersetzen müssen, und auf deren Basis sich Klassen-, Alters-, Gender- und Generationsdifferenzen neu gestalten. Mit Bezug auf die für die Beiträge dieses Bandes so zentrale Kategorie der Generation heißt das: *Das Generationale wird nicht verabschiedet, son-*

Kindheitsforschung, sozialer Wandel, Zeitgenossenschaft 263

dern begründungspflichtig, die Suche nach kollektiven Lebensstilen und Habitus aber fortgesetzt, und weiterhin entlang der Kategorie Generation organisiert. Auf diese Weise kann u.a. der Gefahr begegnet werden, soziale Gruppierungen vorschnell als Generationen für Tatbestände in Haft zu nehmen, die die zeitgenössische soziale und kulturelle Wirklichkeit insgesamt bestimmen.

Literatur

Alkemeyer, Thomas (2003): "Zwischen Verein und Straßenspiel. Über die Verkörperungen gesellschaftlichen Wandels in den Sportpraktiken der Jugendkultur". Hengst, Heinz und Kelle, Helga (eds.): *Kinder, Körper, Identitäten.* Weinheim und München: Juventa: 293-318.

Baacke, Dieter (1999): "Die neue Medien-Generation im New Age of visual thinking: Kinder- und Jugendkultur in der Medienkultur". Gogolin, Ingrid und Lenzen, Dieter (eds.): *Medien-Generation. Beiträge zum 16. Kongreß der Deutschen Gesellschaft für Erziehungswissenschaft.* Opladen: Leske und Budrich: 137-149.

Bauer, Ullrich (2004) "Keine Gesinnungsfrage. Der Subjektbegriff in der Sozialisationsforschung". Geulen, Dieter und Veith, Hermann (eds.): *Sozialisationstheorie interdisziplinär. Aktuelle Perspektiven,* Stuttgart: Lucius & Lucius: 61-91.

Bauer, Ullrich (2002): "Selbst- und/oder Fremdsozialisation. Zur Theoriedebatte in der Sozialisationsforschung. Eine Entgegnung auf Jürgen Zinnecker". *Zeitschrift für Soziologie der Erziehung und Sozialisation.* Vol 22: 118-142.

Bohnsack, Ralf und Schäffer, Burkhard (2002): "Generation als konjunktiver Erfahrungsraum. Eine empirische Analyse generationsspezifischer Medienpraxiskulturen". Burkart, Günter und Wolf, Jürgen (eds.): *Lebenszeiten. Erkundungen zur Soziologie der Generationen,* Opladen: Leske + Budrich: 249-273.

Brannen, Julia, Heptinstall, Ellen und Bhopal, Kalwant (2000): *Connecting children. Care and family life in later childhood,* London und New York: RoutledgeFalmer.

Bühler-Niederberger, Doris und Sünker, Heinz (2003): "Von der Sozialisationsforschung zur Kindheitssoziologie – Fortschritte und Hypotheken". Bernhard, Armin, Kremer, Armin und Rieß, Frank (eds.): *Kritische Erziehungswissenschaft und Bildungsreform. Programmatik, Brüche, Neuansätze,* Bd. 1. Baltmannsweiler: Schneider Verlag Hohengehren: 200 – 220.

Castells, Manuel (2001): *Der Aufstieg der Netzwerkgesellschaft* (Teil 1 der Trilogie *Das Informationszeitalter),* Opladen: Leske + Budrich.

Castells, Manuel (2002): *Die Macht der Identität* (Teil 2 der Trilogie *Das Informationszeitalter),* Opladen: Leske + Budrich.

Castells, Manuel (2003): *Jahrtausendwende* (Teil 3 der Trilogie *Das Informationszeitalter),* Opladen: Leske + Budrich.

Ecarius, Jutta (1996): *Individualisierung und soziale Reproduktion im Lebensverlauf. Konzepte der Lebenslaufforschung.* Opladen: Leske + Budrich.

Geulen, Dieter und Veith, Hermann (eds.) (2004): *Sozialisationstheorie interdisziplinär. Aktuelle Perspektiven.* Stuttgart: Lucius & Lucius.

Giddens, Anthony (1996) *Konsequenzen der Moderne.* Frankfurt: Suhrkamp.

264 Heinz Hengst

Hengst, Heinz (2004): "Differenzielle Zeitgenossenschaft". Geulen, Dieter und Veith, Hermann (eds.): *Sozialisationstheorie interdisziplinär. Aktuelle Perspektiven*. Stuttgart: Lucius & Lucius: 273-291.

Hengst, Heinz (2002): "ARe yoU Male or Female? Der Computer, das Internet und der kleine Unterschied". Steitz-Kallenbach, Jörg und Thiele, Jens (eds.) *Medienumbrüche*. Bremen und Oldenburg: Universitätsverlag Aschenbeck & Isensee: 53-70.

Hengst, Heinz (2000): "Agency, change and social structure: Children's culture(s) in societies of late modernity". *Research in childhood. Sociology, culture and history*. Odense: Odense University: 231-250.

Hengst, Heinz (1997): "Negotiating 'us' and 'them'. Children's constructions of collective identity". *Childhood*. Vol. 4: 43-62.

Hockey, Jenny und James, Allison (2003): *Social identities across the life course*. Houndmills et al.: Palgrave Macmillan.

Holloway, Sarah und Valentine, Gill (eds.) (2000): *Children's geographies. Playing, living, learning*. London und New York: Routledge.

Holloway, Sarah und Valentine, Gill (2000a): "Corked hats and Coronation Street: British and New Zealand children's imaginative geographies of the other". *Childhood*. Vol. 7: 335-358)

Hurrelmann, Klaus (2002) "Kindheit in der Leistungsgesellschaft". Deutsches Kinderhilfswerk e.V. (ed.): *Kinderreport Deutschland*. München: Kopaed, 43-62.

James, Allison, Jenks, Chris und Prout, Alan (1998): *Theorizing childhood*. Cambridge: Polity Press.

Kränzl-Nagel, Renate, Mierendorff, Johanna und Olk, Thomas (2003): *Kindheit im Wohlfahrtsstaat. Gesellschaftliche und politische Herausforderungen*. Fankfurt und New York: Campus.

von Kondratowitz, Hans-Joachim (2002) "Generation als Chiffre. Zur Dynamik von Produktion und Konsumption musikalischer Genres in der Gegenwart". Burkart, Günter und Wolf, Jürgen (eds.): *Lebenszeiten. Erkundungen zur Soziologie der Generationen*, Opladen: Leske + Budrich: 229-248.

Lange, Andreas (2004): "Kindheitsforschung und Generationenkonzept. Eine medien- und kulturwissenschaftliche Skizze". *Zeitschrift für Soziologie der Erziehung und Sozialisation*. Vol. 24: 303-318.

Lange, Andreas (2001): "Zur Lebensführung von Kindern und Jugendlichen. Chancen und Risiken raschen und widersprüchlichen sozialen Wandels". Bundesvereinigung Kulturelle Jugendbildung e.V. (ed.): *Kulturelle Bildung und Lebenskunst. Ergebnisse und Konsequenzen aus dem Modellprojekt "Lernziel Lebenskunst"*. Remscheid: BKJ: 51-62.

Lash, Scott und Urry, John (1994): *Economies of signs & space*. London et al.: Sage.

Luhmann, Niklas (2004): *Die Realität der Massenmedien*, Wiesbaden: VS Verlag für Sozialwissenschaften.

McNamee, Sara (2000): "Foucault's heterotopia and children's everyday lives". *Childhood*. Vol. 7: 479-492.

Mannheim, Karl (1965) "Das Problem der Generationen". Von Friedeburg, Ludwig (ed.): *Jugend in der modernen Gesellschaft*. Köln und Berlin: Kiepenheuer & Witsch: 23-48.

Mayall, Berry und Zeiher, Helga (2003): "Introduction". Mayall, Berry und Zeiher, Helga (eds.): *Childhood in generational perspective*. London: University of London, Institute of education: 1-24.

Mead, Margaret (1974): *Jugend ohne Vorbild*. München: Deutscher Taschenbuch Verlag.

Nolte, Paul (2004) *Generation Reform. Jenseits der blockierten Republik*, München: Beck.

Kindheitsforschung, sozialer Wandel, Zeitgenossenschaft 265

Preuss-Lausitz, Ulf (2003): "Kinderkörper zwischen Selbstkonstruktion und ambivalenten Modernisierungsanforderungen". Hengst, Heinz und Kelle, Helga (eds.): *Kinder, Körper, Identitäten.* Weinheim und München: Juventa: 15-32.

Prout, Alan (2000): "Childhood bodies: Construction, agency and hybridity". Prout, Alan (ed.): *The body, childhood, and society.* Houndmills et al.: Palgrave MacMillan: 1-18 (deutsch unter dem Titel "Kinder-Körper: Konstruktion, Agency und Hybridität". In: Hengst, Heinz und Kelle, Helga (eds.) : *Kinder, Körper, Identitäten.* München und Weinheim: Juventa: 33-50).

Qvortrup, Jens (1994): "Childhood matters: An introduction". Qvortrup, Jens, Bardy, Marjatta, Sgritta, Giovanni B. und Winterberger, Helmut (eds.): *Childhood matters. Social theory, practice and politics.* Aldershot: Avebury: 1-23.

Schulze, Gerhard (1992): *Die Erlebnisgesellschaft. Kultursoziologie der Gegenwart.* Frankfurt und New York: Campus.

Smith, Richard und Curtin, Pamela (1998): "Children, computers and life online: Education in a cyber-world". Snyder, Ilona (ed.): *Page to screen. Taking literacy into the electronic era.* London und New York: RoutledgeFalmer: 211-233.

Steenblock, Volker (2004): *Kultur oder die Abenteuer der Vernunft im Zeitalter des Pop.* Leipzig: Reclam.

Struck, Olaf (2004): "Generation als zeitdynamische Strukturierung von Gesellschaften und Organisationen". Szydlik, Marc (ed.): *Generation und Ungleichheit.* Wiesbaden: VS Verlag für Sozialwissenschaften: 49-76.

Thorne, Barrie (1987): "Re-visioning women and social change: Where are the children?" *Gender and Society.* Vol. 1: 85-109.

Turkle, Sherry (1998): *Leben im Netz. Identität im Zeitalter des Internet.* Reinbek: Rowohlt.

Ulich, Michaela und Oberhuemer, Pamela (1993): "Und sie machen sich ein Bild... Familie aus der Sicht von Kindern." Deutsches Jugendinstitut (ed.): *Was für Kinder. Aufwachsen in Deutschland. Ein Handbuch.* München: Kösel, 120-126.

Wimmer, Michael (1998): "Fremdheit zwischen den Generationen. Generative Differenz, Generationsdifferenz, Kulturdifferenz". Ecarius, Jutta (ed.): *Was will die jüngere mit der älteren Generation? Generationsbeziehungen in der Erziehungswissenschaft.* Opladen: Leske + Budrich: 81-113.

Wohlrab-Sahr, Monika (2002): "Säkularisierungsprozesse und kulturelle Generationen. Ähnlichkeiten und Unterschiede zwischen Westdeutschland, Ostdeutschland und den Niederlanden". Burkart, Günter und Wolf, Jürgen (eds.): *Lebenszeiten. Erkundungen zur Soziologie der Generationen.*

Ziehe, Thomas und Stubenrauch, Herbert (1982): *Plädoyer für ungewöhnliches Lernen.* Reinbek: Rowohlt.

Zinnecker, Jürgen (2004) "Konkurrierende Modelle von Kindheit in der Moderne". Geulen, Dieter und Veith, Hermann (eds.) *Sozialisationstheorie interdisziplinär. Aktuelle Perspektiven.* Stuttgart: Lucius & Lucius, 293-316.

Zinnecker, Jürgen (2001): "Children in young and aging societies: The order of generations and models of childhood in comparative perspective". Hoffert, Sandra L. und Owenes, Timothy J. (eds.): *Children at the millennium: Where have we come from? Where are we going?* Amsterdam et al. Elsevier Science Ltd.: 11-52.

Autorinnen und Autoren

Leena Alanen, Professorin im Department of Early Childhood Education der Universität Jyväskylä, Finnland. Kindheit in der soziologischen Theorie; Kindheitstheorie und feministische Theorie; vergleichende Analysen der Position der Kinder im Wohlfahrtsstaat. Neuestes Buch: "Conceptualizing child-adult relations" (2001, Hrsg. mit B. Mayall). E-mail: lalanen@edu.jyu.fi

Manuela du Bois-Reymond, Professorin für Pädagogik an der Universität Leiden, Niederlande. Kindheit und Jugend in europäisch-vergleichender Perspektive; Studien und Politik sozialen Wandels; Forschung zum Generationenverhältnis; neue Lernformen. Neuere Bücher: "Childhood in Europe" (2001, Hrsg. mit H. Sünker and H.-H. Krüger); "Lernfeld Europa" (2004). E-mail: dubois@fsw.leidenuniv.nl

Doris Bühler-Niederberger, Professorin für Soziologie der Familie, Jugend und Erziehung an der Universität Wuppertal. Soziologie des privaten Lebens und der generationalen Ordnung. Forschungsprojekte zur Formung des Selbst und darauf bezogener Ideale, Strategien und Kalküle der Erziehung. Neuestes Buch (2004, Hrsg.): "Die Macht der Unschuld – das Kind als Chiffre". E-mail: buehler@uni-wuppertal. de

Heinz Hengst, Professor für Sozial- und Kulturwissenschaften, Hochschule Bremen, und Mitglied des Instituts für Popularkultur und Kinderkultur, Universität Bremen. Kindheit, Kinderkultur und Generationenverhältnis unter besonderer Berücksichtigung von Medien, Konsum und internationaler Perspektive. Neuere Bücher: "Die Arbeit der Kinder" (2000, Hrsg. mit H. Zeiher); "Kinder, Körper, Identitäten" (2003, Hrsg. mit H. Kelle). E-mail: heinz.hengst@t-online.de

Helga Kelle, Professorin im Fachbereich Erziehungswissenschaften der Universität Frankfurt. Mikrosoziologische Kindheits-, Geschlechter- und Schulforschung; qualitative Methoden der empirischen Sozialforschung; ethnographische Methodologie. Neuere Bücher: "Geschlechteralltag in der Schulklasse. Ethnographische Studien zur Gleichaltrigenkultur" (1998, mit Georg Breidenstein); "Kinder, Körper, Identitäten" (2003, Hrsg. mit Heinz Hengst). E-mail: h.kelle@em.uni-frankfurt.de

Berry Mayall, Professor of Childhood Studies, Institute of Education der University of London. Kindheitssoziologie; das Generationenkonzept in der Kindheitstheorie. Neuere Bücher: "Towards a Sociology for Childhood: Thinking from Children's Lives" (2003); "Childhood in Generational Perspective" (2003, Hrsg. mit H. Zeiher). E-mail: b.mayall@ioe.ac.uk

Jesper Olesen, Projektleiter im Learning Lab Denmark an der Danish University of Learning in Kopenhagen. Kinder, Medien, Konsum und Lernen. Neuere Bücher: "Born som tv-seere" (2000); "Det forbrugende barn" (2003) und "Guldguiden" (2005). E-mail: jeo@lld.dk

Jens Qvortrup, Professor für Soziologie an der Universität Trondheim, Norwegen; Koordinator der Internationalen Studie "Childhood as a Social Phenomenon" und Gründungsvorsitzender der Sektion "Sociology of Childhood" der International Sociological Association (ISA). Theoretische und methodologische Entwicklung der Kindheitssoziologie; Generationenverhältnis; Sozialpolitik. Aktivitäten der Kinder. Mitherausgeber der Zeitschrift "Childhood" (Sage). Neueste Buchpublikation "Studies in Modern Childhood: Society, Agency and Culture" (Hrsg. im Druck) E-mail: jens.qvortrup@svt.ntnu.no

Giovanni B. Sgritta, Professor für Soziologie an der Universität Rom "La Sapienza", Italien; Direktor der Scuola di Specializzazione in Metodi e tecniche della ricerca sociale. Sozialpolitik; Armut; Familie; Lebensbedingungen von Kindern und Jugendlichen; Generationenforschung. Neuere Bücher: "L'eta a rischio" (2000); "Famiglie e scambi sociali nelle reti primarie" (2002). E-mail: sgritta@uniroma1.it

Helmut Wintersberger, freischaffender Sozialforscher und Universitätslektor an der Universität Wien, Österreich. Kindheit und Generationenverhältnisse, monetäre Transferzahlungen für Kinder im internationalen Vergleich. Neuere Bücher: "Kindheit in Gesellschaft und Politik" (1998, mit R. Kränzl-Nagl und B. Riepl); "Political participation of youth below voting age" (1999, Eurosocial Report 66, mit B. Riepl). E-mail: helmut.wintersberger@univie.ac.at

Autorinnen und Autoren

Helga Zeiher, bis 2002 Max-Planck-Institut für Bildungsforschung in Berlin. Mitglied des Vorstands der Deutschen Gesellschaft für Zeitpolitik. Soziologie der Kindheit und des Generationenverhältnisses; Zeit und Raum; alltägliche Lebensführung. Neuere Bücher: "Die Arbeit der Kinder" (2000, Hrsg. mit H. Hengst), "Childhood in Generational Perspective" (2003, Hrsg. mit B. Mayall). E-mail: helga.zeiher@t-online.de

Lehrbücher

Heinz Abels
Einführung in die Soziologie
Band 1: Der Blick auf die Gesellschaft
2., überarb. und erw. Aufl. 2004. 436 S.
Hagener Studientexte zur Soziologie.
Br. EUR 19,90
ISBN 3-531-33610-X

Band 2: Die Individuen in ihrer Gesellschaft
2., überarb. und erw. Aufl. 2004. 463 S.
Hagener Studientexte zur Soziologie.
Br. EUR 19,90
ISBN 3-531-33611-8

Martin Abraham / Günter Büschges
Einführung in die Organisationssoziologie
3. Aufl. 2004. 303 S. Studienskripten zur Soziologie. Br. EUR 19,90
ISBN 3-531-43730-5

Eva Barlösius
Kämpfe um soziale Ungleichheit
Machttheoretische Perspektiven
2004. 255 S. Hagener Studientexte zur Soziologie. Br. EUR 19,90
ISBN 3-531-14311-5

Nicole Burzan
Soziale Ungleichheit
Eine Einführung in die zentralen Theorien
2004. 209 S. mit 25 Abb. Hagener Studientexte zur Soziologie. Br. EUR 17,90
ISBN 3-531-14145-7

Paul B. Hill / Johannes Kopp
Familiensoziologie
Grundlagen und theoretische Perspektiven
3., überarb. Aufl. 2004. 358 S. mit 8 Abb.
Studienskripten zur Soziologie.
Br. EUR 26,90
ISBN 3-531-43734-8

Michael Jäckel
Einführung in die Konsumsoziologie
Fragestellungen – Kontroversen – Beispieltexte
2004. 292 S. Br. EUR 24,90
ISBN 3-531-14012-4

Wieland Jäger / Uwe Schimank (Hrsg.)
Organisationsgesellschaft
Facetten und Perspektiven
2005. 591 S. Hagener Studientexte zur Soziologie. Br. EUR 26,90
ISBN 3-531-14336-0

Ansgar Weymann
Individuum – Institution – Gesellschaft
Erwachsenensozialisation im Lebenslauf
2004. 216 S. Hagener Studientexte zur Soziologie. Br. EUR 22,90
ISBN 3-531-14156-2

Erhältlich im Buchhandel oder beim Verlag.
Änderungen vorbehalten. Stand: Januar 2005.

www.vs-verlag.de

VS VERLAG FÜR SOZIALWISSENSCHAFTEN

Abraham-Lincoln-Straße 46
65189 Wiesbaden
Tel. 0611.7878-722
Fax 0611.7878-400

Neu im Programm Politikwissenschaft

Hartmut Aden (Hrsg.)
Herrschaftstheorien und Herrschaftsphänomene
2004. 298 S. Br. EUR 29,90
ISBN 3-8100-4154-8

Dirk Berg-Schlosser (Ed.)
Democratization
The state of the art
2004. 160 pp. with 3 figs. and 3 tab.
The World of Political Science / The Development of the Discipline vol. 1.
Softc. EUR 21,90
ISBN 3-8100-4047-9

Karl Birkhölzer / Ernst Kistler / Gerd Mutz
Der Dritte Sektor
Partner für Wirtschaft und Arbeitsmarkt
2004. 256 S. Bürgergesellschaft und Demokratie Bd. 15. Br. EUR 29,90
ISBN 3-8100-4113-0

Frank Decker (Hrsg.)
Föderalismus an der Wegscheide?
Optionen und Perspektiven einer Reform der bundesstaatlichen Ordnung
2004. 223 S. Br. EUR 29,90
ISBN 3-531-14378-6

Sven Gareis / Paul Klein (Hrsg.)
Handbuch Militär und Sozialwissenschaft
2004. 538 S. mit 39 Abb. Geb. EUR 49,90
ISBN 3-531-14446-4

Irene Gerlach
Familienpolitik
2004. 405 S. Br. EUR 29,90
ISBN 3-8100-3410-X

Klaus Grimmer
Öffentliche Verwaltung in Deutschland
Grundlagen, Funktionen, Reformen.
Eine problemorientierte Einführung
2004. 96 S. Br. EUR 12,90
ISBN 3-531-14510-X

Stefan Lange / Uwe Schimank (Hrsg.)
Governance und gesellschaftliche Integration
2004. 227 S. Governance Bd. 2.
Br. EUR 26,90
ISBN 3-8100-4134-3

Erhältlich im Buchhandel oder beim Verlag.
Änderungen vorbehalten. Stand: Januar 2005.

www.vs-verlag.de

VS VERLAG FÜR SOZIALWISSENSCHAFTEN

Abraham-Lincoln-Straße 46
65189 Wiesbaden
Tel. 0611.7878-722
Fax 0611.7878-400